加爾默羅靈修

凡尋求天主，深感除天主外，
心靈無法尋獲安息和滿足的人，
會被吸引，進入加爾默羅曠野。

星火文化

信仰的狂喜

聖女大德蘭誕生五百週年新譯本

El Libro de la Viva · St.Teresa of Avila :The Book of Her Life

聖女大德蘭自傳

大德蘭 Teresa of Avila◎著

加爾默羅聖衣會◎譯

CONTENTS

成的善舉。

第七章……086
述說失去上主賜給她恩寵的種種情況，及她開始度的是如何分心的生活。談到女隱修院沒有嚴守禁地導致的傷害。

第八章……098
述說沒有完全離開祈禱，雖然喪失靈魂，卻帶給她很大的益處，及祈禱是個多麼好的方法。說明何以祈禱具有這麼崇高的益處，即使人可能再放棄祈禱，為這麼大的好處而給出一點時間是極有價值的。

第九章……104
述說天主開始喚醒她靈魂的方式，在如此濃密的黑暗中，賜予光明，堅強她的德行，使她不會冒犯天主。

第十章……109
開始述說上主在祈禱中賜給她的恩惠，我們如何幫助自己，而明瞭上主賜給我們的恩寵是多麼重要。要求接收這份報告的人，對她從這裡起寫的事謹守祕密，因為他們命令她講述這麼私密的事，即上主賜給她的恩惠。

第十一章……114
述說短期內達不到天主成全之愛的理由。開始用比喻解釋祈禱及其四個等級。繼續在此探討第一級。這個道理非常有益於初學者，及在祈禱中沒有安慰的人。

第十二章……123
繼續談論這個初步階段。述說因天主的恩祐和自己的努力、我們能達到的地步，及天主尚未賜予超性的事物之前，心靈渴望登上此境，論其導致的損害。

第十三章……127
續論初步的第一階段，針對魔鬼有時引起的一些誘惑提出勸告。這個勸告非常有用。

第十四章……138
開始解釋祈禱的第二級，上主開始賜給靈魂一種更特殊的神慰。解釋

CONTENTS

感受，及上主賜給他光明，看清世俗的騙局。本章包含很好的道理。

第二十二章 …… 197
談論除非蒙上主提拔，默觀者不要高舉自己的心靈於高超的事物，這是一條多麼安全的道路，及何以基督的人性必須是達到至高默觀的途徑，述說她曾努力隨從的一個錯誤理論。本章非常有益。

第二十三章 …… 207
重拾前題，續談她的生活，她如何開始尋求更高的成全，用什麼方式尋求。對於指導靈魂修行祈禱的人而言，知道這些靈魂該如何開始修行是很有幫助的。知道這事，使她獲益良多。

第二十四章 …… 215
繼續相同的主題。述說開始服從之後，她的靈魂怎樣有進步，而抗拒天主是如何地少有成效，以及至尊陛下開始賜給她更成全的恩惠。

第二十五章 …… 219
談論這些神諭的性質，上主賜給靈魂神諭並沒有經過聽覺，有些欺騙可能來自這些神諭，及若是來自天主的，如何加以辨識。凡達到此一祈禱等級的人，本章是非常有幫助的，因為解釋得很好，而且包含豐富的道理。

第二十六章 …… 231
繼續相同的主題。述說並解釋發生於她的事，致使她不再害怕，並確認是善神對她說話。

第二十七章 …… 234
述說上主教導靈魂的另一方式，沒有對她說話，卻以一種神妙的方法告知祂的旨意。同時也解釋非想像的神見，及上主賜給她的大恩惠。本章非常值得注意。

第二十八章 …… 244
談及上主賜給她的大恩惠，及如何首次顯現給她。解釋何謂想像的神見。述說來自天主的神見所留下的明顯效果和記號。是很有教益的一章，非常值得留意。

第二十九章 …… 254
繼續已開始的主題，述說天主賜她的一些恩惠，及至尊陛下為了她的

CONTENTS

推薦序
東西方靈魂相遇

推薦本書，《聖女大德蘭自傳》①的中文譯本，令我欣喜無比。但願這本真情自然流露的自傳證言，在「高貴的中國人民」靈魂內迴盪共鳴。我所說「高貴的中國人民」，其實是依循加爾默羅會聖會母德蘭的一位愛子——古嵐清神父（Fr. Jerome Gracian）*所稱呼的。

大德蘭寫書的述說風格，探入靈魂深處，解說其內潛藏及未知的境界。大德蘭是聖人、加爾默羅會的母親、天主教會的聖師，她是普世的指標，能幫助我們看出人類心智的奧祕。因此，我期盼著，中國人的靈魂，在尋求真理的道路上，與她的經驗和思想相遇。

聖女大德蘭著作之價值，廣受文學、人文學與心理學深入探究。大學裡開設專研大德蘭的課程，並以多國語文譯出她的作品，的確，這已是人類文化的一個事實。我誠摯地切盼，閱讀她的《自傳》，而增強東方與西方世界的互相融通。本書是大德蘭寫給神師的私密自述，碰觸到人的生命，達及每一文化及各大洲，提供良好的洞見給人類的心智和生命。

這位非比尋常的作家，其寶貴著作的核心宗旨在於她的靈修訊息。不只傳達給她加爾默羅修會家庭中的成員，也惠及每一個人。她以無比的真誠和說服力加以傳述，凡尋求真理與心靈價值者，莫不因之而振奮鼓舞。她願成為一位歌詠者，頌揚充滿仁慈的天主；她是一個親切的指標，帶領凡願以衷心誠意的祈禱親近天主的人。

誠心感謝台灣加爾默羅會隱修女，她們勇於承擔這份工作。我期望她們接受挑戰，譯出

1. 以下簡稱《自傳》。
* 古嵐清神父生平詳見《聖女大德蘭的建院記》。

這位出類拔萃的會母、聖女大德蘭的其他大作，常能用盡心思，力求忠實準確。無疑地，這必是很大的貢獻，嘉惠中國人的心智與生命。

二〇〇七年七月十六日

路易斯・阿羅思特貴 加爾默羅會總會長神父

Fr. Luis Aróstegui, O.C.D. Superior General

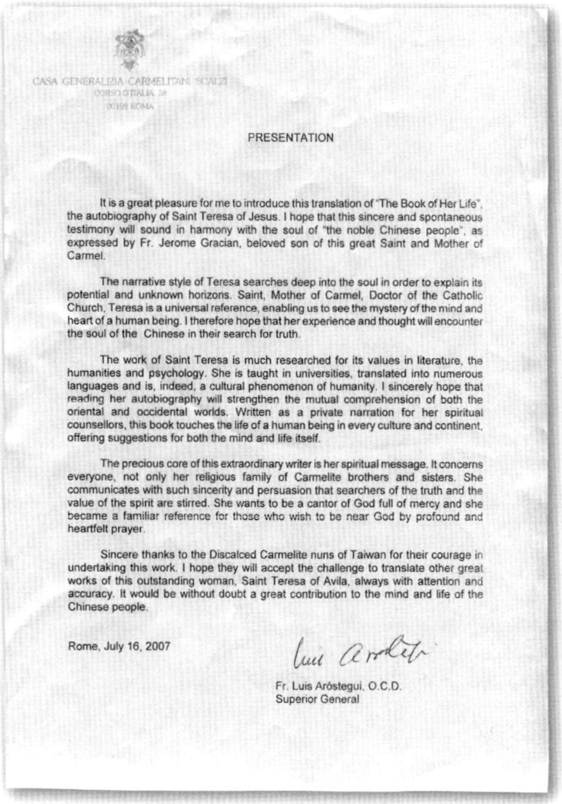

CASA GENERALIZIA CARMELITANI SCALZI
CORSO D'ITALIA 38
00198 ROMA

PRESENTATION

It is a great pleasure for me to introduce this translation of "The Book of Her Life", the autobiography of Saint Teresa of Jesus. I hope that this sincere and spontaneous testimony will sound in harmony with the soul of "the noble Chinese people", as expressed by Fr. Jerome Gracian, beloved son of this great Saint and Mother of Carmel.

The narrative style of Teresa searches deep into the soul in order to explain its potential and unknown horizons. Saint, Mother of Carmel, Doctor of the Catholic Church, Teresa is a universal reference, enabling us to see the mystery of the mind and heart of a human being. I therefore hope that her experience and thought will encounter the soul of the Chinese in their search for truth.

The work of Saint Teresa is much researched for its values in literature, the humanities and psychology. She is taught in universities, translated into numerous languages and is, indeed, a cultural phenomenon of humanity. I sincerely hope that reading her autobiography will strengthen the mutual comprehension of both the oriental and occidental worlds. Written as a private narration for her spiritual counsellors, this book touches the life of a human being in every culture and continent, offering suggestions for both the mind and life itself.

The precious core of this extraordinary writer is her spiritual message. It concerns everyone, not only her religious family of Carmelite brothers and sisters. She communicates with such sincerity and persuasion that searchers of the truth and the value of the spirit are stirred. She wants to be a cantor of God full of mercy and she became a familiar reference for those who wish to be near God by profound and heartfelt prayer.

Sincere thanks to the Discalced Carmelite nuns of Taiwan for their courage in undertaking this work. I hope they will accept the challenge to translate other great works of this outstanding woman, Saint Teresa of Avila, always with attention and accuracy. It would be without doubt a great contribution to the mind and life of the Chinese people.

Rome, July 16, 2007

Luis Aróstegui

Fr. Luis Aróstegui, O.C.D.
Superior General

加爾默羅會總會長
路易斯・阿羅思特貴的推薦信

推薦序

大德蘭《自傳》中譯小引

這次受苪林聖衣會修女的邀請，到她們的隱修院住上四天五夜（二月十二到十六日），深感榮幸和欣慰。回顧一下這幾天的獨居生活，心裡總覺應該為這樣一片淨土感謝天主。每天早晨五點半，聽到隱院最高點的鐘樓發出悠揚的鐘聲，叫人起床讚頌天主，這是今天在他處不易聽得到、體驗得到的經驗。以後早晨、中午和晚上三次敲三鐘經，每次三＋三＋三＋十五下，叫人一天三次默禱天主聖言降生為人的奧跡。這一項意義深遠的習俗在歐洲傳了好幾個世紀，情愛深厚，可惜慢慢失傳了。這次發現隱修院修女為我們保存下來，真如重獲失去的珍寶，覺得非常高興。

還有不少教會其他傳統，修女們都予以保存。我想她們不是食古不化，而是意識到主耶穌所說的一句話永遠是真實的：「為此，凡成為天國門徒的經師，就好像一個家主，從他的寶庫裡，提出新的和舊的東西。」（《瑪竇福音》十三章五十二節）隱院外的一波波新潮都在追逐新、新、新，結果給人類帶來許多新可能、新福利，值得我們大家感謝。不過這個朝著新世界的演變，也隱藏著一個危險，就是不知不覺地認為，新的都好，舊的都不好。難道真是這樣嗎？主耶穌不是說過：「沒有人喝著陳酒，願意喝新酒的，因為他說，還是陳的好」。（《路加福音》五章卅九節）可見物質界有舊東西比新的好，那麼，精神界更不用說了。例如《聖經》或我國的《四書》、《五經》都是很老很舊的經典，但幾千年來沒有任何新書超過它們，將來也不會有。

關於上述修女們所保存的教會老傳統，這裡只舉一例。我每天下午跟她們談話一次。第二天，我用一首拉丁歌作為開始的祈禱。所選的歌是我很喜歡、也常唱的*Salve Regina*（樂曲以簡譜標示是：6——5 6 2——6 5 4 3 4 5 4 3——2——…）。想不到從第二句始，修女們跟我一同唱起來，一直唱到尾，唱得字正腔圓，拉丁文發音和樂譜歌調都正確無誤。我讚賞說：「那麼多年以來，終於遇到一批知音了。」她們說，這一隆重的歌調她們一週唱一次，即在特敬聖母日。其他日子則用較普遍的歌調（也很美，即1 3 5 6 5…）。我說多年遇知音，並不誇張。因為我是一九四七年十月，在上海董家渡天主堂第一次聽到這首隆重的聖母歌。那時，我跟六位修生在上海等飛機到羅馬傳大去讀書。同時，華北的熙篤會隱修士四十、五十人也在董家渡等機去香港建立會院。一週左右，每晚聽他們唱這首*Salve Regina*，我就很喜愛而學會唱它，至今已唱了六十年。

下面略述這次省閱「德蘭《自傳》」中譯文的經驗。各修會對自己修會創立人的神恩必須特別尊重並忠信保存，這是梵二大公會議很強調的一點。聖衣會修女對她們會母聖女大德蘭的神恩那樣尊重，並願全心按照會母的精神和規範來生活，自然遠超過她們固守上述的一些教會老傳統的熱心。近幾十年來，聖衣會學者對大德蘭所作的許多研究，匯成一部西班牙文的德蘭全集（*Obras Completas*），也譯成了英文。芎林的加爾默羅會修女先把德蘭《自傳》譯成中文，請我住在她們那裡，參閱著西班牙文和英文予以校對。要在四天五夜校對完畢，時間上雖有些吃緊，還是如期完成了，感謝天主！因有這中譯文，我才能一氣讀完一位大聖的《自傳》，這為我是天主的一大祝福。加之，這位大聖是一位女性，她那細膩、謙虛、溫柔又堅強的內涵和筆調，既引人入勝，又吸引著人奔向萬善萬美的天主，及傾慕聖女所無限景仰的耶穌基督。

在《自傳》前，德蘭全集的編者寫了一篇相當長的導論，把聖女的時代背景及當時的教會狀況，尤其是教會法庭（La Inquisicion）的性質，交代清楚，有助於讀者明瞭為何聖女的神祕經驗受到懷疑，以後她建立新會院又為何遇到許多阻礙等。《自傳》共分四十章，按照導論的描述，其主要內容是講論祈禱。聖女把人靈比作一座花園，祈禱就是給這花園澆水。澆水能有四種方式，其費力的多寡和效果的大小，可比做人用於祈禱的功夫和所得的恩寵和成果。第一種方式是從井裡打水澆灌，很費力氣，效果不彰。第二種方式是踩著水車輪澆灌，較省力氣，但還是很慢。第三種方式是把溪流的水引進來，人已不需費力，就可達到澆灌的效果。第四種方式是天降甘霖，澆灌全花園，人連水管都不需安裝，而坐享其成。

面對這四種祈禱方式，讀者當然會選第四種：普降甘霖，坐享其成。但有沒有想過，如何使老天爺下雨呢？想過以後，或更好說，祈禱後，也許會發現，前面的三種方式都有其作用。祈禱是由淺而深，由難而易，重要的是恆心祈禱，總不放棄。這樣，人學著對天主越來越大方，直至全心向天主開放，那時就不難引來天降甘霖了。欲知其詳，請細讀聖女自己的話，必將增加你對祈禱的領悟。

廣泛講論祈禱以外，聖女還十分大方地分享她許多其他的靈修經驗。出神、神見、先知式的預言、神魂超拔、肉體騰空等都有。尤其是她與天主的親密往來，在自己生活的細節上體驗到《聖經》的智慧，無論是《舊約》或《新約》裡的許多話，無不在她生活的體驗中，顯得最可靠和最值得相信等。比方在《自傳》第二十五章十八節，她說曾體驗到，為天主而言，說就是做。其實，這無非是《創世紀》第一章的信息：天主以言語創造了世界萬物，天主的說，就是做。

鬼神世界在《自傳》裡也描繪得很生動，甚至可說，驚心動魄。聖女說魔鬼是大說謊家，是謊言的朋友。第卅一章四節說魔鬼怕十字苦像，一見苦像就逃，但過一會又回來。魔鬼更怕的是聖水。把聖水灑在魔鬼身上，牠逃後就不再回來了。看過《自傳》中的這一敘述，我才瞭解為何隱修院裡，不只聖堂門口，連在每一房間的進出門牆邊，也備有聖水小碟，盛著聖水，供人使用。至於魔鬼的形狀是又黑又醜，走後還會留下一股臭氣。這類話若出自一名普通作者手筆，不大能取信於人。但德蘭《自傳》已經過幾百年的考驗，受過嚴格的研究，結論是聖女所寫的都值得相信。原來天主可用各種形狀讓魔鬼顯現給人。

《自傳》最後一部份記述建立若瑟隱修院的始末。第卅五章先說由天主得的啟示，要恢復加爾默羅會的嚴規，度完全貧窮的生活：不收奩金（入會金）、沒有定期收入。第卅六章說及降生隱院（聖女原來寄居的大會院）眾修女的排擠和責備，但聖伯鐸．亞爾剛大拉（方濟會士）卻顯現給聖女，鼓勵她要聽天主的話，堅持到底。最後所有障礙一掃而空，若瑟隱院終於成立，成為後世許許多多嚴規赤足聖衣會院的藍本。芎林和深坑的兩座，就是傳承大德蘭衣缽的隱院，隱院的鐘聲會喚醒這些史實的記憶。其他《自傳》中的許多精彩篇章在此不多述，請讀者自己去欣賞。

房志榮謹誌於輔大神學院*

二〇〇七年二月十九日、年初二

*今改名為輔仁聖博敏神學院。

推薦序
我們一同祈禱吧！

青少年時期的我總愛翻閱一些靈修書籍，其中有《不知之雲》與《靈心城堡》，雖然當時都沒有看完，然而對自己的祈禱生活已產生莫大的幫助。

如今有機會閱讀《聖女大德蘭自傳》，對我而言是一種恩賜。於書中我更認識了她對祈禱的執著（這也是天主給她的特恩），當時教會當局禁止閱讀一些靈修書籍，使得她飢渴的心靈總是不斷尋求耶穌基督的答覆。

當她被要求寫《自傳》時，已是中年人了，這時的她早已明白天主給她什麼樣的恩寵。更難能可貴的是，她能夠巨細靡遺的描述來自天主的恩典。這是天主上智的安排，更是為我們的益處。此書每一篇章都沒有標題，但是於章節開始前都有一小段文字，用以說明此章節的要義，使閱讀者很清楚地了解每一章節的精華。若我們只想知道聖女大德蘭是如何祈禱的，那看這本書就太可惜了；因為她是用自己的生命故事，來敘述天主的無限寬仁，不只是在她卑微的生命發生作用。本書更讓我體悟：唯有我們謙遜與實踐基督話語的人，天主一定會眷顧我們，並帶我們到祂那裡去。

「我們一同祈禱吧！」讓它不再是教會人士的口頭語，而是確實地在我們的生活中去實現。

新竹教區　李克勉主教

譯者的話

感謝

這本書終於到了出版的最後階段。首先，要感謝房志榮神父，他慷慨地來隱院校稿，並且作序。多年來，他的鼓勵、實際的協助，是譯者不可或缺的支持。願天主豐厚地報答房神父的愛德服務！也要感謝另一位可敬的耶穌會士，西班牙籍的馮德山神父。每當請教他時，總是不厭其煩，細心地講解西班牙文方面的疑難，盡可能地力求清楚明瞭，好感激他的愛心！

特別要謝謝我們可敬的狄總主教，他雖謙虛地推辭為本書作序，卻寫了一封動人心弦的回信：

謝謝妳五月廿八日的來信，及《聖女大德蘭自傳》的CD片，願天主報答妳！我好高興《聖女大德蘭自傳》有新譯要問世。台灣聖衣會修女們譯介聖衣會經典著作，近年來成績多多，令人欣喜嘉許，我衷心感激天主在這方面所賜的大恩：讓聖衣會三大聖師的靈修能大眾化、能普遍化到一切基督徒群眾中去。

同時我也應當向妳道歉，要讓妳失望：請妳原諒我不會寫序，不只因為我不會用CD讀《聖女大德蘭自傳》，而是因為我還沒有能力寫。我希望在將來讀了聖女的自傳以後，我能夠跟大家分享我的讀書心得，要更理想。我很高興知道已有總會長及房志榮神父的序，使我有理由藏拙。

真誠的祝福妳，繼續譯介聖衣會三位聖師，或許可以加上真福聖三麗莎及艾迪特・史坦因的作品。我會熱切地為妳祈禱。也將我的靈修努力託給妳代禱。

耑此 順頌 主佑喜樂平安！

老主教 狄剛 敬啟 二〇〇七・六・九

雖然沒有得到他的序文，但他這封寶貴的覆函，給予我們很深的鼓舞。狄主教虛懷若谷的風範，讓晚輩們十分珍惜和欽佩。

二〇〇七年復活節過後不久，總會長來訪，此時我們正開始準備要出書，趁此機會當面請求他寫序文，他應允了，不過，得等他巡視全球各地、回羅馬後才能執筆。能得到總會長的序文，是個很大的祝福，無疑地，這一切都有聖會母大德蘭在天上的幫忙。她畢生忠於基督，忠於教會、修會，她的書能得到教會及修會長上的認可，及神哲學家的肯定，必是她欣然樂見的。

我們敬愛的李主教克勉，在他的序言末了說：「我們一同祈禱吧！」這句話點出了《聖女大德蘭自傳》的主旋律。會母得到豐富的祈禱恩惠，她願意人人都能和她一樣祈禱。這真的是她寫書的強烈意向，她要人人讚美天主，要人人和她一樣愛天主，就是說，熱愛基督的教會。

再者，由於對聖女大德蘭的摯愛，台大哲學系關永中教授應邀為此書寫一專文〈心堡與神婚——與聖女大德蘭懇談默觀〉。他以哲學的角度切入，有系統地整理出其默觀歷程的整體大方向。這是一篇很精彩的導讀，有助於準確快速地把握大德蘭的核心教導。聖女的著作總是「急速落筆，有時缺乏確定的章法」，因此，要從她的書中忠實地理出一條連貫的脈絡，其實是很不簡單的，我們由衷地向他致謝，祈願天主親自賞報他的辛勞！

本書主要根據的是：① *Santa Teresa Obras Completas, septima edicion, preparada por Tomas Alvares*（Burgos, Monte Carmelo, 1994）；② *The Collected Works of St. Teresa of Avila.* Translated by Kieran Kavanaugh & Otilio Rodriguez,（Washington, D.C.：ICS, 1979）Vol. I.。這是目前使用最廣的西文版及英文版，在某些難解的地方，也參照過去的英譯本：*The Complete Works of Saint Teresa of Jesus*, trans. E. Allison Peers,（New York, Sheed & Ward, 1946）vol. I。

我們深深感激美國華盛頓特區加爾默羅靈修出版中心的慷慨授權（Washington Province of Discalced Carmelites ICS Publications 2131 Lincoin Road, N.E. Washington DC 20002~1199 U.S.A. www. Icspublications.org）。英譯本由紀南．柯文諾神父（Kieran Kavanaugh O.C.D.）主筆的導論寫得相當完美，簡潔生動地述說聖女大德蘭的生平及歷史背景，若要更清楚明瞭聖女的自傳，請不要略過這篇導論。

翻譯本書的過程中，譯者盡可能地力求忠實於原著，使會母聖女大德蘭所要表達的每一字句，都能呈顯出來，在這一方面我們確實已盡了最大的努力。雖然如此，仍難免有掛一漏萬之虞，尚請博學之士不吝賜教指正。

導論

英文版譯者導論

西班牙以庇里牛斯山為界，與歐陸分隔，境內中央高原由北高山區向南延伸直達海岸，劃分整個國家。西班牙沒有天然的中央地勢、沒有方便的通路。這片土地在中世紀是個特異地區，混雜不同的種族、語言和文化。到了十五世紀末和十六世紀初，多少已克服了所有不利的天然條件，全境百分之十是光禿禿的岩石，肥沃土地只佔百分之十。儘管如此，西班牙在十六世紀竟然成了舉世的強權大國。先前的偏遠半島搖身一變，成為前所未見最大的統治帝國，幾乎可說是歐洲的主人。這就是亞味拉聖女大德蘭（Santa Teresa de Ávila）生活的時代，充滿外在榮耀的歡騰世代。然而，德蘭的見證卻完全是相反的一面，其內在的光榮和神聖真理的見證，成為每位真正神祕家的豐富資產，亦即，一個人最大的美善是內在的，而且是「藉著放棄一切才得到的。」（20．27）

聖女大德蘭的早年生活

大德蘭出生於斐迪南（Fernando II de Aragón）①和伊莎貝拉（Isabel I de Castilla）統治期間，這兩位素有天主教國王之稱。德蘭看到查理五世（Charles V 一五一六～一五五六②）權下卡斯提（Castilla）的極盛榮華。到了菲立普二世（Felipe II de España 一五二七～一五九八），她看到國王和反抗羅馬教廷的誓反教以及摩爾人（Morisco）奮戰，對抗北方的

1. 斐迪南乃譯自英文Ferdinard，見《聖女大德蘭的建院記》。此處西班牙文Fernando則譯費爾南多。
2. 西班牙人稱為：卡洛斯一世（Carlos I）。

荷蘭及地中海的士耳其，更不用提菲立普在歐洲、亞洲、非洲和新世界的其他許多功蹟了。

大德蘭的祖父是托利多（Toledo）的商人，是改信天主教的猶太人。他是政治利用宗教以謀求統一的犧牲者，被迫在宗教法庭前為自己的猶太信仰認罪，並做補贖，一連七個星期五，身穿黃色悔罪服遊行。他完成補贖之後，基於實際的需要，舉家遷往亞味拉（Ávila），繼續原先的職業，買賣衣服。他有個兒子名叫亞龍索（Alonso），即大德蘭的父親，當全家抵達亞味拉時年約十四歲。一五〇五年，亞龍索結婚，兩年後妻子過世，留給他兩個孩子。過了四年，亞龍索再婚，娶妻碧雅翠絲．奧瑪達（Doña Beatriz de Ahumada），於一五一五年三月二十八日生了一個女兒，就是未來的聖女。小女孩繼承祖母的名字，取名德蘭．奧瑪達（Teresa de Ahumada）。碧雅翠絲三十三歲逝世，留下婚後所生的十個孩子。

傳記作家詳細描繪了大德蘭的容顏，流傳給我們。她的個子中等，稍微圓胖，而非削瘦。臉形獨特，說不出是圓臉或瓜子臉。皮膚白皙，臉頰是肉色的。前額寬闊，眉毛濃密，深褐色帶點紅色。烏黑有神的明眸，圓圓的雙眼，雖不大卻很端正而微凸。鼻子小，嘴的大小適中而優美，面頰勻稱，滿口雪白整齊的貝齒。臉上有三顆小痣，這在當時極富裝飾的作用，愈增其面容的優雅。一顆在鼻的正下方，第二顆在嘴的左上方，第三顆在左下方。她的頭髮微卷，烏黑發亮。

從多方面看來，她是個外向的人。爽朗愉快，親切和善，她也是個悅人的交談者，聆聽她和注視她，都同樣討人喜歡。除了具有寫作的天賦，還工於針線和家事。

她那勇敢無畏的精神，早在七歲時即已展現，她決定和小哥哥羅瑞格（Rodrigo）前往摩爾人地區，為基督殉道。懷著幾乎同等的熱情，她很喜歡和別的孩子扮演隱修士的生活：祈禱、施捨和行補贖。

處在這樣虔誠的寧靜氛圍中，德蘭逐漸成長，然而在此期間，發生了卡斯提民眾的造反，這個事件震撼了整個卡斯提。這是忿恨的報復運動，還擊長期以來皇家政權瓦解傳統的許多權勢，及卡斯提市鎮的特權。在此間，不可否認的，在一五二五這一年，帝國主義的軍隊，大部分透過西班牙的部隊，在帕維亞（Pavia）贏得了那一年代最大的勝利。兩年後，查理五世的軍隊失控，致使羅馬遭受空前的恐怖洗劫。

大約這個事件最後的期間，德蘭進入了青少年，她的熱心開始冷淡下來，轉而非常熱衷於浪漫的騎士小說，培養女性的迷人魅力，憧憬著未來可能的婚姻。她的幻想專注於騎士故事，加上她的寫作能力，促使她在此時期躍躍欲試，準備和哥哥合寫一本她愛看的那種書。耶穌會士李貝納（Francisco de Ribera）是早期的聖女傳記家，他認為其中「含有許多可以發揮的深意」。

時光流逝，德蘭的母親一五二八年十一月過世後，她在家中開始遭到反對，因為她深愛姑姑艾孍拉（Doña Elvira de Cepeda）的孩子；還有，她和一位輕浮但不明身分親戚的友誼，淡化了她的虔誠。後來，德蘭回看這段失去童年熱心的時期，令她深覺難過。亞龍索先生等待著，設法幫助女兒離開所置身的虛榮友誼和誘惑。一五三一年，他的大女兒結了婚，他終於拿定主意。德蘭十六歲那年，亞龍索先生把女兒交託亞味拉恩寵聖母的奧斯定修女會照管。

由於當時的西班牙沒有國民教育制度，亞龍索先生的女兒很可能是在家學習讀書和寫字；而德蘭在恩寵聖母修院接受的教育方式，我們也無法和現代的寄宿學校相比較。按我們現在的推測，修女們所做的，不外乎預備年輕的女孩善度未來的婚姻生活，教她們普通的家事：烹飪、縫紉、刺繡及其他這類的事。無疑地，她們也接受宗教教育。和藹親切的瑪利亞．碧莉瑟諾修女（Doña María Briceño）負責管理她們，細心地看守著她們，她是一位很有深度的祈禱者。結果，她開始成為德蘭生命中頗有影響力的人，超過從前所有的朋友。瑪利亞修女喜歡談祈禱，她懷有崇高的精神理想，引發亞龍索的女兒開始考慮修道生活的聖召，覺得愈來愈喜愛這個念頭。但可能是內在過於掙扎要不要做修女，造成沉重的緊張壓力，損傷德蘭的健康，因而必須離開學校。

當健康日漸好轉，她被送往住在加紐達的卡斯提亞諾斯（Castellanos de la Cañada）的姊姊家。途中順道拜訪叔叔伯鐸．桑徹斯．賽佩達（Pedro Sánchez de Cepeda），他住在奧提格薩（Hortigosa），過著隱修士般的生活。叔叔介紹她看一些靈修書，幫助正在為聖召而掙扎的德蘭。終於，聖業樂（San Jerónimo de Estridón）的《書信集》促使她鼓足勇氣，做出明確的決定。然而在那時，她的父親只要想到她的離別就覺得難以忍受，因此拒絕同意她去當修女。一五三五年十一月二日，年方二十的德蘭，再次偷偷地離開父親的家，這一次不是去摩爾人的地方，而是將她的生命奉獻給天主，成為加爾默羅會降生隱院的修女。不過，她的離家修道並非出於對父親的感受漠不關心或冷酷無情，但好像外表上看起來卻是那樣。後來她這樣地陳述：「當我離開父親的家時，分離的感受竟如此地刻骨銘心。我想，這個感受不會比我死的時候輕微。因為好像我身體內的每根骨頭都要支離碎裂。（4．1）」事實上，亞龍索先生無可奈何地完全接受了，給了她一筆超豐厚的入會金，並為她在隱院內謀得私人的房間。

降生隱院的生活

最近的研究指出，大德蘭進入降生隱院時，西班牙共有十一座加爾默羅會的女隱修院，其法定地位介於正式會士（Sanctimoniales）和守貞者（Beaterios）之間。前者有責任誦唸日課和遵守禁地；後者類似第三會的生活。修女們必須唸日課，但不必守禁地。她們不從事外界的服務工作。約有兩百個人住在降生隱院內，其中包括佣人和修女的親戚。

降生隱院的生活是嚴格的，這與一般的認知有出入。每週有特定守齋和戒食肉類的日子；認真地持守靜默，以鼓勵不斷祈禱的精神。備有各式各樣的詳盡禮規，舉行日課極為隆重和莊嚴。雖然如此，卻沒有規定心禱的時間——處於這個已經很擁擠的修院內，這個缺點確實有其不利的後果。初學生所得的教導是熟識加爾默羅會、其隱修的根源、虔敬榮福童貞及厄里亞和厄里叟兩位先知。她們也接受訓練，實習唱日課時使用的複雜禮規。

實在很奇特，儘管加爾默羅會規的訓誡是不斷祈禱，大德蘭說，尚未看到叔叔後來給她的奧思納（Osuna）著《靈修初步》（*Third Spiritual Alphabet*）之前，她不知道怎樣祈禱和收心。她提的這類書的作者是方濟會士，不是加爾默羅會士；她也沒有清楚指出，初學期間得到什麼心禱方面的教導。

雖然，大德蘭為決定她的聖召做了很大的犧牲，一旦置身於修道院內，她熱心地投入修道生活，也發現其實這生活很令她稱心愉悅。但發願後不久，即入會後兩年，她再度失去健康。作者們只能推測這個病症的性質。大德蘭自認為病因來自降生隱院的食物和生活方式，有人則認為她得到的是一種精神崩潰：緣於她一方面極渴望取悅天主，另一方面又深知自己的缺失和分心走意，兩者導致過分的壓力和緊張。請來的群醫對她的病束手無策，她的父親焦急憂慮，決定送她到貝賽達斯（Becedas），接受一位當地出名的江湖郎中治療。痛苦不堪的療法持續了三個月，只有使德蘭的病情劇烈惡化，實際上，他們幾乎致她於死地。再送她回到亞味拉時，德蘭已是一副可憐兮兮的模樣，病弱和癱瘓達三年之久。根據她的熱心見證，直到榮福大聖若瑟為她轉禱，她才能再站起來走路。不過，可能因此而有了後遺症，終其一生，健康欠佳，百病叢生。德蘭六十七歲，接近生命的終點時，安東尼奧．阿奇奧（Antonio Aquiar）檢查大德蘭的全身之後說，無法找到她的主要病源，因為她全身滿是病痛。

大德蘭能夠起身走動之後，接下來有一段很長的時期，她經驗到祈禱非常困難。她說：「好幾年來，常常在我決定用來祈禱的那個小時裡，我掛心著時間到了，超過我該留在那裡的時間……在進入小經堂時，我感到的心酸，也同樣地難以忍受，我必須鼓足全部的勇氣。（8．7）」根據她的新近傳記作家葉福倫（Efrén）的見解，她的困難主要是方法上的問題。她不懂，正當靈魂處在較深的境界，如聖十字若望（San Juan de la Cruz）所指出的，在幾乎無法覺察的默觀中，即使頭腦、想像和感受來來去去，不著邊際，靈魂仍可存留在寧靜中。這些祈禱上的困難，持續約十八年之久，直到她在一張很虔誠的基督苦難聖像前得到一些經驗，以及閱讀聖奧斯定（St. Augustine）《懺悔錄》時體驗到非凡強烈且靈驗的痛悔之情。在這兩個高峰經驗的情況中，她徹悟了完全不信靠自己，而把信靠全交托給至尊天主。貫穿整部《自傳》的基本心境是悔罪之情。對於未加分辨或毫無經驗的人而言，大德蘭滔滔不絕的痛悔，看似誇張的罪惡感。不過，對大德蘭來說，真正的懊悔不是焦慮不安，或激動煩亂。她的悔悟安慰了她；充滿著謙虛，這是一個禮物，安寧、溫和，且置身於光明中（30．9）。事實上，曠野聖父不斷地訓誨門徒祈求悔罪的恩賜，即流淚的恩賜。這些聖父感到當靈魂因內在的流淚而軟化，天主使之體驗到祂的光明，在懊悔的陰影中，將會尋獲啟蒙的靈性喜樂。大德蘭正是如此。還有，後來她的痛悔之情變得更加強烈，這是因為她對天主的超越尊威有了神祕的體驗，也經驗到，與天主傾入的無限聖愛相形之下，罪過如此殘破不堪。緊接著心靈的貶抑而來的是靈性的舉揚。「我不記得，祂所曾賜給我的，這些我將述說的任何一個明顯的恩惠，不是在看到自己的拙劣而被化為烏有的同時（22．11）。」

德蘭在此歸化之時，開始對天主在她靈魂深處的臨在，有了被動和活生生的經驗。對祈禱中她不能憑己力獲得的被動經驗，德蘭時常使用「超性（supernature）」這個語詞來稱呼。超性境界的開始，對她即是嶄新的、另一個生命的開始。「從這裡開始，這是一部新書（23．1）。」

不熟悉、不平凡的經驗開始發生，而大德蘭對於祈禱的進展階段，尚未得到啟蒙，她感到新的恐懼如同洶湧澎湃的波濤。「至尊陛下常常賜給我寧靜的祈禱（許多次是結合的祈禱），時間維持得較長。由於在那時，一些婦女陷於嚴重的錯覺，受到魔鬼的欺騙，我開始害怕起來。（23．2）。」她說，這個害怕日益增加，促使她費心盡力，尋找神修人士磋商。這成為她努力解釋其超性經驗起始的印記。這樣的求助於神修人士及博學者，最後導致她寫下《自傳》。

3. García Jiménez de Cisneros（約一四五五／五六～一五一〇）西斯內羅斯：西班牙靈修學家、神祕學家、本篤會會士。致力於發揮靈修生活的三階梯，其著作《神操》（*Ejercitatorio,* 1500）日後成為依納爵神操的藍本。

4. Erasmus, Desiderius（一四六六／六九～一五三六）譯名還包括伊拉斯穆斯、伊拉斯謨、埃拉斯木：荷蘭神學家、人文學家、天主教司鐸。編訂希臘文《新約聖經》（*Novum instrumentum,* 1516），並按原文譯成拉丁文。主張神學不應以哲學，如士林神哲學為基礎，而應以聖經為根源。因此，對新教的宗教改革有所啟發，為天主教日後的革新鋪路。著有《輕視世界》（*De contemptu mundi,* 1493）、《神學的真正理念》（*Ratio verae theologiae,* 1518）、《有關自由意志的辯論》（*De libero arbitrio diatribe,* 1524）等。

她的時代背景

今日的讀者很不容易明白，大德蘭和她的告解神師害怕的理由何在，除非他對十六世紀西班牙的靈修運動和問題具有一些概念。當時的西班牙不只在政治上，靈修方面也是處於沸騰狀態。渴望深度的靈修盤據著一般的老百姓，且滲透他們的生活；這具有三個基本的核心性質：蒙召度內修生活、修行心禱，和強烈地嚮往神祕生活的更高境界。早在特利騰大公會議之前，西班牙的公教改革已經開始支持這個靈修復興，且有西斯內羅斯（Cisneros[3]）樞機主教奮鬥推展，他的熱心和活力富有好戰的精神。這是大德蘭前半生的時代背景。大德蘭重整修會之前，已有其他頗具影響力的革新運動，如聖若望．亞味拉（San Juan de Ávila）、聖依納爵．羅耀拉（San Ignacio de Loyola S. J.）、本篤會、方濟會和道明會。新發明的印刷機大量供應祈禱和內修生活的著作，其中包括教會聖父的譯作，及義大利、法蘭德斯、德國學派的譯作，還有伊拉斯莫斯（Erasmus[4]）、士林學派、誓反教、人文主義的譯作。這些學派與革新運動相互接觸，於是導致理念的交互影響。

先前，中世紀的西班牙是歐洲最寬容的地區，基督徒、伊斯蘭教徒和猶太教徒和平共處，有時甚至相親相愛。不過，此一關係卻沒有持續，處在政治尚未合一的國家中，漸漸地，擁有共同信仰被用來當作統一的工具，以之團結卡斯提人、亞拉岡人（Aragonés）和加泰隆尼亞人（Catalanes）。基於政治和宗教不斷相互影響，在西班牙境內設立宗教法庭遂成為權宜之計，以加強西班牙統一的理想，對國家的目標達成更深的共識。

由於荷蘭的基督宗教發展出一支強烈的虔敬派（Pietist[5]），傾向於強調心禱而抹殺形

5. Pietists 虔敬派、敬虔派：從一五五九年以來，在信義宗（Lutheran）與改革宗（Reformed）內，所興起的聯合神祕與實際趨向的派別。此教派並非一種教義組織，而是一種虔敬的信仰生活類型，首先以抗議的姿態出現，認為原罪致使人類完全墮落，肯定意志與嚴謹的倫理生活。主張宗教生活上的虔敬，批判教會過於重視教義、儀式及制度的心態。

式和禮儀。在義大利佛羅倫斯則有薩沃納羅拉（Savonarola⑥），他自稱得到啟示的神見，吸引了當時在義大利的許多方濟會士。在西班牙境內，不乏熱愛上述這兩種信仰類型的人，尤其在熱心的婦女當中，常有一般所謂的守貞者（Beatas）；在方濟會中則形成所謂的歸依者（Converso）。然而，只有到了十六世紀初期，這些信仰類型才開始引發各種的修會改革運動，同時推動教會團體和個人的革新。他們興起了啟蒙運動，並且造就了卓越卻又偏頗的靈修方式，其成員以光照派（Alumbrados⑦）著稱。

光照派會合伊拉斯莫斯運動，共同強調內在性，並反對濫用敬禮的形式主義。他們後來分成不同的派別，有共同的走向，但也有相當的差異。其中所謂的收心派（Recogidos），認為最重要的是收心，而「收心」這個語詞意指靈魂盡力退避和忘記受造物，好讓他能被天主的行動滲透。另一派別稱之為放棄派（Dejados）；其靈修建立在放棄自我的觀念上。

最後導致一個進展，強調稍有不同的方向。收心的這個派別極大多半是修會會士，他們努力建立內修生活和心禱的技巧，為的是幫助靈魂走向完全的心靈赤裸，及與主結合。這派別的人士漸漸被稱為「神修人（spiritual men）」或「有經驗的人（men of experience）」。由於這個修行最主要在方濟會士當中，所以難怪有位名叫奧思納的方濟會士，在他的《靈修初步》中，明確地述說此一運動。

另一方面，「放棄自我」的擁護者，有時不夠明智地，愈來愈強調內在的感召和被動性的重要，反對所有的外在敬禮。特別鼓吹此一靈修方式的人是方濟會士十字依撒伯爾（Isabel de la Cruz）及她的追隨者貝德羅．亞爾卡拉斯（Pedro de Alcaras），他是一位平信徒。

光照派的靈修核心和其他的啟蒙運動是一致的。而心禱、默觀和神祕現象顯示的重要

6. Savonarola, Girolamo（一四五二～一四九八）薩沃納羅拉或薩伏那洛拉：義大利神學家、佈道家、道明會會士。自認為有先知性的神視神恩，可預見或會的未來。並建議在佛羅倫斯建立一個以神為中心的政教體系，而遭教宗譴責為分裂教會及異端者、開除其教籍、受絞刑而死，遺體被焚燒。著有《論簡樸的基督徒生活》（*De simplicitate christianae vitae*, 1496）、《十字架的凱旋》（*Triumphus crucis*, 1497）、《論真實的先知性》（*De vera prophetica,* 1498）等。

性，則是光照派更為注目的焦點。由此看來，奧思納、拉雷多（Laredo）和大德蘭也能列入光照派的行列。其中的危險在於過分誇張，把持上述提及的要點，採排外的立場，造成歪曲事實的後果，例如，以修行心禱為由，一個人就可自覺良心平安地推卸所有責任：補贖善工、克修、修德。更有甚者，為了避免有損於放棄、收心或寧靜，他們教導說，人應該斷絕內在的行動和外在的工作，甚至斷絕想及基督的至聖人性。他們主張，這一切和服從，都有損於因被動和放棄而許給天主的結合。人一旦藉著被動和放棄而與天主結合，就不犯罪。這類不合格的教導經常導致道德淪喪的後果。舉例來說，一五二九年，裁判所逮捕了一位女士，名叫方濟佳．埃爾南德斯（Francisca Hernández）。在瓦亞多利（Valladolid），她是啟蒙運動的領導者，這位迷人的婦女身邊，有一群光照派組成的小集團，其中有些人服膺她的論調，不覺良心的譴責，而與靈修同伴淪落到肉體的層面上。

更甚者，還會漸漸養成毫不節制的迷戀，醉心於神魂超拔和其他的異常形象，認為應不惜任何代價取得這些經驗。在當時出名又騙人的神見者中，有一位帶有聖傷者，名為瑪利亞．聖道明（Maria de San Domigo 一四八六～一五二四），人們稱她為比埃得拉伊達的守貞女（Beata de Piedrahita）。她的修院成為靈修和高超祈禱的中心；她親自寫了一本論述祈禱和默觀的書。不過，很快地，由於她的精神失常及預言性的啟示，道明會的總會長必須把她隔離。除了她的告解神師，嚴禁修會中任何人與她交談，也不可為她施行聖事；再者，除了省會長外，嚴禁任何人談論她的預言、神魂超拔和出神。

另一位神見者是十字瑪達肋納（Magdalena de la Cruz），是佳蘭修會的修女，享有聖德、嚴厲守齋和長時守夜的美名，她的身上也帶有聖傷，眾人皆知，除了每日聖祭禮祝聖過

7. Alumbrados 光照派，先覺派：十六世紀西班牙的一個默觀靈修團體，強調人與天主的直接往來，個人靈修生活的安排不需透過教會的分辨判斷。

的聖體外，她不再需要任何食物。然而在一次宗教法庭的審查中，她招供自己暗地崇拜魔鬼，由於兩個邪魔（incubuses⑧）的指使，她和他們簽了約，因此而精通所有的騙術。由於她大大愚弄了主教和國王，使得西班牙全境人心惶惶，害怕上當。

為此之故，宗教法庭把注意力轉移到光照派的活動中，這是可以理解的。一五二五年，宣判了四十八個光照運動的案件。同年公布一道法令，反對路德異端，因為宗教法庭懷疑路德教派和光照派的謬論同出一轍，兩個運動都強調內在的修行，漠視外在的禮儀。凡有光照主義嫌疑者即刻遭到拘捕，羅網廣佈，竟至連羅耀拉的聖依納爵也劫數難逃，三年之久，不得宣講聖道。伊拉斯莫斯的隨從者亦然。

卡斯提民眾造反的背後動力，一直是仇恨外國人和外國人的方式與觀念。雖然卡斯提的民眾失敗了，但很自然的，許多從中而來的觀念依然存留著，由比較保守的修會會士加以擁護和支持。如果會士們請求宗教法庭壓制外來的信仰，他們之所以這樣做，也是受到恐懼的驅使。這樣的怕懼來自在這麼一個地區內，非正統的觀點很容易大量導致新的異端生根。結果形成一個趨勢，充斥著彼此不信任，互相猜疑，特別有利於密告者和間諜。受害者絕不知道誰是指控他們的人，而指控者卻往往尋找報復宿怨的良機。當時甚至連非神學著作的作家，都同樣傾向於做出自我檢查，只是為了使他們的著作完全不會誤導無知的人，及沒有受過教育的人。

另一方面，我們也沒有理由假定說，宗教法庭是約束的惟一根源。凡偏離不成文法令的人，都會遭到猜疑，這已深深紮根於十六世紀的西班牙，即使那裡的偏離比在別處要正常得多。一個人可能因他的種族而遭猜疑，就像猜疑他的信仰一樣。除了這一切和純信仰有關連

8. incubus夢淫男妖：中世紀迷信中的一個作惡的男性精靈，常在婦女夢中與之交媾。女巫和惡魔就是因此而生的子女。

之外，還有一種對純血統的不當顧慮。

處在大德蘭時代的社會中，另有一個盛行的恐懼，就是懼怕魔鬼。自從十四世紀以來，基督徒愈來愈注意到魔鬼和牠的勢力，害怕牠的魔力和詭計構成嚴重的威脅。聖多瑪斯．阿奎那（St. Thomas Aquinas）在十三世紀論及魔鬼的誘惑和怪異時，他那深思的措辭和明智的懷疑，太快地被人忽略了。當時有個觀念漸漸普及各地，認為女人是厄娃的女兒，能夠做撒旦的媒介，使之更加輕易地誘惑男人，吸引他犯罪。使群眾驚嚇的魔鬼勢力，導致宗教法庭覺得他們被超自然的勢力緊握著。

如果我們記住上述這些事，就不難明白，為何那個年代很不信任心禱，特別是修行心禱的女士（修女、守貞女或愚婦），並懷疑培養心禱的神修書籍，公開敵對神祕的顯示、顯出病態的狂熱信仰或啟蒙主義者。所以，大德蘭的神師們對她的不凡經驗提出的質疑和警告是不足為奇的。至於德蘭本人，雖然在得到恩惠的當下，自覺千真萬確，也不免開始感到懷疑和害怕，不知自己是否成為魔鬼騙局的犧牲品，這也同樣不是什麼怪事。德蘭親自作證：「由於在那時，一些婦女陷於嚴重的錯覺，受到魔鬼的欺騙，我開始害怕起來。而我體驗到的是這麼大的愉悅和甜蜜……此外，我看得出來，極為確信這個愉悅來自天主，尤其是當我在祈禱時……然而經過一點分心之後，我就開始害怕，懷疑是不是魔鬼使我認為這個經驗是好的，希望我休止理智，牠好能引我離開心禱……這個害怕日益增加，促使我費心盡力，尋找神修人士向他們討教（23．2～3）。」某些熱心人士太過分了，竟然警告她的告解神師，要對她小心戒備。「我很怕不會有人要聽我的告解了，所有的人都離我而去（28．14）。」

大德蘭處身在這些懷疑當中，她領悟出來，最安全的道路是對她的告解神師毫無隱瞞，把她靈魂的全部情況展現在神師面前。她也達到以下這麼一個結論，即告解神師應是博學者，她則必須服從。雖然有些困惑，但她發現當她服從神師的指導，抗拒這些恩惠時，只會使恩惠增多（29．7）。大德蘭從她的經驗獲得了分辨的能力，能辨識出不是來自天主的被動經驗。「現在對於有什麼是從魔鬼來的，我已有如此之多的經驗，由於牠現在看到我認得牠，牠不再折磨我，如同過去牠慣常做的那樣。牠可以清楚地被辨識出來，藉著牠招惹起來的擾亂和不安，藉著只要牠的工作持續下去，靈魂感到的激動，藉著牠放進靈魂內的黑暗、憂苦和乾枯，及對祈禱或任何善工提不起勁（30．9）。」

即使人們可能由於渴望天主的恩惠，而在祈禱中被誤導和受騙，這些恩惠的本身仍不該被輕視，對大德蘭來說，它們是剛毅和強化信仰的根源。她幾乎無法相信，經過這麼多自己白費力氣的經驗之後，預嚐了天堂所留給她的超脫感受，而這正為她未來的使命做準備。「藉著這些恩惠，上主賜給我們剛毅，這是我們因罪惡而失去的。如果一個人沒有天主愛他的一些憑據，再加上活潑的信德，他必不會渴望被人輕視和厭惡，也不會想要有成全者具有的其他一切大德行。因為我們的本性是這麼麻木不仁，所追求的無非是眼前所看見的；因此，這些恩惠正是喚醒我們的信德，也是加強信德（10．6）。」

儘管大德蘭極其害怕，惟恐被自己的經驗欺騙，誤入歧途，失去她的上主；不過宗教法庭倒不是什麼能驚嚇她的東西。當別人以此怕懼來警告她時，她寫道：「這令我覺得好笑，也讓我發笑……而我說，他們不該害怕這些可能的控告；如果我的靈魂還有什麼這類的事，覺得必須怕宗教法庭，這是很不好的。我想，如果我真有什麼害怕的事，我會親自去找宗教法庭的人（33．5）。」在那時，人們認為那是一個人所遭遇最可恥的事，大德蘭則視之為幸運的良機，讓她的精神完全順服教會的判斷。任何拖累她的恥辱，她都不會視之為在恐懼內畏縮的因由，反而成為她在愛天主上成長的好機會。雖然後來不同的時間裡，在宗教法庭前受到控告，她總是無罪。

大致上可以說，凡有誇大不實之處，大德蘭在她的時代即是一個反對的標竿；凡在各方面有真理之處，她則是一個協調者。德蘭畢生強調祈禱和內修生活的絕對必要，她的道路是熱愛基督之路。為了登上無形的靈界，而要求捨去有形體的物質界，任何這一類的神祕主義系統，她都感到極難對之敞開。熱愛基督的至聖人性，絕不是她達到最完美默觀的阻礙。她認為，真正的阻礙來自一個錯誤的觀念，亦即不理會所有對主基督的思想；她說這樣的做法會阻止「天主賜給靈魂的出神、神見及其他的恩惠（22．2）。」她相信，努力驅逐任何念及人性基督的思想，而又想要親近天主的神性，許多的靈魂因此無法超越結合的祈禱。基督的圖畫和肖像，這些單純的方法，極受大德蘭的珍視和虔誠敬愛，敬禮絕不會是她的障礙。當天主願意在更高的祈禱境界中暫停所有的官能時，是的，這時基督至聖人性的親臨已被拿走。「那麼，就喜樂地順其自然；像這樣的失去是有福的，使之更能享有那我們認為失去的（22．9）。」「當人置身於處理事務中，遭受迫害和艱難困苦時、或當人無法保持這麼許多的寧靜，處於乾枯乏味時，基督是非常好的朋友；因為我們看祂是人，也看祂軟弱無力、備受煎熬，看祂是我們的伴侶（22．10）。」對於和主基督的友誼，及獻身於主，她做出猛烈的辯護，即使是處在神祕生活的較高境界中，她的言辭都不是來自以想像描述事物的特別本領。「因為天主沒有給我推論思想和善於想像的才能。事實上，我的想像很笨拙，即使要在我的腦海中思想或重現主基督的人性，無論多麼費力，我都辦不到（4·7）。」因此，談到默觀時，她的腦袋中想到的，往往是藉著基督在世時的奧跡，單純而寧靜地呈現基督。「不過，一個人不該老是疲於尋求這些思考；而是，只要留在那裡，以寧靜的理智，留守於祂的臨在中。如果辦得到，他應該專心注視正在看他的基督（13·22）。」

大德蘭聽到，在歐洲其他的地區，基督及聖人的聖像慘遭摧殘，令她痛心不已。即使只是個簡單的聖物，例如聖水，都會使她對其靈驗的效力留下深刻的印象。「聖水的神力一定很大。當我取用聖水時，我的靈魂感覺到特別，且非常明顯的安慰。確實無疑地，通常我的靈魂感到舒解，我不知如何說明，就好像一個內在的愉悅，使靈魂感到全然舒適。……我欣喜地看到，祝聖聖水的禱文具有的神力，使之和未祝聖的水截然不同（31·4）。」另一方面，那時普遍流行的敬禮，尤其盛行於婦女之中，那些純屬迷信的敬禮，她承認自己從來沒有喜愛過（6·6）。

關於大德蘭的經驗，她最先向兩個人請教。他們審閱聖女所寫的證詞之後，下了一個定論，認為她的超自然經驗來自魔鬼。還告訴她，不要一個人獨處，她很少敢白天單獨留在房間裡。有一次，正當她很害怕魔鬼欺騙她，感到惶恐不安，無精打采，不知如何是好，這時她聽到主對她說話。「…我就有了平靜，同時也有剛毅、勇氣、安全、靜息和光明，剎那之間，我看到自己的靈魂判若兩人（25·18）。」至尊陛下的話使她從這些社會加給她的，對魔鬼沒有必要的、恐怖的害怕中，得到了釋放。至論魔鬼，她能以完全的自由說：「我毫不把牠們放在眼裡，看牠們不過是蒼蠅（25·20）。」她在有關魔鬼方面的教導，頗合乎心理學和靈修方面的正確原則，其最基本的因素，就是所有對魔鬼的害怕根本是沒有用的。「當

9. quietism 寂靜主義：（1）廣義而言，指在靈修學上，特別強調被動寧靜，而不強調自力、行動及責任的狀態。（2）指十七世紀天主教會西班牙靈修學家莫利諾斯（Molinos）所提倡之靈修學派，認為人的修德成聖，在於絕對的靜寂與外務隔絕，才能與天主合一。

我們能說『天主！天主！』而使魔鬼顫慄發抖時，我不明白這些害怕，『魔鬼！魔鬼！』（25．22）」她以不贊同的話結論這一小節：「我害怕那些如此怕懼魔鬼的人，超過害怕魔鬼本身，因為魔鬼不能下手加害我。反之，這些怕魔鬼的人，如果他們是我的告解神師，會造成很嚴重的擾亂（25．22）。」

在西班牙，那些所謂的博學者（指神學家或知識界人士）和神修人（即在祈禱方面有經驗的人，現今可能視之為神祕家或有神恩的人），慢慢形成很深的分裂。博學之士時常輕視寂靜主義（quietism⑨），懷疑祈禱，反對神祕生活，尤其是婦女們所提倡的神祕生活。他們向宗教法庭告發所有涉及這類事情的書籍。另一方面，神修人士也很看不起神學家，蔑視這些人熟識法律的文字，卻毫無法律的精神；不屑提及這些人靈修事務上的資格，並宣稱他們不適於指導靈魂的工作。

知識界人士的趨勢是決定性地強制執行宗教法庭的法令，其先鋒隊為撒拉曼加學派和道明會的神學家。所有的神學家中，最出名的兩位是，可怕的道明會士卡諾（Melchior Cano⑩），及塞維亞（Seville）總主教費爾南多．瓦耳德斯（Fernando Valdés）。卡諾教訓說，修行祈禱是很危險的，不僅危及教會，也殃及基督徒民眾。真不能相信，如此一位優秀的神學家，他推論說，既然人不可能同時兼顧活動和默觀的生活，如果所有的人都獻身於祈禱，那麼學校和大學都必須廢止，封閉書本，滅絕學習。至於說到修行祈禱，比其他任何修行更有助於獲得德行，他則抱怨說這是很可笑的。

一五五九年，瓦耳德斯出版一份禁書目錄，其中幾乎囊括所有涉及祈禱的書：西班牙當代最聞名作家寶貴的靈修大作，及古典名家的譯作：聖方濟．博日亞（San Francisco de

10. Cano（Canus）, Melchior（一五〇九～一五六〇）卡諾：西班牙神學家、道明會會士、天主教主教。參與特利騰大公會議有關聖體聖事及和好聖事的研討。為支持西班牙國王菲立普二世反對教廷的政策，而出版《神學研討》（*Consultatio theologica*, 1556）。其著作《各種神學知識之來源十二冊》（*De locis theologicis libri* I～XII, 1543～1560），死後出版，共出了三十多版。

Borja）、聖若望．亞味拉（*San Juan de Ávila*）、路易斯．革拉納達（Luis de Granada）、奧思納、陶勒（Tauler⑪）、哈斐烏斯（Harphius）、嘉布遣的丹尼斯（Dionisio Cartujano）。許多是大德蘭的最愛。

方濟．博日亞的《*Obras del Christiano*》遭到禁止，在此附上一個有趣的註解，這或許很可以說明，十六世紀西班牙教會盛行的反耶穌會情結。德蘭從不輕易譴責他人，她極尊敬耶穌會神父，親自求教於方濟神父，發現方濟．博日亞極有幫助。如德蘭所說的，因為他是一位有經驗的人，是「在天主的恩惠和恩賜上，他是個精修者（24．3）。」按她的看法，耶穌會士是神修人士，是祈禱和有經驗的人：「我明白，所發生的事全是為了我更大的好處，使我能認識，並求教於如耶穌會士那樣聖善的人（23．9）。」

儘管有宗教法庭、卡諾及禁書目錄，這位加爾默羅會隱修女認為祈禱必須占首位，毫不疑惑，她視祈禱為天主在她內行好事的根源。擯棄祈禱無非就是對天主關閉門戶，而天主正渴望著把祂的生命親密地分享給我們。所以，她對於像聖伯鐸．亞爾剛大拉（San Pedro de Alcántara）這樣具有神修及經驗的人士，表示的尊敬和讚賞是很熱烈的。大德蘭也同意他的觀點，即天主把恩惠賜給女性，超過給男性。

大德蘭教導說，在初學者的神修指導方面，更要緊的資格是有祈禱的經驗和明智。「我說，如果這些博學者不修行祈禱，他們的學識對初學者的幫助很少（13．16）。」另一方面，她警告說，凡經驗到恩惠的人，尤其是女性，應該請教博學者。她明智地警告和勸戒，「不要讓神修人被誤導說，有學問而沒有祈禱的人，不適於修行祈禱者。……他們並不輕視聖神，也非對聖神一無所知，因為在他們研讀的《聖經》中，常能發現真理和善神（13．

11. Tauler, Johannes（約一三〇〇～一三六一）陶勒：德國神祕家、道明會會士。依據教父及教會傳承的神祕著作，發揮人的三方面：外在世俗人、理性成熟人、恩寵超越人，而形成靈修三階段，說明人如何超越理性世界，進入與天主聖三親密來往的境界。著有《神的教導》（*Die Göttlichen Lehren*, 1543）、《神貧之書》（*Buch von der geistlichen Armut*, 1543）等。

18）。」所以，對於那些開始經驗到天主恩惠的人，學識有其特殊的價值。博學者能辨識出來，一個人是否行走在符合《聖經》教導的真理中。不過，鑽研《聖經》的專門知識，並不能就此抵銷經驗和謙虛；其中可能有些是博學者不明瞭的。對於難解的靈修經驗——即天主的灌注之愛，他們可能會顯出有點愚鈍。像這樣的灌注之愛，心理學家威廉．詹姆斯（William James）研究種種的宗教經驗之後，略帶歉意地譏諷說，這些有如狂熱的宗教信徒和神祇之間的戀愛調情。然而，大德蘭的智慧根源是她的主基督，對於博學者的不解，她有些如同母親般的勸告：「至於其餘的，他不該殺死自己，或想他明白自己所不懂得的事……叫他不要驚奇……上主使一個小小的老女人，在這個學識方面或許比他更有智慧，即使他是一位非常博學的人（34．11～12）。」

大德蘭不滿足於博學者僅僅只是博學。她深受折磨，因為沒有可以討教的人，對於她受吸引而行走的這條神修道路，她找不到有這樣經驗的人。她向那些經驗不足的人討教，反而常常使她很擾亂，也非常苦惱（40．8）。能徹底瞭解德蘭的是嚴格又聖善的伯鐸．亞爾剛大拉會士，由於他的親身經驗，他能解說事情的原委，安慰並鼓勵德蘭。

博學者也必須是有經驗的人或神修人。大德蘭懷著這個理想，設法促使著名的道明會神學家賈熙亞．托利多（García de Toledo）和伯鐸．伊巴涅斯（Pedro Ibáñez）走上祈禱之路。由於她動人的影響力，他們認真地走上這條新發現的道路，不久即開始體驗到天主的恩惠。當時有些學者主張，在獲得靈修生活的被動經驗之前，必須度過許多年的艱苦克修，對此平凡的教導，大德蘭持相反的觀點。她說，上主沒有遵循固定的時間表。許多時候，「往往上主二十年沒有賜給某人默觀，卻在一年之內，賜給了另一人（34．11）。」從進入新建立的聖若瑟隱院的小修女身上，她同樣看到這事的實例（39．10）。至於伯鐸．伊巴涅斯這個亞味拉「最博學的人」，她寫著：「那時，我盡所能清楚地告訴他，所有關於神見、我的祈禱態度及上主賜給我的大恩。我請求他非常認真地細察我的祈禱，告訴我是否有什麼相反《聖經》的地方，及他對這一切的感受……雖然他已經非常好，從那時起他更加專注於祈禱，退隱到自己修會的一個會院內，在那裡可有多些獨處，使他更能修行祈禱（33．5）。」當德蘭再次看到他時，聽到他因加強祈禱生活所得的幸福，德蘭也因之得享其中的一些益處：「而我也同意，因為先前他只憑學識使我確信，並安慰我；然而現在他這樣做，也憑著自己的靈修經驗（33．6）。」德蘭在三十四章中說，當她念及賈熙亞卓越的才能和天賦時，感到一股無法抑制的渴望，切盼他完全自獻給天主，而天主如何俯聽了這個祈禱，開始賜給他恩惠。

在此可以回顧一下當時的西班牙，一般的信友不能閱讀《聖經》，當然，除非他們懂得拉丁文，因為不許有本國語的聖經版本。大德蘭必須轉向其他的神修書，通常其中都有大量的《聖經》引言。當許多神修書被列入瓦耳德斯的禁書目錄中，她失魂落魄，不知所措，驚愕之餘，得到一個來自上主的神諭，告訴她不要傷心，祂將成為她的一本活書。後來德蘭得到神祕的領悟，瞭解至尊陛下願意教導她的許多真理，結果，她感到很少或幾乎不需要書本（26．5）。由於缺乏談論祈禱的神修書，她後來寫自己的書，解釋並訓誨她的新門生，如何走上與天主結合的道路。

早期的神師群

早期有一群審閱者和告解神師，在德蘭的《自傳》中占有一席之地，這些人約有八位。德蘭最先徵詢的一位是方濟・撒爾謝多（Francisco de Salcedo）。他是一位虔誠的平信徒，已修行心禱約四十年，也在聖多瑪斯學院上了二十年的神學課，他自覺怎麼也聽不夠這門神聖的學問。得到德蘭首份的生活與罪過報告書的人正是他，這份報告成了德蘭未來《自傳》的最初藍本。方濟不知所措，乃轉向加斯巴・達撒神父（Gaspar de Daza），請教這位苦修的司鐸。這兩位達到結論，表示德蘭的經驗來自魔鬼，許多年都堅決地把持這個結論。

德蘭聽從方濟善意的建議，接下來請教的人是耶穌會士。這段期間，她所求教的都是年輕的會士，比她年紀約小一半。第一位是狄耶各・沈迪納（Diego de Cetina）神父，二十四歲，剛剛祝聖為神父一年。只過了兩個月，他就調任他處。隨之而來的是若望・布蘭達諾斯（Juan de Prádanos），二十七歲，也是只祝聖神父一年。他作了大德蘭兩年的告解神師之後，也調職。最有名的是第三位，巴達沙・奧瓦雷思神父（Baltasar Alvarez），二十五或二十六歲，他同意接受指導德蘭的工作時，才祝聖神父一年。

奧瓦雷思指導這位非凡的女士，感到撲朔迷離，猶豫不決，雖然如此，他英勇地站在德蘭身旁。在那段艱苦的歲月裡，彷彿樣樣事情都不對時，他一直願意，而且快速地鼓舞德蘭的頹喪消沉。他自己的半信半疑一直耽擱著，很慢才完全消除。十年之後，當他開始受到吸引而進入祈禱的神祕之路，才對德蘭姆姆的經驗得到完全的平安。幾年之後，有一次，他指著一大堆的書，對一位同會的弟兄李貝納爽直地透露：「為了瞭解耶穌・德蘭，我讀遍所有這些書。」

道明會中有三位傑出的代表人物：賈熙亞．托利多、伯鐸．伊巴涅斯、道明．巴臬斯（Domingo Báñez）。德蘭提及賈熙亞，說他是一個門徒，也是指導者和告解神師。她稱他為「我的父親，也是我的兒子」。德蘭在《自傳》中直接地向他說話，好像在寫信給他。他是真正的貴族，歐羅佩撒（Oropesa）伯爵的姪甥，祕魯總督的堂表兄弟。他極可能是那個力勸德蘭不要擔心敘述得過於詳細或掛慮詳述許多細節而失去話題的人。在修會中，他掌管許多要職，包括擔任祕魯的省會長。德蘭幾年前已經認識他，在托利多再次與他重逢。第三十四章中，她熱情地述說一個事件。短短的時間內，由於她的影響和祈禱，賈熙亞經驗到對天主的更完全歸依。由於他自己的深度經驗，而領悟了許多神修的事理。

伯鐸．伊巴涅斯是一位神學教授。德蘭逐步向他開放自己的靈魂，他則反過來受到吸引修行祈禱。德蘭敘述他的死，這事發生在她結束本書的第二修訂本之前，讓我們對這人有些認識。德蘭這樣開始寫他：「他的祈禱達到如此的境界，當他臨終時，由於他的極度虛弱，想避開心禱，卻因他許多的神魂超拔而不能。在他死前不久，他寫信問我該怎麼辦？因為當他結束彌撒後，常常陷於無法阻止的神魂超拔中（38．13）。」

道明．巴臬斯到了一五六二年春才出現。他聰穎有力的理智，加上他在教會道理方面的權威，備受各方敬重。他對於《自傳》的最後修訂本有些影響，且和這手稿後來的歷史有關，他向宗教法庭提出有利的意見。

其他兩位是德蘭的安慰，且對她極有幫助，就是教會日後宣聖的甘迪亞（Gandía）公爵方濟．博日亞，他捨棄榮華，進入耶穌會；及伯鐸．亞爾剛大拉，方濟會的苦修者和改革者。

書面報告

聖女大德蘭提筆寫《自傳》時已年近五十，她穩定不變地經驗著神祕恩寵的湧流約有十年之久。最後，她不得不以書面報告寫出那非凡卻有時令她驚慌失措的經驗，為能把這一切呈遞給專家判斷。她沒有立即遇到好運。無論是撒爾謝多或達撒，兩人都還沒有準備好處理這類的事。如前所述，他們很害怕她的經驗，迫使她到處找人討教，徵詢耶穌會士及道明會士。結果，這些輔導者要求詳細的書面報告。

大德蘭的苦惱是這樣的，雖然她能以口頭報告，也可寫出她的罪過，可是她所經驗的神祕生活，即使用盡全力加以描述，終歸無效。她最後的辦法是求助於拉雷多的《攀登熙雍山》（*Ascent of Mount Sion*）。她把書中一些相似自己經驗的敘述劃上底線，作出標記。「很長的一段時間，即使天主恩待我，我也不知道用什麼話來說明祂的恩惠；這對我而言，不是一個小折磨（12・6）。」若要充分地解釋她的經驗，她還需要其他的恩寵。後來她發現，「得到上主的恩惠，是一種恩寵；明白這是什麼恩惠和恩寵，則是另一種。第三種恩寵，則是知道如何描述和解釋恩惠（17・5）。」

大德蘭的著作中，尚存一些自述神修境況的報告，寫於《自傳》之前。這些即是她《靈修見證》的頭兩則。此乃由於賈熙亞神父熱切地想知道一切有關她的事，告訴她寫一份更周全和詳細的報告，述說她整個的靈修生活，而不只限於她主動的境界。

由於貴婦露薏莎・瑟達夫人（Doña Luisa de la Cerda）的請求，加上省會長的命令，她必須留在這富貴、安寧的皇宮內。德蘭專心致志地敘述她的故事，躍然紙上。她的初稿沒有分章，也沒有分節。寫好之後，於一五六二年六月，返回亞味拉之前，她將完成的作品呈送給賈熙亞神父。這份手稿讀來彷彿一封長信，信中她屢次對著收信人說話，繼續不斷地和他對話，求助於他的神學權威等等。

很可惜，她的自傳初稿已經遺失。但這位博學的道明會士的確閱讀了這篇作品，對某些稍嫌過於強烈的語詞提出評論。他極可能拿給幾位親近的好友看這份手稿，例如伊巴涅斯。然後歸還作者，並附上要求，懷著他原有的切望，再次要求詳細敘述，不只要她改寫，也要她增補創建亞味拉聖若瑟隱院的部分。大德蘭認為，這個要求係來自她的告解神師們，於一五六三年底傳達給她。此時她已得到口頭的允准，可以住進她的新隱院，很可能，她等到過了一五六四年才住進去。第二手稿一定是在寧靜的默觀生活中疾筆成書，就是在她嚴守院規的隱院內，在那赤貧的斗室內，毫無舒適，甚至連一張桌椅也沒有。

她所做的修訂並非都是小小的改正。因為急於解釋清楚並表達她的意思，所以多加了十一章，（十一章到二十一章，連二十二章也包括在內），其中她以灌溉花園的四種方式作為比喻，寫了一篇談祈禱層次的小論文。同時，她也增加了所要求的報告，寫出建立聖若瑟隱院的經過（卅二到卅六章），之後添加四章增補，我們很高興推測是賈熙亞神父的要求，讓她述說直到一五六五年底前所得的其他特殊恩惠。上述的這個日期，點出她可能在此時完成這本書。

這本書的性質

雖然通常這麼說，大德蘭的書不是自傳，也不是靈心日記，她所談論的主要是內修生活中（灌注或神祕）的超性事實，可是，她的確採用傳記資料作為背景，襯托出她所敘述的天主恩惠的存在及價值。零星分散的傳記資料，含有二個層面，一個是外在的，另一個是內在的。這兩個層面之間的差異日漸加深，遠超過一般常見的自傳。外在的層面談及歷史事實；此乃個人的年代史，其價值是有限的。內在的層次所談的幾乎全是神祕事件，這些事的性質和深度，超越普通內修生活的層面，超越純粹的史實及精神作用的一般方式。這包含更高的意識境界、被動的知覺和愛、與超越的天主交往、更強烈的精神生活。

不過，雖然本書優先敘述內在的事件，卻也不妨礙兼顧兩個層面，交織並敘，實歸功於此書的精巧設計。至於《自傳》中所提的外在事件，第一部分是一五一五年～一五三五年，包含二十年的家庭生活。再來的二十七年，一五三五年～一五六二年，包括她在降生隱院的加爾默羅會士生活。最後是一五六二年～一五六五年，三年在聖若瑟隱院的生活，即在她新建立的加爾默羅會生活方式開始的那幾年，擴展革新修會成為她的使命，直到一五八二年逝世為止。

至於內在事件，尚未得到一五五四年的歸化經驗之前（9．1），她的生活大致上是克修的類型。其後大約有兩年，她經驗到神祕恩寵的開始傾注，感覺天主的臨在、被動的收心和寧靜，也開始嚐到結合（9．9，10．1）。約在一五五七年，她得到首次的神諭，並且神魂超拔（19．9）。之後的一年到一五六〇年，為了服從告解神師，她必須抗拒神諭和神魂超拔（25．1、15，27．1）。一五六〇年六月，她第一次有了基督人性的理智神見（27．2）。一五六一年元月，至聖的人性帶著復活的形像，以想像的神見顯現給她（28．3）。一五六一年～一五六三年，兩年半的時間，她屢次得到這個恩惠（29．2）。再者，「至今一定超過三年多了」，即一五六三年～一五六五年，「祂持續地更新這個恩惠，代之以其他更卓越的（29．2）。」其他更高超的恩惠，正是她寫這書時所處的境界。此一時期的恩惠是愛的猛烈衝擊，愛的靈傷和神箭穿心。「你無法誇大或描述天主創傷靈魂的方式，及這個創傷導致的至極痛苦，因為它使靈魂忘記自己。然而，這個痛苦是如此愉悅，生命中不會有什麼其他的愉悅，能給予更大的幸福（29．10）。」靈魂感到治好這個痛苦和疾病的良藥是死亡。

執筆最後的增補部分之前，大德蘭被提拔達到更高的神祕境界。她說，比起所提到的一切神見和顯現，這個經驗是較晚才出現的。靈魂被高舉，超脫己外，置身於浩瀚無垠的孤寂中，體驗著強烈的心靈痛苦。正如結合和神魂超拔引發強烈的心靈喜樂，中止官能，同樣，在此祈禱之境，痛苦使之中止。「誰能向閣下好好講解這個祈禱？……這個祈禱是我的靈魂現在常常體驗的。往往，當靈魂不被占有時，他被置於急切渴望死亡之中；當他看到這祈禱將要開始了，他很怕自己不會死。然而，一旦置身於其間，他會渴望耗盡餘生於此痛苦中，即使這個痛苦格外劇烈，遠超一個人所能忍受的……我有時真的想，如果這個祈禱像現在這樣繼續下去、如果我的生命告終，上主會得到服事……在那急切渴望看見天主中，我忘掉了一切；對靈魂而言，曠野和孤寂比世上所有的同伴還好。如果有什麼可以安慰靈魂的，那就是和受過同樣折磨的人交談（20．12～13）。」這個痛苦的心靈烈火，從未導致死亡，及所渴望的隨之而來的面見天主。不過，可以在此指出來，疾筆書寫《自傳》的最後定稿時，她正處於靈修歷程特別重要的階段。後來的著作中，會更深入地述說她與天主的結合，更溫和、平安的火，靈魂感到自己已享有天主，雖然不是圓滿的福境，但靈魂已深深地忘記自己，自覺失去了自己的存有。

德蘭分享個人經驗的見證時，她從自己的特殊案例說起，談到普通一般人的層面。所以，除了個人見證之外，還有適於大眾的教導。分享見證的同時，她檢視自己的意識，解析她的靈修生活，真實且單純地，特別努力於解釋她自己。她說出罪過和恩惠，亦即「好事和壞事」。由於恩寵遠勝過罪過，致使報告中的這兩個組成因素失去平衡。雖然部分的原因在於以下的這個事實：她故事中的神祕因素確實佔了上風，超過克修的因素。然而，還是要再加上一個因素，即她見證的目的是超性的；證實她內修生活中這些實有的經驗是存在的，也是有價值的，並且確定它們在普遍層面上的卓越和重要性。見證與說教交織混合是德蘭教學法的特質。她從未意圖掩飾自己的無知學淺，她也無須如此。她坦白承認，不知如何下筆清楚地解釋自己的問題，不知道準確的用語；也不懂哲學和神學；她甚至連一本供她使用的《聖經》也沒有。儘管缺少方法和工具，她有的是確信，這確信是來自不容置疑的經驗。「我從經驗得知，我所說的是真的（27．11）。」這是一個連在大名鼎鼎的神學家面前都不畏縮的確信。「榮福聖三的奧跡和其他卓越的事理昭然若揭，沒有一位神學家，靈魂不敢與之爭辯這些偉大的真理（27．9）。」

談論非言語所能形容的神祕經驗，不是人人都有這樣的神恩，聖多瑪斯稱之為言語的神恩（the grace of speech）。天主等她經歷數年的解說不清、無能為力之後，才賜給她這個神恩。依靠天主的神恩，不只說話，連寫書都同樣生動感人。認識她的人作證，讀她的書宛如聽她說話；效果是一樣的，她的寫作態度無異於談話的方式。她清楚明白書中有些部分乃湧自天主。「這裡所寫的許多事，不是來自我的腦袋，而是天上的導師告訴我的（39．8）。」她珍愛她的靈修書，也不吝於使用它們。不過，雖然她認為自己了解靈修書中所說的，然而，後來她體會出來，「如果上主沒有指示我，我從書本所知甚少，因為至尊陛下尚未賜我由經驗了解之前，我是一無所知的（22．3）。」往往要著手描述一個特殊的神祕境界時，她會開始經驗這個想要述說的祈禱。「我相信，由於閣下的謙虛，表現出願意得到我這般頭腦簡單者的幫助。今天領聖體後，上主賜給我這個祈禱；使我的謝聖體沉浸在神魂超拔中，祂把這些比喻顯示在我面前，教我解釋比喻的方法，及靈魂在此必須有的作為（16．2）。」有時候，在她內湧出強有力的灌注之愛，使她所寫的留下深刻動人的標記。「因為當我寫這事時，並沒有擺脫神聖的天上的瘋狂，這瘋狂來自祢的良善和仁慈——因為祢賜予這恩惠，絲毫沒有我的功德——我的君王，我懇求祢，凡我向之說話的人，都因祢的愛而瘋狂吧！否則，請不要讓我對任何人說話（16．4）。」她渴望吸引靈魂修行祈禱，鼓勵他們堅持到底：切望別人同她一樣瘋狂，也患相同的病（19．4，16．6）。

德蘭在哪裡發現她的訊息呢？在她自述的生命故事中。在那裡她發現了必須寫出的教誨，及切實的道理，她認為這些道理有助於所有可能閱讀此書的讀者。德蘭毫不關心抽象的觀點、概念化、系統的思想或清晰的重點敘述，她比較喜歡直述她的故事，講授她的道理，不具任何文學的技巧或協助。

著書的藍圖

德蘭的《自傳》有如一封長信，沒有停頓，不分章節，沒有中間的小標，也沒有任何開頭的大標。當她想要劃分章節，加上標題時，所碰到的困難是不會令人驚奇的。根據當時的習慣作法，每章的標題必須寫出題旨，概述一章約有十或十二頁的內容。她不得不整理出其中的共同點、中心主題，並使之合乎書本的常規，能容納她的離題旁論和寫信般的口吻。她做的不甚成功。不過，她自限於建議所談論的籠統的想法，而後帶著動人的單純，說幾句讚美的話，誇獎所寫的，或率直地勸人閱讀，叫人確信。

把這一切事放在心裡，我們恐怕會以為其後果必是主題雜亂，鬆散地敘述她個人的故事而已。實非如此！真夠令人驚異的，這個結構藍圖的結果竟是明顯的合一，顯示出明確而完美的邏輯，清楚地劃分成四個部分，互相結合得天衣無縫，而且四個部分的長度幾乎等同。我們以內容的摘要編排出最基本的要點，可列出以下四段簡介：

一、她述說從很小即已開始得到天主豐富的恩寵，這是她的開場白。她得到引導踏上祈禱之路，到了二十歲出頭時，甚至達到神祕祈禱的初步經驗。雖然她一再使天主的工作落空，竟至放棄祈禱和內修生活，天主的仁慈最後勝過了她的拙劣境況。終於，當她更完全地順服恩寵時，天主開始在她的靈魂內施行極美好且更直接的工作（一章～十章）。

二、這工作如此神妙！她發現，為了讓人明白，必須詳細解釋祈禱，說明其性質、層次和效果。她借助一個比喻來開始敘述，這比喻以四種不同的方式澆灌園子：用水桶到井邊打水，這相當於做默想。利用有吊桶的水車，必須用手轉動來取水，這相等於收心和靜默的祈禱。把溪流引入灌溉的溝渠內，相當於官能安眠的祈禱。園子裡滿是天降甘霖，則是統合而和諧的祈禱（十一章～二十二章）。

三、從這些祈禱方式的詳細描述中，讀者不難發現，最後的灌溉方式如何落實於大德蘭的靈魂內。上主如何淨化她，使她恩寵洋溢，讓她感知上主的神性臨在、聽到祂的聲音，透徹天主聖三的奧祕深淵，而得以接觸到超性界的種種實境。綜觀全書，罕見而神妙的事，連續不斷地呈顯在我們的腦海中：神魂超拔、來自天主的神見和神諭、靈魂的神箭穿心、最純潔和強烈的灌注之愛、嶄新的智慧、堅毅的德行如花般盛開，預感可能的愛之死亡，預嚐榮福的生命（二十三章～三十一章）。

四、神性恩寵的傾瀉導致一個實際果實，亦即使她的服事生活結實纍纍。她看到，在她靈修生活的初期許多年期間，只有三個人受益於她對他們所說的。後來，當天主的恩惠堅強她之後，兩三年內就有許多人受惠（13．9）。在加爾默羅會本身方面，由於創建聖若瑟隱院，她創始了一個嶄新的、更默觀的生活方式，強調與天主建立親密的關係，且遍佈全球，提醒所有的人，如果他們藉祈禱堅決地尋求天上的事，他們會很快享有成全的愛，及超越世上任何世物更寶貴的祝福（11．1～2）。

再者，她開始以驚人的強度活出諸聖相通功的奧跡。她敘述與天堂的聖人談話。她的祈禱對煉獄及世上的靈魂有特別的效益；祈禱賦予她制服魔鬼的權柄（三十二章～四十章）。

為此，本書的基本結構共有四個部分：

1. 罪過、恩寵和聖召：十章（一～十章）
2. 論述祈禱的等級：十二章（十一～二十二章）

3. 神祕生活：九章（二十三～三十一章）
4. 祈禱的功效：九章（三十二～四十章）

主要的理念

大德蘭曾在她的一封信中稱此書為《天主的仁慈之書》。天主的無限仁慈，永久且無窮盡地伴隨我們拙劣的生命，這是她《自傳》中道理的根本支柱。她確信自己的可憐，也確信她的生命故事能作為陰暗的背景，襯出仁慈天主的榮光。多麼仁慈，祂賜予恩惠彷彿無窮無盡、毫不介懷、極度慷慨、大方揮霍。

她道理的主題來自她的故事。天主的仁慈伸展達及人的可憐，這並非特例而是天主的法律。仁慈和寬宏大量充滿天主的神聖屬性，延伸向每一個靈魂。她確定人人都蒙召達到惟有天主榮耀居住的山頂，天主不斷地看守、等待施恩的時刻。大德蘭或讀者們，都會拖延時間；然而如果，到了抵達時，無論早晚（年幼或後來歸依時），天主絕不會不以慷慨的仁慈相待，實在就像本書所說的那樣。「我的主啊！祢結交的是個多麼好的朋友！祢是怎樣地施恩和容忍。祢等待另一位來適應祢的天主性，同時，祢又忍受他的本性（8．6）！」在這方面，大德蘭是個典型的例子。

等待時候來到，有個絕對必須的條件，亦即完全委順於天主。「願祢的聖意，以每一種方式，落實於我，並願至尊陛下，祢不要容許；就是說，不要把祢的愛，這麼貴重的寶物，賜給任何只為神慰而服事祢的人（11．12）。」再者，聽起來好似一位道骨仙風的老禪師，她一再地堅決要求決心。決心必須和委順結合起來，即使乾枯可能會持續一輩子，仍決心跟隨基督（11．10）。至尊陛下願意人有這個決心，祂是英勇靈魂的朋友（13．2～3）。另一方面來說，勇氣和決心是不會沒有回報的。「我清楚地看到，即使在今世，天主不會不給人一大筆酬勞（11．11）。」為此，每個人在能感知並跟隨聖神的微妙推動之前，亦即變成多少有點像新發明的精準儀器，能接收和傳送最靈巧的波動，他必須在其存有的隱密深處，經歷一個變化。這需要時間和努力。「在初學時期，我們必須最努力的是只關注自己，認為在這世上只有天主和自己，其他什麼也沒有（13．9）。」

這帶領我們達到本書的中心主題：心禱，她視之為「朋友之間的親密分享……找時間常常和祂獨處，而我們知道祂是愛我們的（8．5）。」視祈禱為朋友間的關係，他們自知彼此相愛，且需單獨相處，好能親密分享他們的最深感受和思想。這個觀念是大德蘭邁向成全道路的特質，這是一個單純且極具人性的特質。當德蘭是個小女孩，及後來成為年輕的會士，她感到人的友誼強烈地吸引著她。在交談的藝術方面，德蘭極具天賦。不過她同時經驗到，交談愈多，無論是重要的，或是無益的，都會削弱聖神的生命。「自從我開始祈禱以來，二十八年中，有十八年之久，我常陷於交戰和衝突之中：在與天主的友誼和與世俗的友誼之間掙扎（8．3）。」她感受到自己在掙扎中的無能為力（因為這是必須的，「祂先要我們經驗到自己的不堪當，為使我們不致發生像魔王路濟弗爾那樣的事（11．11）。」）有一天，她正在獨居中祈禱，祈求天主賜予光明，看清她所依戀的一些友誼。這時她經驗到首次的神魂超拔，聽到這話：「我不願妳再和人交談，而是和天使。」這話很靈驗。「我再不繫戀任何的友誼，或對任何人尋求安慰或懷有特別的愛，除了那些人，我知道他們是愛天主，又努力事奉天主的人（24・5～6）。」她交朋友的非凡能力被提拔且轉化。祈禱是三超德的運作；愛德是人與天主的友誼。這友誼的增強需經由愛德和祈禱的同時成長，此一成長和澆灌園子的四種方式一致，即祈禱的四個層次，或者說是接受恩寵湧流的方式。

綜觀全部的等級，我們能從中了解此一發展的向度。最初開始祈禱時，以克苦修行致力於和天主交往，或是修行沉悶又往往是乾枯的推理默想，不然就是耐心地覆誦口禱——處於這兩種情況中，常是努力地保有基督的臨在。這些初步的努力，因更高的神祕恩寵——神諭、神見和結合——而達於絕頂，此時這位天上的好友移開一些薄紗，顯露祂的臨在。

由於這些恩寵的支持，她已準備好談論另一個重要的論題：神祕恩惠的聖化德能。正當她寫《自傳》時，在其存有的深處正經歷一個變化，她還不清楚明白後果將會如何，但她以強烈的確信知道，這種恩寵有無比的效驗。另一種來自人的努力，即使更強有力，仍是居於較膚淺的層面，實際上還是比較弱的。經年累月的艱苦努力，加上堅持到底的奮鬥，都不能像這些超性恩惠的一個短促經驗那樣，達及此幹勁和能力的深邃凹穴。談到神祕的領悟，她結論說：「其中一個恩惠就足以使靈魂徹底地改變（27・9）。」

她的使命是神祕生活。她反對那些輕視神祕恩寵的人，但在另一方面，她也抗議那些認為能用巧妙技術喚來這些恩惠的人，他們以為癩蛤蟆能隨時任意高飛（22・13）。不是的，至論神祕恩寵，一個人的全部工作在於懷著勇氣和謙虛，及來自超脫神慰的自由心靈，接受乾枯的十字架；在於不屈不撓地祈禱，為能開放地領受天主所賜予的：先是小小的火星，再來會燃起大火。「我只說祈禱是獲得恩惠之門，所得的恩惠，就像祂賜給我的那樣崇高。如果這道門關閉起來，我不知道祂如何能賜下恩惠（8・9）？」所以，她繼續強調她的基本訊息，神祕生活具有無比的價值。「我們要不斷地相信，即使在今世，天主所賜予是百倍的（22．15）。」

手稿的歷史

雖然大德蘭的《自傳》是寫給告解神師的，他們對其精神的認可，大德蘭並沒有感到完全的滿意。另外還有一個人，她不能沒有得到他的意見；這人就是安大路西亞（Andalusia）的宗徒——聖若望．亞味拉。他在當時備受尊崇，公認為西班牙境內最有資格論斷靈修事理的人。克服不少困難之後，一五六八年，大德蘭總算把手稿送去給他。研讀之後，他歸還手稿，附上一封嘉獎和稱讚作者的信函，註明日期為一五六八年九月十二日。

一五七〇年，德蘭隨身攜帶此書，遠行至撒拉曼加（Salamanca），給在那裡的一些告解神師看：兩位耶穌會士，瑪定．古迪業雷思（Martín Gutiérrez）和熱羅尼莫．李帕達（Jerónimo Ripalda），及兩位道明會士，巴爾多祿茂．梅地納（Bartolomé de Medina，這位曾經一度嚴厲批判德蘭，後來轉變為她的有力擁護者）及伯鐸．艾瑞羅（Pédro de Herrero），有關這祕密手稿的消息不脛而走，一些德蘭的恩人，如奧爾巴（Alba）公爵夫人和亞味拉主教，力勸德蘭複製一些抄本。

大德蘭因愛伯琳公主（Princess Eboli）的捐獻，得以在巴斯特日納（Pastrana）建立兩座修院。當這位任性又富裕的公主聽到這本祕密著作的消息，極力堅持要看這書，大德蘭被迫屈從。公主隨意讓這手稿落入僕人的手裡，不久之後，這份私密且深奧的靈修報告，竟然成了全屋子聊天說笑的話題，他們這些人根本無法理解這本書。公主的丈夫過世後，傲慢專橫又極其虛榮的公主，以進入巴斯特日納加爾默羅隱院當修女來表達她的哀傷。她騷擾團體的寧靜默觀生活，修女們必須放棄這座修院，逃往塞谷維亞（Segovia）。這事打擊了公主的自尊，她清算宿怨，向宗教法庭告發德蘭的《自傳》，說這是一本異端和光照派修女的著作，其中都是神見、啟示和危險的道理。刻不容緩，宗教法庭立即展開查詢。一五七五年，專信送達亞味拉總主教處，命令阿爾瓦羅．曼多撒（Don Alvaro de Mandoza）交出耶穌．德蘭給他的書。幸運的是宗教法庭把這書交在善心人的手中，即巴臬斯神父，他是德蘭的告解神師之一，也是指定的審查者。他對這書的論斷中，含有符合事實的贊同聲明：「雖然這位女士……在一些事上有過失，但至少她沒有故意引人犯錯，因為她很坦白地說明好與不好，且渴望她所說的能得到糾正，沒有人能懷疑她的良善意圖。」

不過，這份手稿並沒有物歸原主，仍保留在祕密檔案中，直到一五八八年，大德蘭過世之後。那時，安納．耶穌（Ana of Jesus）姆姆是馬德里隱院的院長，她是大德蘭的女兒中，最聞名又極富才幹的一位，聖十字若望曾為她寫《靈歌》的註解。她結識王宮中有影響力的人。有鑑於德蘭著作的印刷版本正在進行，編者是奧斯定會的學者路易斯．雷翁（Luis de León）會士，她設法從宗教法庭得到這份手稿。後來國王斐理伯二世為他埃斯科里亞（Escorial）皇家圖書館取得這手稿，至今仍保存於該處，且和兩位教會聖師並排陳列。這幾乎是一項預告，身為婦女的德蘭，將有一天會榮獲聖師的名銜。確實如此，一九七〇年九月二十七日，教宗保祿六世宣封大德蘭為教會聖師。

大德蘭的著作從初版印行後，持續不斷地廣受歡迎，達及全世界，已譯成二十一種語文。至於《自傳》，是聖女的作品中最吸引翻譯者的。早在一六一一年，《自傳》的英譯本已發行於比利時北部的安特衛普（Antwerp），譯者署名W. M.。這是威廉．馬龍（William Malone）的起首字母，他是一名遭受迫害的耶穌會士，從愛爾蘭放逐到他方。二十世紀中，德蘭的英譯本流傳最廣的，應是亞立森．皮爾斯（E. Allison Peers）的譯本，他是英國的學者，也是研究西班牙神祕學的權威。他的譯本乃根據斯培理奧神父（Fr. Silverio）的版本。

新的英譯本

大德蘭不像其他的西班牙古典作家，她沒有接受當作家的訓練。她的風格是徹底自然的流露，絲毫不留造作或矯飾的痕跡。她怎麼說就怎麼寫，反映出當時卡斯提人的通俗話：自然、直接、精彩、鋒利。彷彿她的思想正和本人互相爭奪地位。她的句子總有極多的插句和題外話，致使她有時失去思路，但卻從不妨礙她速返主題，輕鬆地提出新的思想。至於她的句子，她則不怎麼費心地保持詞性之間的一致，而這是清晰語句必須具備的；她來回更換單數與複數、第一人稱和第三人稱、過去式和現在式等等。翻譯大德蘭的文章，往往撲朔迷離，有些難題永遠不會有完全確定的解答。不過大致而言，她的意思能從上下文達到決定性的確定。最後，有許多音調不諧的例子，如：「Ya yo me temia a mí（3．7）」；或用閃族人慣用的語法：「Estaba enferma de grandísima enfermedad（5．2）；或使用多重的動詞：dejé de holgame de oírlo（3．1）」。

雖然大德蘭的書有其文法和體裁上的缺點，可是其精彩、自然又單純的風格，令人愛不釋手。書中她所說的話，或說話的方式，也常顯出巧妙的機智。我們會看到西班牙人咯咯輕笑地閱讀亞味拉聖德蘭的原著，這並非什麼不尋常的事。

有幸目睹她寫作的人作證，她可以像個公證人那樣快速書寫，落筆疾書，不必暫停細思，或更改、刪除文句。她曾說過，真希望能雙手齊下，把所有傾入腦袋的觀念躍然紙上。她不放標點符號，章節的分段也很少。

本書是聖德蘭著作新英譯出版計畫中的第一冊。美國加爾默羅靈修學會（ＩＣＳ）的目標之一是提供加爾默羅會聖人的古典新譯作。為此，本學會理當維持加爾默羅會士之著作的完整印行，並使美國民眾常能買到此書，必要時應使之合乎時潮。我們也採用所有新發現的資訊，及有助於更瞭解德蘭及其著作的所有最新學術成果。

於此新譯本中，我們特別努力忠於大德蘭的思想；此外，我們也盡力捕捉其風格，同時以今日通用的言語加以詮譯。若我們尋求忠於文字格式，竟至忠實地，以有缺點的英文文法，譯出西班牙文法的缺點，這是沒有助益的。至於大部分的譯者可能面臨的許多困難，我們採取折衷之道。我們設法盡可能地使譯文清晰明瞭，精準正確，同時保存大德蘭的特殊風格。

大德蘭的著作雖然還沒有周全的原文校訂本，但很幸運，我們能使用多瑪斯．奧華雷思神父（Fr. Tomás de la Cruz【Alvarez】）西班牙文的《聖女大德蘭全集》（*Santa Teresa Obras Completas*, Burgos: Edit. El Monte Carmelo, 1971）。他在原文中加上標點符號，提供大量的註解，成為我們解決許多含糊段落的重要協助。得到他的欣然同意，我們的許多註解以其西文版的註釋為依據，或逐字譯出。為求更加準確，我們也參考一些近代的新版本：葉福倫神父及史德清克神父（Frs. Efrén and Steggink, Madrid:B.A.C., 1967）；依希多羅神父（Fr. Isidoro, Madrid: Edit., de Espiritualidad, 1963）及雅瑪思（Enrique Llamas, Madrid: Edit., de Espiritualidad, 1971）的版本。有關大德蘭的參考書目，英文的或外文譯作，請看Sebastian Ramge的《*An Introduction to the Writings of St. Teresa*》（Chicago: Henry Regnery Co., 1963）124到135頁。更進一步的參考書目請看*Archivum Bibliographicum Carmelitanum*（Rome: Teresianum 1956 ）及*Bibliographia Internationalis spiritualitatis*（Rome: Teresianum 1919 ）。

紐約維博臨（Waverly）加爾默羅會修院
紀南・柯文諾Kieran Kavanaugh OCD*

附筆

多瑪斯・奧華雷思西文版《聖女大德蘭全集》（*Santa Teresa Obras Completas*）的導論，及我的同道歐迪理奧・羅瑞格（Otilio Rodriguez）蒐集的許多研究資料，特別有助於我預備本篇導論。我非常感激這兩位德蘭學派的學者，還有努力促成這本書的其他人士：安德倫・庫尼（Adrian J. Cooney）細心校讀本書大部分的手稿，對此英譯本提供寶貴的建議；若瑟・克羅發（Joseph Crawford）擔任編輯；若瑟芬修女（Sr. Josephine）製作索引；珍・瑪蘿（Jean Mallon）協助打字；我們的承印者羅伯特・羅威（Robert Rowe）。最後，很感謝不斷

＊ 紀南・柯文諾神父逝於2019年2月2日。

鼓勵幫助我們的許多人，使我們達到這個初步的階段，對我們來說，這是一個很值得且又漫長的工作。

本導論中談及大德蘭時代的西班牙，其中各種主題的重要研究資料，請參見：

R. Trevor Davies, *The Golden Century of Spain* 1501～1621, Harper Torchbooks（New York: Harper & Rowe, 1937）

J. H. Elliott, *Imperial Spain 1469～1916, A Mentor Book*（New York: The New American Library, 1966）

Henry Kamen, *The Spanish Inquisition*（New York: The New American Library, 1965）

P. Tommaso della Croce, "*Santa Teresa e i Movimenti Spirituali del suo tempo*," Collana Fiamma Viva, Vol.4（Rome: Teresianum, 1963）, PP. 9～54。

Dictionnaire de Spiritualité, "*Espagne: L'Age d'ór*," by Adolfo de la M. de Dios; 及同上 "*Illuminisme*" by Eulogio de la Virgen de Carmen.

JHS

序言

❶ 由於我的告解神師的命令，且給予充分的許可，要我寫上主賜給我的祈禱方式及一些恩惠；我則希望他們也准我很清楚、又詳細地講述我的大罪和卑劣的生活。這樣是我的安慰，但他們不要我這麼做。其實，在這些事上，我受到嚴格的限制。所以，為了天主的愛，我這樣請求：凡閱讀這份報告的人要記得，我的生命如此卑劣，所有皈依天主的聖人中，沒有一個能使我感到安慰的。因為我注意到，上主召叫了他們之後，他們就不再回頭，也不再冒犯祂。至於我，不只變得更壞，還好像在設法抗拒至尊陛下賜給我的恩惠，我好像是眼看著自己被迫做更多服事的人，卻又明白，自己連最小的債務也償還不了。

❷ 願天主永受讚美，祂等待我這麼久！我全心懇求祂賜給我恩寵，能以完全的清晰和真實敘述，這是我的告解神師們命令我寫的。我也知道，甚至已有一些時日，連上主也要我這樣做，我卻不敢。祈願這敘述能光榮祂、讚美祂。從今以後，願我的告解神師們，透過這個敘述，更加認識我，在我的軟弱中幫助我，使我能獻給上主我虧欠祂的服事，祂是永受萬有讚美的主。阿們。

12. 聖女的父親是亞龍索・桑徹斯・賽佩達先生（Don Alonso Sánchez de Cepeda，一四八〇～一五四三）。他的第一個太太是佳琳・佩索・恩娜女士（Doña Catalina del Peso y Henao），一五〇七年逝世。一五〇九年再婚，娶碧雅翠絲・奧瑪達女士（一四九五～一五二九），她那時只有十四歲。一五一五年三月二十八日，她生下聖女大德蘭。
13. 當時貴族家都有服待的摩爾人。自從一五四九年，公教國王征服格拉納達（Granada）之後，有些摩爾人仍留在西班牙境內，這些人得享有限的自由。

第一章

談上主如何從幼年時開始喚醒這個靈魂修德行，及在這事上，父母如果也是有德之人，是多麼有幫助。

❶ 我的雙親既有德行，又敬畏天主，再加上天主賜我的恩寵，要不是我如此的卑劣，已足以使我過良好的生活。家父喜愛看聖書⑫，也給我們兄弟姊妹看西班牙文的聖書。藉著這些好書，還有家母教導我們祈禱，虔敬聖母和一些聖人。凡此種種，開始喚醒我修德，我想那時我大約六、七歲。看到我的雙親因著德性而蒙受的恩惠，這對我很有助益。他們具備許多的德行。

家父對窮人很有愛心，對病人富有同情心，甚至對僕人亦然。他的憐憫心之大，沒有人能勸服他蓄養奴隸⑬。在他的家中曾經有個屬於他兄弟的女奴，父親待她如同自己的孩子。他往往說，由於憐憫，他不忍心看她沒有自由。他是非常誠實的人，也沒有人見過他詛咒，或背地說人閒話。他是個正直的人。

❷ 家母也有許多的德行。她一輩子體弱多病。她極其端莊，雖然非常美麗，卻從不給人機會認為她在意自己的美麗。因為在她三十三歲逝世時⑭，身上穿的是比較老氣的衣服。她很溫和，而且非常聰明，畢生艱辛備嚐，她的死亡真是一個基督徒的善終。

❸ 我們共有三個姊妹，九個兄弟⑮。因天主的慈善，除了我之外，他們都肖似雙親，富有德行，雖然我是父親最疼愛的。在我尚未開始冒犯天主之前，他這麼疼我似乎是對的。因

14. 有可能是三十四歲或三十五歲。
15. 其中有兩位是亞龍索的前妻生的：一五〇五年生瑪利亞（Maria de Cepeda）。一五〇七年生若望（Juan de Cepeda）。續絃後一五一〇年生葉南多（Hernando）。一五一一，羅端格。一五一五，德蘭。一五一九，勞倫（Lorenzo）。一五二〇，安東尼（Antonio）。一五二一，貝德羅（Pedro ）。一五二二，業樂（Jerónimo）。一五二七，奧斯定（Agustín）。一五二八，華納（Juana ）；及另一位不知其詳的孩子。

為每當念及上主賜給我的性格，而我又多麼不知道如何從中獲益，我感到很愧悔。

❹在事奉天主的事上，我的兄弟姊妹沒有不幫我忙的。我有個年齡相仿的哥哥⑯，我們常在一塊兒讀聖人行傳。（雖然我很愛所有的兄弟姊妹，但他是我最愛的一個兄弟。）當我看到聖人為天主殉道，我認為，為了享有天主，他們付出很便宜的代價，我極其渴望也這樣致命。我之所以希望能這樣，並非出於愛天主，而是期待快快享有至極的福樂，這是我所讀到在天堂上的極樂。我的小哥哥和我一起討論達到這目的的方法。我們同意去摩爾人的地方，在那裡請求他們，為了愛天主，砍下我們的頭。我覺得上主在如此稚齡時已賜給我們勇氣，但是我們找不到任何辦法，在我們看來，爸爸媽媽是我們的最大障礙。

最令人恐怖的是，所讀的書上提及直到永遠的痛苦和光榮。我們用許多時間談這件事，也喜歡不停地唸著：永遠、永遠、永遠！正如我一再說過的，在此幼年時代，上主願意把這個真理之道銘刻於我內。

❺當我看到，我不可能到那裡去為天主致命時，我們計畫做隱修士。在我們家的花園裡，我們盡所能地蓋隱士的獨居室，堆積一些小石頭，但過不了多久，很快就倒下來。所以，我們找不到有什麼好辦法，可以滿足我們所渴望的。現在這事令我感到虔敬，看見天主這麼早就賜給我的，我卻因自己的罪過而失落。

❻我盡力行施捨，不過我能給的很少。我尋求獨處，做我的敬禮祈禱。這些敬禮有許多，尤其是玫瑰經，這是家母非常熱愛的，她也使我們熱愛玫瑰經。當我和其他的女孩子一起玩時，我非常喜歡的是，我們裝成隱修院中的修女。我覺得自己也渴望成為一名隱修女，雖然沒有像我提及的另一件事那麼渴望。

16. 根據古嵐清神父在這一頁上的註解，德蘭在此指的是羅瑞格。他於一五三五年飄洋過海到美洲，不久在那裡的戰役中去世。
17. 德蘭的母親於一五二八年十一月二十四日簽署遺囑，因此，可能逝世於一五二八年底或一五二九年初。德蘭那時的年紀應是十四歲。

❼記得家母過世時，我是十二歲，或者還要小一點[17]，當我開始了解自己所失去的是什麼，我哀傷地走到一尊聖母像前，淚汪汪地懇求她做我的母親[18]。雖然我單純地這樣做，這卻對我有助益。我發現，在每一件我向她祈求的事上，這位至高無上的聖童貞總賜恩於我，最後吸引我歸向她[19]。

現在看見又想起，自己沒有恆心於童年時懷有的聖善渴望，令我感到很難過。

❽我的主啊！因為看到祢已決心要救我，我懇求至尊陛下，使之實現。既然祢已賜我許多恩惠，那麼，在祢經常居住的客房中，祢不認為更好是不那麼骯髒嗎？這不是為了我的利益，而是為了崇敬祢。上主啊！甚至說及這事也令我難受，因為我知道，所有的過錯全是我的。我不認為，為了使我從這樣的年紀起全是祢的，祢還要多做些什麼。

如果我開始抱怨我的雙親，我是不能這樣做的。因為在他們身上，我所看見的全是好的，也看到他們關心我的幸福。

當我的年齡稍長，開始懂得上主賜給我的本性恩惠[20]，人們對此說了許多，我沒有善用這些恩惠來感謝祢，反而開始全用來得罪祢。如同我現在要述說的。

第二章

談她如何失去這些德行，及孩童時代和有德之人交往是多麼重要。

18. 根據古老的傳統說法，她這裡指的是一尊仁愛聖母態像。這尊聖像被供奉在聖拉匝祿獨居室中，位於亞味拉城牆外，靠近亞達哈（Adaja）河。十九世紀獨居室毀損之後，態像遷往主教座堂，至今仍供奉在該地。
19. 吸引我歸向她：意指她的加爾默羅會聖召，及她的歸化。
20. 本性的恩惠：意指她的美麗和很有人緣，也是她自覺出來的。

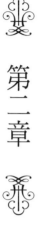

❶我想，現在我要說的是開始使我非常受害的事。有時候我深思細想，父母沒有設法讓孩子們看到種種美德善行，他們做得多麼不好。因為，如我所說的㉑，家母非常有德行，我卻沒有達到懂事的年齡，效法她的美好品德；事實上，幾乎都沒有；而那不好的卻給我許多的害處。她愛看騎士小說。不過，這個消遣並不害她，如同我之從中受害，因為她沒有怠忽己職；我們時常在休閒的時間一起看騎士小說㉒。她這麼做，或許為了不去掛慮她的艱難困苦，同時，讓孩子們有點事做，以免陷於其他危險的事物。家父對此深感憂心，我們卻非常小心，免得被他看到。我開始養成看這些書的習慣，從在家母身上看到的小過失，我的聖善渴望開始冷淡下來，其他方面也同樣消失了。我夜以繼日，耗費時光於如此虛妄無益的事上，甚至躲著家父，毫不覺得有什麼不對。我沉迷於看騎士小說，如果沒有得到新書，我不會感到心滿意足。

❷我開始穿起華麗的衣服，渴望討人喜歡，給人好感。小心翼翼地修飾我的手和頭髮、灑香水及其他所有能令人沉迷的空虛事物，這些東西有很多，因為我非常虛榮。我並沒有居心不良，因為我並不希望有人為了我而冒犯天主。有許多年，我過分費力於梳洗裝扮，及其他我不認為有啥罪過的事。現在我看出來了，這是多麼有害。

我有些表兄㉓，他們常來我們家，雖然家父十分小心，不讓其他的人來。天主容許（意即如果運氣好），他也同樣對待我那些表兄。現在我明白了，當一個人處於正要培育德行的年紀時，他所交往的人卻不知道世俗的虛榮，甚而正預備好投身於其中，這是多麼危險的事！他們的年齡和我差不多，比我大一點，我們常一起到處去。他們非常喜歡我，我和他們聊天，說一切取悅他們的事。我聽他們說他們的戀情，及沒有半點好處的幼稚事情，更糟的

21. 指第一章第二小節。
22. 十六世紀西班牙流行的冒險故事，即後來賽凡提斯（Cervantes）在《唐・吉訶德》中所譏笑的（第一部，第六章）。
23. 她指的可能是葉南多・梅義亞先生（Don Hernando Mejía）和艾嫩拉・賽佩達女士的兒子，艾嫩拉女士是德蘭的姑姑。他們的三個兒子：巴斯克（Vasco）生於一五〇七。方濟各（Francisco），一五〇八。狄耶各（Diego），一五一三。

是，我敞開靈魂，迎向所有使之受害的事。

❸ 如果我該說句勸言，我會告訴做父母的人，當孩子在這樣年紀時，他們應該非常小心，注意自己的孩子和什麼人交往。由於我們的本性易於向惡，而非向善，這裡面包含許多的惡事。

事情就這樣發生在我身上。我有個姊姊㉔，她比我大得多，她的端莊和良善（她極具這些美德），我什麼也沒有學到；反而在一個親戚身上學盡一切有害的事。這位親戚常留在我們家很久；她很輕浮，家母極力設法不讓她來，好似已經預見，她將有害於我。然而她有這麼多的機會過來，以至家母怎麼也阻擋不了。這位親戚是我喜歡交往的一位。我和她聊天、來往，她在我喜歡的所有消遣上鼓勵我，甚至使我深陷其中，並且和我分享她的與人交往和虛榮。

開始和她往來時，我十四歲，或者更大一些（我的意思是，她把我當成她的朋友和心腹知己時）。我不認為自己曾犯大罪放棄天主，也沒有失去敬畏天主；因為害怕失去我的榮譽，還強烈地存在我內。這個榮譽感給我力量，不致完全失去我的名譽。我不認為，在這個世界上，有什麼能在這方面改變我的心意。我也不認為，任何人的愛能使我為之屈服。但願我剛毅不屈，不做任何違背天主榮耀的事。就如我的本性傾向賦予我剛毅不屈，凡我認為屬於今世榮譽的，我什麼也不失掉。而我卻沒有看出來，我正在其他的許多方面失去它！

❹ 我極度渴求空虛的美名，但沒有採取必須的方法來持有它，雖然我非常慎重小心，不使之完全失去。

這段友誼使家父和姊姊都很傷腦筋，為此他們常常責備我。由於無法斷絕她來我們家，

24. 即前媽所生的瑪利亞・賽佩達。

他們的努力防備毫無成效，因為遇有不利的情況，我是非常機靈的。有時想到一個壞同伴能造成的損害，令我感到很驚駭，若非我有經驗，我是不會相信的。尤其是處於青春時期，導致的損害必定更嚴重。我希望做父母的人從我的經驗得到教訓，在這個事上要非常警覺。事實上，這個交往深深地改變了我，致使我那有德行的本性和靈魂，幾乎喪失殆盡。我也認為，她和其他同類型的女孩把她們的特性刻劃於我。

5 由於這樣的經驗，我了解最大的利益來自好的友伴。我也確信，如果在那個年紀，我和有德之人來往，我也能保有全部的美德。如果在我那個年紀，有人教我敬畏天主，我的靈魂必能得到力量，而不致墮落，後來，我一旦完全失去對天主的敬畏，我怕的只是失去我的好名聲，這樣的害怕，在我所做的每件事上折磨我。不要讓我所做的事被人知道，懷著這樣的想法，我真的敢做許多事，違背我的榮譽，也忤逆天主。

6 從一開始，這些事使我受害，我想，這不是她的過錯，而是我的不對。因為到了後來，我自己的不好就已足夠了，再加上周圍的女僕；因為在每一件惡事上，她們對我很有幫助。如果她們中有個人好好地勸告我，或許我會因此得到益處；然而她們的私心蒙蔽了她們，就像我的虛榮使我盲目一樣。我從未傾向於大的惡事——因為我天生憎惡不道德的事——不過，卻偏向與人愉悅交談的消遣。然而置身其間，危險垂手可即，甚至也會危及家父和兄弟的聲望。天主從這一切的狀況和危險中救我出來，這是很明顯的，祂拂逆我的意願，竭力保護我免於完全的喪失，雖然這個解救不是祕密完成的，如同祂暗暗地不使我的名譽大受損失，也不使家父遭到嫌疑那樣。

當家父把我帶到一座修院時，我卻不認為，投身於這些虛榮的三個月已經過去了。在那修院，她們教育像我這樣的人㉕，雖然其他人不像我有這樣壞的惡習。這件事非常慎重地進行，只有我和幾個親戚知道。因為他們等待良機，在我不會覺得去修院學校很意外時；亦即，一旦我的姊姊結了婚㉖，我留在家中，又沒有母親，似乎對我不再有什麼益處時。

❼家父過度地疼愛我，加上我的掩飾工夫非常高明，致使他無法相信我有許多的過錯，所以他並沒有生我的氣。由於這段時間很短，雖然他知道一點點，但沒有什麼可以說是確定的。因為我很擔心我的榮譽，所以用盡心力隱密行事，卻從未顧及，人根本就不能這樣對待鑒察萬有的天主。

我的天主啊！認為我們的行事作為無足輕重，又以為能夠偷偷地做些什麼來忤逆祢，這在世上造成何等的傷害！如果我們明白，整個的事情不在於自我防衛，與人對立，卻在於看守自己，不要令祢不悅；那麼，必會避免很大的惡事，我對此確信不疑。

❽剛開始的八天，我覺得非常不開心，不只因為我進到修院學校內，更因為我懷疑他們已知道了我的虛榮。由於我已經非常難過，而當我冒犯天主時，並沒有失去對天主很大的敬畏，我會設法立刻去辦告解。雖然剛開始時我很不快樂，八天之內——我想甚至還要少幾天——我已覺得在此很滿意，超過在我父親的家裡。一切都令我稱心愉悅，因為上主賜給我恩寵，使我無論行到何處都討人喜歡，所以，我是很令人喜愛的。雖然在那時，我強烈地反對自己當個修女，可是看到這麼好的修女，卻讓我很高興；因為在那修院裡，有許多的好修女，她們非常端莊、深具修道精神，而且也很謹慎。

然而，雖有這一切，魔鬼並沒有停止誘惑我，透過一些外人，仍繼續傳遞消息進來給我。不過，因為機會很少，這些人也就不再傳給我了。我的靈魂開始轉向童年時期的良好習

25. 這是一座奧斯定修女院，名叫恩寵之母修院，至今仍座落於亞味拉。在聖女大德蘭的時代，修女們開辦寄宿學校，教育貴族家庭的女孩，幫助她們度未來的婚姻生活。知性方面的教育，必然不會超過現今的高中程度。這事發生於一五三一年，德蘭當時是十六歲。
26. 她的大姊於一五三一年一月，和瑪定·古斯曼·巴雷恩多斯（Don Martín Guzmán Barrentos）結婚。他們定居在一個小鎮加紐達的卡斯提亞諾斯，位於亞味拉的東北邊，約一天的行程。

慣，我看到天主賜大恩給凡與好同伴交往的人。

我認為，至尊陛下一再地深思又細想，要用什麼方法把我帶回來歸向祂，上主！願祢受讚美！祢忍受了我這麼的長久！阿們。

❾ 如果我的過失沒有那麼大，有件事情似乎可以作為藉口：亦即我和一位表親的友誼，被視為未來可能締結婚姻。而且我曾問過告解神師和其他的人許多事情，他們都告訴我，我所做的並沒有違背天主。

❿ 在這裡有一位修女[27]，她照管我們宿舍，宿舍內住的都是在俗的人。正是藉著她，我認為，上主願意開始賜給我光明，如同我現在要說的。

第三章

談好友伴的影響，如何喚醒她的聖善渴望，及天主如何在她曾犯的一些過失上賜給她光明。

❶ 我開始喜歡和這位修女良好又聖善地交談，很高興聽到她把天主講得那麼好，因為她是非常謹慎周到，而且又很神聖的人。我覺得，聽她講天主，我從沒有片刻感到不悅。她開始告訴我，她如何達到做修女的決定，只因為讀了《福音》所說的：「被召的人多，被選的人少[28]。」她向我述說，上主對為祂捨棄一切的人賜予的賞報。這位好友伴開始幫助我，

27. 這位修女是瑪利亞．碧莉瑟諾．孔德拉修女（Doña María de Briceño y Contreras）。她十六歲就入會修道，當時她大約三十三歲。她對聖女大德蘭有很大的影響。
28. 《瑪竇福音》第廿二章十四節。

使我除掉壞友伴導致的惡習，回心轉意，渴望永恆的事物，也渴望從內心的衝突中得到些許的釋放，這個衝突來自內心強烈地傾向當修女。如果我看到某人祈禱時有流淚的恩典或別的德行，我就極度地嫉妒她。因為我的心這麼硬，即使讀完整部耶穌受難史，也不會流半滴眼淚，這使我很痛心。

❷ 在修院學校一年半後，我好得多了。我開始唸許多口禱，尋求所有吸引我歸向天主的事物，好讓天主指示我將來以什麼身分事奉祂。然而，我還是不想當修女，我也祈求天主，不要給我這個聖召；雖然也害怕結婚。

在那裡這段時期快結束時，我蒙受想當修女的更多寵惠，雖然不是在那個修院。因為有些事，在當時我覺得過於極端，後來我了解了，反而認為是最有德行的。有些小修女促成我這樣想，如果她們全都是一個看法，我會受益良多。另外，我有個好朋友在別的修院，正是為了這個緣故，如果我做修女，除非和她同在一個修院㉙，否則我就不要。我更看重取悅我的感情與虛榮，超過重視什麼有益於我的靈魂。當修女的這些好思想時來時去，我總不能心服於當個修女。

❸ 在此期間，雖然我沒有忽略改善自己的靈修，上主更堅決地準備那為我更好的身分。祂使我患了重病，因此必須返回我父親的家。當我漸漸有了起色，他們帶我去探望大姊，她住在附近的小村莊㉚。由於她深愛著我，要是他們順從她的心願，我能和她永遠住在一起。她的先生也非常喜歡我——至少非常關心我的舒適。然而即使在這個事上，我仍是虧欠上主的，因為我總是到處受人喜愛；可是，我服事祂卻老是非常貧乏。

❹ 路途中，住有一位叔叔㉛，是個鰥夫，為人謹慎有德，他也是上主特別為祂自己準備

29. 根據古嵐清神父的註解，這裡指的是華納・蘇亞雷斯（Juana Suárez），她是亞味拉降生隱院的一位修女。
30. 見註解二十六。
31. 這位叔叔是伯鐸・桑徹斯・賽佩達先生。他的妻子佳琳・雅姬拉（Doña Catalina del Aguila）已經過世。他住在奧提格薩的一個小鎮，靠近德蘭的大姊居住的地方。後來他退隱到業樂修道院，善終於該修院。

的人。因為到了年老時，他捨棄一切所有，成為隱修會士而終老，我相信，他得到了享有天主的善果。他希望我住在他那裡幾天，他用時間閱讀本國語的聖書，他的談話常常都是天主和世界的虛幻。他請我讀這些書給他聽；雖然我不喜歡，不過我假裝成喜歡。因為在討人喜歡的這件事上，我很走極端，這甚至成為我的一個重擔。竟然到此地步，在別人身上看來是德行的，到了我的身上，反成了大過失，因為我老是輕舉妄動，缺乏判斷。

天主啊！救救我吧！至尊陛下運用何等的途徑，預備我達到這個身分！祂渴望以此來使用我。因為我沒有對此的渴望，祂強迫我克服我的反感，願祂永受讚美！阿們。

❺ 雖然我留在那裡沒有幾天，由於這位好陪伴者，及天主聖言——無論是聽到的或唸出來的——給我的心力量，我開始覺悟孩提時代所知道的真理（萬有的空無、世界的虛榮，及世界怎樣很快地歸於終窮[32]），而且也害怕，萬一我死了會下地獄。雖然我的意願沒有完全傾向做個修女，但我看到修道生活是最好、也是最安全的身分，所以漸漸地，我決定勉強自己接受。

❻ 三個月之久，我陷入內心的這個交戰，我用這些理由來勉強自己：當修女的煎熬和辛苦，不會大過煉獄的，而我真的是該下地獄。當我還活著時度煉獄般的生活，這並不是什麼了不得的事；而後來我會直升天堂，因為那是我的渴望。

在選擇身分的這個事上，我覺得被奴隸般的怕情所驅使，超過被愛推動。魔鬼也來唆使我，說我無法忍受修道生活的磨練，因為我過於嬌生慣養。我就用像這樣的想法來對抗這個唆使：想起基督所忍受的煎熬，以及如果我為祂受點苦，真算不了什麼大事；而且祂幫助我忍受——我應該有最後的這個想法，但不記得是否有。那些日子裡，我遭受許多的誘惑。

32. 見第一章第四小節。
33. 西班牙文《聖業樂書信集》的譯者是若望．莫里納（Juan de Molina），初版發行於瓦倫西亞（Valencia），一五二〇年。
34. 表示入會修道的意思。

❼ 那時，我還發了高燒，竟致昏迷不醒；因為我的健康向來欠佳。喜愛好書是我的救援。閱讀《聖業樂書信集》㉝深深鼓勵了我，因此我下定決心告訴家父，我已決定要穿上修會的會衣㉞，由於我很愛面子，我不認為曾對他說過什麼，而後又反悔的事。他對我的愛如此之大，無論怎樣，我都得不到他的准許，透過請人為我說情，也一無所獲。頂多我們只能得到這樣的答覆：等他死了以後，我才可以隨心所欲地行事。我很怕自己，怕我的意志脆弱而讓步。由於我不能等這麼久，我就設法另謀出路，如我現在所要述說的。

第四章

述說她如何依靠天主的助祐，勉強自己穿上會衣，及至尊陛下使她生了許多病。

❶ 在我做這些決定的那段日子裡，我告訴我的一個兄弟世界的虛空，說服了他去當會士㉟。我們倆同意，在一個很早的清晨，一起到我朋友的修院㊱，這是我非常喜愛的修院。因為在最後的這個決定中，我決心到自己認為更能事奉天主的地方，不然就是留在家父渴望的地方。因為比起想我自己任何的舒適生活方式，我已經更嚮往補救我的靈魂。

我清清楚楚，實實在在地記得，當我離開父親的家時，分離的感受是如此地刻骨銘心。我想，這個感受不會比我死的時候輕微，因為好像我身體內每根骨頭都要支離碎裂。因為天主的愛尚未取代我對父親和親人的愛，事事物物緊緊牽繫著我。如果上主不來幫助我，我的

35. 這事大約發生在一五三五年，當時德蘭二十歲。這位兄弟是安東尼，他申請進道明會，但由於得不到父親的同意，會方沒有接納。他於是加入業樂修會（Jeronimites），但因健康不佳而沒有持續。他後來去了美洲，於一五四六年一月二十日在伊納基多（Iñaquito）的戰役中受傷，逝世於厄瓜多爾的基多（Quito）。
36. 她的女友是華納．蘇亞雷斯。德蘭於一五三五年十一月二日進入降生隱院，當時二十一歲。

顧慮會使我躊躇不前，此情此景，祂賜給我棄絕自己的勇氣，就這樣地達成決定。

❷ 我一穿上會衣㊲，上主就使我瞭悟，祂如何恩待以勇力勉強自己服事祂的人。沒有人注意我內心的掙扎，倒是看到我非常欣然樂意。一個小時之內，祂賜我體驗當修女的至極幸福，直到今天，這個幸福感未曾離開過我。天主改變了我內在的乾枯，使我的靈魂得以體驗至極的甜蜜。修道生活中，所有的一切都令我愉悅。這是真的，有時當我做著打掃——像這種時間，過去我總是習慣用來享受和裝扮自己——我瞭悟自己已從這一切中得到釋放，並且經驗到令我驚奇的新喜樂。而我不明白是從何而來。

當我回想這事，沒有一件擺在我面前的事，無論多麼艱難會讓我有所遲疑。我已經從許多方面體驗出來，如果我打從開始就努力決心去做，即使仍在今世，至尊陛下也會賞報靈魂的。祂的賞報方式，只有那擁有這個喜樂的人懂得。然而由於這全是天主的工作，或許祂希望靈魂在尚未開始之前感受這個怕懼，使之能得到更多的功勞。開始時怕懼愈大，後來的賞報愈愉悅。如我說的，我執持這個看法，這是從經驗許多非常困難的事中得到的。為此，我從不規勸任何人——如果有什麼我必須勸告的人——由於害怕，而把一再湧現的好靈感棄置不顧。因為人惟獨為了天主，以超脫之情著手工作，就沒有理由害怕會出現不好的效果；因為祂有權能完成一切。願祂永遠受讚美！阿們。

❸ 啊！我的至高美善和靜息！祢已經給了我夠多的恩惠，以祢的慈悲憐憫、崇高偉大引領我，經過如此之多的迂迴道路，達到這麼安全的身分，進入了有許多忠僕的修院。我可以效法她們，以增多對祢的服事！我不知道在這裡要如何繼續，當我記起所誓發的聖願㊳，及我定下的大決心，隨之而來的幸福，和與祢相偕的婚約。談及這事，我不能不流淚，然而，

37. 遵照會規，保守一年之後穿會衣；德蘭於一五三六年十一月二日穿會衣。當時降生隱院的院長是梅西亞．辛布隆（Doña Mencía Cimbrón），是德蘭的一位遠親。
38. 德蘭初學後一年誓發聖願，即一五三七年十一月三日。

即使流下的是血淚、即使淚水使我心碎，這些情感都不能彌補後來我對祢的冒犯。

我認為，現在我不想有很大的體面，這是合理的，因為我未加善用。然而，我的主，祢願意成為被冒犯者，為的是使我變得更好，因為幾乎二十年之久，我沒有善用這個恩惠。我的天主！好像我除了許諾不守我對祢的諾言之外，什麼也沒做。雖然這不是我當時的心意。不過，我看後來我的行為正是這樣（我不知道自己的用意何在），以致能清楚地看出來，我的淨配祢是誰？我又是誰？的確，因為這是真的，許多次對自己大罪的感受，因念及祢的豐厚慈愛可以曉諭他人，因之感到欣喜而得以釋懷。

❹ 上主啊！祢的仁慈能照耀在誰身上，如同照射於我呢？我以自己的惡行，使祢開始賜給我的恩惠晦暗不明。真令人傷心，我的造主！因為如果我想要找個藉口，我什麼也找不到！除了我自己，不應怪罪任何人。因為如果我稍稍回報祢開始顯示給我的愛；那麼除了祢，我無法將之運用在任何人身上。這樣的話，一切都能補救的。然而，我不堪如此，也沒有這樣的好運，上主！現在願祢的仁慈來幫助我！

❺ 我的健康因飲食和生活方式的改變而損傷；雖然我體會到極大的幸福，這是不夠的。我的昏迷開始增加，我的心痛使所有目睹的人驚嚇；而且還加上其他許多的病。我體弱多病地度過第一年，而我不認為在這一年冒犯天主很多。我病得十分嚴重，經常快失去知覺，有時則完全不省人事。家父煞費苦心，尋求醫治。由於那裡的醫生束手無策，他設法帶我到一個非常著名的地方，該地以治療他種疾病聞名[39]，他們認為我的病也會治得好。我曾提過的，在修院內的這位朋友，她陪伴我，因為她是長輩修女[40]。在我當修女的這個修院，並沒有守修院禁地的誓願。

39. 這個小鎮是貝賽達斯，距離亞味拉東南方約十五英里，人們所說的那位庸醫就住在這個小鎮。
40. 亦即華納．蘇亞雷斯修女。

❻我在那地方差不多住了一年，其間有三個月的時間，我忍受嚴厲治療而來的劇烈痛苦。我不知道自己怎能受得了這些劇苦。最後，即使我忍受了，我的身體並沒有康復，如我將要述說的[41]。這個治療大約始於夏初，而我是在冬初抵達該地。在等到四月的這段期間，我住在大姊的家，她就是我曾提過的那位[42]，就在附近的一個小村莊裡；這樣我就不必來來去去。

❼當我在路途中，那位我提過的[43]，住在途中的叔叔，他給我一本書。書名《靈修初步》[44]，論及教導收心的祈禱。雖然修道的第一年裡，我閱讀聖書（我已不再想看別的書，因為我明白它們帶給我的害處），我不知道如何進行祈禱或如何收心斂神，所以我很高興有這本書，並且下決心要全力奉行這條路[45]。由於上主已經賜給我流淚的恩典，我讀得津津有味。我開始找時間獨居，常常辦告解，追隨這條道路，把這本書當作我的神師。我現在說的這段期間之後，二十年之久，我找不到一位了解我的神師，我的意思是指告解神師，即使我盼望能找到一個，但一個也沒有找到。這事給我很大的傷害，使我經常退步，或甚至完全迷失，因為一位神師能幫助我避開得罪天主的機會。

在此初步的階段，至尊陛下開始賜給我許多恩惠。我獨居約有九個月，雖然沒有像書上對我說的，應該那樣避開冒犯天主；但我沒能這樣避開，因為像這樣地留神，對我來說幾乎是不可能的。我克制自己不犯大罪，祈求天主始終這樣護守我。至於小罪，我則不太用心；而摧毀我的正是這點。我留在那裡快結束時，如我已說過，經由這條道路，上主開始恩待我；竟然到此地步，祂賜給我寧靜的祈禱。有的時候，我達到結合，雖然我不懂寧靜的祈禱，也不懂得結合、或哪一個比較寶貝——因為我相信，明瞭這事會對我有很大的好處。真

41. 見第五章第七節。
42. 瑪利亞・賽佩達，請參閱第三章第三節。
43. 伯鐸・桑徹斯・賽佩達先生。參閱第三章第四節。
44. 這是一本傑出的靈修名著，作者是方濟會士方濟・奧思納（Francisco de Osuna）。這書於一五二七年出版於托利多。聖女大德蘭使用的複印本，至今仍可在亞味拉聖若瑟隱院看到。無疑地，這本書給聖女極深刻的影響。一九三一年，史丹布魯克（Stanbrook）的一位聖本篤會修士將之譯成英文。《*Third Spiritual Al phabet*》（London: Burns Oates, 1931）。

的，這個結合持續的時間很短，我不知有否超過唸一遍聖母經的時間。不過卻留給我一些這麼大的恩惠，即使那時我還沒有二十歲㊻，好似我已把世俗踐踏在腳底。所以我很憐憫那些追逐世俗的人，至於在可允許的事物方面亦然。

我盡所能地努力保持耶穌基督——我們的主和天主——臨在我內，這就是我的祈禱方式。如果我深思細想祂受苦難的一些情境，我在自己內設想祂。然而大部分的時間，我用來看聖書，這是我全部的消遣，因為天主沒有給我推論思想和善於想像的才能。事實上，我的想像力很笨拙，即使要在我的腦海中思想或重現主基督的人性，無論多麼費力，我都辦不到。雖然如此，要是一個人恆心堅持，他在這條無法以理智做推理的道路上，會更快達到默觀，雖然這條道路是辛勞和痛苦的。因為，如果意志無所事事，又沒有呈現什麼可以去愛的，靈魂留在那裡，好似既無依靠，又無活動。那麼，獨居和乾枯是非常難熬的，思想上的爭戰則更形惡劣。

❽ 比起能用理智推理的人來，智能較單純的人，更適合這個祈禱方法。有人用推理的方式來反省世界是什麼，及人多麼虧欠天主、天主受多少的痛苦、人事奉祂又是多麼少，以及天主賜給愛祂的人什麼，演繹出道理來，保護自己免於種種思想、事件和危險。可是如果有的人無法從這樣的神操中獲益，那麼，把許多時間用來看聖書，則可從中獲取更多的益處；而這是必須的，因為人單靠自己，就會空空如也，什麼也沒有。

推理的思考對像這樣的人是很費力的，如果神師堅持，要他們花許多時間祈禱，又不許看聖書，我說，這對他們而言，是不可能持續很久的。如果他們堅持下去，必會損傷健康，因為這是非常艱苦的事。看聖書非常有助於收斂心神，而且，任何無法做心禱的人，都能以

45. 她指的是奧思納書上所教的收心祈禱的道路。至於流淚的恩寵，請參閱第十一章第九節。她繼續在這一小節中談寧靜的祈禱和結合的祈禱。這兩個是比較高級的祈禱，她在十四到十五章及十八到二十二章中分別敘述。
46. 實際上，在這時她已將近二十三歲了。

此做為必需的更換，即使可以看的書很少亦然。

❾ 現在我認為，這是天主的眷顧，我找不到任何人來指教我。由於如我所說的，無法做思考的推理，若要我十八年之久，忍受這個煎熬，並處在很大的乾枯中，我想是不可能的事。這些年，除了領聖體後的時間外，我從不敢不帶一本聖書開始祈禱。因為我的靈魂十分害怕祈禱時沒有書，好像我就要和許多人作戰似的。有了這個依靠，就如有了一個伴或盾牌，可以抵擋許多思想的襲擊，我因之而得安慰。並非經常感到乾枯；不過，如果我沒有一本聖書，經常覺得乾枯。那時，我的靈魂陷於混亂，思想放蕩不羈。有本聖書在，我開始精神集中，我的靈魂受吸引而收心斂神。許多時候，只要打開書本就已足夠；有時我讀一點、有時看很多，全照天主賜給我的恩惠。

我覺得，在我所說的這個初步階段，藉著聖書和獨居的機會，不會有危險引我離開這麼多的美善。而且我認為，依靠天主的助祐，事情該是這樣的：如果有個神師，或什麼人勸告我，從一開始就遠離（犯罪）機會，並且機會突然臨身時快速地離開。如果在那時，魔鬼公然襲擊我，我想我絕不會再犯大罪。可是，魔鬼這麼狡猾詭詐，而我又是這般卑劣。我所有的決心給我的益處很少；雖然我事奉上主的日子使我大有改善，能夠接受所患的重病，以至尊陛下賜給我的異常忍耐來承受。

❿ 我時常很驚異地想及天主的偉大善良，我的靈魂歡欣於見到祂那驚人的慷慨大方、大慈大悲。願祂受眾人讚美，因為我清楚地看見，即使在今世，祂不會不酬報每一個良善的渴望。就像我那可憐和不成全的行為，我的這位上主都加以改善，並使之成全，且賦予價值。為此，祂把罪惡和過失隱藏起來。至尊陛下甚至允許，使那看到這些罪過的人們視而不見，

從他們的記憶中消除這些罪過。祂粉飾我的過失；上主親自把德行放入我內，使之閃閃發光，幾乎是勉強我有此德行。

⓫ 我要重拾前題，回到他們命令我寫的事上。我說，如果我必須詳述上主在這些初步階段對待我的方式，需要有個不像我這樣的腦袋，才有足夠的說服力敘述我對祂的虧欠，及我可怕的忘恩負義和不好，因為我把它們全忘記了。願祂永受讚美，因為祂容忍了我這麼長久。阿們。

第五章

繼續述說她的重病，上主賜給她的忍耐，及祂如何從惡中取善。就如在她去治療的地方，發生於她身上的一些事上所看見的。

❶ 我忘了說在初學年間，我為一些沒什麼重要的事，忍受很大的心神不寧。我常在沒有犯過的事上受責備，以極大的痛苦和不成全忍受這事。無論如何，由於我感到身為修女的深邃幸福，一切都過得去。因為她們看我尋求獨居，又看到我有時流淚哭自己的罪。她們認為這是因為不滿意而引起的，也這麼說。

我喜歡修道生活中的事事物物，但卻不喜歡遭受任何被人輕視。我樂於受人重視，做什麼事都小心翼翼。這一切對我來說好像是德行，雖然這沒有原諒的理由。因為我知道，在一切事上，什麼是尋求自己的幸福，因此是不能以無知做為藉口的。惟一真正的藉口可以是，這座修院並非守嚴規的修院。我，可憐的受造物，我追隨那些看來是錯誤的，卻把好的擱在一邊。

❷當時有位修女患了極嚴重又痛苦的病，因為她的腹部有幾個洞，造成阻塞，所吃的東西全都會吐出來。她很快就這樣死了。我觀察出來，所有的人都很怕這個怪病，至於我本人，我很嫉妒她的忍耐。我祈求天主，以同樣的方式對待我，願祂給我能使我事奉祂的病。我好似什麼都不怕，因為我堅決地要得到永恆的產業，我決定用盡所有的方法來獲取。我很驚奇，因為我認為，當我開始修行祈禱時，按我的看法，我尚未有任何天主的愛，如同我後來那樣。不過，我有這個光明，即讓一切歸於終結，對我來說，並沒有什麼大價值，而那能從天主的愛獲得產業，似乎有很大的價值，因為那是永恆的。

多麼好，至尊陛下俯聽了我的祈禱，兩年之內我重病纏身，雖然這個病和那位修女的不同，我不認為延續了三年的這個病，所受的痛苦和辛勞會較少。如我現在要說的。

❸開始治療的時候到了，因我一直留在大姊家等著，我被帶到那裡[47]，家父、大姊和我的朋友，即陪我來的修女[48]，她非常疼愛我，他們非常關懷我的舒適。就在此時，魔鬼開始擾亂我的靈魂，雖然天主使我從中取得許多益處。在我要去治病的地方，住有一位極聰明又有社會地位的神職人員。他是個有學問的人，雖然不是極博學。我開始向他辦告解，因為我一向喜愛學識。當我無法找到一個我喜歡又很博學的告解神師時，一知半解的神師，使我的靈魂遭到極大的損害。我從經驗得知，如果他們有德行，且是嚴格奉行傳統的聖規習俗，他們不是很博學更好。因為那時，他們若沒有請教懂得的人，他們是不信任自己的，我也不

47. 就是從加紐達的卡斯提亞諾斯到貝賽達斯，參見第四章第六節。
48. 亦即華納．蘇亞雷斯修女。

信任他們；而一位真正博學的人從不會誤導我。其他人不是有意誤導我，不過，他們不懂得有什麼是更好的。我以為他們真的懂，並且我不得不只好相信他們，尤其他們對我所說是開通又有許可的話。萬一說的是嚴厲的話，我又是這麼卑劣，恐怕我只得去向別人討教。那些小罪的事，他們說什麼罪也沒有，而嚴重的大罪，他們則說成小罪。這帶給我如此之多的傷害，因此我在此所說的，必不會叫人吃驚，為的是警告人對抗這麼大的一個罪過。我清楚地看到，在天主的眼中，我毫不容見諒，因為事情本身本來就是錯誤的，應該已足以叫我警戒地加以抗拒。我相信，這是因為我的罪過，天主方容許這些告解神師判斷錯誤，且誤導我。同時我也誤導其他許多人，告訴他們這些告解神師對我說的話。

我繼續這樣盲目無知，我相信超過十七年的時間，直到一位非常博學的道明會士㊾啟迪我許多事。而耶穌會的神父們，卻讓我這麼地害怕所有的事，指示我那些理論是多麼錯誤，如我後來要述說的。

❹那時當我向這位我所提及的神職人員告解，結果，他變成極端地喜歡我。因為當時，甚至我當了修女之後，比起我後來的告解，我算是很少告解。他對我的情感並非不好；但由於太強烈了，也就不好了。他由我獲悉，我已決心，無論什麼理由，我都不在重大的事上違背天主，他也同樣向我保證；因此我們有許多的交談。然而那時我如此地著迷於天主，談論天主的事是最使我愉悅的。因為我那麼年輕，因此這事使他很覺困惑。由於他對我的感情深厚，他開始向我訴說自己的不道德處境。這不是一件小事，因為約有七年之久，由於他在那地方和一個女人的愛情和交往，使他一直生活在危險的境況中；而且，雖然這樣，他還是主持彌撒。這個交往非常地公開，致使他的名譽和聲望掃地，卻沒有人敢在這事上勸告他。

49. 文森德·巴隆神父（Vincent Barrón），他是德蘭家的告解神師，是位傑出的神學家。

對我而言，這是一件非常遺憾的事，因為我很愛他。我是這麼輕浮和盲目，自以為對任何愛我的人感恩和忠誠是一種美德。像這樣違反天主法律的忠誠是該死！這就是仍繼續存在這世界上的無知，這種無知，對我毫無意義可言：我們認為不使友誼破裂是一個德行，甚至於違背天主；然而，對天主為我們所做的一切好事，我們都是負債者。世界如此的盲目啊！如果我對全世界毫不感恩，而對祢沒有絲毫的不感恩，祢早已得到事奉！然而由於我的罪過，事情正好相反。

❺我努力從他家裡的其他人探得更多的訊息。關於他不道德的處境，我知道得更多，也看出來，這可憐的人所犯的過錯不是這樣多。因為那個不幸的女人，把符咒放進一個小小的銅製偶像內，要求他為了愛她而戴在脖子上，沒有人有足夠的影響力，能從他身上拿走這個偶像。

符咒真具有這樣的魔力，我並非確實相信。不過，我要敘述親眼見到的這事，以勸告男人，要小心提防有意這樣做的女人。男人應該相信我，既然這些女人已經失去了在天主前的羞恥心，什麼也不能相信她們。因為她們無所不為，什麼事都做得出來，為的是掌控魔鬼置於其間的友誼和激情。雖然我這麼不好，我從未陷入任何這類的事，我也未曾想去做惡事。即使有，我也未曾渴望勉強誰來愛我，因為上主保護我免於此事。然而，如果祂縱容我，我會在其他所做的每件事上作惡，因為在我內是沒什麼值得信任的。

❻一旦我知道了這些符咒，我開始向他表示更多的愛。我的存心是好的；但行為則不好。因為，為了行善，無論是怎樣的大善事，一個人不該犯最微小的錯誤。我常常和他談話，屢次再三談及天主。這必定有益於他；雖然這樣，我有點相信這事促使他大大地愛我。

為了取悅我，他終於給了我這個小偶像，那時我把它扔進河流裡。一旦除掉了這個偶像，他好像從熟睡中醒來，開始憶起這些年來所做的每一件事。他對自己感到很驚恐，對他的不道德境況覺得悲傷。最後，他開始痛恨這個女人。聖母必然極其助祐他，因為他非常敬禮聖母的始孕無玷；他很隆重地舉行這個慶節。終於，他不再見這個女人，他從不感厭倦地感謝天主賜給他光明。

從我遇見他的那一天算起整整一年，他死了。他非常專心地事奉天主，而我未曾認為他對我所懷的大愛是錯誤的，雖然這愛可以更純潔。不過，其中也有一些情況，如果我們沒有深深地存留於天主的臨在中，則會有更嚴重的罪過。如我說過的[50]，一旦我明白一件事是大罪，我就會避開。事情是這樣的，他在我內觀察到的這點，幫助他愛我。因為我相信，所有的男人，對那些他們看來傾向於德行的女人，必會更友善。而這正是女人該採用的手段，以獲取她們向男人索求的，如我後來要說的。我確信，他是在得救的道路上。他的過世是個聖善的死亡，完全離開那事件。好像天主願意藉這些途徑使他得救。

❼在那裡住了三個月，我承受著最劇烈的痛苦，因為這個治療對我的體質太厲害了。過了兩個月後，由於特效的烈藥，我幾乎一命嗚呼。我來求治的劇烈心痛更形嚴重。有時好似鋒利的牙齒正在啃蝕我，竟然到此地步。人們怕我是得狂犬病。高燒不退，軟弱無力（由於嘔吐，我不能吃任何東西，只能喝）。我這麼樣的憔悴和消瘦（因為將近一個月，他們天天給我淨腸），神經開始萎縮，導致忍無可忍的痛苦，日以繼夜，我不得安寧——這是個很深的悲傷。

❽家父看到結果這麼糟糕，他把我帶到醫生能來診治我的地方。他們卻對我完全不存

50. 見上文，第四節。

什麼希望，因為他們說，除了這一切的病之外，我還得了結核病。我對這個診斷不太在意。痛苦使我精疲力盡，它們就像一個不存在的實體，從頭頂到腳底，遍及全身。如醫生所肯定的，神經的痛楚是無法忍受的，而由於我的神經都萎縮起來，無疑地，這是個痛苦的折磨。要不是因為我的過失，我會獲得多少功勞啊！

我處在這個極痛苦的狀況中，沒有超過三個月，因為同時忍受這麼許多的病，看來是不可能的。現在我很覺驚奇；我認為是至尊陛下給我忍耐，這是得自上主的一個大恩惠；因為可以清楚地看到，這個忍耐是從祂而來的。在聖國瑞（St. Gregory）的《論道德》(51)中，談到約伯的故事，對我極有益處，好似天主用這些方法來預備我。再加上我開始體驗祈禱，因此我能這麼順服祂的聖意，忍受痛苦。我的對話全是和祂交談。我時時不斷默存約伯的話在我心中，並誦唸著：「**難道我們只由天主那裡接受恩惠，而不接受災禍嗎**(52)**？**」這似乎給了我力量。

9 那時到了八月裡的聖母節日。這個折磨從四月一直延續下來，最後的三個月更形惡劣。我急於去辦告解，因為我向來喜歡勤快地辦告解。他們想我是怕死，父親為免除我的憂慮而不許我辦告解。啊！來自血肉親情太過分的愛啊！即使是那麼好的天主教徒，且又明智的父親（他全然是這樣的，而且他的行動都不是來自無知），能造成我很大的損失！那天晚上，我突然疾病發作，因此有四天之久(53)，或少一點，我毫無知覺。這時他們為我施行病人傅油聖事，時時刻刻，分分秒秒，他們都以為我就快要死了。他們除了為我唸信經，什麼也沒有做；彷彿我能懂得他們似的。有時候，他們這麼確定我已經死了，後來我甚至發現眼皮上有蠟(54)。

51. 這裡所說的是《Morals of St. Gregory，Pope，Doctor of the Church／聖國瑞教宗，教會聖師，論道德》。這本書的原文是拉丁文，亞龍索．奧華雷思．托利多（Alonso Alvarez de Toledo）將之譯成西班牙文，於一五一四年在塞維亞出版。亞味拉加爾默羅會隱院有這一部兩冊的著作。第二卷附上註解：「這些《論道德》是我們的會母使用的，睡覺時把她神聖的頭枕在書上；書中有些記號，是她神聖的手標記的，用以註明鼓勵她虔敬的事理。」

❿由於沒有讓我辦告解，家父感到極大的痛苦——向天主發出許多呼喊和祈禱。願天主受讚美，因祂俯允了！我修院中的墓穴已打開一天半了，等著屍體運回，並且在城外我們的男會士那裡舉行了喪禮，然而上主使我恢復了知覺。

我立刻就想要辦告解。我淚汪汪地領聖體。雖然如此，我認為這些淚水不是因自己冒犯天主而悲傷，這些為得救已足夠了，而是為了我的錯誤；因為那些人告訴我某些事不是大罪，後來我清楚地看出來真的是大罪。因為留下來的痛苦是不能忍受的，痛悔之情也不徹底，雖然告解是完整的，按我的看法，包括每一件我明白是冒犯天主的事。自從我初領聖體以來，至尊陛下賜給我的恩惠中，有這麼一個：凡我認為是罪，甚至是小罪的事，我沒有不去辦告解的。但是，無疑地，我認為自己的得救還是在危險中，如果我在那時死去的話，因為一方面是我的告解神師這麼缺乏教育，另一方面則是我自己如此卑劣不堪，及為了其他許多的理由。

⓫真實又確實地，我覺得，到了我生命的這個階段，我是這麼驚駭，看到上主多麼明顯地把我從死亡中提拔出來，我在自己內幾乎戰慄發抖。我認為這是很好的，我的靈魂啊！妳看見了上主從危險中救拔了妳。如果由於愛，妳沒有放棄開罪祂，但願妳因害怕而不冒犯祂，以免在其他一千次的機會中，有這麼一次，祂容許妳死在危險的境況中。說「其他一千次」，我不認為自己加上去太多，雖然我可能挨罵，被那命令我述說自己的罪過時要適度的人責怪：其實，它們真的被美化了。

為了天主的愛，我請求他不要刪去任何有關我過失的事，因為就是在這樣的地方，天主的慷慨大方，及祂對靈魂的容忍，才會看得更清楚。願祂永遠受讚美。但願至尊陛下讓我死

52. 《約伯得》第二章第十節。
53. 一五三九年八月十五至十九日，當時她是二十四歲。約伯傳見第六章第一節。
54. 她所說的可能是當時很普遍的風俗，仍存在於卡斯提的小村鎮，閉上死者的眼睛，滴幾滴蠟在上面，這蠟取自亡者臨終時使用的蠟燭。

去，而非我不再愛祂。

第六章

述說她虧欠天主有多少，因為在如此劇烈的煎熬中，恩賜她翕合天主的聖意，及她如何奉大聖若瑟為主保和護慰者，並述說聖若瑟為她完成的善舉。

❶ 以下就是在我發作時度過的四天[55]，只有天主知道在我內承受的忍無可忍的折磨：我的舌頭咬了又咬、喉嚨連水都嚥不下去——不是因為吞了什麼東西，而是因為極度虛弱，以致壓迫著我。一切彷彿都支離破碎，我的頭極為混亂、全身萎縮，像個球般地整個縮在一起。那四天備受煎熬的結果，我動彈不得，不只一隻手臂、一隻腳，連手和頭都不能動，我像個死人一般；只有右手的一個指頭，我覺得能夠動。由於碰我不得，她們用床單來挪動我，一位修女在這邊，另一位修女在那邊；因為我遍身傷痛，忍受不了。

這樣持續到了復活節，如果她們不來碰我，這是我惟一的舒解，疼痛常常停止，由於這些微的休息，我認為自己已經好了；因為我很怕會失去忍耐。為此我很高興沒有那樣劇烈又持續的疼痛，雖然還有四天熱的發燒[56]，及隨之而來的劇冷，非常猛烈，我覺得難以忍受；我極度沒有胃口。

❷ 我立刻急著要回修院，我讓她們就這樣把我帶回去[57]。她們等待的是死人，接到的卻

55. 見第五章第九節。
56. 四天熱：指的是每四天發燒一次，高燒之後，接著是發冷。
57. 這時是一五三九年八月底。

是個活人；不過她的身體比死了還糟糕，看起來很可憐。我的虛弱狀況是無法言喻的，因為我那時只有皮包骨了。我可以補充一句，上述的狀況持續了八個月以上。我的癱瘓幾乎持續了將近三年[58]，雖然漸漸好轉起來。當我開始用手和膝蓋爬行時，我讚美天主，我極其順服祂的聖意，這些年。我懷著極大的愉悅受苦，不過，不是早期的那些痛苦。因為和我早期的痛苦與折磨相較之下，對我來說這些全是芝麻瑣事，算不了什麼。我非常順服天主的旨意，而且我會一直這樣下去，甚至如果祂把我永遠留在這個狀況中。

我覺得，我得痊癒的全部希望是，可以如同我過去的習慣，獨處祈禱，由於我在病房裡沒適當的方法這樣做。我常常去辦告解，大談特談有關天主的事，我就這樣地訓誨每一個人，人們都很驚奇上主賜給我的忍耐。因為如果這忍耐不是出自至尊陛下的手，則不可能懷有這麼大的滿足，忍受如此之多的痛苦。

❸在祈禱中，天主賜給我這個恩惠是件大事，因為祂使我了解愛祂的意義。由於短短的時間內，我看到在我內有一些新的德行（雖然這些德行還不強壯，因為還不足以在義德上支持我）：不說別人的壞話。無論是在多麼微小的事上；而且對於所有挑別人的不是，我往往避開。我深知，我不希望別人說我什麼，我也不該想要說別人。在這點上，我極謹慎，處在一些場合裡，雖然不是非常完美，但是當遇有大事時，我從未失言；大致說來，我是忠信的。所以，我力勸與我交往的人，要修得這個習慣。大家都知道，有我在的地方，就不會有背後說人閒話的事，這是我的朋友、親人和所有與我談話者的看法。然而在其他的事上，為了我所樹立的惡表，我得向天主交帳。

願至尊陛下樂於寬恕我，因為我是許多惡事的因由，但我不是故意去做這一切有害的

58. 從一五三九年到一五四二年四月左右。她將自己的痊癒歸功於大聖若瑟。見本章第六～八節。

事，即使後來成為我行為的結果。

❹ 在我內仍懷有獨居的渴望，也喜歡交談和講論天主。如果我找到了可以這樣交談的人，會給我更多的幸福和娛樂，超過世上所有的文雅交談——更好說是粗俗的交談。我領聖體，而且更勤快地辦告解，也渴望這麼做。我非常喜歡看聖書，在冒犯天主之後，感到極深切的痛悔。我記起來，我常常不敢祈禱，是因為害怕自己可能會受到嚴厲的處罰。在冒犯了天主時，我必須感到這個痛苦的悲傷。後來這個想法持續增加，達到極點，以至我不知怎麼比擬這個折磨。這個感受完全不是從害怕來的，然而，由於我記得上主在祈禱時賜給我的恩惠，和其他我虧欠祂的許多事，我看到自己給祂的回報多麼差勁，我忍無可忍。看到自己沒有改善，我對自己痛哭過錯而灑下的許多淚珠，極其惱怒；因為無論是我的決心，或所受的苦難，都不足以使我不再置身於犯過的事件中，使我不再失足。我覺得那些是耍詐的眼淚，後來的過失來得更大，因為我看到，在給我這些眼淚和深切的悔悟時，上主賜予絕妙的恩惠。我努力立刻去辦告解。按我的看法，我盡所能地回到天主的恩寵中。

整個的麻煩在於沒有徹底除去犯錯的機會，以及我的告解神師們給予我的幫助很少。因為如果他們告訴我，我所置身的危險，及我有責任避開那些友誼，無疑地，我相信我會改善這件事情。因為我絕不能忍受陷於大罪中，甚至只一天也不行，要是我懂得的話。

這些敬畏天主的記號，全是祈禱時臨於我的；最大的記號是籠罩在愛內，因為處罰不會進入我的腦袋。而對大罪懷有謹慎的良心，在我整個的生病期間都持續著。天主啊！幫助我吧！我多麼渴望我身體健康，好能更加事奉祢，而這個健康反成了我所有傷害的原因。

❺ 由於我看到自己這樣癱瘓，又還這麼年輕，而世上的醫生是多麼無望，我決心求助於

天上的神醫，他們可能會治好我。因為我仍然渴望自己的身體健康，即使我非常喜樂地忍受疾病。有時我想，如果身體好起來，會使我受罰下地獄，那最好還是保持原狀。然而，雖說這樣，我還是想，如果我的健康良好，我能服事天主更多。這是我們的自欺欺人：沒有把自己完全放在承行上主所做的事，祂最知道什麼適合於我們。

❻我開始參加彌撒，誦唸受到高度贊許的敬禮禱文。我從來都不喜歡有些人的敬禮，尤其是女人家的，還加上一些禮節，很受不了；不過對他們而言，這有助於他們的熱心。後來我明白了，那些不是適當的敬禮，而是迷信。我奉榮福大聖若瑟為我的護慰者和主保，我鄭重地把自己交託給他。我清楚地看到，就像這個急難的事上，同樣在其他有關榮譽和喪失靈魂的較大事情上，我的這位父親和主保，是我更好的救助，他的幫助比我所知道如何祈求的更好。直到今天，我想不起有什麼曾求過他而未蒙應允的事。這是一件很驚人的事，經由默想這位榮福大聖，天主恩賜我極多的恩惠，使我得免於身體和靈魂的危險。至於其他的聖人，上主賜給他恩寵幫助一個危急，然而這位榮福大聖，我體驗到他在所有的急難中幫助我們，上主希望我了解，正如祂在世上受聖若瑟的照管——因為他既有父親的名號，成為主的監護人，若瑟可以給孩童（耶穌）出命令——同樣，在天堂上，天主執行他命令的每一件事。

別人也留意到這事，那些我告訴他們，把自己交託給他的人，也有所體會。因此，許多人體驗到這是真實的，他們重新恢復對聖若瑟的敬禮。

❼我努力盡所能地隆重慶祝他的節日。不過，我渴望做得非常細心又很好，所充滿的是虛榮，而非熱心於靈修，雖然我的意向是好的。這是我的一個缺點，如果天主給我恩寵做什

麼好事，我所做的滿是不成全和許多的失敗。在做壞事、好奇心和虛榮方面，我是特別的拿手且使盡全力。願上主寬恕我。

由於我深刻體驗到榮福大聖若瑟向天主求得的好處，我渴望說服所有的人敬禮他。我不曾知道，有誰真心地敬禮他，且特別事奉他，而沒有在德行上更進步的。因為他以強有力的方式，幫助交託自己給他的靈魂獲得益處。我覺得，有幾年，每逢他的節日，我向他求恩惠，我的請求總是得到應允。如果所祈求的有點偏差，他會為了我的好處加以矯正。

❽ 如果我是有權寫作的人，我樂意，而且很仔細地詳述這位聖人給我和其他人的恩惠。但是為了只做他們命令我的，我應該在許多事上敘述得更簡潔，而非按照我所渴望的，在別的一些事上，則要擴大其事，超過所需要的——總之，就是要像一個對做任何事都沒什麼辨別力的人。我只要求，為了天主的愛，凡不相信我的人，就試試看，他從經驗中會看到，把自己交託給這位榮福主保，並敬禮他，從中會得到多大的好處。尤其是祈禱的人，應該時常摯愛他。我不知道，誰能設想，眾天使之后和聖嬰耶穌經歷了那麼多磨難，怎會不感激聖若瑟如此體貼地幫助了他們呢？凡找不到好老師教他祈禱的人，應該奉這位榮福大聖為老師，他必不會誤入迷途。如果天主容許，但願我沒有犯錯，這麼大膽地談論他，因為雖然我公開地敬禮他，但對於事奉他和效法他，我總是缺乏的。因為正是他使我能站起來、會走路、不再癱瘓，而我卻沒有好好善用這個恩惠。

❾ 誰能述說，從天主得到這麼許多恩惠之後；至尊陛下開始賜給我德行，使之激勵我事奉祂之後；在看見我自己幾乎一命嗚呼，又處在會受罰下地獄的嚴重危險中之後；在身體和靈魂得蒙高舉，使所有看見我的人都驚奇見到我還活著之後；我竟這麼快跌倒了！我的主

啊！這是什麼！難道我們必須活如此危險的生命嗎？走筆至此，我覺得，有祢的恩惠，藉著祢的仁慈，雖然沒那麼成全，我能說聖保祿說的話，**我生活已不是我生活，而是祢，我的創造主，在我內生活**59。理由是，按照我所能了解的，幾年來祢以祢的右手扶持我，我在自己內看到渴望與決心，——這些年間，有許多事情，透過經驗，以某些方式可從中得到證實——不做任何違背祢聖意的事，無論事情多麼微小。雖然我必定以許多方式，不自知地冒犯了祢，而且，我還認為，為了祢的愛所做的工作，我總是以很大的決心去完成它。而在某些事上，祢已幫助我付諸實行。我不想要這個世界，或這世上的東西。我也認為，沒有什麼東西會使我稱心滿意，除非是從祢而來的，其餘的我都視之為沉重的十字架。

我很可能是錯誤的，為此，事情恐怕是我並不具有我所說的，然而，我的主，祢看得很清楚，按照我所能了解的，我沒有說謊。我害怕——還有許多理由——除非祢放棄我，現在我知道，如果不是祢常常施恩和助祐我，使我不致拋棄祢，我的力量和小小的德行是怎麼回事。惟願至尊陛下，即使現在我自慚形穢，仍不會被祢拋棄。

我不知道，為什麼我們都想活？既然一切都這麼不確定，我主，我覺得這麼徹底地拋棄祢是不可能的。因為我真的捨棄祢那麼多次，我不能不害怕。因為祢稍微避開我一點，我就跌落在地上。願祢永遠受讚美！雖然我拋棄祢，祢卻沒有這樣完全地捨棄我，不伸出祢的手給我，拉拔我起來。上主，許多次，我並不想這樣，我也不想去了解，祢那麼多次一再地召喚我，如我現在將要說的。

59. 《迦拉達書》第二章二十節。

第七章

述說失去上主賜給她恩寵的種種情況，及她開始度的是如何分心的生活。談到女隱修院沒有嚴守禁地導致的傷害。

❶ 從此，我就這樣消遣復消遣，虛榮復虛榮，歷經種種場合，許多次置身於非常嚴重的事態中，使我的靈魂縱容於許多的虛榮中，而這樣糟蹋了。那時，我羞於藉祈禱中親密交往的特殊友誼，回來尋求天主。火上加油的事實是，當罪過增加時，我開始失去德行上的喜樂，及我對德行的愛好。我的主，我非常清楚地看到，這些事遠離了我，係因為我遠離了祢[60]。

這是魔鬼在我身上玩弄的最可怕把戲，在謙虛的偽裝下：看到自己多麼無可救藥，我開始怕祈禱。既然我是卑劣的，又是最糟糕中的一個，我最好和許多人走同樣的路，唸唸我有責任唸的經，不修行心禱，也不和天主有這麼多的親密，我活該和魔鬼同在。而且我認為自己在欺騙人，因為表面上我維持那麼良好的形象，而這不能歸咎於我居住的修院。由於我的狡詐，我努力博得人的敬重，雖然我沒有故意地裝成基督徒。至於在偽善和自我吹噓上，讚美天主，我想不起曾有意地得罪過祂。因為只要一受到慫恿，我就深深覺得難受，以致魔鬼以損失收場，而我則得到利益。為此，在這個事上，牠很少來誘惑我。或許，如果天主准許我在這事上受試探，如同在其他的事上那樣劇烈，我恐怕也會失足。不過，直到現在，至尊陛下在這事上一直保護著我。願祂永遠受讚美！相反的，對於受人敬重我深覺難過，因為我明知自己的底蘊是什麼。

60. 這一節的清楚說明是在第十四節：「……比起他的身體，我靈魂的病症更是嚴重，沉溺在許多的虛榮之中；雖然我現在說的這段比較不嚴謹的期間，就我所知，沒那麼沉湎於其中，如同在大罪中。」

❷ 她們之所以不認為我有這麼壞，是因為看我很年輕，在許多的場合中，時常退隱獨居、祈禱和看聖書，談論許多有關天主的事。喜歡有祂的畫像，且懸掛在許多地方，又有個祈禱的小經堂，在堂內尋求助長虔誠的事物。不參與挑剔別人的毛病。與其他看來似乎是德行的這類事。再加上我對事物的鑑賞力——雖然是出於虛榮——通常這是受到世俗看重的。因此，她們給我自由，像給年長的修女那樣多，甚至是超多的自由。她們極信任我。因為在修院內，我不認為，我竟然能說像這樣的事情，像沒有許可而自由地去做一些事，諸如從牆壁的洞洞，或在夜間傳遞訊息。我也從來不曾這樣做過，因為上主以祂的手扶助我。我認為——因為我有意且故意地思量許多事情——由於我的卑劣，卻要以這麼許多善良好人的名譽做賭注，這是非常錯誤的；好似我所做的另一件事是好的，雖然如此，所做的惡事，並不是明知故意做的。

❸ 為此，我認為不在一個有禁地的隱院內，使我遭受很大的損害。至於善良人能良心平安地享有的自由，因為她們沒有守禁地的誓願，所以沒有較多的責任。而我是這麼卑劣，如果上主沒有用這麼許多的補救和方法，以祂的奇恩異寵把我拖出這個危險，這自由必定會帶我進入地獄的。因此，我認為一個容許自由的女隱修院，是個至極的危險。更有甚者，事情彷彿是這樣的，那些渴望度不幸生活的人，這是邁向地獄的一步，而非補救她們的軟弱。

我所說的不是我自己的隱院[61]，而是其他我知道和看到的。因為在我的隱院內，有許多真正事奉上主又極成全的人，她們這麼好，至尊陛下不能不恩待她們。這座修院不是那些非常開放中的一個，而是遵守真實修道生活的修院。

61. 我自己的隱院，指的是降生隱院，不是聖若瑟隱院。

❹我說這是很令人悲哀的，上主必須做出特別的呼喚——不是一次，而是許多次——為使一個人得救。因為世俗的榮譽和娛樂這麼受讚揚，而人對自己的責任卻很不了解。但願天主賜恩，使人們不要視罪過為德行，如同我常做的那樣。由於認清自己的責任這樣困難，天主真的需要親自介入。

要是父母們肯聽我的勸告，因為他們不願把女兒安置在不妥當的環境，在那裡，通往救恩的道路，比在世俗還危險。他們要思量一下，相稱他們女兒名聲的是什麼。他們應該寧願為女兒選擇身分卑微一點的婚姻，也不要把她們送進這樣的修院，除非他們的女兒很有德行的傾向——而天主容許的話，修院會因之而受惠；否則的話，他們應該留她們在家裡。因為如果一個女兒想要墮落，她必無法在家中隱瞞太久；然而，如果是在修院中，就能隱瞞很久。而到了最後，上主將之洩露出來，她不只給自己，也給全體招致損傷。有的時候，這可憐的小人兒是沒有過錯的，因為她追隨的是她所學來的。這是一件很遺憾的事，許多人渴望從世俗隱退，以為她們將要事奉上主，逃開世俗的危險，卻發現置身於十倍的世俗中；再加上不知道如何保護自己，改善這個處境。由於青春年華、感性，魔鬼也來引誘她們，使她們傾向於追逐這個世界的東西。然而，這些卻被視為好事而接受，可以這麼說。

我認為，這些修道人有點像不幸的異教徒，他們想要弄瞎眼睛，使別人認為他們的道路是好路。他們相信所不相信的是這樣，因為在他們內的那位，告訴他們那是不好的。

❺啊！罪大惡極！修道人的罪大惡極——現在我說的不只是女士，也包括男士——凡不奉行修道生活之處，在那修院就會出現兩條道路（一條是有德行的修道生活、另一條是沒有德行的修道生活），而眾人幾乎都走相同的道路。不，不是相同的道路，該說是不好的道

路。由於我們的罪過，越不成全的人行走的越遠，也越受歡迎。真實地全心追隨聖召的男女隱修會士，必須害怕自己修院中的會士，甚於所有的魔鬼。在渴望與天主建立的友誼上交談，運用的小心和隱藏，應該超過魔鬼在修院內操縱的其他友誼和愛戀。既然那些本該成為眾人效法德行的人，這麼不盡心力，以致往昔聖人的精神已不復存留於修道團體中，我不明白，對於教會中有這麼許多惡事，為什麼我們感到驚奇！

願至尊陛下看到有所需要時，樂於補救這事，阿們。

❻ 於是，我置身於這些交談中，以為既然是習俗，我的靈魂就不會受害，不會分心走意。後來我知道了，這些害處和分心是從那樣的友誼來。我以為，像拜訪之類的事，在許多的修院是很普通的事，而給我的損害則不會超過其他我覺得很好的人。我也不想想，人家比我好得很多，對我有危險的事，對別人則不盡然如此；而我懷疑其中常有某種危險──至少是浪費時間。我曾經和一個人在一起，上主從我們剛開始認識就願意讓我明白，這友誼不適合我。在那樣完全的盲目中，祂來勸告我，啟迪我。基督非常嚴厲地出現在我面前，讓我瞭解祂對這友誼的憂心難過，我以靈魂的眼目看見祂，這比用身體的眼睛看得更清楚。這個神見留給我那麼深刻的印象，過了二十六年多，我覺得仍是歷歷在目。我非常驚慌和心亂，不願再看見那個人。

❼ 由於不知道除了用身體的眼睛外，還有可能以其他的方式看見，這使我遭受許多的損失。魔鬼不斷慫恿我的這個無知，讓我認為不可能有其他的看見方式，這個神見是幻想出來的，這可能出自魔鬼，及其他這類的事；雖然我常常感覺到，這是來自天主的，不是幻想。然而，因為這個神見不是我喜歡的，我設法自我否認。由於我不敢對任何人說這事，魔鬼回

來得更兇，糾纏不休，向我保證，去看看那個人是不會錯的，我不但不會失去榮譽，反而名聲更好，我再回到原來的交往，有時也有其他的交往。許多年來，我參與這個有害的消遣，由於我已投身其間，我不認為這實際上是壞的；雖然有時候，我看得很清楚這是不好的。然而，沒有別的友誼使我分心，如同我說的這一個，因為我極其喜愛這個友誼。

❽ 另有一次，當我和這個人在一起，我們看見——在場的其他人也看到——有什麼東西向我奔來，這東西看起來很像一隻好大的癩蛤蟆，動作比一般的癩蛤蟆快多了。我不知道牠從那裡冒出來的，大白天怎會出現一個像這樣齷齪的小怪物，那地方過去總不曾見過的。在我身上發生的這件事，我覺得不是沒有神祕含義的，也一直沒有忘記這事。崇高偉大的天主啊！祢懷著多少的關心和慈悲，用盡方法來警告我，我從中獲得的益處多麼少啊！

❾ 在那裡有位修女[62]，是我的親戚，年紀較長，是天主的忠僕，非常有修道精神。她有時也警告我。我不只不相信她，還生她的氣，覺得她為毫無理由的事情大驚小怪。

我說出這事，讓人知道我的卑劣及天主的大慈大悲，還有為了我那要不得的忘恩負義，我多麼地該下地獄。還有，如果上主安排且容許，有修女讀到這事，她可以從我得到前車之鑑。我請求她因我們主的愛，避開像這樣的散心。願至尊陛下容許有人因我而覺醒，即在我迷惑了許多人的地方，我告訴他們散心並沒有錯誤，要他們處在這麼大的危險中安心。我說這話是出於我的盲目，因為我並非有意誤導他們。由於我給他們的壞表樣——如我所說的[63]——我是許多惡事的起因，不知道自己正犯著如此之多的錯誤。

❿ 在我知道如何照顧自己之前，在我最初生病的期間，我極希望幫助別人改善，這是初學者很常見的誘惑；雖然如此，在這方面，我卻有好的成果。

62. 很可能是梅西亞・辛布隆修女，當德蘭在初學年間，她是降生隱院的院長。
63. 見第三節。

因為我深愛家父，希望給他從修行祈禱所得的，那些我認為很好的。我認為在今生中，沒有比修行祈禱更好的。因此，我以委婉的方式，盡其可能地開始說服他祈禱。為了這個目的，我給他書看。因為他有這樣的德行，如我說過的[64]，他的祈禱修行得非常好，五、六年之內——我想是這樣——他這麼有進步，我極力讚美上主，這事給我很大的安慰。他面臨各式各樣的困苦；他懷著最深的委順，承行主旨，忍受一切。他常常來探望我，因為講論天主的事很能安慰他。

⓫ 在我這樣潦倒，並且不修行祈禱時，由於我看到他認為我的生活和過去一樣，我受不了讓他被騙。因為我已有一年多沒有祈禱，我認為這樣是更謙虛的。如我後來要說的[65]，這是我有過的最大誘惑，因為這樣，我正好走上喪亡之路：一天我以祈禱冒犯天主；另一些日子，我又收心斂神，離開犯罪的機會。

由於這位有福的人（譯者按，指聖女的父親）來和我談祈禱，看到他受騙，誤以為我還是像從前那樣，習慣和天主交往，對我來說，真是一件苦事。我告訴他，我不再修行祈禱，但沒有說理由。我提出我的病，以之為有礙於祈禱。因為，雖然我那嚴重的病治好了。直到現在，我仍然常是有病在身，有些還是重病，而且是各式各樣的病，雖然後來沒那麼嚴重。尤其是，二十年來，我每天清早都會嘔吐一陣，這樣到了中午以後，我才能吃點東西；有時則必須等更久。自從我開始常常領聖體，我必須晚上睡覺前嘔吐。這樣更加痛苦，因為我必須用一根羽毛，或其他什麼東西來誘吐；如果不這麼做，我感到病情會更不好。按我的看法，我幾乎一直有許多的病痛，有時是非常嚴重的，特別是心臟痛。不過，這個緊抓著我的病，幾乎很少連續地發生。八年前，我那慘重的癱瘓和其他常患的發燒症都已痊癒。所有這些病現在很少麻煩我，因此我常是喜悅的，我想的是，上主能得到一些事奉。

64. 見第一章一節。
65. 見第八章第五節。

⑫家父相信，我的病是我沒有祈禱；因為他不說謊，而這一次，根據我向他說的事，我應該也不會說謊。因此，他很容易地相信了（因為看得很清楚，是沒有理由放棄祈禱的），我告訴他，為了負起唱經的責任，我做了許多事。然而這不是充分的理由，把那不需要身體的氣力，而只要愛和習慣的事取消；而如果我們渴望，上主總是提供我們機會的。

我說「總是」，因為，雖然偶爾，或有幾次生病時，我們無法有獨居的時間，可是當我們康復時，並不缺乏獨居的時間。甚至生病本身，及這樣的其他機會，當祈禱來自靈魂喜愛呈獻病苦，接受所發生的，並且順從，翕合其他發生的上千的事情，這個祈禱是純真的。祈禱是愛的修練，而以為如果沒有時間獨居，就是完全沒有祈禱，這個想法是不正確的。只要稍加用心，就能得到很大的祝福。由於我們的辛勞，上主接納了我們為祈禱定下的時間。因此，當我有好的良心時，我會發現這些祝福。

⑬由於家父對我的看重和愛，他相信我所說的每件事；事實上，他是可憐我。不過，因為他已達到這麼崇高的境界。後來，他不再花許多時間和我在一起，只是來看我一下就離去了；因為他說這是浪費時間。由於我把時間消耗在其他空洞無益的事上，我不太在乎浪費時間。

他不是僅有的一位；我也設法說服其他的人修行祈禱。即使我置身於如此的虛榮之中，當我看到別人喜歡祈禱，我告訴他們如何做默想，幫助他，給他書看。因為，自從我開始祈禱，如我所說的，我有這樣的渴望，希望別人事奉天主。我覺得，我不再事奉天主，如我知道自己該做的，則不該浪費至尊陛下已賜給我的知識，及別人可透過我而事奉祂。我說這事，是要讓人看出來，我那極端的盲目；因為，我任憑自己喪亡，卻又力求拯救別人。

⓮在這段期間，家父罹患一種疾病，我去照顧他，持續了幾天，他就與世長辭。比起他的身體，我靈魂的病症更是嚴重，沉溺在許多的虛榮之中；雖然我現在說的這段比較不嚴謹的期間（譯按，意指暫離修院回家照顧父親的期間），就我所知，沒那麼沉湎於其中，如同在大罪中。因為，如果我知道，事情是這樣，我絕不會逗留於其中的。

父親患病期間，我相當辛苦。我相信，我伺候他多少回報了他在我生病時所受的煎熬。雖然我非常不舒服，還是勉強自己；因為我失去了他，就是失去一切的幸福和喜樂。他對我來說，比什麼都重要，我下了極大的決心，不在他面前流露哀傷，而且直到他過世，表現得好像我很好。當我看到他臨終時，彷彿我的靈魂從身內被猛然抽出，因為我非常愛他。

⓯當我回憶他的死和他臨終時的喜樂，我不能不讚美上主。他領完終傅之後，給我們勸言。他請求我們把他交託給天主，為他祈求天主的仁慈，要我們常常事奉天主，深思細想，萬有如何歸於終窮。他含著眼淚告訴我們，由於沒有事奉天主，他感到的極大懊悔，及他希望做個修會會士；我說，他會選擇一個最嚴格的修會。

我非常確定，在他死前十五天，上主已讓他知道，將不久於人世。因為在此之前，即使他生病，他都不會想自己快死了。後來，即使他的病大有起色，醫師也這麼對他說，但他毫不在意，反而更專心於整頓他的靈魂。

⓰他最主要的病是肩膀劇烈的疼痛。這個病從未離開過他，有時給他極大的痛苦，對他而言，好似臨終前的極苦。我告訴他，因為他這麼熱心於默想主背負沉重的十字架，至尊陛下願意他體驗一點祂自己忍受的那個痛苦。這話深深安慰家父，我似乎再沒有聽見他抱怨。

他的知覺有三天非常呆滯。在他逝世的當天，上主使他全然恢復知覺，我們都覺得驚訝，而他一直保持下去，直到他唸信經唸到當中時，與世長辭[66]。他看來像個天使。我認為，可以這麼說，他的靈魂和性格就是天使，因為他非常妥當地維持他的靈魂。

我不知道為什麼說這事，在我目睹這樣的一個死亡，知道了這樣一個生命之後，無非是更加責怪自己的卑劣生活。因為若要稍稍肖似這樣一位父親，我就應該有所改善。他的告解神師是一位道明會士，很有學問的人，說他毫不懷疑家父已直升天堂。他好幾年做家父的告解神師，並且還稱讚他良心的純潔。

⓱ 這位道明會神父，人非常好又敬畏天主，使我獲益良多。因為我向他辦告解，他視之為己任，認真地為我靈魂的益處著想，讓我明白，我為自己招致的淪喪。他要我每十五天領一次聖體。漸漸地，由於我開始和他談話，我向他提及我的祈禱。他告訴我，不要放棄祈禱，因為祈禱帶給我的益處是萬無一失的。我開始回復祈禱，雖然尚未放開那些罪過的情況；而我再沒有放棄過祈禱。我正過著極端辛苦的生活，因為在祈禱時，我清楚地明白我的過失。一方面，天主正召喚著我；另一方面，我追隨著世俗。天主的事全都使我快樂。世俗卻牽繫著我。彷彿我想要協調相反的兩面——兩者是這麼地互相對立——就像靈修生活敵對感官的快樂、愉悅和消遣。在祈禱中，我有很大的困難，因為我心靈的行事作為，不像個主人，倒像個奴隸。為此，我無法把自己關在自己內（這是我在祈禱時的全部行事作法），反之，我把一千個虛榮關進自己內。這樣我度過了許多年，現在我很驚奇，自己怎麼受得了兩者並存，而不放棄其中的一個。我清楚知道，放棄祈禱並不在我的手中，因為祂把我掌握在祂內，祂要給我更大的恩惠。

⓲ 天主！幫助我吧！如果我必須述說這幾年裡，天主免我陷於這些情況，及我是怎麼回

66. 亞龍索先生逝世於一五四三年十二月二十四日。

來的，又再置身於其中，從我會完全失去榮譽的危險中，天主救了我。我所做的是暴露我真相的事，而上主卻掩飾了我的罪過，顯露一些小德行。如果我有的話，使之在別人眼中是了不起的，因而人們總是高度地尊敬我。雖然，有時候，我的虛榮洩露於外，他們卻沒有認出來，因為他們注意的是其他那些外表看起來很好的。

理由在於，那通曉萬有的主已經看到這是必須的，為的是，後來我談到事奉祂的服事時，這些人會稍稍信任我；而且由於祂至極的寬宏大量，祂看的不是我的大罪，而是看我時常想事奉祂的渴望，也看由於在我內沒有力量實行這些渴望，我所感到的悲傷。

⑲ 我靈魂的主啊！這些年來祢賜給我種種恩惠，我怎能極力稱揚祢呢！正當我最冒犯祢時，祢以非凡的悔改，快速地來預備我，品嚐祢的恩惠和禮物！的確，我的君王，祢很知道，什麼是最令我痛心的，祢選擇了最巧妙和最痛苦的處罰作為方法。祢用絕妙的恩賜來處罰我的罪！

我不相信我說的是胡言亂語，雖然，如果我的腦袋不發生作用了，現在再記起來我的忘恩負義和卑劣不堪，這是很好的。

當我陷入嚴重的過錯，所得到的是恩惠而非處罰，由於我的性情，更加倍感到痛苦。因為，我確實認為，只這些恩惠中的一個，就使我益發心慌意亂、慚愧又苦惱，超過許多的病，再加上許多其他的磨難。至於後者，我看我是罪有應得的，我認為自己正在支付一點罪債，雖然所支付的微不足道，因為罪債如此之多。然而，看見自己為所得的恩惠，所付出的是這麼差勁，之後，又再蒙受恩惠，這對我是一種很極端的折磨。那些對天主的愛和知識有些經驗的人，對他們來說，我相信事情是這樣的：因為在人情世故上，按照高貴和有德行的心，這是很公平的。知道自己所感受的是什麼，這是我流淚和惱怒自己的理由；我看自己就是這種人，老是處在瀕臨失足的地步，雖然我的決心和渴望——我說，在那段期間——是堅定的。

⑳一個靈魂單獨地處在這麼多的危險當中，這是個大不幸。我認為，如果我能和某人商討這一切事，必會有助於我的，至少為了羞恥心，不會再失足，因為我在天主前毫無羞愧。

為此，我勸告那些修行祈禱的人，至少在開始時，要結交朋友，和其他有相同興趣的人交往。這是極重要的事。即使這個交往可能只有以祈禱互相幫助。這些祈禱愈多，收穫也愈大。由於友誼尋求交談和親熱，雖然後者可能不好，以致叫人鬆懈和喜歡說無益的趣事。至於一個開始真的愛天主、事奉天主的人，讓他和其他一些人談談他的喜樂和考驗——這些都是修行祈禱者經歷的事——，我不知道，為什麼不給許可。因為，如果他渴望與至尊陛下建立的友誼是純真的，就沒有理由害怕虛榮。當人在初期的搖擺動蕩時克服了虛榮，他帶著功勞離開（初步階段）。我相信，為了與天主的友誼，而談論這些喜樂和磨難，有益於他本人。而聆聽他的人也會受惠，他會得到教誨而離去；甚至不明白，他怎樣教導了他的朋友。

㉑凡在談及這些事時懷有虛榮的人，在熱心參與彌撒時也會有，他在乎是否有人看見他，做其他基督徒必須做的事上亦然；因虛榮而來的怕懼，使他不許放棄這些行為。

由於對尚未堅定於德行的靈魂，這靈性的友誼更為重要，——因為，他們有如此之多的反對者，和煽動他們做惡的朋友——我不知道如何極力推薦這事。我認為魔鬼使用以下的狡計，即牠視之為非常重要的手段：讓那些真正想要愛天主者隱藏自己；反之，煽動不義的人士暴露其罪惡慾望，使之到處橫流，成為社會上所炫耀的習俗，而明目張膽地冒犯天主。

㉒我不知道自己是否正在說些蠢話。如果是，願可敬的您[67]把它們撕掉；如果不是，請幫幫我，在這裡多加幾句。在有關事奉天主的事上，那些服事祂的人，這麼地軟弱無力，他們必須互相成為盾牌，好使他們前進。人們認為，行走於世俗的虛榮和享樂中的人是好的，不這樣做的人則無人理睬。如果有人奉獻自己給天主，就會有許多的人來非難他，致使他必須尋求同伴以自衛，直到他這麼強壯，不再覺得忍受這非難是他的重擔時為止。如果他沒有尋求陪伴的同道，他會發現自己陷入許多的困境中。

我認為必定是為此之故，聖人們往往到沙漠去。這是一種謙虛。他們不相信個人自己，而是相信藉著與之訴說的天主，會有幫助或增加愛德。如果不是我強烈地體會到，從這個交談的分享中得來的恩惠，我不敢說其中有成千的恩惠。

這是真的，我是眾人中最軟弱和最卑劣的。然而我相信，凡自謙自貶的人，必不會喪亡；即使他是強壯的，但他不相信自己，而相信有經驗的人。關於我自己，我知道而且說：如果上主沒有把這個真理啟示給我，指示我方法，使我能常常和修行祈禱的人談話。我，不斷地跌倒再爬起，結局必是直下地獄。因為跌倒時，我有許多幫忙的朋友；然而，爬起來時，我覺得自己這麼孤單；為此，現在我很驚奇，竟然沒有不斷地一直跌倒下去。因此，我頌揚天主的仁慈，因為惟獨祂向我伸出祂的手。願祂永遠永遠受讚美。阿們。

67. 指賈熙亞神父，道明會士。

第八章

述說沒有完全離開祈禱，雖然喪失靈魂，卻帶給她很大的益處，及祈禱是個多麼好的方法。說明何以祈禱具有這麼崇高的益處，即使人可能再放棄祈禱，為這麼大的好處而給出一點時間是極有價值的。

❶ 仔細尋思我生命中度過的這段時間，不是沒有理由的，我清楚地看見，沒有人會樂於看見這麼卑劣的事。因為我的確希望，讀到這個的人會憎惡我，看到一個靈魂對待厚施殊多恩惠的祂，這麼頑強和忘恩負義。願我得到許可訴說在這一段期間，由於沒有尋求祈禱這個強固柱石的支持，我多次辜負了天主。

❷ 我在狂風暴雨的海中航行，將近二十年之久。這些不斷的跌倒，再爬起，及——由於我再陷入的——這個罪惡，加上度著如此卑劣不成全的生活，我幾乎不太在意小罪。至於大罪，雖然我怕大罪，卻沒有真的做到怕它們，這是最痛苦的生活中的一個，我認為這是沒有人能想像的；因為我既不能享有天主，在世上也找不到幸福。置身於世俗的享樂中，當我念及自己虧欠於天主的，我感到悲傷；當我和天主在一起時，我對世俗的眷戀，使我心煩意亂。這是一場這麼樣吃力的戰爭，我不知道自己怎能受得了，即使只有一個月也不行，更不用說這麼多年了。

雖然如此，我清楚地看見，上主惠施於我的大慈大悲。雖然繼續和世俗交往，我有勇氣修行祈禱。我說勇氣，因為我不知道，世上的萬事萬物中，有什麼比背叛了君王，卻又知道祂什麼都知道，也知道從未離開祂的面前，需要更大勇氣的。雖然我們經常在天主的臨在中，我認為對那些修行祈禱的人，其態度是不同的，因為他們知道祂正注視著他們。至於其他的人，可能發生這樣的事，好幾年過去，他們連想也沒想到天主看著他們。

❸真的，在這些年中，有許多個月，我相信，有時是一年，我避開冒犯天主。而且我在努力，有時是很努力不冒犯祂。因為我寫的這一切，所說的全是實話，現在我要談談這個努力。不過，這些好日子我記得的不多，為此它們一定很少；壞的卻有很多。除非我生了重病，或非常忙，很少有幾天我沒有長時間祈禱的。當我生了病，我覺得和天主在一起很好。我設法找人和我談修行祈禱，並且我為他們懇求天主；我時常談到天主。

為此，除了我提及的這一年，自從我開始祈禱以來，二十八年中，有十八年之久，我常陷於交戰和衝突之中；在與天主的友誼和與世俗的友誼之間掙扎。剩下的那幾年，就是我還要說的，交戰的理由改變了，雖然這不是個小小的戰爭，不過，按我的見解，因為這是為了事奉天主，且認清了世俗是虛空的，一切都順利起來，如我後來要說的。

❹我已詳細地敘述了這一切，如我已經說過的[68]，使人看見天主的仁慈和我的忘恩負義；也要使人明白，對一個樂意準備好自己去修行祈禱的靈魂，天主施予的極大慈惠，即使這些靈魂尚未具備所需的準備。我詳述這事，也是要使人明瞭，如果在這條路上，魔鬼放上成千的罪過、誘惑和失敗，靈魂處身其間，依然恆心堅持祈禱。最後，我確信無疑，上主會拉拔靈魂到救恩的彼岸——就像現在這樣——祂為我做的。願至尊陛下容許，我不會再喪亡。

❺關於修行祈禱的人所得的益處，已有許多聖人和聖善人士的著述；我說的是心禱——

68. 見第一～二節，第五章十一節，第七章二十二節。

為此，光榮歸於天主！如果不是為了這個益處，即使我沒有什麼謙虛，我也不該這樣驕傲，竟敢談心禱。

我能講述自己所經驗的；亦即，縱使修行祈禱者有什麼過失，他決不可放棄祈禱。因為正是用這個方法，他能補救這個局面。若願意有所改善，卻又不祈禱，勢必更形艱辛。但願魔鬼不誘惑他，就像牠加害於我那樣，為了謙虛而放棄祈禱。祈願那人相信，天主的話決不能落空。因為如果我們真的懺悔改過，下定決心不冒犯天主，祂會轉念和他重修舊好，賜予祂先前所給的恩惠。如果悔改者堪當的話，有時更是加倍施恩。

任何尚未開始修行祈禱的人，為了天主的愛，我懇求，不要失掉這麼極大的好事。這裡面沒有什麼好怕的，只有讓人渴慕的。即使人沒有突飛猛進，或非常努力地達到相當的成全，使之堪受天主賜予更慷慨的恩惠和仁慈，至少一個人能獲知通往天堂的道路。而如果他恆心堅持，我相信天主的仁慈，祂決不會不賞報視祂為朋友的人。至於心禱，按我的見解，無非是朋友之間親密的分享；意即找時間常常和祂獨處，而我們知道祂是愛我們的。為了使愛真實，且友誼持久，朋友雙方的意志必須和諧一致。上主的旨意，我們知道不能有錯；我們的意志則是有毛病、感性的和忘恩負義的。如果你尚未愛祂，如同祂愛你一樣，因為你沒有達到翕合祂聖意的程度。當你看到擁有祂的友誼是多麼有益於你，及祂多麼愛你；那麼，你要忍耐這個痛苦，用很長的時間，和與你非常不同的這位在一起。

6 啊！我天主的無限良善仁慈！我覺得我看到：祢是怎樣？我又是怎樣的？啊！天使們的歡愉！當我看到這事，我渴望完全著迷於祢！祢忍受的這一位，正為了要和祢同在而受苦，這是千真萬確的！我的主啊！祢結交的是個多麼好的朋友！祢是怎樣地施恩和容忍。祢等待著另一位來適應祢的天主性；同時，祢又忍受他的本性！祢注意到他愛祢的時時刻刻，只一剎那的悔改，祢就忘掉他對祢的冒犯。

我親自清楚地看見這事。人人都不藉此特殊的友誼努力地達到祢。而那些卑劣的，他們是不翕合祢聖意的人，為了讓祢把他們變好，為什麼不許祢每天至少兩個小時和他們在一起？即使他們可能不和祢在一起，反而和來自世俗掛慮的成千騷擾在一起，就像我這樣。我的創造主，我不知道，這是為了什麼？經過這個努力，他們留守在這麼好的陪伴中（因為祢看到在起步時，他們不能多做什麼，後來，有時候亦然）。上主，祢，逼迫魔鬼，不准牠們攻擊他們，為此魔鬼反擊他們的力量天天減少；祢恩賜他們克勝魔鬼。是的，因為祢，一切生靈的生命，不會致死任何信賴祢，又渴望做祢朋友的人。此外，祢以更良好的健康來維持肉身的生命。

❼我不懂，那害怕開始修行心禱的人，他們怕什麼？我不知道他們怕的是什麼？魔鬼擅長於使真理看似罪惡，如果我害怕，牠防止我想自己曾冒犯天主，及我虧欠祂很多，也不要我想有地獄和天堂，還有上主為我忍受的極大辛勞和痛苦。

這是我祈禱全部的方法，只要我行走在這些危險當中，我的方法就是這個；當我能夠時，這些就是我所想的。好幾年來，常常在我決定用來祈禱的那個小時裡，我掛心著時間到了，超過我該留在那裡的時間；更焦心於聽見鐘響，甚於留意其他的好事。我不知道，擺在我面前的是何等沉重的補贖，往往去祈禱時，毫不感到意興勃勃，而只是在修行祈禱時收斂自己。

的確，那因魔鬼加之於我的，或來自我卑劣習慣的，阻止我去祈禱的強力是多麼忍無可忍。還有，進入小經堂時，我感到的心酸，也同樣地難以忍受，我必須鼓足全部的勇氣（人們說，我有不少的勇氣，而且看到天主賜給我比一般女人多的勇氣，可是我卻沒有好好善加利用），好能勉強自己；到了最後，上主親自來幫助我。

經過我這一番努力之後，我發現離去時，我充滿著更深的寧靜和愉悅，超過有時候當我有祈禱的渴望時。

❽ 那麼，如果這麼長久的時間，上主能忍受像我這樣可憐的人。顯然地，藉著這個方法，祂治好了我所有的罪惡，那又有什麼人，無論他多麼壞，會有理由害怕呢？因為無論有可能多麼壞，也不會像我這樣，多年蒙受上主這麼許多的恩惠之後，仍然那麼壞。誰能失去信心呢？因為上主這麼百般地容忍我，只因為我渴望，且設法得到一個地方和一點時間，好使祂能和我在一起。而且我做這事，老是沒有決心，反而是經過我自己很大的掙扎，或藉著上主親自賜給我的力量。如果那些不服事祂，反而冒犯祂的人，從祈禱中得到這麼許多的好處，而且發現祈禱是這麼必要——沒有人真能發現祈禱會有什麼壞處的，不修行祈禱才是至極的損害——那些服事天主及渴望事奉祂的人，為什麼要放棄祈禱呢？我，實實在在，不能了解到底為了什麼？莫非他們想要以更大的艱辛，去忍受生活的艱辛，而且對天主關上門，使天主不能讓他們稱心愉悅？我實在同情那以付出自己的代價事奉上主的人，因為對那些修行祈禱的人，上主親自支付代價。因為藉著他們小小的辛勞，上主賜給他們愉悅，懷有這個愉悅，他們方能忍受諸多的艱辛。

❾ 關於這個愉悅，即上主賜給恆心堅持祈禱者的愉悅，這有許多可以說的；但在這裡我什麼也不說，我只說祈禱是獲得恩惠之門，所得的恩惠，就像祂賜給我的那樣崇高。如果這

道門關閉起來，我不知道祂如何能賜下恩惠？因為即使祂渴望進來，喜歡在一個靈魂內且加以恩待，祂也不得其門而入，因為祂希望靈魂是孤單的、潔淨的，並且渴望蒙受祂的恩寵。如果我們在祂的道路上放許多障礙物，又不做半點事來移除障礙，祂怎能走近我們呢？而我們竟渴望天主賜給我們大恩大惠呢！

⑩ 為了曉諭祂的仁慈，並說明不放棄祈禱和看聖書給我的大益處。在此我要述說——因為明瞭這些事情是如此重要——魔鬼為了贏取靈魂而施加的重擊，及上主的巧妙手法和仁慈，祂以之竭力帶靈魂回歸向祂。還有，如何戒備那些我沒有戒備的危險。尤其是，為了上主的愛，也為了祂為自己爭取我們回來的大愛，我懇求靈魂提防這些事態。因為當我們置身在這些場合中，我們沒有可依靠的防衛，其中有這麼許多和我們戰鬥的敵人，又有我們自己這麼許多的脆弱。

⑪ 但願我知道如何描述，我靈魂在這段期間的俘虜生涯。我清楚知道我是做俘虜，可是我不能了解為什麼；我也不能完全相信，而我的告解神師並不認為很嚴重，這事比我在自己靈魂內感到這樣，他的過錯要比我少。我心懷顧慮去看一位告解神師，他告訴我，雖然我有崇高的默觀，那樣的場合和交往不會有害於我。這事發生在這段時間快結束時，賴天主的仁慈，我更加遠離那些大危險；可是，我並沒有放棄這些場合。由於我的告解神師看見我有好的渴望，及我熱心於祈禱，他們認為我做了許多事。可是我的靈魂明白，所做的全是有責任為祂做的，靈魂虧欠了祂這麼許多。現在我對這事感到遺憾，發生的事很多，除了在天主內，任何地方找得到的幫助如此之少，而且他們還給消遣和享樂一個很大的藉口，說這些是合法的。

⑫ 在聽道理方面，我覺得的折磨不小。我非常喜歡聽道理，我是這麼地喜歡，如果有人道理講得好，又有精神，我感到對那人有份特別的愛，不必絲毫費力就會有這愛，為此，我不知這是從何方來的。幾乎很少有道理讓我感到這樣的糟糕，竟至不願熱切地去聽，即使按照其他聽道者的看法，這個講道並不好。至於好的道理，這對我而言，是個非常特別的娛樂。

當我開始修行祈禱之後，談到天主、或聽別人談祂，幾乎未曾厭倦過。一方面，從道理中得到很大的安慰；另一方面，我卻因之受苦。因為從道理中，我瞭悟自己不是我應該是的我，有許多地方不是。我懇求上主幫助我。而我必然失敗，對於這事，現在我認為，因為我沒有完全信賴至尊陛下，也沒有完全不信賴自我。我尋求補救，我努力去做，可是我不明瞭，如果我們不完全取消對自我的信賴，而信賴天主，那麼，這一切是很少有助益的。我願意生活（因為我很明白，我不是在生活，而是在死亡的陰影中掙扎），可是卻沒有人來給我生命，我也不能掌握。那有權給我生命的祂不來幫助我是對的，因為這麼多次，祂帶我回歸於祂，而這麼多次，我卻拋棄了祂。

第九章

述說天主開始喚醒她靈魂的方式，在如此濃密的黑暗中，賜予光明，堅強她的德行，使她不會冒犯天主。

❶所以，現在我的靈魂感到疲憊；雖然有所渴望，可是我的卑劣習慣卻不許靈魂休息。事情這樣發生在我身上，有一天，當我進入小經堂時，看到一尊聖像，是借來供修院慶祝某個節日使用的。聖像展現出遍體鱗傷的基督[69]，很虔誠的聖像。我望著聖像，看到祂那個模樣，萬分痛心，因為聖像展現出基督為我們忍受的痛苦，栩栩如生。我深深地感到，為了這些聖傷，我對祂的感恩是多麼不足，我覺得，我的心要破碎了。我跪倒在祂面前，淚流如注。

❷我很熱心敬禮榮福聖女德蓮（St. Mary Magdalene），時常存想她的歸化，尤其當我領聖體時。因為，自從我知道上主確實在我內臨在那裡，我想，祂或許不會輕視我的眼淚，把我安置在祂的足邊。我不知道，我正在說些什麼（祂做了許多事，容許我為祂流淚，之後，我好快就忘掉這個情感）；我把自己交託給這位榮福聖女，希望她為我求得寬恕。

❸不過，我提及的這個聖像的例子，後來我認為更有益於我，因為我非常不信任自己，而是全然地信賴天主。我想，那時我說，除非祂賜給我向祂懇求的恩典，我不要從那裡起身。我相信這確實有益於我，因為從那時起，我持續地在進步。

❹這是我當時使用的祈禱方法：由於我不能做理智的推理思考。我努力在我內想像基督，想像祂置身於我覺得祂比較孤獨的地方。按我的看法，這樣做帶給我更大的益處。我認為，像個急難中的人，孤單又痛苦，祂必要接納我。我有很多像這些一樣單純的想法。

祂在山園祈禱的情景，尤其是我的安慰。在那裡，我努力作祂的陪伴者。如果我可以，我想像祂在那裡流的汗和至極的痛苦。我渴望幫祂擦去這麼痛苦的汗水。不過回想起來，我

69. 不是向來大家認為的基督綁在石柱上的聖像，而是戴茨冠的耶穌像（ecce homo），現在仍供奉在亞味拉降生隱院。

從不敢這樣做，因為我的罪，在我看來是很嚴重的。只要我的思想容許，我一直陪伴著祂，因為很多折磨我的分心走意。許多年來，大部分的夜晚，在睡覺前，當我把自己交託給天主，預備就寢時，我常常深思一下山園祈禱的這一幕。還沒有當修女以前，我就已經這麼做了，因為有人告訴我，這樣做會得到許多的大赦。我相信，由於這個習慣，我的靈魂得到許多的大赦。因為我開始修行祈禱，雖然不知道祈禱是什麼；這個習慣如此持續不斷，我一直都沒有放棄，就像臨睡前，我從來沒有不劃十字聖號的。

❺ 那麼，重拾前題，我說到分心的思想給我的折磨，不做理智推理思考的人，會有這樣的折磨：像這樣的方法，靈魂要不是獲益良多，就是虧損。我說虧損，是指失去思考。至於獲益，靈魂得到許多益處，在愛內大有進步。不過，達到這一點的代價是非常高的，除非是天主願意把一個人很快帶到寧靜的祈禱，我認識幾個像這樣的人。那些不走推理思考之路的人，會發現書本有助於人很快收心斂神。還有觀看田野、流水和花朵也有助於我。這些事物使我想起創造主。我是說，它們喚醒我，使我收心，就像一本書，讓我記起自己的忘恩負義和罪過。至於天堂或高超的事物，我的理智非常笨拙，根本無法加以想像，除非上主以別的方式，將之顯現給我。

❻ 我沒有什麼能力用理智呈顯事物，如果是我沒看過的東西，我的想像對我是沒有用處的，不像其他能想像事物，又能因之收心斂神的人。我只能設想基督，祂是一個人，但我總無法在我內生動地想像祂，不管我讀過多少論及祂的美，或看過多少祂的聖像。我就像一個瞎子，或處在黑暗中的人，他正和一個人講話，也看到那人和他同在，因為他確實知道，這人在那裡（我是說，他了解也相信他在那裡，但是沒有看見）。當我想我們的主時，我的

情形就是這樣。為此緣故，我非常喜歡聖像。那些因自己的錯誤，失掉這個益處的人，真是不幸！這確實表示他們不愛上主，因為如果他們愛祂，必會喜歡看見祂的肖像，就像在此塵世，看見你所深愛的人，真的讓人歡欣快樂。

❼ 正在此時，他們給了我《聖奧斯定懺悔錄》[70]，彷彿是上主安排了這事，因為我既沒有索取這書，也未曾見過。我非常喜歡聖奧斯定，因為我曾以在俗的身分住過的修院，就是屬於他的修會[71]。也因為他曾經是個罪人，由於我從罪人得到很大的安慰，他們在成為罪人之後，上主使之回頭歸向祂。我認為，我可以從他們找到幫助，而且也因為上主寬恕了他們，祂也會寬恕我的。不過其中有一件事則安慰不了我，如我已說過的，那就是，上主只一次召叫了他們，他們就不再反悔和失足；至於我，我卻這麼多次反悔。這事使我覺得難過極了。然而細想祂對我的愛，我再度恢復我的勇氣，因為我決不失去信靠祂的仁慈；信賴自己，我則是多次失去。

❽ 天主啊！幫幫我吧！我靈魂的盲目多麼令我驚嚇，儘管得到天主這麼許多的幫助！看到信賴自己能做的這麼少，又變得這麼牽腸掛肚，不能決心把自己全給天主。

當我開始讀《懺悔錄》，我覺得在書中看到了自己。我開始熱切地把自己交託給這位榮福聖人。當我翻閱到他講自己歸化的地方，讀到他怎樣聽見那在園子裡的聲音[72]。我只覺得，按照我內心所感受的，上主召喚了我。我就在那裡停留了許久，淚眼迷濛，悲傷不已，感到非常傷心和痛苦。

天主啊！幫助我吧！一個靈魂失去自由，她本該是自己的主人，她是何等的痛苦啊！所遭受的又是何等的煎熬啊！現在我感到很驚奇，自己怎能活在那樣大的憂苦之中，願天主受讚美，祂賜給我生命，把我從毫無生命的死亡中提拔出來。

70. 她得到的譯本，可能是瑟巴思天．托斯卡諾（Sebastián Toscano）會士翻譯的。這書的初版一五五四年發行於撒拉曼加，同年也是聖女心靈歸化之年。
71. 恩寵之母聖奧斯定修女會。
72. 即《懺悔錄》卷八第十二章。

❾我覺得，自己的靈魂從神聖的至尊陛下得到很大的力量，祂一定俯聽了我的哀求，憐憫我這麼許多的眼淚⑬。我喜愛用更多的時間和祂在一起，這份喜愛開始增加。我也開始關閉罪惡的機會；由於避開了罪惡之故，我重新回來愛至尊陛下。我認為，我清楚明瞭我愛祂；可是我不懂，真愛天主的內涵是什麼。

當至尊陛下再恩待我時，我不認為自己都已經準備好要去事奉祂。顯然地，別人以辛勞謀求的，上主只因著我的渴望獲得，就為我取得了，現在，即後來的這些年，祂給了我愉悅和恩惠。我沒有懇求祂給我虔誠的柔情，我也決不敢這樣做。我只請求祂寬恕我的大罪過，賜給我不得罪祂的恩寵。因為我看到自己的罪過這麼重大，我決不敢斗膽渴求恩惠或愉悅。很明顯地，事情似乎是這樣的，祂很可憐我，顯示了很大的仁慈，容許我在祂的面前，帶我進入祂的臨在中，因為我看到，如果不是祂親自完成這事，我是不會去的。

在我的生命中，我想起來，只有一次，當我陷入很深的乾枯中，曾向祂求過神慰。那時我處在非常乾枯之中。當我意識到自己在做什麼時，頗感羞赧不安，看到自己這樣不謙虛，竟敢做此請求，使我很氣惱。我很知道，做此請求是許可的。不過我認為，對那些費盡全力，獲得真正的虔誠，準備好自己的人，這樣的請求是合法的，這些人是指：已準備好，決心去做一切的好事而且不冒犯天主。

我覺得，自己流的眼淚太女人氣了，沒有力量，因為我並沒有因此得到自己所渴望的。不過，我仍然相信，它們對我是有價值的，如我所說的，尤其是經過這兩個事件之後⑭，對自己的罪那麼痛悔，內心感到很難過，我開始多祈禱，少涉足於有害於我的事，雖然我還不能完全避開；然而，如我說的，天主幫助我離開它們。

73. 這個歸化發生在一五五四年的四旬期間，當時她三十九歲。
74. 指本章第一節和第八節的經驗。

由於至尊陛下所期待的，無非是給我一些準備，靈性的恩惠持續地增多，我將述說其賜恩的方式。上主賜予這些恩惠並非通常的事，而是賜給良心更純潔的人。

第十章

開始述說上主在祈禱中賜給她的恩惠，我們如何幫助自己，而明瞭上主賜給我們的恩寵是多麼重要。要求接收這份報告的人，對她從這裡起寫的事謹守祕密，因為他們命令⑮她講述這麼私密的事，即上主賜給她的恩惠。

❶我有過幾次的經驗，如我說的⑯，雖然很短促，這經驗就是我現在要述說：通常發生於我在自己內呈顯基督，把自己放在祂的臨在中。或甚至當我看聖書時，一種天主臨在的感受會意外地臨於我，我毫不懷疑祂就在我內、或我完全沉浸在祂內。

這不是以神見的形態發生的。我相信人們說這經驗是「神祕神學」。靈魂覺得完全置身己外，就這樣地處於暫停的狀態。意志在愛，記憶，我認為，已經幾乎失去了；理智不做推論；按我的見解，卻沒有失去。因為，如我所說，理智雖然不工作，卻好似驚奇於她所了解的一切，因為天主願意她了解，關於至尊陛下顯示給她的事物，她則什麼也不瞭解。

❷起初，我非常習慣性地感受到一種溫柔。我認為，這是能局部地領受的，這是一種既非完全感官、也非完全靈性的恩惠。一切都是天主賜予的，不過事情似乎是這樣的。接受這

75. 這裡指的是她的告解神師們，特別是道明會士賈熙亞神父，聖女大德蘭向著他講述《自傳》。
76. 見第九章九節，及第四章七節。

個溫柔，我們能做許多自我幫助的事，細想我們的卑微渺小，及我們對天主的忘恩負義，和祂為我們做了許多事、祂那痛苦萬分的苦難、祂備嚐艱辛的生活、欣然地看見祂的工作，祂的偉大，祂怎樣愛我們。在其他的許多事上，凡真誠希望靈修上進步的人，常能愛他周圍的一切，即使他們沒有這麼刻意地去尋求。如果這些愛伴隨這些活動，靈魂將因之喜悅，內心充滿溫柔的感動，眼淚開始湧流。有時候，好似我們憑自己的努力引發淚水；有時則是上主將之賜給我們，因為我們不能加以抗拒。顯然地，至尊陛下用這麼大的恩典賞報我們些微的留神，這個大恩是祂賜給靈魂的安慰，因為這靈魂看來正在為如此偉大的君王哭泣。而我則不驚訝，因為祂有極多的理由賜予安慰：祂到處施行安慰，賜予喜悅。

❸ 我覺得現在突然想到的比喻，是很好的比喻，因為祈禱中的這些喜樂，就像天堂的一般。由於靈魂看見的無非是上主願意他們看見的，相稱於他們的功勞。他們看自己的功勞很少，每個人對自己所在的地位都覺得滿意，即使天堂上不同的喜樂之間有極大的差異。其間的差異遠超過世上不同神樂間的分別，其懸殊是非常大的。

實在的，起初當天主賜給靈魂這個恩惠時，她差不多認為再別無所求了，她覺得，所有的服事已得到很好的回報。這真是對極了，因為如我說的，這樣的一滴眼淚，幾乎是我們自己得來的——雖然沒有天主，什麼事也辦不到——我不認為這是可以用現世的一切艱苦買來的；因為這些眼淚的收穫很多。其中最大的收穫，豈不是得以證實我們悅樂天主嗎？為此，凡達到此一地步的人，極力頌揚天主，自知是個負債累累的人。因為現在的事情好像是這樣，如果他沒有反悔，他是天主家室和王國的被選者。

❹ 他們並不要某些謙虛，這事後來我會談論[77]，亦即，有的人認為不承認天主賜禮物給

77. 見十三章四節。

他們是謙虛。我們要清晰地明瞭真事實：天主將之賜給我們，並沒有我們的功勞或參與。我們要為之感謝至尊陛下，因為，如果我們不承認自己正在接受恩惠；也不會喚醒自己去愛。這是非常確定的，當我們清楚地看到我們是富裕的，而更加認識我們的貧窮，則所得的益處更多，甚至得到更純真的謙虛。其餘的無非是心靈的恐嚇，使之相信自己得不到很大的福祐。所以當上主開始賜恩給他時，他開始很怕會有虛榮。

我們要相信，那賜給我們福祐的祂，會賜給我們恩寵。所以，當魔鬼著手這樣試探我們時，我們會明白，也會剛毅地抵抗。我是說，如果我們誠心地在天主面前行走，拿定主意只求悅樂祂，而非博人歡心。

5 這是非常明顯的事，常常念念不忘某人為我們做的好事，我們會更愛那個人。如果這是許可的，也因此是有功勞的。時常記憶著，我們的存有來自天主，祂從無中造生我們，維持我們，所有其他的福祐湧自祂的死亡和苦難——老早在祂造生我們以前，祂已為我們現在活著的每個人獲得這些福祐——為什麼不許我們去看和理解、常常深思細想我習慣說的虛空，以及現在上主已賜給我的，除了談祂，什麼也不說的這個渴望呢？這裡面有個寶貝，念及這是個禮物，而且我們擁有這寶貝，我們不得不愛賜恩者。當祈禱植根於謙虛時，其純真的果實是愛。

當他們看到，所掌握的無非是珍貴的寶貝，就像有些天主的忠僕已得到的；即輕視世俗，甚至輕視他自己，那麼會怎樣呢？很明顯地，他們必會自視為更大的負債者，迫使他們去服事，並且瞭悟我們無法瞭悟的，獲知上主的慷慨。因為像我這麼一個貧乏、卑劣又沒有功勞的靈魂，這些初步的寶貝就夠了，而且對我是極為足夠的。祂還願意賜給我更多的富裕，遠超過我所知道如何描述的。

❻我們必須重新獲得力量去服事，努力不要忘恩負義。因為上主賜予這些富裕是有條件的，如果我們不善用這些寶藏，及祂為我們安置的崇高地位，祂會將之取回，我們就會更加窮困不堪。至尊陛下要將這些寶貝給別人，就是說，給那使之展現光輝，及從中為自己和他人獲益的人。

如果一個人不明白他是富裕的，又怎能獲得益處，且慷慨地和人分享他的禮物呢？人要是不知道自己蒙受天主的恩待，懷有做大事的精神，這對人的本性是不可能的。我們是這麼可憐！這麼傾向塵世的事物。人要是不明白他持有天堂事物的信物，會發現很難實際地憎惡世物，或超脫一切。藉著這些恩惠，上主賜給我們剛毅，這是我們因罪惡而失去的。如果一個人沒有天主愛他的一些憑據，再加上活潑的信德，他必不會渴望被人輕視和厭惡，也不會想要有成全者具有的其他一切大德行。因為我們的本性是這麼痲木不仁，所追求的無非是眼前所看見的；因此，這些恩惠正是喚醒我們的信德，也是加強信德。不過，事情可能是這樣，由於我如此地卑劣，我以己心度人，別人可能認為，若要完成非凡的成全之舉，他們所需要的，無非是信德的真理；至於我，我是這麼可憐，所有一切我都需要。

❼他們會說事情是否就是這樣？我述說的是發生在我身上的事，如我遵命而行的。倘若我說得不好，接收這份報告的人會將之撕毀[78]，因為他比我更懂得什麼是不好的。我懇求他，為了上主的愛，把我直到現在所說的，關於我的卑劣生活公布出來。現在我給他這個許可，也給我所有的告解神師，亦即將接收這份報告的神師。而如果他們願意，可以在我還活著時出版，那麼世人就不會受騙，以為在我內有什麼好的。確確實實，我說的是真的，根據現在我對自己的了解，他們若出版將能給我極大的安慰。

78. 見註解七十五。

至於從這裡起我要說的，我不給這個許可；我也不願給，如果他們應該給誰看，要說經驗這些事的人是誰，或這是誰寫的。因此，我不要提我的名字，或其他任何人的名字，不過，我會竭盡所能地描寫，不致讓人認出來，為了天主的愛，我這樣懇求。這些人博學又嚴謹，足以審斷一些好事，如果上主給我述說的恩寵；因為，如果有什麼好的，那就是祂的，而非我的。由於我沒有學問和良好的生活，未曾受教於博學之士，或任何其他人（因為，只有那些命令我寫這報告的人知道我在寫，而現在他們都不在這裡）；而且幾乎是偷時間寫的，我感到過意不去，因為阻礙我的紡織工作。這裡是個貧窮的修院，得做許多事。因為，即使上主給我更大的能力和記憶，使我能因此而有益於我所聽見或讀到的，我記得住的非常少。為此，如果我該說些什麼好事，這是上主願意使之有些好處；那些不好的則是從我而來的，閣下必會將之擦掉。無論是這個或另一個請求，說出我的名字都不會有什麼益處的，顯然的，我的一生乏善可陳。在我死後，就沒有理由這樣做；反而會使好名聲失去威望，得不到任何信任，因為所說的是一個這麼卑劣和微賤的人。

❽ 然而念及閣下，為了上主的愛，您會按照我對您的請求行事，其他閱讀的人亦然，為此我可以自由地寫。否則的話，我會大有顧忌，除了寫我的罪之外，因為寫我的罪時，我毫無半點的顧忌。至於其他的一切，只因為我是個女子，就足以使我翅膀跌落，更何況，既是女子，又加上卑劣。所以，那些超出純講我生活的部分，閣下可判斷，是否合乎我們神聖天主教會的信仰真理——因為您這麼不斷地強求，要我寫些祈禱中上主賜給我的恩惠。如果不合乎信仰的真理，閣下會立即焚毀，因為我會將之交出付之一炬。而我將講述發生在我內的事，為此，若是合乎信仰的真理，能給閣下一些益處；如果不是這樣，您會使我的靈魂不致

受騙，在我認為有收穫之處，魔鬼會一無所得。因為上主很知道，如我後來要說的[79]，我經常設法尋找能給我光明的人。

❾ 我只想要講述有關祈禱的事，對於尚未有經驗的人，這些是很隱晦不明的。我要說的是些，我認為走在祈禱之路上進步的障礙，及一些有危險的事。我所說的，是我從經驗中，上主教導我的，也是經過和非常博學之士及多年度靈修生活者談論得來的。從中可以看出來，只在我修行祈禱的二十七年內，至尊陛下給我這經驗——還有行走在這條路上的這麼許多障礙，走得這樣不好——而別人則已度過四十七年或三十七年；他們走的是補贖之路，而且常常處於有德行的境界。

願至尊陛下受萬有的讚美，而且得到我的服事，只因祂是天主。因為我很知道，在這事上我別無用意，只願祂受讚頌，而且在這麼一個污穢、惡臭的垃圾堆中，祂將之化為一座花園。園中滿是這麼優美的花朵，當人們看到這事，會發出一些稱讚的。願至尊陛下容許，不要使我因自己的過錯而加以阻止，使花園再回復舊觀。我以上主的愛懇求閣下為此祈禱，因為您更清楚知道我的真相，甚於您容許我在這裡所述說的。

第十一章

79. 見第十三章七節，第二十八章六節。

述說短期內達不到天主成全之愛的理由。開始用比喻解釋祈禱及其四個等級。繼續在此探討第一級[80]。這個道理非常有益於初學者，及在祈禱中沒有安慰的人。

❶那麼，現在我們談談開始成為愛情之僕的人。我認為，這無非就是決心跟隨這條祈禱之路，而祂是這麼深深地愛著我們。成為愛情之僕是很高的尊位，想到這事令我格外欣悅。奴隸的怕懼會很快消失，如果在此初步階段，我們做我們該做的事。啊！我靈魂的主！我的美善！當一個靈魂決心愛祢，盡其所能離開一切，更專心致志於此神性之愛，為什麼祢不願意他很快攀登直上，享有這個成全的愛呢？我說得不好，我該說和抱怨的是我們自己不想望這愛。如果我們沒有很快享有這麼崇高的尊位，全部的過錯在於我們，因為成全地獲致天主的真愛，帶給靈魂每一個福祐。我們是這麼小氣，又這麼的慢拖拖，才把我們自己全給天主，由於至尊陛下不願我們沒有付出高昂的代價，來享有像這樣的寶貝，我們沒有完全準備好自己。

❷我清楚地看到，世上沒有什麼東西，可以讓人用來買這崇高的福祐的。然而，如果我們盡所能地不執著任何世物，使我們整個的注意和關心全在於天上的事物；而且，如果在很短的時間內，我們完全準備好自己，如同有些聖人所做的，我相信，毫無疑問地，這個福祐會很快賜給我們。可是，我們認為自己已把一切給了天主，其實我們獻給天主的是租金或果實，卻把物主權和樹根保留給自己。我們決心成為窮人——這是非常有功勞的——但是後來往往反悔，操心又勤快地，不只保留必需使用的物品，甚至連奢侈品也占有，還要博取朋友的好感，使之供應我們這些物品。我們因之而處於極度的焦慮之中，也可能是危險之中，我們不願比仍擁有自己財物時，還要有所匱乏。

80. 十一章到二十二章可說是談論心禱及其等級的一篇小論文；這裡開始從自傳的口吻轉變成說理。這幾章預備讀者瞭解二十三章所寫的。

我們也認為，當我們成為修道人時，放棄了自己的身分，或者當我們開始度靈修生活，追隨成全的道路時，我們也放棄了自己的身分。可是，一旦碰到了一點有關面子的問題，我們就忘了曾經把榮譽奉獻給天主。可以說，在我們彷彿使祂成為我們意志的主人之後，我們想要直接從祂的手中取回。在其他的一切事上亦然。

❸好一個追尋天主之愛的迷人方式！如同人們說的，我們雙手滿滿地渴求天主之愛，但我們保有自己的執著，因為我們不努力專心渴求得到好效果，提升渴望，完全超越塵世。然而，既要有許多神慰，又要執著眷戀，這是很不相宜的；我也不認為，兩者可以相容並存。由於我們不立刻放棄一切，結果，寶藏也不會立刻全給我們。願上主容許，至尊陛下將之一點一滴地賜給我們，即使要以承受世上所有的艱苦作為代價。

❹凡蒙上主賜予恩寵和勇氣，決心使盡全力得到這個美善的人，確實是上主賜給他的大仁慈。因為只要堅忍不拔，天主不拒絕任何人。漸漸地，上主會賜給他足夠的勇氣，獲得這個勝利。我說「勇氣」，因為有這麼許多的事情，魔鬼放進初學者的腦海裡，使之無法開始實際地行走這條道路。因為牠知道自己將慘遭損害，所失去的不只一個靈魂，而是許多其他的靈魂。如果初學者藉天主的協助奮鬥，達到成全的高峰，我相信，他決不會獨自一個人上天堂；他總是帶領許多人跟隨他。就像一個好隊長，凡在他部隊中的人，他都把他們獻給天主。魔鬼把這麼許多的危險和困難放進初學者的腦袋裡，為了不致回頭反悔，所需要的不只是少量的勇氣，而是很多的勇氣，並且還要有來自天主的很多助祐。

❺現在，我們要談的是處於初步階段的人，他們決心找出這個美善，著手這項工作（後來我會述說另一個階段，即我開始說的神祕神學[81]，我相信人們是這麼稱呼的）。處在起步

81. 見第十二章五節。在第十八章二節中，她提到理解和使用專門術語的困難。

之時是最辛苦的，因為在初學者工作的同時，上主又增加他的工作。在其他的祈禱等級中，最大的事是享受。雖然如此，無論在開始、中途或終點，都要背起他們的十字架；即使這些十字架是不一樣的。所有跟隨基督的人，如果他們不願迷失，都必須行走祂所走的這條路。而艱辛煎熬是有福的！即使仍在今世，已有這麼超豐富的酬報。

❻我必須用些比喻[82]，雖然如此，我想藉故推託這事，因為我是個女子，只寫出他們命令我寫的。可是，這些靈修方面的事情，任何像我這樣沒有學識的人，都會感到難於下筆解釋的。我必須找到一些自我解釋的模式。這可能是少有的情形，我突然想起一個好比喻。看到這麼多的蠢話，必會使閣下開心愉悅。

現在我覺得，我曾讀過或聽過這個比喻——由於我的記憶不好，我不知道在哪裡，或為什麼理由使用這個比喻——不過，這無傷大雅，為我已經夠用了。初學者應該明白，為了悅樂上主，他正要開始在遍地雜亂野草，非常荒蕪的土地上，耕種一個花園。至尊陛下除去野草，播下好種子。那麼，我們要記住，當靈魂決心修行祈禱，且開始善用祈禱時，這一切都已先做好了。藉著天主的幫助，我們必須努力像個好園丁，照顧好這些植物，使之成長，用心澆水，不致枯萎凋謝，反而花兒盛開，散發馥郁芳香，愉悅我們的上主。這樣，祂會時常來到花園中，賞心悅目，在這些德行中找到祂的喜樂。

❼不過，現在我們要來看看，必須如何澆灌花園，好使我明瞭，什麼是必須做的？必須付出的辛勞是什麼？是否這個辛勞大過收穫，及必須忍受多長的時間。

我認為能有四種澆水的方式：

你可從井裡打水，這對我們來說是很辛苦的工作。

82. 這個比喻沒有明確的來源，見第十四章九節。

也可以用水車和水管，轉動水車的把柄取水。我有幾次這樣取過水[83]，這個方法比較不費力氣，而且得到的水更多。

或者，可以從河流或小溪引水。這是更好的澆水方式，因為土地得到充分的潤澤，無須常常澆水，園丁的工作減少許多。

或者，也可來自豐沛的雨水。上主親自灌溉花園，無須我們做什麼，這個方法完美無比，超過我說的其他所有方法。

❽那麼，現在，這四種維持——因為沒有水就會死掉的——花園的取水方式，對我來說是很重要的，我認為能用來解釋祈禱的四個境界。由於上主的慈善，祂好幾次將這比喻放在我的靈魂內。願至尊陛下容許，我就要加以講解，我所說的方式，會有益於命令我寫這書的人當中的某位[84]；因為四個月之內，上主帶領他，比我七年所得的進步更多。這一位準備得很妥當，所以無須他自己辛勞費力，這座花園得到這四種水的澆灌。雖然最後一種，除了幾滴雨水外，還沒有賜下。不過，他這樣突飛猛進，依靠天主的助祐，不久他就會專注於其中。如果這樣的解釋方式，顯得愚蠢，而讓你發笑，我會很開心。

我們能說，祈禱的初學者，就是從井裡打水的人。這包括他自己方面的許多工作，如我已說過的，他們必須辛勞地努力收斂感官。因為他們已經習慣分心走意，這樣的收心必須相當費力。他們必須習慣於不理會所看或所聽的，修行定時的祈禱，因此而處在獨居和退隱中，深思他們過去的生活。雖然這些初學者，還有其他的人亦然，都必須常常細想他們的過去，但其深思細想的程度各有不同，如我後來要說的[85]。起初，像這樣的反省甚至是痛苦的，因為他們不完全知道，是否已經悔悟己罪，如果他們是，那麼，他們會決心認真地事奉

83. 根據李貝納寫的聖女傳記，聖女大德蘭小時候，家裡有個水車。
84. 極有可能是賈熙亞神父。
85. 見第十三章十五節，第十五章六節等等。

上主。他們必須努力思想基督的生活——理智這樣做會感到疲累的。

這些是我們自己能夠做的事；同時要明瞭，我們這麼做是依靠天主的恩寵，因為沒有這個幫助，如我們已經知道的，我們無法有這樣好的思想。這就是開始從井中取水，願上主容許，可以找得到水。至少，我們做我們的部分，因為我們已經把水打出來，盡我們所能地去澆這些花。天主是這麼好，為了至尊天主知道的理由——或許是為我們的最大益處，祂願意這個井是枯的，我們像好園丁一般，做我們所能做的，沒有水的花園則由祂來維持，且使德行成長。這裡說的「水」，我指的是眼淚，及對靈魂內在的柔情與熱心的感受沒有眼淚時。

⑩ 那麼，在這裡，他要做什麼呢？眼看著許多天過去了，除了乾枯、乏味、無趣外，什麼也沒有，又這麼不願去打水。打水的渴望少之又少，如果他們不回想，這樣做是服事和取悅花園的主人，如果他不認真地堅守在這個服事中得來的功勞（他甚至希望從這個沉悶的工作中得到的功勞，亦即，把水桶放入井內，再把沒半滴水的桶子拉上來），他將前功盡棄。這事會常常發生在他身上，他甚至連舉起手臂打水都辦不到，也無法得到一個好思想。用理智推理的工作，即所謂的從井裡打水。

不過，如我說的，在這裡園丁要做什麼呢？他要歡欣喜樂，感到安慰，認為能在這麼偉大帝王的花園工作，是至大的恩惠！因為他知道這是悅樂上主，他一定不是要取悅自己；而是中悅上主，他獻給上主許多的讚頌。上主必然信任這個園丁，因為看到他毫無賞報，還是這麼認真地做所吩咐的事。這位園丁幫基督背十字架，也深思基督的一生是背十字架的生活。他不期待今世的上主之國，也不放棄祈禱。所以，他這樣下定決心，即使乾枯可能持續一輩子，也不要讓背著十字架的基督跌倒。時候會到，上主將一次全部酬報他，他不用怕辛勞是白費的。他事奉的是個好主人，主人的眼睛俯視著他。他毫不在意壞的思想。他注意到，魔鬼也呈現壞思想給沙漠中的聖業樂⑧⑥。

⓫ 這些勞苦所得的代價，對此我有許多的親身經驗（因為，當我從這神聖的井裡得到一滴水時，我認為是天主賜給我的一個恩惠），我知道那是不尋常的。我覺得，他們必須有更多的勇氣，超過世上其他的許多辛勞。可是，我清楚地看到，即使在今世，天主不會不給人一大筆酬勞。因為這是確然真實的，定時祈禱中，只要有某個小時，上主後來賜給我享有祂自己作為回報，我認為，這就足以付清，在堅持長時間祈禱時，我所忍受的一切煩悶。

我覺得，對於處於初步階段，及後來的人，在上主把寶物置入他們內之前，祂常願意給這些折磨和許多其他的試探，好能考驗愛祂的人，獲知他們是否能喝這杯爵，幫助祂背十字架。我相信至尊陛下願意帶領我們走這條路，是為我們的最大好處，使我們能清楚明瞭，我們是多麼的微不足道；以及後來賜予的恩惠有多麼大的價值。在祂賜恩惠給我們之前，祂先要我們經驗到自己的不堪當，為使我們不致發生像魔王路濟弗爾那樣的事。

⓬ 我的主啊！祢做的是什麼啊！豈不是為靈魂的最大好處！而祢已知道這靈魂是屬於祢的。他把自己放在祢的權下，無論祢到哪裡，他都跟隨祢，甚至是死在十字架上。他已決心幫祢背十字架，不讓祢獨自留在十字架上。

誰若在自己內看到這個決心，就真的沒什麼理由好害怕的。神修人，你沒有理由愁眉不展。一旦你得以置身在這麼崇高的境界，為的是能在獨居中和天主親密交談，並放棄世俗的消遣，這就已完成多半了。要為此而讚美至尊陛下，且要相信祂的溫良慈善，祂總不辜負祂的朋友。遮住你的眼睛，不要想為什麼祂給只這麼幾天的人熱心，而我已經過了許多年，卻

86. 見《聖業樂書信》22：to Eustochium。

不給我。我們要相信，一切都是為我們的更大益處。讓至尊陛下隨意地引導我們。我們不再屬於自己，而是屬於祂。祂賜給我們很大的恩惠，希望我們在祂的花園中挖掘，處於花園主人的臨在中，祂確實和我們同在。如果祂願意這些植物和花朵成長，用祂所賜的，從井裡打來的水，而其他的則不用井水，這與我有什麼相干？上主！做祢想做的事吧！願我不冒犯祢。不要讓德行喪失，如果因祢的慈悲良善，祢賜給了我一些德行。我渴望受苦，上主，因為祢受了苦。願祢的聖意，以每一種方式，落實於我，並願至尊陛下，祢不要容許；就是說，不要把祢的愛，這麼貴重的寶物，賜給任何只為神慰而服事祢的人。

⓭要留心注意，我這樣說。因為我由經驗獲知，靈魂開始以決心行走這條心禱之路，能達到不去掛心是否缺少愉悅和柔情，或者，在走了一大段路途後，是否上主賜給他，或他有否許多的神慰，或沒有神慰，無論他跌倒多少次，他都不用害怕自己會反悔，因為，這棟大樓從一開始就建立在堅固的基礎上。這是真的，因為愛天主，不在於眼淚，或歡愉和柔情，其中大半是我們的渴望，也是我們從中尋求安慰。然而，愛天主卻在於以正義、靈魂的剛毅和謙虛事奉祂。沒有像這樣的服事，我認為，我們什麼都接受，卻又什麼都不給。

⓮至於像我這樣的小女子，軟弱又沒什麼剛毅可言。天主賜予恩寵引領我，如祂現在所做的，我認為是很合宜的，這樣我才能忍受至尊陛下要我背負的磨難。然而，當我看到天主的僕人，傑出又博學，而且聰穎過人。由於天主沒有賜給他們熱心，就因此大驚小怪起來，聽他們這麼說，令我感到不悅。我不是說，如果天主賜予這恩寵，他們不要接受，也不要珍視；因為，在那時上主認為這是適宜的。然而，當他們沒有虔誠的熱心時，不要庸人自擾。他們應該了解，既然至尊陛下不給，也就是不需要。他們該是自己的主人。他們應該相信，

他們的渴望神慰是個過錯。我對此事有親身的經驗，也親眼看到過。他們應該相信，這是不成全的，也是缺乏心靈的自由和勇氣，完成不了什麼事的。

⑮ 雖然我極其強調這一點，因為對於初學者，有這樣的自由和決心是非常重要的；然而，我對初學者說這話，並不比對其他人說得多。因為有許多人開始了，可是，他們決不會抵達終點。我相信，這主要是打從一開始，就沒有擁抱十字架。想他們什麼事也沒做，感到很難受，當理智停止工作時，他們就無法忍受。不過，也許正在此時，他們的意志得以堅強和剛毅，雖然他們可能對此一無所知。

我們應該想，上主並不在意這些無能為力，即使我們覺得是過錯，但無能為力並非過失。至尊陛下已經知道我們的可憐，也明白我們卑劣的本性，更甚於我們自己；而且，祂知道這些靈魂現在渴望經常想祂，愛祂。而祂要的是這個決心，我們加給自己的其他愁苦，無非是擾亂靈魂，如果先前無法祈禱一個小時，現在四個小時亦然。許多時候，這些無能為力來自身體的失調。在這方面，我有許多經驗，我也知道，我所說的是真的，因為我已認真地詳察過，後來也和神修人探討過。我們是這般可憐，那被囚禁的貧乏靈魂，分受身體的不幸境遇，體液的循環更替，往往導致靈魂不能做他們想做的事，而過錯卻不在他們，他們因之備受痛苦。處在這段期間，如果他們還要勉強自己，不好的情況就會變得更糟糕，持續得更長久。他們應該審慎明辨，原因可能是身體出了狀況，不要扼殺可憐的靈魂，他們要懂得自己生病了。祈禱的時間應該改變，往往這個改變會連續幾天。他們要盡所能地忍受這個放逐。對一個愛天主的靈魂來說，看到他生活在此可憐的境況中，無法隨心所欲，真是大不幸！因為他有一個像身體這樣糟糕的客人。

⑯我已說了，他們應該「明辨」，因為有時起因是魔鬼。所以，當理智極其分心又混亂，不必放棄祈禱，也不必折磨靈魂去做辦不到的事。

還有其他外在方面的事，如愛德工作和看聖書，有時甚至也不合適做這些事。那時要為了天主的愛，服侍身體——因為身體多次服侍靈魂——做些心靈的消遣，諸如神聖的交談。如果真是這樣，或按照告解神師的勸導，到鄉間去。在一切當中，經驗總是最有幫助的，因為經驗教導我們什麼是適宜的；而天主能在一切事上受到事奉。祂的軛是輕鬆的[87]，這非常有助於靈魂，不會拖拖拉拉，如人們說的，反而為了靈魂的更大益處，溫和地引導他。

⑰那麼，我再回來談這個勸言——即使我重覆說許多次，也是無妨的——非常重要的是，不要有人為乾枯或思想的吵鬧和分心而著急和傷心。如果一個人願意得到心靈的自由，不要總是悲傷難過，他要從不被十字架驚嚇開始；而他必會看到，上主如何幫著他背十字架，他會得到滿足，而且從一切中獲得益處。因為，很明顯的，如果井是枯的，我們不能把水倒進裡面。真的，我們必不可掉以輕心，當井中有水時，我們應該打水出來，因為那時上主願意藉此方法增加德行。

第十二章

繼續談論這個初步階段。述說因天主的恩祐和自己的努力，我們能達到的地步，及天主

87. 《瑪竇福音》第十一章三十節。

尚未賜予超性的事物[88]之前，心靈渴望登上此境，論其導致的損害。

❶前一章中，我有意解釋的是——因為我過於離題旁論，說些其他的事。我認為，提及那些是非常必要的——我們能憑己力做的工作，及獲得這個初步的熱心時，如何能多少做點自我的幫助。因為，深思並細心檢視上主為我們忍受的痛苦，我們感動得充滿同情；而這個悲痛，及因之而來的眼淚導致愉悅。想到我們希望的光榮、上主對我們懷有的愛、祂的復活，我們受感動而欣喜。這個喜樂不全是心靈的，也不全是感官的，然而這個喜樂是有德行的，這個悲痛是有功勞的。在所有導致熱心的事上，都會找到德行和功勞。這熱心藉理智的修持可局部地得到，雖然，如果天主沒有給，就不應該，也不會得到這熱心。一個靈魂不要超越這一點，不要企圖攀得更高，這對他是很好的。要非常留意這事，因為不然，他不但不會進步，而且會遭到損害。

❷處於此境，靈魂能做許多的動作，來喚醒愛。許多的決志，獻給天主殷勤的服事，及其他的動作，使德行成長，合乎《事奉天主的藝術》[89]書中所說的。對於處在此境，以理智工作的人，這是一本非常好且適用的書。靈魂能置身於基督的臨在中，漸漸地習慣，因祂的至聖人性而被愛燃燒。他能保持上主的不斷臨在，和祂談話，請求自己的急需、抱怨自己的辛苦；在享樂時，情願與祂欣然同在，不因此而忘記祂，設法對祂說話。不是透過寫下的禱文，而是以符合其渴望和需要的話語。

這是一個尋求進步的卓越方法，很短的時間即可奏效。我認為，前進的靈魂，即是努力留守於此寶貴的陪伴中，且因之而受益良多，真愛這位我們欠祂許多的主。

❸因此，我們一點也不該掛慮沒有熱心——如我已說過的——而是應該感謝上主，祂容

88. 她使用的語詞，是她那時代的神修作家常用的，不過，稍有差異。見奧思納的《靈修初步》IX Ch8；拉雷多的《攀登熙雍山》Bernadio de Laredo, *The Ascent of Mount Sion*, Trans. E.A. Peers（London: Faber and Faber, Ltd. 1950）ch41。對聖女大德蘭來說，「超性（supernature）」，大致上相當於「神祕的」或「灌注的」。見Spiritual Testimonies 5, no.3。
89. 這是一本在當時相當風行的書，作者是方濟會士亞龍索．馬德里（Alonso de Madrid），一五二一年在塞維亞出版。

許我們渴望悅樂祂，即使我們的工作可能是微薄的。這個保持基督臨在於我們的方法，在所有的階段中都是有益的；而且是處在初步的祈禱境界中，非常安全的進步方法，可在短短的時間內，達到第二個等級，並且安全地對抗魔鬼能在後來的等級中放置的危險。

❹ 保持基督的臨在，是我們自己能做得到的。凡想越過這一點，抬舉心靈，體驗尚未賜予的心靈安慰，按我的看法，這人會同時失去兩者；因為這些神慰是屬於超性界的。而如果理智不活動，靈魂則處於非常的乾枯之中，如同一個沙漠。因為，這棟大樓完全建基於謙虛。一個人愈靠近天主，在這個德行上必然也愈進步；而如果，謙虛沒有進步，一切都將歸於泯滅。想望自己登上更高之境，似乎是一種驕傲，看看我們自己，在吸引我們靠近祂的事上，天主已做得超多了。

不該以為，我說的這事是以思考的方法上達天堂或天主，或崇偉高超的事物。我從來都不是以此方式思考，因為，我沒有這種能力，如我已說過的，我是這麼卑劣。甚至在想及世物方面，天主賜給我恩惠明瞭這個真理，即我之思考世物需要不少膽量，更何況是天上的事物呢？然而，其他的人會從這樣的思考中獲益，尤其是，如果他們是有學問的。因為，我認為，如果是既有學問，又謙虛的話，學識的背景則有如寶藏，有助於這些修行。前幾天，在一些博學者的個案中[90]，我看到這話的真實性。他們不久前才開始，但是他們已經突飛猛進。這使我極為切望，但願許多博學者成為神修人，如我後來要說的[91]。

❺ 我所說的，「**除非天主提拔，人不要自己高舉**」，這是神修的語詞。凡是有點經驗的人會了解我。因為，我不知道如何形容這個被提拔，若非有經驗，是無法理解的。在神祕神學中，即我要開始描述的[92]，理智停止工作，因為，天主使之暫停，如我後來要解釋的，如

90. 她指的是道明會士：伯鐸・伊巴涅斯、賈熙亞・托利多、道明・巴臬斯；及耶穌會士巴達沙・奧瓦雷思；加斯巴・達撒神父；可能還有亞味拉主教阿爾瓦羅・曼多撒。
91. 見第三十四章七節。
92. 見第十章一節，第十一章五節。

果我知道如何解釋，而且天主幫助我這麼做。自己徑自吊銷和中斷思想，即是我所說的，不該這麼做；我們也不該停止用理智工作。因為，否則的話，我們要像個冷冷的呆瓜，這也不做，那也不做。當上主吊銷理智，使之停止，祂親自掌控靈魂的注意力，且使之驚奇；無須思考。他在唸一遍信經的時間內，瞭悟的事情之多，超過我們以世上的勤奮，用許多年的時間所能明瞭的。一面忙碌靈魂的感官，一面又想你能使感官安靜，這是相當愚蠢的。

而我要再說，即使靈魂可能不明瞭，這樣徑自吊銷理智是很不謙虛的。雖然這可能沒有過失，但卻不會沒有報應；而辛勞是白費的，靈魂會陷於一些小小的挫折中，就好像一個人正要向前跳時，被人一把拉回來。現在，彷彿是這樣的，靈魂使用自己的力氣，也發現他不能獲得用己力想要得到的。凡願觀察的人會看到，這個小量的收穫，導致我所說的小小的缺乏謙虛：當一個工作中有謙虛時，這個工作不致使靈魂陷於挫折的感受中。

我認為，自己已解釋了這個事理，不過，很可能弄清楚的只有我自己。願天主以經驗開啟閱讀者的眼睛；無論其經驗怎樣微小，他們會很快明瞭的。

❻ 許多年過去，我讀了許多，卻什麼都不懂。很長的一段時間，即使天主恩待我，我也不知道用什麼話來說明祂的恩惠；這對我而言，不是一個小折磨。當至尊陛下願意時，祂以一種令我驚訝的方式，剎那間教導了我一切。

有一件事，我真的能說：雖然我和許多神修人談過，他們希望解釋天主賜給我的恩惠，使我能談論這事，我的笨拙真的無以復加，他們的解釋對我完全無濟於事。或者，也許因為至尊陛下一直是我的導師，這是祂願意的，我沒有別的要感謝的人。願祂永遠受讚美，因為完全真實地說出祂的恩惠，令我感到非常心慌神亂。沒有我的渴望或請求（因為在有關了解這些恩惠的事情上，我絕沒有好奇——因為這樣做可算是德行——不像我在其他虛榮的事上那樣），天主使我剎那間徹底地清楚了解，也知道如何說明，這樣的解釋方式，使我比告解神師倍感驚訝；因為我比他們更曉得自己的笨拙。這個清楚的瞭悟是不久前賜給我的，所以，上主所沒有教導我的，我就不企圖獲知，除非有什麼碰觸到我的良心。

7 我再次勸說，這是非常重要的，除非上主提拔心靈，心靈不可自己高攀。這句話的意思相當明顯，要是女人家企圖抬舉心靈，情況尤其慘重，因為魔鬼能導致一些空思妄想；雖然如此，我確信不疑。凡謙虛地致力於達到祂的人，天主不會容許任何傷害臨於他的。相反的，這人會從中獲取更多的利益，在魔鬼竊以為能摧毀他的地方，他反而有所收穫。

由於行走這條初學者之路的人很多，我提出的勸言是非常重要的，我已增長篇幅，詳加述說了。這些事項已經有人寫得非常好。我坦白承認，下筆行文時，深覺難為情和羞愧，雖然沒有像我該有的那麼難為情。

願萬有讚美天主，祂願意並且同意像我這樣的一個人講述祂的恩惠，如此尊貴又高超的恩惠。

第十三章

續論初步的第一階段，針對魔鬼有時引起的一些誘惑提出勸告。這個勸告非常有用。

❶現在是很合宜的時候，我們來說些有關誘惑的事，這是我在初學者身上觀察到的，我自己也曾有過，同時提出一些我認為必要的勸言。

那麼，初學者要努力行走在喜樂和自由當中，因為有些人以為，如果他們稍有分心，熱心也會隨之消逝無蹤。要是人涉入常會冒犯天主的場合，若行走在害怕自己的道路，以免或多或少信靠自己，這是好的。直到我們滿是德行之前，這個害怕最為需要。如果誘惑來自人的本性，只有少數的人，能自認為這麼的堅強，以致不拿誘惑當一回事。往往，只要我們仍生活在世，即使是為了謙虛之故，最好還是認識我們的卑劣本性。不過，如我所說的[93]，為何許可散心取樂？有許多的理由，甚至是為了能得到更大的力量，重返祈禱。審慎明辨在一切事上都是必須的。

❷該懷有大信賴，這是非常有幫助的，使人的渴望不會躊躇不前，反而相信天主。如果我們這樣做，漸漸地，雖然不是很快，我們會達到聖人們賴天主的助祐達到的境界。因為，如果他們從不下定決心，渴望和尋求這個境界，且逐步地修行，就不會登上這樣的高境。至尊陛下願意這個決心，祂是勇氣十足者的朋友，如果他們行走在謙虛中，而且不信靠自我。任何膽小的靈魂，或任何以謙虛為藉口，流連於這條道路底下的人，他們許多年所得的進步，這些有勇氣的人，短短的時間內就可以達到，我從未見過事情不是這樣的。在這條路上，致力於尋求偉大的事，勇氣是多麼重要，我對此感到驚訝。因為，雖然靈魂還不夠強壯，他還是飛翔，達到很高的地方，儘管像隻小鶵鳥，很快就疲累和停飛，那又何妨。

❸過去我時常記起聖保祿的話語，**一切的事情，為天主都是可能的**。我清楚地明白，單憑自己，什麼事也做不到。明瞭這點，幫助我非常多；還有聖奧斯定所說的：主！請給我祢

93. 見十一章十五到十六節。

所命令的，然後命令祢所要的。我常想，當聖伯鐸縱身踏入海裡，即使他後來害怕起來，他卻沒有失去什麼[94]。這些決心和初步的動作是非常重要的，雖然在此初步的階段，必須有點留步，接受神師的判斷和意見的約束。然而靈魂應該留意，神師可不要是這種的神師，教他們做癩蛤蟆，或只滿足於指示他們如何捕捉小壁虎。總要叫謙虛打頭領先！因而明瞭這個力量不是來自我們。

❹不過，我們必須知道，這個謙虛相似什麼。我相信魔鬼藉著使人誤解謙虛，藉以損害修行祈禱的人，使之無法前進。牠使我們覺得，懷有大渴望，希望效法聖人，切望成為殉道者，這些是驕傲。然後牠又告訴我們，或惹我們這樣想，既然我們是罪人，那麼，聖人的功德是讓我們景仰的，不是去效法的。

這一點，我也承認，可是我們必須分辨，何者可景仰，何者可效法。對一個虛弱的病人，要求自己許多的守齋、艱苦的補贖；或前去遠方的沙漠之地，在那裡，既沒得睡，又沒得什麼東西吃，或者他還做些類似的事，這是不對的。然而，我們應該這樣想，依靠天主的助祐，我們能致力於修得極輕視世俗，不看重榮譽，並且超脫我們的財產。我們的心這樣小氣，如果我們願意為了心靈的緣故，稍稍忽略一下身體，我們就覺得好像要失去全世界。那麼，要是安全地保有生活必需品，似乎有助於收斂心神，因為操心這些必需用品，勢必擾亂祈禱。

這令我感到可悲，我們對天主的信賴這樣少之又少，而自愛卻這麼許多，認為這些操心應該擾亂我們。所以，事情是這樣的，在那精神像這樣少有進境的地方，一點芝麻蒜皮的瑣事，就讓我們叫苦連天，苦不堪言，如同別人面對的大事和非常重要的事。然而在我們的腦

94. 見《斐理伯書》第四章十三節，《懺悔錄》十卷二十九章，《瑪竇福音》十四章二十九～三十節。

袋裡，我們自恃為有靈修的人。

❺現在我覺得，這樣的處事態度是要協調身體和靈魂，使人在地享安息，在天享天主。如果我們行走於正義，且傾向德行，這是會發生的——然而我們會以母雞般的腳步前進。這樣的方式，從來沒有人達到心靈的自由。我覺得，對於已婚的人，他們必須度合乎其身分的生活，這是一條很好的道路。可是，對另一種身分的人，我決不希望像這樣的進步，也不要任何人使我相信這是好的。因為我已試驗過了，如果不是上主以祂的良善仁慈，教我另一條捷徑，我是決不會離開那條路的。

❻雖然就渴望而言，我常有很大的雙重渴望。我努力於我所說過的[95]，一面修行祈禱，一面又要度稱心的生活。不過，我相信，如果能有個人使我高飛，我會更盡力把這些渴望轉變成功業。然而，由於我們的罪過，在這些事情方面，不過分謹慎的神師是這麼稀少，又這麼罕有，我相信，這是一個主要原因，為什麼初學者不能很快速地達到高度的成全。由於上主總不辜負人，也不會袖手旁觀。過錯歸於我們，我們是可憐的人。

❼還有，我們可效法聖人們，尋求獨居和靜默，及其他許多的德行。這些都不會殺死可惡的身體，身體這麼一致地要取消這些德行，以致和靈魂背道而馳。當魔鬼看到我們稍有怕懼，牠就大興風浪，使我們無能為力。牠希望的，無非是要我們認為一切事都殺死我們，傷害我們的健康。即使是眼淚，牠惹我們想到會弄瞎眼睛。我經歷過這事，所以我知道。我不明白，我們能想望什麼更好的視力或健康，甚於為了這樣的一個理由而失去它們。

由於我這麼體弱多病，直到我下定決心，不要管身體和我的健康，否則我老是受限制，什麼事也做不了。雖然現在我做的並不算多。不過因為天主願意，我了解魔鬼的這個詭計。

95. 見本書第七章十七節，及書中各處。

牠把這個思想放進我的腦袋：我會失去健康。我說：如果我死了，又有什麼關係！或在休息的思想上，我回答：我不再需要休息，我需要的是十字架！至於其他的思想亦然。我清楚地看到，在非常多的情況中，即使我實在病勢沉重，這是一個來自魔鬼或自己懶惰的誘惑。因為，後來我不這麼在意和溺愛自己時，我更加健康。

因此，這是非常重要的，在祈禱的起步階段，不要受到思想的恐嚇。在這事上要相信我，因為我是透過經驗得知的，而且，別人可從我的困難中得到教訓。說出我的這些過失，甚至能有益於他們。

❽而另一個誘惑是很常見的。因為他們開始享有寧靜，也有收穫，他們渴望人人都很有靈修，這個渴望並不壞。然而，努力地促成這事，如果沒有許多的審慎明辨，及假裝成不像教導人的模樣，會導致不愉快的結果。凡應該在這方面做這些有益之事的人，必須有堅強的德行，不致給別人帶來誘惑。

這事發生在我身上，為此我很清楚，如我說過的[96]，我努力要別人修行祈禱。由於他們一方面聽我講述精彩妙事，修行祈禱中包含很大的好處；而另一方面，他們發現我在德行上極其貧乏，這使得他們陷於不小的誘惑和混亂，他們確實有相當程度的理由！後來他們終於告訴我，他們不知道這兩方面如何能相容。而他們之所以把不好的當作好的，其理由在於，他們認為我是好的，而他們有時看到我做些好事。

❾這個混亂則是魔鬼的工作。顯然地，牠利用我們有的好德行，盡其所能地授權牠所抓住的惡事。無論惡事多麼微不足道，若發生在一個團體中，魔鬼必大有所獲。在這方面，好多好多次，我做錯非常之多。事實上，許多年期間，只有三個人獲益於我告訴他們的話[97]。

96. 見第七章第十節等等。
97. 根據古嵐清神父，這三個人是：降生隱院的一位修女，聖保祿・瑪利亞（María of St. Paul）；另一位也是降生隱院的修女，安納・諸天使（Ana of the Angels），後來和聖女一起到新創立的聖若瑟隱院，成為該院的第一副院長；第三個是住在降生隱院的一位平信徒，瑪利亞・賽佩達・奧坎伯（María de Cepeda y Ocampo），她後來也加入革新的隱院，參見第三十二章第十節。

後來上主給我更多德行上的力量，兩、三年之內，就有許多人獲益，如我後來要說的[98]。此外，還有另一個更大的損害：靈魂方面漸漸退步。在初學時期，我們必須最努力的是只關注自己，認為在這世上只有天主和自己，其他什麼也沒有，這個修行是非常有益的。

⓾魔鬼的另一個誘惑是，由於看到別人的罪和過失而悲痛（這一切的誘惑來自熱衷於德行，這是必須明瞭和小心的）。魔鬼在他們的腦袋裡放進以下的思想，即這個悲痛惟獨來自渴望天主不被冒犯，及關心天主的光榮。接下來，他們要尋求補救的良方。這個渴望非常騷擾他們，竟至阻礙他們的祈禱；而最大的傷害在於，他們認定這個悲痛就等於是德行、成全和對天主的最高熱誠。

我說的不是為某修會團體公開罪行的悲痛。如果這已成為一個常見的普通做法，或異端邪說帶給教會損害，導致這麼許多靈魂喪亡。像這樣的悲傷是非常好的；而由於非常好，這不會使人憂慮不安。不過，對於修行祈禱的靈魂來說，安全的道路在於不操心任何事，或任何人，並且留意他自己，並悅樂天主。

這是非常要緊的。因為，如果我必須說我看見的過錯，之所以會發生這樣的事，乃由於相信有好意向……。

所以，我們要努力常常注視在別人身上看到的德行和好事，以念及我們的大罪，來遮蓋他們的缺失。這是一個行事的態度，雖然我們不能立刻做到成全的地步，但逐漸地，會為我們獲致大德行，亦即：認為眾人都比自己好。這樣再加上天主的助祐，一個人開始修得這個德行，因為在一切事中，這是很要緊的，當它有所欠缺時，我們所有的努力都是白費的。我們要懇求祂，賜給我們這個德行，凡盡力而為的人，祂必不會加以拒絕。

98. 見第三十二章到三十六章。

⓫那些用理智做許多的推理，從一件事中推出許多事，演繹出許多的觀念，像這樣的人，也要謹記這個勸言。那些像我一樣的人，無法用理智工作，除了保持忍耐，等待上主賜予一些使理智專注的事物和光明，不需要什麼勸言。這些人獨自使用理智，能做的這麼少，任何其他的勸言，只會阻礙，而非幫助他們。

不過，再來談修行推理思考的人，我說，他們不該用全部的時間做思考。因為，雖然推理的思考非常有功勞，他們好像不懂，由於他們的祈禱津津有味，也該有個不工作的主日或時段；然而，他們卻以為這樣是浪費時間。我則認為這個浪費是大收穫。不過，如我已經說過[99]，他們應該置身於基督的臨在中，不要勞累理智。要和祂談話，愉悅地和祂在一起，不要疲於編造理論。相反地，應該向祂面呈他們的需求，及為什麼祂不許我們置身於其臨在中的理由。他們可以時而推理思考，時而做其他的動作，使靈魂不致疲於常吃相同的食物。如果人的口味習慣了，這些動作是非常愉悅和有幫助的。其中包含大量的養料，供養靈魂的生命，帶來許多的好處。

⓬我願更進一步地加以解釋，因為這些祈禱方面的事理是十分困難的。如果一個人沒有找到一位自己的神師，他們很難明瞭。因此，就算我願意三言兩語帶過，這對於聰穎過人者（如命令我寫這些祈禱事理的人），只要輕描淡寫，即綽綽有餘，我那笨拙的腦袋卻不許我這樣，三兩句話就把這麼重要的事說清楚。由於我的經歷良多，我很同情那些只以書本作為開始的人，因為這是個古怪的事，一個人所理解的，和後來由經驗看見的，兩者間大有不同。

那麼，言歸正傳[100]：我們來想想基督苦難的一幕。我們說，當主被綁在石柱上。理智隨

99. 見第十二章二節。
100. 見十一節，十二章二節。

著尋找理由，以之明瞭至尊陛下在孤寂中，忍受的至極悲傷和疼痛。如果理智勤奮些工作，還能從中推論出許多的事情。這如果是個博學者的理智，那可多著呢！就是這個祈禱方法，所有的人都必須以之開始、繼續和結束；直到上主引導人達到其他超性的事物，這是一條卓越又安全的道路。

13 我說「所有的人」，不過，有許多靈魂，在別的默想上受益較多，超過默想至聖的苦難。正如在天堂上有許多的住所[101]，也會有許多的道路。有些人覺得思考地獄獲益多，有的人則是深思死亡。有的人心地柔軟，如果常想基督的苦難，容易疲累不堪；然而細想上主在受造界的權能和雄偉，及祂對我們懷有的愛，及祂在萬有中的自我顯示，反倒感到愉快，且獲得益處。這個默想的程序，是個可圈可點的好方法，凡時常深思基督的苦難和生活，從中會得到，且持續地得到每一個好處。

14 初學者需要勸告，從中看出什麼是最幫助他們的。為此之故，非常需要有位神師，如果他有經驗的話。如果沒有經驗，他能夠犯下大錯，引導一個靈魂時，既不瞭解靈魂，又不許靈魂了解自己。由於靈魂認為，接受一位神師的照管會有很大的功勞，他不敢違背神師的命令。我遇見過備受恐嚇，又愁容不展的靈魂，我極同情他們，因為，教導他們的這位神師沒有經驗；而且有個人，還不知要如何對待自己。因為神師不懂屬靈的事物，他們折磨靈魂及其身體，也阻擋了靈魂的進步。其中有個靈魂告訴我，有位神師束縛她八年之久，不讓她越出自我認識的範圍；上主已經帶她進入寧靜的祈禱，為此，她忍受許多的磨難。

15 這條認識自我的道路決不可放棄。而且，在這條路上，也沒有一個靈魂是這麼樣的巨人，無須時常回到嬰兒和乳兒時期，這一點決不該忘記。也許我會多次說到這事[102]，因為這

101.《若望福音》第十四章第二節。
102. 見十五章十二節。

是非常重要的。沒有祈禱的境界會高超到這樣地步，竟然無須時常重返起點。在這條祈禱的道路上，自我認識和念及我們的罪，是所有人都必須賴以餵養的食糧，無論他們的胃口怎樣柔弱，都不能不靠這個食糧維生。雖說如此，仍然必須在有限的範圍內吃。一旦靈魂看見現在他已是順服的，而且清楚地明瞭，他自己乏善可陳。面對這麼偉大的君王，他也知道，對虧欠天主的鉅額，回報得這麼少，兩者都使他羞愧——到了這裡，又何必浪費時間呢？我們必須繼續上主擺在我們面前的其他事；我們也沒有理由把它們撇下不理，因為至尊陛下比我們還清楚，什麼東西適合我們吃。

⑯ 所以，這是非常重要的，神師要兼備明智——我是說，他要有良好的判斷力——和經驗；除此之外，他若又有學問，那就更好了。不過，如果無法同時找到這三項資格，前兩者則比較重要，因為一個有學問背景的人，可以找得到，而且在有需要時，也可向之討教。我說，這些博學者不修行祈禱，他們的學識對初學者的幫助很少。我不是說初學者不該請教博學者，因為我寧願一個人的心靈沒有祈禱，也不願一個人開始時不走在真理中。還有，學識是一件大事，因為，有學問的人教導且啟迪孤陋寡聞的我們：而當我們被帶到《聖經》的真理前，我們才做我們該做的。願天主拯救我們，免陷於愚蠢的敬禮。

⑰ 我願意更詳細地說明。我相信，我已經把許多事情混為一談。我常有這樣的毛病，除非多費唇舌，不知如何講解，如我已說過的[103]。一位隱修女開始修行祈禱，如果指導她的人是愚蠢又率意行事的人，這人會告訴修女，最好是服從他，而不是服從修女的長上。他做這事毫無惡意，只想他做得對，因為，如果不是一位會士，這樣的勸告似乎是好的。當所涉及的是家庭時，如果受指導者是已婚的婦女，這人會告訴她，最好還是繼續地祈禱，即使丈夫

103. 見十二節，十一章六節。

不高興亦然。如此這般，他不懂得如何安排時間和事情，使之合乎真理。由於他自己缺乏光明，即使他願意，也不知道如何光照他人。雖然，看起來對於這樣的知識，學問好像不是必需的，我的看法一直都是，將來也是，每位基督徒，如果能夠的話，要設法和有好學問的人交談，而且是，愈有學問的人愈好。凡行走祈禱之路的人，極其需要這個忠告；他們愈有靈修，需要則愈大。

⑱不要讓神修人被誤導說，有學問而沒有祈禱的人，不適於修行祈禱者。我已請教過許多博學者，因為已有幾年，由於更大的需要，我加倍地尋求他們。而我往往是博學者的朋友。雖然有的人沒有經驗，他們並不輕視聖神，也非對聖神一無所知。因為在他們研讀的《聖經》中，常能發現真理和善神。我主張，請教博學者的祈禱人士，魔鬼無法以迷思妄念欺騙他，除非這個人自願上當，因為，對於那既謙虛又有德的學者，魔鬼害怕極了；牠們知道自己會被識破，而且受損地落荒而逃。

⑲我已說了這事，因為有些看法表示[104]，博學者如果不度靈修生活，對於修行祈禱的人是沒有幫助的。我已經說過了，必須有個神師；不過，如果他不是個博學者，這個缺乏學識必會是個障礙。向博學者討教必是一個很大的幫助。如果他們是有德行的，即使他們可能沒有經驗靈性的事物，他們還是有益於我；而天主會使他們解釋好必須教導的事，——祂甚至還會賜給他們靈性的經驗，使之能幫助我們。我說這話，不是沒有親身的經驗；而且，我有兩個以上的實際經驗。我說，如果一個人完全只順服一位神師，要是他沒有找到一個像我說的這樣的神師，那麼，他會大錯而特錯。然而他如果是一位會士，他必須順服他的長上。或許成為好神師的三項資格[105]，這位神師通通沒有，這可不是個小十字架，尤其是，如果這

104. 這些看法來自聖伯鐸・亞爾剛大拉和其他人。他們主張，在屬於靈修生活成全方式的事情上，應該請教度這樣生活的人，而非法學家和神學家。
105. 即好的判斷力、經驗和學問，見十六節。

靈魂不願順從一位判斷力不好的神師時，至少我個人是做不到這樣的順服方式；我也不認為這樣的屈從是適當的。然而，如果是平信徒，他要讚美天主，因為他可以自己選擇要順服的人，而不失去這個很美好的自由。無論如何，要等找到妥當的人，否則寧可沒有神師，而上主必會賜予；條件是，一切都建基於謙虛，並且渴望做正確的事。我極力讚美天主，婦女及目不識丁的人，應該常常無限地感謝天主，因為，有人這麼辛苦費力，獲知愚蒙無知者根本不懂的真理。

⑳ 我常驚奇地想到博學者，尤其是修道的會士，他們辛勤苦讀，獲得學識，我只不過向他們提問，即可獲益，而竟然有人不願從中獲益！願天主不要容許這事發生！我看這些人服從艱苦的修會生活，這是很了不起的，做補贖、吃粗飯、順命服從，多次令我羞愧不已。確實如此，除了這一切之外，睡眠不足，全是辛勞艱苦、全是十字架。我覺得，誰若因自己的過錯，損失這麼好的事，是個很大的錯誤。事情可能是這樣，我們中有些人，免受這些艱難困苦，卻接受這個已經調理好的知識，如同他們說的，並且度著令我們稱心的生活，想想看，只因為用稍多一點的時間祈禱，我們立的功勞超過忍受這麼許多辛勞的人。

㉑ 上主！願祢受讚美！祢造化我這麼無能，又這麼沒用！然而我極力讚揚祢，因為祢喚醒這麼多的人來喚醒我。我們該不停地為給我們光明的人祈禱。處在教會現今忍受的猛烈大風暴中，我們怎能沒有他們？如果有些人變壞了，這些好人會更燦爛地放射光輝。願上主容許，以祂的雙手扶持他們，助祐他們，使之能幫助我們，阿們。

㉒ 我已把話題扯遠了，遠離開始講的主題。然而對初學者而言，每一件事都是主題，他們行走的是這麼一條崇高的道路，從頭開始就要走在真理的道路上。現在重拾前題，再來談

基督被綁在石柱上；深思一下，想想祂在那裡忍受的痛苦，為了什麼，而祂又是誰，祂忍受痛苦所懷的愛，這是很好的。不過，一個人不該老是疲於尋求這些思考；而是，只要留在那裡，以寧靜的理智，留守於祂的臨在中。如果辦得到，他應該專心注視正在看他的基督，而且他該說說話、懇求、自謙自卑，欣喜於上主的親臨，記得他不堪當在那裡。當他能這樣做時，他會得到大益處；這個祈禱方法有許多的好處，至少，我的靈魂從中得到這些好處。

我不知道所說的是否切中主題，閣下會加以審斷。願上主容許，使我總是讓您稱心愉悅，阿們。

第十四章

開始解釋祈禱的第二級，上主開始賜給靈魂一種更特殊的神慰。解釋這個經驗何以是超性的，這個事理值得注意。

❶ 到目前為止，已經解釋了怎樣以勞力澆灌花園，使用個人的臂力從井裡打水上來。現在我們要來談第二種得到水的方法，是由花園的主人來安排的；亦即，轉動水車的把柄，經由導水管得到水。園丁的勞力較少，得到的水卻更多；他不必一直工作而能休息。所以，這個方法適合於所謂的寧靜祈禱，正是我現在想要探討的。

❷ 在這裡，靈魂開始收斂心神，也碰到一些超性的事，因為，無論他如何勤勉奮力，都

無法獲得這個祈禱。真的，彷彿是這樣，有時會感到疲於轉動把柄，用理智工作，裝滿導水管。不過，這裡的水位較高，勞力反而比從井中打水少得多。我說，這水比較靠近，因為恩寵更清楚地顯示給靈魂。

在此祈禱中，感官齊集於內，為能更欣悅地享有這個滿足。然而感官並沒有失去作用，也沒有睡著。只有意志這樣地專注。不知道為什麼，意志成為俘虜；意志只是同意天主，讓天主把它囚禁起來，意志好似很知道如何成為其愛人的俘虜。耶穌啊！我的主！祢的愛對在這裡的我們是何等寶貴！祢的愛這麼束縛我們的愛，使之在這時，除了愛祢，無法愛其他任何一切。

❸ 另外兩個官能幫助意志，使之能享有這麼許多的慈惠，雖然有時會這樣：即使意志是結合的，另外兩個官能是毫無幫助的。不過在那時，意志不該注意它們；反之，它該留守於其喜樂和寧靜中。因為，如果意志想要集中這兩個官能，它們全都會失掉。它們就像鴿子，不滿意鴿房主人供應的食物，即使這些食物無需牠們費力工作。牠們飛到別的地方找食物，卻發現少之又少，所以牠們又飛回來。同樣，這些感官飛走了，然後再回來，看看意志是否能把所享受的也給它們。如果上主願意，拋給它們一些食物，它們就會止步；要不然，又要再去尋尋覓覓。它們一定認為所做的有益於意志；有時候，記憶或想像願意把它們喜歡的事物呈現給意志，它們使意志遭到損失。所以，要慎重地對待它們，如我將要解釋的[106]。

❹ 這裡所發生的一切，帶給靈魂至極的安慰，卻耗費這麼少的辛勞，祈禱不會令人疲累，即使祈禱持續好長一段時間亦然。在這裡，理智工作的步調非常緩慢，比起從井中打水，得到的水更多。天主賜予的眼淚，現在伴隨著喜樂；然而雖然他們有所體驗，卻沒有致

106. 見第十五章等等。

力於營求這些體驗。

❺上主在此賜給的水，充滿極大的福祐，比起前一級的祈禱，更使德行無比地成長。因為靈魂現在已向上高升，超越自己的卑劣，並且領受一點光榮愉悅的知識。我相信，這個水使德行成長得更好，同時帶領靈魂更加靠近「真德行」，亦即天主；一切的德行乃從天主而來的。至尊陛下開始通傳自己給這個靈魂，而祂願意靈魂體驗祂何以這麼做。

達到此一境界，靈魂很快失去對世物的貪求，而這是沒什麼可驚奇的！靈魂清楚地看到，在此塵世無法剎那享有這樣的光榮，甚至世上的富裕、尊威、榮耀或歡愉，都不能給予剎時那樣的幸福，因為看起來，那是真正能滿足我們的幸福。在這些世物當中，如果我們知道哪裡找得到這個滿足的話，我會認為這是一件了不得的事，因為塵俗事物總免不了「好好……但是……」，在此一切都「好好」，隨後而來的就是「但是……」。因為看到祈禱中的愉悅完了，又無法回復，也不知是怎麼回事。如果有人以補贖和祈禱，及其餘的什麼，來壓榨自己，如果上主不願給他愉悅，這些壓榨對他是沒有多少益處的。天主以其崇高偉大，願意這個靈魂明白，祂這麼親近靈魂，無須遣送使者給祂，而且靈魂可以自己和天主說話，不必大聲喊叫，因為天主就這麼靠近，只要我們動動口唇，天主便已知曉。

❻說這話好似不太恰當，因為我們知道，天主總是了解我們，和我們在一起。對於這個了解和臨在，是沒有疑問的。可是，我們的君王和上主，願意在這個祈禱中，讓我們知道祂了解我們，也明白祂的臨在是什麼；而且祂想要在靈魂內開始以特殊的方式工作。上主願意的這一切，都顯示在祂賜給靈魂內、外在很大的滿足，而且如我說的[107]，這樣的愉悅和幸福，不同於世上的愉悅。因為這個愉悅好似填滿空虛，把我們的罪在靈魂裡造成的空洞填

107. 見第五節。

滿。這個滿足發生在其最私密的深處，而靈魂不知道滿足從何而來，或是怎麼來的，往往他也不知道該怎麼辦，或渴望什麼，或請求什麼。彷彿是他一下子就找到了一切，卻不知道所找到的是什麼。

我也不知道如何解釋這個經驗，因為這麼許多的事情，是需要有學問的。在這裡，若是好好地解釋一下，普通的和特別的恩寵，兩者間的不同，是會很有助益的。因為有許多人不懂這個區別，同時也說明，上主願意靈魂在此祈禱中，如人們說的，幾乎是用自己的眼睛看見這個特殊的恩寵。解釋許多別的事情也需要有學問，可能我並沒有表達得很正確。不過，既然我所說的將由一些人來審查，他們會認出我的錯誤，我就不用為此掛心了。在涉及神學和靈界方面的事情上，我知道自己可能犯錯；然而，由於這份報告會止於良善者的手中，這些博學者能了解，並除去錯誤的部分。

7 雖然如此，我還是要說明這個經驗，因為我們面對的是初學者。而當上主開始賜下這些恩惠，靈魂自己不了解它們，也不知如何自持。因為，如果上主引導他走敬畏之路，如祂之對待我，要是沒有人了解他，這會是一個很大的煎熬。看到自己的描述，帶給他很大的喜樂，那時他清楚地看到，自己行走的道路。知道必須做什麼方能從一級進升到另一級，這是很棒的事。因為我曾受苦良多，浪費好多的時間，不知如何是好，所以，對於達到此一境界，自覺孤零零的靈魂，我深表同情。即使我讀過許多靈修書，書中碰觸到相關的要點，其解釋卻少得很；如果靈魂不是很有經驗，甚至就算有很多的解釋，靈魂要了解自己也會相當困難。

8 我極其盼望，願上主幫助我解釋，說明這些事情在靈魂內導致一些效果。現在開始，這些事是超性的，藉著這些效果，人可以獲知，什麼時候是天主之神的工作。我說「人可以獲知」，是符合人生在世所能知道的。我們懷著敬畏和謹慎行路總是好的。因為，雖然這工作可能來自天主，魔鬼有時也能轉變成光明的天使；而如果靈魂沒有足夠的經驗，必無法辨識魔鬼的工作。而事實上，他一定要有他所需要的這麼許多經驗，用以靠近祈禱的頂峰，使之得到像這樣的辨識。

我的時間這麼少，這對我沒什麼大幫助，所以至尊陛下得來幫助我。我必須度團體生活，也有其他許多的本分，因為我住在剛剛建立的修院內[108]，如日後所見到的。因此，我沒有時間寫，也不能平安無事地寫，而是一點一滴地寫出來的。我盼望能有時間，因為，當上主賜給我精神時，下筆容易，而且寫得好。那時就好像眼前有個模型，我只要依樣畫葫蘆就行了。不過，要是少了這精神，即使是許多年修行祈禱，要說這些事情，比起說阿拉伯話[109]還要難，俗話這麼說的。因此，我認為最有利的，是當我正在寫的時候有此祈禱經驗。因為我清楚地看到，我所寫的並非我說的。因為我沒有用理智做計畫，我也不知道後來要怎樣安排去述說。這事常發生在我身上

❾ 現在要回到我們的花園，看看這些樹怎樣開始萌發蕊苞，準備著開花結果，還有這些花和康乃馨散發芳香。這個比喻很吸引我，因為許多次在我開始事奉至尊陛下時（願上主容許，我現在已經開始事奉至尊陛下。我是說，從這裡起，我要談的我的生活的「開始」），把我的靈魂看成一座花園，細想上主在園中散步，對我而言，是一個很大的樂事。我祈求祂增加德行小花的芬芳，這些花已開始要綻放。看來彷彿是這樣，花兒會彰顯祂的光榮，而祂會維持這些花，因為我對自己一無所求，祂可以隨意砍掉什麼，因為我已經知道，較好的會

108. 他住在新創立的亞味拉聖若瑟隱院。在第三十二章到三十六章，她會述說建院的經過，這是一個赤貧的小團體。
109. 阿拉伯話是留在西班牙的摩爾人說的話，對卡斯提人來說是很難懂的語言。

開放花朵。我說「砍掉」，因為，當靈魂沒有想到這個花園時，一切似乎是乾枯的，好像不會有水來維持——也看不出曾在靈魂內有什麼德行，他遭受許多的困苦。因為上主願意他看起來像個窮園丁，凡澆水所需要的，及使花園欣欣向榮的一切都失去了。這個乾枯相當於真正的除草和拔出剩下的老根，無論是多小的根也要除掉。因而知道，什麼樣的勤勞都是不夠的，如果拿走恩寵的水，又輕看我們——我們只是虛無，甚至比虛無還虛無，——靈魂因而得到許多的謙虛。花朵又再開始成長。

10 啊！我的上主！我的天主！我說這話不能沒有眼淚和靈魂的大喜樂！上主，祢是何等地渴望和我們在一起，親臨於聖體聖事內（這是千真萬確可以相信的，因為事實如此，我們真真實實可以做這個比喻）。因為，如果不是由於我們的過失，我們可以歡躍於與祢同在，而且祢會喜悅地和我們在一起，因為祢說，祢樂於與世人共處[110]。我的主啊！這是什麼？每當我聽到這些話，就給我很大的安慰；甚至當我非常無可救藥時亦然。主！這是可能的嗎？竟有靈魂達到這地步，祢賜予相似的恩惠和禮物，明白祢與他同在，卻又反悔來冒犯祢？在這麼許多的恩惠之後，在這樣動心地證明祢對他的愛之後，這愛是毫不容置疑的，因為有其明顯的效果。

是的，確實有一個人，這人不只一兩次，而是多次這樣做，那就是我。上主，願溫良慈善的祢容許，我是惟一忘恩負義的人，也是惟一做出這麼可怕的壞事、表現出這樣過分忘恩的人。然而，甚至從這個惡事中，祢無限的慈善從中取出一些有點價值的東西；罪惡愈大，祢的大慈大悲更是輝煌燦爛。有好多的理由，我能永遠歌頌祢的仁慈！

11 我的天主！我懇求祢，但願事情如此，我能歌頌祢的仁慈，永無終窮。因為祢屈尊

110.《箴言》第八章第三十一節。

就卑，賜給我這麼顯著的憐憫，使凡看見的人都大為驚奇。至於我，許多次出神忘我地更加稱讚祢。若是我留在自己內而沒有祢，我主！我什麼也不能做，除了再回來砍掉花園的花，使這可憐的土地再次淪為垃圾堆，如同先前那樣。主！不要容許這事，不要願意失掉這個靈魂，祢以這麼許多的辛勞帶領過她，這麼許多次，祢回轉心意，從可怕惡龍的牙齒縫中把她解救出來。

⑫ 願閣下原諒我[111]，因為我又扯離了主題。請不要驚奇，因為一談到我自己，我說的是我的感受，因此往往很難加以抗拒，而不繼續稱揚讚美天主，就像我不能不寫下虧欠祂的許多事。而我不認為這些讚美會使閣下不悅，因為我覺得，我們兩人都能詠唱相同的事，即使是以不同的方式，因為我虧欠天主更多，因為祂赦免我更多[112]，如閣下知道的。

第十五章

繼續相同的主題，針對在寧靜祈禱中須有的作為，提出幾個勸告。探討為何許多靈魂達到此祈禱，但越過此境的卻很少。這裡觸及的事理非常需要和有益。

❶ 現在，言歸正傳，再談主題。靈魂的這個寧靜和收心，可以藉著賜給他的滿足和平安，及感官上的極其滿意與平靜，還有非常柔和的愉悅，清楚地感受到。靈魂覺得，因為他還沒走得太遠，他什麼也不渴望，他願意和聖伯鐸一起說，他願意住在那裡[113]。他動也不敢

111. 她對著賈熙亞神父說話。
112. 參見《路加福音》第七章第四十七節。
113. 參閱《瑪竇福音》第十七章四節。

動一下，因為他以為那美善會從手中溜走，有時候，他甚至都不想呼吸。可憐的小人兒不明白，單憑自己的力氣，決不能為自己謀得那美善，也不能留住它，超過天主願意的時候。

我已經說過，在此初步的收心和寧靜中，靈魂的官能作用尚未停止。然而，靈魂這麼滿足於天主，只要收心持續下去，就不會失去寧靜和靜息，因為意志和天主結合，即使另外兩個官能是分散的。事實上，意志會逐漸地帶回理智和記憶，使之收心斂神。因為，即使意志沒有全神貫注，它還是這麼地專心致志，不知道是怎麼樣，無論這兩個官能如何努力，都不能奪去意志的滿足和喜樂。而且，幾乎不費什麼力氣，意志逐漸地得到幫助，使天主之愛的火花不致熄滅。

❷ 願至尊陛下容許，賜我恩寵，好好解釋這個境界，因為有許多、許多的靈魂達到此境，越過的人卻寥寥無幾；而我不知道這是誰的過錯。最最肯定的是，天主不辜負人，因為，一旦至尊陛下賜給了靈魂達到此境的恩寵，我不相信，天主會不賜給他更多的恩寵，除非由於他自己的過失。

這是非常重要的，達此境界的靈魂要明白，其境界的崇高尊貴，及上主已賜給他的大恩惠；並以什麼樣的好理由，使他一定不屬於這世界。因為，要不是他因自己的過錯而止步不前，看來慈善的天主要使他成為天國的子民；而如果他反悔了，這是個不幸的事。我認為，反悔就是掉到底下，像我那樣，如果天主的仁慈沒有挽救我。因為，按我的看法，這個反悔多半來自我們的重大過錯；不然，若沒有來自許多罪過的盲目，要離棄這麼許多的美善，是不可能的。

❸ 因此，為了上主的愛，凡備受至尊陛下優惠寵遇，達到此境的人，我懇求他們，要懷

有謙虛和神聖的信賴。瞭悟並珍視這個境界，不要再返回埃及的肉鍋[114]。如果由於軟弱、卑劣和可憐的本性，萬一他們跌倒了，如同我一般，他們要常常記得所失去的美善。他們要懷疑，並且以敬畏行走（他們這樣做是對的）。如果他們不回來祈禱，則會每況愈下。我所謂的真正的跌倒，就是憎惡得到這麼多美善的道路；我是對著這些靈魂說的。我並不是說，他們決不該冒犯天主，或失足犯罪；雖然，凡開始得到這些恩惠的人，小心地戒備不犯罪過，這是很好的事，然而我們是可憐的受造物。我所極力勸誡的是不要放棄祈禱，因為在祈禱中，人會洞察他所做的事，從上主得到痛悔，並且得到提昇自我的剛毅。還有，你一定要相信，如果你放棄祈禱，按我的看法，你就是在自找危險。我不知道，我是否了解自己正在說什麼，因為，如我說過的[115]，這是我的自我判斷……。

❹那麼，這個祈禱是上主真愛的一個小火花，祂開始在靈魂內點燃起來；祂願意靈魂更加明白，這愛伴隨著愉悅是怎麼回事。雖然有經驗的人很快瞭悟，這個小火花是不能憑己力得到的；然而，我們的這個本性這麼急於想要歡愉，什麼事都要試試看；不過很快就會冷卻下來了。因為，無論它怎樣想把火燃燒起來，得到這個歡愉，無非是把水澆上去，使之窒息滅絕。如果這個寧靜、收心和火花是來自天主之神，而非魔鬼或自我謀求而來的愉悅，無論多麼微小，也會覺察出來。而如果，沒有因自己的過失將之熄滅，這就是行將燃起大火（如我將在那裡述說的[116]），從中會冒出天主至極之愛的火焰，此乃至尊陛下賜給成全靈魂的。

❺如果靈魂準備好自己去接受，這個小火花是天主給這靈魂的標記或信物，表示現在祂揀選這個靈魂去行大事；是個遠超過我所能形容的大禮物。

如我說的[117]，我認識許多達到此一境界的靈魂，然而，令我感到極為痛心的是，那些應

114. 引用《聖經》的比喻，《出谷紀》第十六章第三節。
115. 見本章第二和三節。
116. 見第十八章二節。

該越過此境的人這麼少，使得我羞於啟口談論。我不是說很少人；一定是有許多人，因為，天主讓我們活著，一定是有些理由的。我是就我一己之所見而說的。我非常願意勸告這些靈魂要小心，不要把塔冷通藏起來[118]，因為天主願意揀選他們，使其他許多人獲益，尤其正值此時，需要天主強有力的朋友來支持虛弱者。凡在自己內意識到這個恩惠的人，要自視為像這樣的朋友，如果他們知道如何回應，遵照常規，甚至連世俗的友誼也這樣要求。否則的話，如我說過的[119]，他們應該害怕，會自招不幸，願天主容許，遭殃的只是他們！

❻在此寧靜時期，靈魂必須做的，無非是溫和且沒有雜音地前行。我所謂的「雜音」，是指使用理智，到處尋求許多的話語和意見，好能稱謝這個禮物，堆積個人的罪和過失，藉以看出自己的不堪當。在這裡，一切都是動作；理智陳述，記憶煽動。雖然我的記憶不好，這些官能實在常常讓我精疲力盡，還是不能制服它。意志，充滿寧靜和明智，知道人不能以猛力和天主好好地交往；而我們的猛力就好像無用的大塊木頭，窒息了這小小的火花。我們應該明白這事，謙虛地說：「主，我怎能在這裡呢？僕人和主人有什麼關係呢？或天和地有什麼關係呢？」或其他在此時進入腦袋裡的話語，這些話出於愛，而且有好的根基，知道所說的是真理。我們不該留意理智，因為它是個磨粉機。意志可能想分享它所享受的，或可能去收斂理智；因為往往意志會發現，它處於結合和寧靜中，理智卻漫無目標，到處招搖。意志最好不去理會理智，這比跟隨理智好。它像聰明的蜜蜂留守在收心中，享受那禮物。因為，如果沒有半隻蜜蜂要進入蜂巢，大家都互相追逐，也就釀不成蜂蜜了。

❼因此，如果靈魂不在這事上細心留意，必會大有損失，尤其是，如果理智是很敏銳的。因為，當靈魂開始編造言詞，尋求觀念，雖然無關緊要，如果表達得很好，他會自以為

117. 見第二節。
118.《聖經》的比喻，見《瑪竇福音》第二十五章二十五節。
119. 見第三節。

做了什麼好事。這裡，他該有的觀念是，要清楚地明瞭，沒有任何觀念會促使天主賜給我們這麼崇高的恩惠；而是，這個恩惠只來自祂的溫良慈善。而且他應該曉得，我們非常靠近至尊陛下，要祈求祂的恩賜，並且為教會祈禱，為求我們祈禱的人、為煉獄的靈魂；不是用喧嘩的言語，而是以切望使祂俯聽我們。這是一種包含許多事情的祈禱，比用理智做許多的思考，獲得更多的垂允。讓意志在他內喚醒一些自然流露的話，以之證明他的進步，好能加速這愛，讓他做一些愛的動作——愛他虧欠如此之多的那位。如我說的[120]，不要讓來自理智的雜音四處招搖，尋覓了不起的觀念。事實上，懷著謙虛，放進幾根小稻草——如果是我們放的，就連稻草都不如——在這裡是很有用的，有助於火的燃燒，比加進去大量的木頭好得多，按我的看法，就是加入許多有學問的推理。這些會在唸一段信經的時間內窒息火花。

這個勸告大大有益於命我書寫的博學者。因為，由於天主的溫良慈善，所有人都可達到這個祈禱；而可能是這樣，這些博學者運用《聖經》度過這段時間。雖然他們的學問，之前或之後，對他都不會失掉幫助。可是在這裡，處在這些祈禱的時段中，按我的看法，學問是沒什麼需要的。更有甚者，他的學問會使意志失去熱情。因為，在看見自己靠近光明，理智會極清晰；而我，雖然仍是我，彷彿成了另一個人。

❽ 事實上，這事在我身上發生過。本來我幾乎完全不懂拉丁文，尤其是《聖詠》。當我處在這個寧靜中，我不只知道如何用本國語翻譯拉丁詩句，甚至還欣喜於詩句的涵意。

我不是說那些必須講道和教導的人。因為那時，有這些學問的幫助是很好的，好能幫助窮人——像我這樣的人——有點知識。幫助靈魂的愛德，常是一件大事，如果這個幫助只是為了天主而施予。

120. 見第六節。

因此，處於這些寧靜的時段中，靈魂要留守於憩息內；把他們的學問擱置一旁。學問對上主有用的時候會到；他們應該看重學問，使他們不會為任何財富而放棄，而只用來事奉至尊陛下，因為學問是非常有幫助的。要相信我，在無限上智（譯按，即天主）的面前，一點點謙虛的學問，加上謙虛的動作，比全世所有的知識更有價值。在這裡，不需要做推理，而需要知道的是我的本來真相，需要單純地把我們放在天主面前，如同實在就是這樣。至尊陛下這麼地謙卑自下，容許我們靠近祂，不管我們是什麼。

❾ 理智也在煽動，編造感恩的祈禱文。不過，意志平靜地，如同稅吏一般[121]，連舉目仰視都不敢，卻比理智做出更好的感謝，儘管理智可能用盡綺詞麗句來表達。總之，處於此一境界，我們不必完全放棄推論的心禱，或不用一些話語；甚至，如果還有渴望和能力，連口禱都不必放棄。如果靜默很深入，不大費力氣，則很難開口說話。

依我看來，我們能夠辨識出，這個寧靜是否來自天主的神，或者來自我們自己的謀取；因為一旦天主開始賜予熱心，如我說的[122]，我們就想靠自己的努力，逾越進入這個寧靜。當我們憑己力得到這個寧靜時，這寧靜生不出果效，而且很快就消逝，留下來的是乾枯。

❿ 如果寧靜來自魔鬼，我相信，有經驗的靈魂會認得出來；因為，其所導致的是擾亂和缺乏謙虛，也沒有準備好接受來自天主的祈禱所產生的好效果。牠不會留給理智光明，也不會不變地處於真理之中。魔鬼能稍事損害，或根本無法加以損害。如果靈魂把感受到的愉悅和甘飴歸向天主，且把思想和渴望專注於祂，如所勸告的。魔鬼什麼也得不到。更好說，天主會許可，透過魔鬼在靈魂內招惹的愉悅，使牠的損失更加慘重。因為這個愉悅會鼓舞靈

121.《路加福音》第十八章第十三節。
122. 見第四節。

魂，靈魂想是天主給的愉悅，因而懷著對上主的渴慕，不時重返祈禱。而如果他是個謙虛的靈魂，不好奇，也不在意愉悅，即使是些屬神的愉悅，倘若他是十字架的朋友，對於魔鬼給的安慰，必不會太放在眼裡；至於來自天主之神的安慰則不然，反而會極其珍視。不過，凡是魔鬼給的，全都像魔鬼，全是謊話。當魔鬼看到，在此神慰的愉悅中，靈魂自謙自卑（因為在此經驗中，靈魂必然更是謙卑自持，在所有祈禱和神慰的事情上，他必會力求修持謙虛），魔鬼就不會常常回來，因為牠看見自己的損失。

⓫ 為此理由，及其他許多的原因，我勸告處於第一種祈禱方式的人，即第一種水[123]，對於祈禱的初學者，這是一件很重要的事。從一開始就要棄絕每一種安慰，下定決心，惟獨幫基督背十字架，如同一位好騎士，他們願意無薪俸地效忠國王，因為他們的酬薪是確定的。我們要雙目注視著真實而永恆的王國，這是我們力求得到的。常常把這個王國置於眼前，這是非常重要的，尤其是開始起步的時段。因為後來會看得更清楚，不如致力於：記得萬物續存的時間的短促，及萬物如何空無所有，該怎樣視休息無非就是磨難；為了活下去，必須忘掉這一切。

⓬ 這好像是個非常貧乏的思想方式，也真是如此。因為，凡在成全上已有進境者，如果他們想，應該放棄世上的好東西，是因為這些行將告終，他們會以之為侮辱，也會感到羞愧。即使，如果這些東西會永遠長存，精進的靈魂也樂於為天主而捨棄。這些靈魂愈成全，也愈喜樂；事物延續愈長久，他們仍是愈喜樂。這裡，在這些靈魂內，愛已經增長，工作的是愛。然而，對初學者而言，這個勸告最為重要，他們不可小看，因為所獲得的是很大的美善——正為此故，我這麼極力推薦這個勸告。凡是已經達到非常崇高的祈禱之境者，當天

123. 見第十一章十二至十七節，第十二章三節。

主有意考驗他們，或當至尊陛下好像放棄他們時，這些勸告，有時甚至是必須的。如我已經說過的[124]，我不希望忘記這事，在今生，靈魂不會像身體般成長，即使我們說靈魂成長，事實上，靈魂是成長的。一個小孩成長，長成強壯的身體，成為大人之後，他的身體不會再縮小，或長小。可是，有關靈魂，按照我所看到的自己，上主願意這樣發生；除此之外，我就不知道了。目的必是為我們的好處，貶抑我們，使我們不致在此流放的塵世漫不經心，因為上達至高之境者，必定恐懼戰兢，最不信賴自己。有的時候，這些靈魂必須保護自己，不冒犯天主，他們的意志，這麼專注於天主的聖意，決不觸犯一個不成全，他們寧可備受折磨惡待，忍受千次的死亡。不過，由於他們受到誘惑和迫害的攻擊，為了避免犯罪，則必須使用祈禱的每一個武器，並且回到這個思想：萬物必將終窮，有天堂，也有地獄，及其他這類的事。

⓭ 那麼，言歸正傳[125]。保護人免陷於來自魔鬼的詭計和安慰，其堅實穩固的基礎，在於下定決心，跟隨十字架的道路，且不想望安慰，上主親自指出這條成全之路說：「**背起你們的十字架，來跟隨我**[126]。」祂是我們的典範；凡只為了取悅祂而奉行其勸諭的人，什麼都不必怕。

⓮ 在這個過程中，他們觀察自己就會明白，即使他們再次失足，魔鬼並非起因。如果其中有個標記，天主親臨在他們的祈禱中，即他們很快就再爬起來。還有其他的標記，現在我就要述說：

・當祈禱來自天主之神，無須打撈事物取出一些謙虛和羞愧。因為，上主親自給予這個祈禱，非常不同於用我們美好的小小思考所得。因為像這樣的謙虛，比起天主以神光在此教

124. 見第十三章十五節。
125. 見第十一章。
126. 《瑪竇福音》第十六章二十四節。

導的真謙虛，什麼也不算，這個真謙虛導致的難為情是至極的。

·這是很清楚的事。天主賜予一種認知，使我們瞭悟自己乏善可陳；而且恩惠愈大，這個認知愈深入。祂賜給我們強烈地渴望在祈禱上進步，及無論任何磨難臨身，都不放棄祈禱。

·靈魂在萬事萬物中奉獻自己，雖然仍是謙卑和敬畏的，他感到自己的得救是確定的。

·天主除掉靈魂內所有奴隸般的怕懼，賜給他更成熟的、充滿信賴的敬畏之情。

·他曉悟，正在開始一種很少帶有自愛的天主之愛。

·他渴望獨居的時段，好能更加享有那美善。

15 總之，為了不讓自己太累，這個寧靜的祈禱是一切福祐的開始。現在幾乎已不缺什麼了，已到了吐露花苞的時候了，靈魂清楚地看到這事，他決不能相信，那時天主沒和他在一起。當他再看到自己內的破裂和不成全時，他什麼都怕，而這個害怕是好的，雖然，有的靈魂獲益於更相信這祈禱確實來自天主，超過相信所有可能的害怕。因為，如果有人天生是可愛和感恩的，對天主賜恩的記憶，更會帶領他回歸天主，甚於所有能想像的地獄般懲罰。至少，我就是這樣的人，即使我這麼的卑劣。

16 由於善神的記號會在後面提及，這對我來說，好難解釋清楚，現在我且擱下不談。我相信，依靠天主的幫助，在這方面我已稍有所成。除了我的經驗，從中我還明白許多事理，我也從一些非常博學的人，及一些非常神聖的人士，獲知這些事理，而他們是值得相信的人。當靈魂達到這個階段，藉著天主的溫良慈善，但願他們不要像我這樣，走得這麼累。

第十六章

談論祈禱第三級，解釋崇高的事理，及達到這個境界的靈魂能做什麼，上主的這些大恩惠產生的效果。這個祈禱高舉靈魂於讚美天主之中，帶給凡達到此境的人很大的神慰。

❶現在我們要來談澆灌這花園的第三種水；亦即，從河流或水泉湧流而來的水。以這個方法灌溉花園，使用的勞力少得多了，雖然還需要出些力，引導湧流出來的水。上主願意在此幫助園丁，祂自己幾乎就是園丁，親自做一切事。

這個祈禱是官能的睡眠：官能既非完全不作用，也不明瞭它們怎樣作用。神慰、甜蜜和愉悅，無可比擬地，遠甚於先前祈禱所體驗的。恩寵的水湧到這個靈魂的咽喉，因為他已不能向前進，不知怎麼回事，也不能後退。他渴望享有這至高無上的光榮。就像手握蠟燭的人，時候不多了，他正瀕臨所渴望的死亡，他懷著所能表達的至極愉悅，歡喜於此臨終的極苦。這個經驗對我而言，無非是幾乎完全死於一切世物，和享有天主。

我不知道用什麼專門術語描述，也不知如何解釋。靈魂那時也不知道該如何是好，因為他不知道要開口說話，或靜默不語，要笑或要哭。這個祈禱是光榮的愚昧、神聖的瘋狂，在此通曉了真正的智慧；對靈魂來說，這是一個最愉悅的享有方式。

❷事實上，大約五、六年前，上主時常豐富地賜給我這個祈禱，而我並不了解這個祈禱；我也不知道要如何述說。所以，直到現在，在這一點上，我有意說得很少，或什麼也不說。我清楚地明白，這不是全部官能的完全結合，而且，這個祈禱的類型比前一種祈禱更為卓越。但是，我承認，我不能分辨或明瞭其間的異同。

我相信，由於閣下[127]的謙虛，表現出願意得到像我這樣頭腦簡單者的幫助。今天領聖體後，上主給了我這個祈禱；打斷了我的謝聖體，祂把這些比喻放在我面前，教我解釋的方法，及靈魂在此必須做什麼。的確，我感到驚駭，而立刻就懂了。

許多時候，在這個愛內，我感到惶惑和陶醉，我也決不能瞭悟這是怎麼回事。我清楚地明白，這是天主的工作，但我不了解，在這裡，祂是怎樣工作的。因為事實是官能幾乎全都和天主結合，不過，還沒有專注到失去作用。我高興極了，現在我已了解這事。願上主受讚美，祂這樣地恩待了我！

❸ 官能只能夠完全專注於天主，看不出來有那個官能敢動一動，我們也不能使之搖動，除非我們勉強自己分心。在這裡，一個人不和諧地吐訴許多讚美天主的話語；除非上主使之協調；至少理智在這裡是沒什麼用處的。靈魂渴望大聲呼喊，讚美天主，他欣喜若狂——一種很愉悅的擾亂不安。現在花朵已經綻放，開始散發芬芳。靈魂在這裡渴望人人看見並了解他的光榮，好能讚美天主；也願人人幫助他讚美天主，且分享靈魂的喜樂。我認為，這就像《福音》中所說的婦人，她召叫，或更好說，她召來了鄰居[128]。我認為聖王先知達味，他那令人欽慕的心靈，也有同樣的感受，他彈奏豎琴，詠唱讚美天主。我很推崇敬禮這位榮福君王，也願意所有的人都這樣，尤其是罪人的我們[129]。

❹ 天主啊！幫助我吧！處於此境的靈魂是怎麼回事！我願全然化為唇舌，好能讚美上主，吐訴千言萬語，神聖的癡話連篇，不斷尋求取悅現已占有他的那位。我知道有個人，雖然不是詩人，突然間寫下一些感觸深刻的詩句，動人地表達出她的痛苦。這些詩句不是運用理智寫成的；更好說，為了享有這賜給她的，這麼一個充滿愉悅之痛苦的光榮，她以此

127. 她繼續向賈熙亞神父述說。
128. 參閱《路加福音》第十五章第九節。
129. 見〈撒慕爾紀下〉第六章第十四節。一五六四年，加爾默羅會禮儀年曆加以批准，慶祝達味聖王的日子是十一月二十九日。

方式向天主抱怨此事。她渴望全身全靈皆撕成碎片，以證明從這個痛苦中感受到的歡愉。她在為她的主忍受這痛苦時，還能加給她什麼使之愉悅的折磨嗎？我清楚地看見，殉道者受折磨時，他們自己並沒有做什麼，因為靈魂深知其剛毅不屈來自另一位。那麼，當靈魂重返感官，生活於世，必須再回到世俗的操心和繁文縟節時，他會有什麼感受呢？

然而，我不認為自己誇大其詞。上主願意靈魂在此流放的人世享有的愉悅，是無可比擬的。主！願祢永受讚美！願萬有永遠讚美祢。因為當我寫這事時，並沒有置身在神聖的天上瘋狂，這瘋狂來自祢的慈善和仁慈——因為祢賜予這恩惠，絲毫沒有我的功勞——我的君王，我懇求祢，凡我向之說話的人，都因祢的愛變成瘋狂吧！否則請不要讓我對任何人說話！主！請下令使我不再注意任何世物，要不然，就使我從中得到解脫！我的天主，祢的這個僕人，再不能忍受看到自己，因為沒有祢而來的許多煎熬。因為，如果她必須活著，她毫不想望休息——祢也不會給她休息！這個靈魂現在希望看到自己了無牽掛：吃是殺死她；睡是憂煩她。她看到她的一生在愉悅中度過，而除了祢，再也沒有什麼能給她愉悅的；因為她不再渴望生活於自己，而是生活於祢，她覺得，自己過的不是本性的生活。

❺ 真正的主啊！我的光榮！凡達此境界的人，祢為他們準備的十字架，是多麼精巧和沉重啊！「精巧」，因為是討人歡心的；「沉重」，因為有時承受不了背十字架；不過，靈魂除非為了和祢在一起，決不願沒有十字架。當他念及，未曾在任何事上事奉祢，而活著卻能服事祢，他願意背更重的十字架，也願一直活到世界末日。除了做些小事來服事祢，他無法在任何事上找到安息。他不知道自己要的是什麼，然而，他清楚明瞭，他渴望的無非就是祢。

❻我的兒子啊[130]！（他很謙虛，要我這麼稱呼他。我正對著他說話，這也是他命令我寫的）這些您看到的，我的過分之處只是對您訴說而已，當天主把我帶出己身之外，就沒有足夠的理由使我不過分的。今天早上領聖體時，我也不認為這是我在說話，彷彿我所看見的是一場夢。我渴望見到的人，無非是和我現在患相同病症的人。我懇求閣下，願我們為了愛祂而發瘋，因為祂為了愛我們而被稱為瘋子。由於閣下說您愛我，那麼，預備好自己，讓天主來賜給閣下這個恩惠，以之作為對我的證明；因為，我看到很少有人不具有超多的謹慎，多過他們靈修進步的需求。我很可能就是這樣，在這方面比別人多得多。不要讓這事臨於我，我的神父（但您也是我的兒子），因為您是我的告解神師，也是我託付靈魂的人。請以真理來消除我的迷思妄想，這些真理非常少派上用場。

❼現在，我願意在基督內相愛的我們五位[131]，簽訂一項合約。既然別人在這些時候偷偷地聚集，反抗至尊陛下，準備做壞事，散佈異端邪說，我們要想法子有時聚在一起，彼此幫忙，免陷於迷思妄想，並且談談我們要如何改善自己，更加取悅天主——因為旁觀者清，當局者迷——如果是以愛和關心其進步而這樣做。

我說，我們應該祕密聚會，因為這一類的談話已不再流行了，甚至連宣道者準備道理，也意圖避免令人不悅。他們可能有好意向，所做的也可能是好的，然而，結果是很少人自我改善！可是，為什麼道理影響不了許多人放棄公開的罪行呢？這些宣道者非常小心戒備；他們沒有天主之愛的熾燃烈火，如同宗徒們一般，所以，火焰沒有什麼熱力去灼燃起來。我不是說，這火應該如同宗徒們的那樣旺盛，而是但願比我所見的要再熱烈一些。閣下是否知道該強調的是什麼？就是靈魂要憎惡自己的生命，少一點看重他們的榮譽——設若他們宣講真

130. 她以母親的口吻對賈熙亞神父說話。
131. 這五個人當中，必定有賈熙亞神父，還有聖善的紳士方濟・撒爾謝多（見第二十三章六節）。另外兩位可能是：她的朋友和恩人紀爾瑪・于佑雅夫人（Doña Guiomar de Ulloa）（見第二十四章四節），及虔誠博學的神父，也是她的告解神師加斯巴・達撒神父（見第二十三章六節）。

理，為天主的光榮堅持真理——他們不要太在意失去一切，或得到一切。事實上，凡為天主而全然冒險的人，會發現他既失去一切，也得到一切。我不是說我是這樣，但我願自己是這樣。

❽ 看得出來，生活和行事作為，都必須符合世俗的法律，乃是一種俘虜，這是多麼了不起的自由啊！既然這個自由是得自上主，所有的奴隸都會願意不顧一切風險，以得救贖，並返回家園。因為這是真正的道路，沒有理由停在半路；否則的話，直到生命告終，我們決不會徹底得到這麼大的寶藏，願上主賜給我們恩惠，獲得這個自由。

請撕掉我剛剛說的，如果閣下認為該這麼做，就像是寫給您的私人信函。也請原諒我，因為我非常的冒昧。

第十七章

續談相同的主題，解釋祈禱的第三級。結束探討其效果。談論記憶和想像在此引起的損害。

❶ 關於這一種祈禱，已經提出合理的說明，及靈魂必須做什麼；或更好說，天主在他內做什麼，因為現在是天主親自執行園丁的工作，願意靈魂休息。意志只要同意所享受的這些恩惠；而凡真智慧（天主）願在他內做什麼，他都要全給出來。因為勇氣是確實需要的。由

於這麼強烈的喜樂，他有時覺得靈魂處在正要離開肉身的極致，那是個怎樣幸福的死亡啊！

❷ 如我告訴閣下[132]的，在這裡，把自己全然捨棄，交於天主的手中，我認為是合宜的：如果天主願意帶靈魂上天堂，他要跟著去；若是下地獄，他絲毫不覺悲哀，因為他和天主一起走。如果生命告終，則是心願得償；要是活上千年，這也是他的切願。讓至尊陛下視他為己有，靈魂已不再屬於他自己，而整個地給了上主，他完全不看自己。我說，當天主賜給靈魂這麼崇高尊貴的祈禱時，他能做到這一切，甚至更多，因為這些是它的效果。而且，他明白，他這麼做並沒有煩勞理智。我只認為，他驚奇地看到，上主是多麼好的園丁，除了讓靈魂欣喜於散發芬芳的花香，上主不願靈魂做什麼其他的工作。任何一個這樣的來訪，無論多麼短暫，給予的水是無限量的，因為園丁就是天主；事實上，祂就是水的創造主。這可憐的靈魂，二十年之久的努力，無法使理智憩息，天上的園丁剎那間就大功告成了。而果實會這樣地成長和成熟；亦即，使靈魂能夠從他的花園得到供養，如果上主這樣願意的話。但是祂不會許可靈魂分施果實，除非等到他已吃得非常強壯。不然的話，他就是，毫無利益或所獲地拿給別人品嚐，憑白地付出自己做為代價，維持他們，給他們吃；而且很可能，他自己會因饑餓而死。

對於那些博學者，這個道理可能已好好說明了，他們知道如何好好應用，甚於我知道如何費力地解釋這些道理。

❸ 總之，比起先前的寧靜祈禱，現在的德行強壯多了。靈魂不能無視於此，因為他看到自己不一樣了，卻不知何以如此。藉著花朵散發的芬芳，他開始大有作為，因為上主願意花朵盛開，使他能看見自己所擁有的德行。雖然他非常清楚地明白，這是他許多年得不到，

132. 賈熙亞神父。

也不能得到的，同時明白，是在那一瞬間，天上的園丁所賜予的。在這裡，留在靈魂內的謙虛，比過去要多得多，也深奧得多。靈魂更清楚地看到，他所要做的，無非就是贊同上主的恩惠，以他的意志擁抱它們。

我認為，這個祈禱是整個靈魂和天主非常明顯的結合。不過，看起來彷彿是，至尊陛下願意讓感官有點活動的餘地，使之能了解並歡躍於許多事，即祂正在這裡完成的事。

❹ 為使閣下看見能夠發生的；而且，當這事臨於您時，您能了解，至少我困惑過一陣子，正為此故，我在這裡述說這事。有時候，或說很多時候，發生在當意志結合時，靈魂清楚地看到，也明白意志被緊緊地抓住，而且歡欣喜悅。我說「他清楚地看到」，只有意志獨自處在深度的寧靜中；另一方面，理智和記憶這麼自由，它們能夠辦事，也能從事愛德工作。

雖然這個祈禱，整個看來和我所說的[133]寧靜祈禱一樣，其實是不同的。部分的原因是，在寧靜的祈禱中，靈魂不想挪動或搖動，而欣喜於瑪麗的神聖悠閒中。但在這個祈禱內，他也能夠是曼德，彷彿度著活動和默觀兼顧的生活。他傾向於行愛德，處理和他的生活地位有關的事務，還有閱讀；雖然他不全是自己的主人。他清楚地明瞭，靈魂中最好的部分在別的地方。就好像和在我們身旁的某人說話。從另一面說，則是另外一個人在和我們說話；我們不能好好地同時注意這邊或那邊。這個祈禱可以很清楚感受，也給予深度的滿足和幸福，這是個卓越的準備。當他有時獨居，或沒有瑣務纏身時，靈魂藉此可達到深奧的寧靜。致使靈魂好似一個走來走去，非常飽足的人。他不需要吃東西，只覺得已經吃得飽飽的，不想要任何食物；不過，並沒有飽到像這樣的程度：若看到有好東西時，不想好好地吃一吃。因此，

133. 見第十四章二節。

這靈魂既不滿足，也不想要世上的滿足，因為，他在自己內已有了更使他滿意的：即來自天主的安慰——就是，渴望滿足他更愛天主，且和天主同在的渴望。而這就是靈魂所要的。

5 另有一種結合，雖然不是完全的結合，但是比剛剛說的結合更深入；不過，不像所說的第三種水的結合那麼深[134]。

由於，如果您尚未得到的話，上主可能會全賜給您，而閣下會樂於看到這些全都寫出來，也會了解其內涵。因為，得到上主的恩惠，是一種恩寵；明白這是什麼恩惠和恩寵，則是另一種。第三種恩寵，則是知道如何描述和解釋恩惠。雖然，所需要的只不過是第一種恩寵，但如果靈魂也瞭悟這個恩惠，不致陷於困惑和害怕。這是一個很大的益處和恩賜，因而使靈魂更有勇氣追隨上主的道路，把所有的世物賤踏在腳底。這些恩寵，每一個都是蒙恩者極度讚美上主的原因，至於未蒙恩者讚美上主，因為至尊陛下將之賜給任何一個人，是為使這人幫助我們其餘的人。

那麼，現在，我要解釋這種經常發生的結合（特別發生在我身上，因為天主常常賜給我這種恩惠）。因為天主為祂自己占有意志，甚至連理智也占有。我覺得，為了使之不做思考，而只專注於天主，好像一個人正在默觀，他看到這麼許多，不知要定睛凝視何處，一下子看這，一下子看那，不能清楚地觀看某一樣。記憶是自由的，不過，似乎和想像連合在一起。由於看到自己是單獨的[135]，想像和記憶引發的戰爭是夠瞧的——多麼努力地騷擾一切。至於我，我覺得記憶很累人，也很討厭；如果在這些時候，這麼常來騷擾我，我總是懇求上主把它拿走。有時，我對天主說：「我的天主，什麼時候我的靈魂會全部團結，一起讚美祢呢？而不是碎成片片的，起不了什麼作用。」這裡，我看到罪在我們內造成的惡，由於罪惡

134. 她在此區分不同的三種結合：剛剛說的結合，是最低層次的結合，見四節。另一個的結合較高，但仍然不是完全的結合，見第五節。還有完全的結合，就是所說的第三種水的結合，見第十六章等等。
135. 她指的是記憶和想像，她沒有刻意區分這兩者。

以其能力，這麼緊緊地掌控我們，致使我們不能為所欲為，而常常專注於天主。

❻我說這事有時發生於我——今天我就有一段這樣的時間，所以我栩栩如生地記得——我看見，靈魂渴望在那更高的部分結合時，我的靈魂不可能變成零亂的；更好說，想像和記憶繼續那樣的戰爭，導致靈魂無能為力。由於其他的感官已停止作用，這兩個也會沒什麼用的，甚至也做不了什麼惡事。它們極其擾亂人。我說，「甚至也做不了什麼惡事」，因為它們沒有能力，不能集中在一件事上。由於在它們呈現給理智的事上，理智給它們的協助，既不多也不少，它們無法停留在任何事上，而是像蜻蜓點水般，掠過一件件的事。它們像夜間的小飛蛾，纏擾不休，騷擾不安：它們就這樣，從一端到另一端。我認為，這個比喻是很貼切的，因為它們沒有作惡的本領，凡看見它們的人，都討厭它們。

我不知道什麼良方可以改善這事，因為直到現在，天主什麼也沒有透露給我。若能找到一個良方，我將很高興，因為，如我說的，想像和記憶時常折磨我。在這裡，我們的卑微可憐，及非常明顯的天主的大能，同時顯示出來。那些散漫無羈的官能非常損害我們，也使我們疲憊；然而那些和至尊陛下在一起的官能，卻給我們安息。

❼經過多年疲憊不堪之後，我找到的惟一良方，就是在談及寧靜的祈禱時所說的[136]：不去理會記憶，只要視之為瘋子，任它我行我素。因為，只有天主才能制止它；事實上，在這裡它就像個奴隸。我們必須忍耐它，像雅各伯容忍肋阿，因為上主賜給我們很大的恩惠，允許我們享有辣黑爾[137]。我說「它就像個奴隸」，因為，事實上，無論記憶做什麼，都不能為自己聚集其他的官能；反而，其他的官能往往毫不費力地招來記憶。有時天主樂於同情記憶，看到記憶如此地迷失和擾亂，又渴望和其他的官能在一起，至尊陛下會讓它在神性的燭

136. 見第十四章三節，第十五章六～九節。雖然在第十五章中，她指的似乎是理智，但我們要記得，大德蘭常常沒有明顯地劃分理智和想像。
137. 見〈創世紀〉第二十九章二十～三十節。

火中燃燒起來。在那裡，其他的官能已化為灰燼，因為它們已失去其本性的存有，在它們享受這麼崇高的降福時，它們幾乎都成了超性的。

❽ 最後的這個水以所有的方式，來自我所說的[138]水泉，靈魂的光榮和憩息是這麼的強烈，以致身體很有知覺地分享那喜樂和歡愉；確實是「很有知覺地」，而且德行也如同我所說的[139]那樣進步。

我認為，彷佛是上主願意解釋這些境界，好使靈魂看到，在此塵世，他能被了解。閣下可以和體驗過這些境界的神修人，同時也是博學者，談論這個解釋。如果，他說這個解釋很好，請相信，這是天主賞賜的，要很感激至尊陛下。因為，如我所說的[140]，隨著時光流逝，一個人會很欣喜地瞭悟其究竟；即使他蒙恩得享恩惠，卻尚未蒙受瞭解恩惠的恩寵。如果至尊陛下已賜給您恩寵，享有這個祈禱，由於您的聰穎和博學，您會明白這裡所說的。

願祂千秋萬世備受讚美，阿們！

第十八章

探討第四級的祈禱。開始提出一個卓越的解釋，說明在此境界中，上主賜給靈魂的崇高尊位。賜給修行祈禱者豐沛的勇氣，使之力求達到這麼崇高的境界，這是能在此塵世獲得的，雖然不是由於功勞，而是出自天主的溫良慈善。本章宜特別留心細讀，因為是以非常精

138. 見第十六章第一節。
139. 第十六章三節、第十七章二～三節。
140. 四～五節。

深的方式說明的，其中有許多值得注意的事[141]。

❶解釋第四種水需要使用的語詞，願上主教導我，這顯然需要祂的恩惠，這個需要更甚於先前的解釋。在前一級的祈禱中，由於靈魂還意識到這世界，他沒有覺得自己完全死了，我們能這麼說，而是如我所說的[142]，靈魂有其感官，藉此，感受到他的孤寂，也明白他是存在這個世上的。他使用外在的事物，去告知他所感覺的，即使這可能是透過標記。

在所有解釋的一切祈禱和祈禱的方式中，園丁都要做些工作，即使在最後的這些祈禱方式中亦然。其工作伴隨著這麼許多給予靈魂的光榮和安慰，靈魂決不願放棄這個祈禱。因此，靈魂覺得這不是工作，而是光榮。

在此第四種水中，靈魂失去他的感官作用，而只是歡樂，但不明白所歡樂的是什麼。他瞭悟他正享有一個至善，此乃一切美善的聚集，而此一至善是無可比擬的。所有的感官都專注在這個喜樂上，沒有感官能自由地和內在、外在的事物交往。

在前面的等級中，感官是自由的，能表現一些記號，指示它們所體驗的大喜樂。在這裡，這第四種水中，靈魂的歡樂更加無可比擬；然而他幾乎無法表達什麼，因為身體沒有能力，靈魂也沒有什麼能力傳達他的喜樂。此時此刻，一切都是靈魂憩息的大障礙、折磨和阻擋。而我說，如果這是所有官能的結合，即使靈魂願意，也無法傳達他的喜樂，我是說，正當在祈禱之時。而如果他可以，那麼，這就不是結合。

❷一般所謂[143]的這個結合的祈禱，如何發生的？又是怎麼回事？我不知如何解釋。這些事情在神祕神學中有解釋；我不知道其專用的語詞。我不知道何謂意識；我也不明白靈魂或心靈有什麼分別。這對我而言，全是相同的。有時靈魂離開自身，其發生的方式，好比當火

141. 聖女的一位審閱者，很可能是巴臬斯神父，刪除本章標題的最後一句。聖女對其作品的高度評價，他或許頗不以為然。然而這是她創意標題的絕佳典範。見第十四、十六、二十、二十一、二十二、二十五各章，及《靈心城堡》大部分的標題。
142. 見第十六章一節等等，她的意思是，在第三種水時，沒有官能和感官的出神般的休止。
143. 她談到寧靜的祈禱時，也是這麼說，見第十四章一節。她使用從當代神修學獲知的語詞，尤其是拉雷多的《攀登熙雍山》，見註八十八。

燃燒起來，滿是火焰；有時化為猛烈熾燃的火焰，迸發出的火焰，飛躍到很高的地方，超越火的本身。但火焰並不因此就不是火，仍是火中相同的火焰。

以閣下的博學，必會明瞭這事，因為，我不知道還要說些什麼。

❸當靈魂處於神性的結合中，他感受到了什麼，這是我想要解釋的。我們已經知道什麼是結合，亦即兩個不同的東西變成一個。我的主啊！祢是多麼好！願祢永遠受讚美！願萬有讚美祢，我的天主！因為祢一直都這麼地愛我們，竟致使我們真的能講述這個通傳；亦即，甚至在我們的塵世流放期，祢就與靈魂交往的通傳！即使是在那些善人的個案中，這仍然呈顯出祢的無比慷慨和寬宏大量。總之，我的主，祢之給予，正如祢就是祢。啊！無限的慷慨，祢的化工何等的雄偉壯麗[144]！這使得理智未被世物占有的人驚恐，竟無人瞭悟神性的真理。祢賜給冒犯祢如此之多的靈魂至高無上的恩惠，確實使我的理智迷惑不解。當我開始想到這事，我就無法繼續下去。理智能行到何處而不走回頭路呢？因為它不知道怎樣稱謝這麼大的恩惠。有時我覺得，說些荒謬的癡話，倒是一個補救的良方。

❹就在我得到這些恩惠以後，或當天主開始把它們賜給我時（因為，當人接受恩惠，如我剛才已說過的，是沒有能力做任何事的），我常常這麼說：

主，看看祢在做些什麼！不要這麼快就忘了我的惡劣不堪。現在，為了寬恕我，祢已忘掉它，我懇求祢，要記得它，好使祢在施恩時有個限度。我的創造主！請不要把這麼寶貴的利口酒，裝進這樣破碎的瓶子中[145]。祢已經看到過，有幾次，我只會使之流溢和浪費。請不要把這樣的一個寶貝，放在尚未除淨——如她本該清除的——貪求生活安慰的地方；否則，她會極其浪費的。祢是怎麼了？把這個城的軍隊和通往城堡的鑰匙，交給這麼一位膽怯的守

144.《聖詠》第九二篇第六節，第一〇四篇第二十四節。
145. 參閱〈格林多後書〉第四章第七節。

衛者，只要敵人一攻擊，立刻就讓人進來。永恆的君王，不要使祢的愛這樣寬大，竟至拿這麼貴重的寶石做賭注。我的主，事情彷彿是這樣的，祢幾乎不珍視地使這種情況發生，因為祢授權給這麼一個卑劣、下賤、軟弱、可憐又很不重要的東西。雖然她努力仰賴祢的幫助，不要失去（由於是我，所需的幫助還要更多些），但她無法用它們來贏得任何人。總之146，她是一個女人；不是好的，而是卑劣的。彷彿塔冷通不只藏起來，甚至埋起來，埋在這麼惡劣的土地裡。主，像這樣的崇偉和恩惠，祢不要習慣性地賜給一個靈魂，除非是為了許多人的益處。我的天主，祢已經知道，我全心全意地懇求祢，過去也已經懇求過祢。請把這些恩惠賜給能善用且使祢的光榮增多的人，而為了使祢這樣做，即使我失去世上能擁有的至大美善，我也視之為祝福。

❺ 許多次，我說了這些和其他的事。後來我看到自己的愚癡和缺乏謙虛；上主很知道什麼是合宜的。如果至尊陛下沒藉這麼許多的恩惠賜給我力量，我的靈魂是沒有力量獲救的。

❻ 我也有意述說留在靈魂裡的恩寵和效果，及他是否能靠自己做些什麼，以達到這麼崇高的境界，又這個「做些什麼」是怎麼回事？

❼ 心靈的提升，或與天上的愛連接，即我將要敘述的147，是在這個結合中所發生的。按我所了解的這個結合，不同於心靈的提升。凡沒有經驗過心靈提升的人，會認為兩者間沒有什麼不同；不過，按我的看法，雖然它們是一回事，天主的工作卻各有不同。在心靈的飛越中，其不同在於對受造物的超脫大大地增加。我清楚地感到，心靈的提升是個特殊的恩惠，即使，如我說的，這可能和結合是一樣的，或看起來是這樣。小火就像大火，我們可以從以下的例子看出來，結合和心靈的提升，其間的不同。在小火中，一塊鐵需要許多時間才能燒

146.《瑪竇福音》第二十五章十八節。
147. 心靈的提升／elevation of the spirit、連接天上的愛／joining with the heavenly love、心靈的飛越／flight of the spirit、出神／rapture、休止／suspension、神移／transport，都是類似的語詞，在聖女大德蘭的靈修語言中，都等同於神魂超拔／ecstasy，雖然稍有差異。見二十章第一節。

成赤紅。可是，如果火勢旺盛，即使是一大塊鐵，也能在瞬間焚化歸於烏有——或看來是如此。我認為，這個例子指出兩個來自天主的恩惠，其差別相似什麼。我知道，凡達到出神經驗的人會很明白這個差異。至於沒有經驗的人，則會混淆不清，事情能夠是這樣的。一個像我這樣的人，要述說這樣的事，解釋甚至無法用語言表達的經驗，若出現混淆不清之處，並非令人驚奇之事。

❽然而，我相信上主會在這個解釋中幫助我。至尊陛下知道，除了服從之外，我還願意吸引靈魂得到這麼崇高的福份，對於我沒有許多經驗的事，我什麼也不說。事實上，當我開始寫最後一種水時，似乎是不可能知道如何述說，才不致於使人聽來像是講希臘話；因為這是很難解釋的。所以，我把這個工作擱下，去領聖體。願上主受讚美！祂如此恩待無知的人！服從的德行啊！什麼都能做！天主啟迪我的理智：有時用言語、有時指示我如何解釋這個恩惠，如同祂對前一個祈禱所做的。彷彿是這樣，至尊陛下希望說的，是我既不能也不知如何說的[148]。

我所說的全是真實的，因此，如有什麼好的，全是祂的道理；凡有不好的，顯然，來自我這罪惡的海洋。為此，我說，如果什麼人，他已經在祈禱中達到這經驗，上主以此恩待了這個可憐的受造物——一定有許多——想要對我說這些事，因為他們已誤入歧途，上主會幫祂的僕人（譯按：聖女的自謙之辭），向他們指出真正的道路。

❾現在，我們要談這個天上的水，充分地潤澤並滲透整座花園。每當靈魂需要，上主就會賜予這水，園丁顯然可以輕鬆地休息。又如果沒有冬天，氣候常是溫溫和和的，那麼必不會缺少繁花和碩果。顯然地，園丁是多麼愉快。然而，當我們活在人世間，這是不可能的。

148. 見第十六章二節。

一個人必定要常常小心留意，以致遇有某種水缺乏時，他可以謀求另一種。這個來自天上的水，常是在園丁最不期待時降來。真的，開始時，幾乎常常發生在一段長時間的心禱之後。上主來帶走這隻小鳥，從一級進升到另一級，把牠放在鳥巢裡，使之憩息。祂看著小鳥飛來飛去，飛了好久，努力用理智和意志及所有的能力，定睛於天主，尋求悅樂祂，致使天主願意，即使仍在今世，就賞報靈魂。

這是何等浩大的賞報；一瞬間，就足以還報一生所能忍受的全部磨難。

❿ 當靈魂這樣地尋求天主時，他覺得充滿最神妙和溫柔的愉悅。由於一種昏沈的陶醉，所有的事物幾乎都在逐漸消逝，呼吸和全身的體力漸漸失去。這個經驗是這樣的：如果不是要費一番力氣，甚至連手都動不了。眼睛閉起來，但並非刻意地想要閉起來；或如果眼睛是張開的，他幾乎什麼也看不到——他不能閱讀或唸出一個字母，甚至都猜不到這是哪個字母。他看到這字母，但因為理智不來幫忙，即使想要唸，也不知如何唸出來。他聽到，但不了解所聽到的。所以，他從感官得不到益處，除非感官不拿走他的愉悅，因為拿走會造成損害。如果他想說話，也是徒然，因為他想不出一個字，如果他想出來，也沒有餘力唸出來。所有外在的能力全都失去，靈魂的能力反而增強，使之更能享有祂的光榮。所覺得的外在愉悅很強烈，也很明顯。

⓫ 這個祈禱，無論持續多久，都不會造成損害。至少從沒有給我任何危害，我也想不起來，無論之前我的病勢如何，上主曾給我這個恩惠，而後來我沒有覺得更好的。然而，又有什麼病能導致這麼大的美善呢？外在的效果是如此的明顯，表示有大事發生，這是不容置疑的；外在的力量被拿走，如此的愉悅，是為了留下一些更大的力量。

⑫ 這是真的，開始時，這個祈禱很快就過去了——至少是這樣發生於我——非常引人注意的，既不是這些外在的記號，也不是感官失去作用，而是靈魂深切明白，在那裡，太陽的光輝是強有力的，因為這陽光使靈魂融化了。值得注意的是，按我的見解，靈魂處在所有官能都休止的最長時間是很短的；如果休止半個小時，這是很長的時間。我不認為自己曾有過這麼長的時間。

這是真的，由於沒有感官的意識，我們很難知道發生了什麼。不過，我是說，這個祈禱發生時，只有很短的時間，官能沒有返回己身。高舉旗子[149]的是意志；另外兩個官能，很快就返回，煩擾不休。由於意志保持寧靜，那兩個官能會再休止一會兒，然後又再回到生活中。

⑬ 這樣，一個人在祈禱中能夠，事實上也真是休止幾個小時。一旦兩個官能開始品嚐神性的美酒，且沉醉於其中[150]，它們很容易再度著迷，以獲得更多；它們陪同意志，三個官能一起歡享喜樂。不過我說，包括想像全部失掉的這個休止——據我的了解，想像也完全失去——只持續很短的一下子。然而，這些感官並沒有完全地返回己身，所以它們能在那裡幾個小時，好似惶惑不安。那時天主逐漸地再聚集它們，使之回歸天主。

⑭ 現在，時候到了，我們要談靈魂在此祈禱中所體驗的內在境界。讓那知道的人來說吧！由於靈魂不能明瞭，何況要說呢！

領聖體後，我處於正在寫的這個祈禱中，我想著，我要寫些有關靈魂處在那時做些什麼事。這時上主對我說了以下的話：「女兒，他從萬事萬物中超脫出來，為能更居住在我內。不再是這靈魂生活，而是我生活。由於他不能領悟他所理解的，此乃不懂的了解。」

149. 舉旗是中世紀騎馬比槍術的風俗，支持的團隊中一人高舉旗子，旗上有最受團隊喜愛的騎士徽章。在這祈禱中，意志繼續堅持，即使其他兩個官能已搖擺不定。
150. 兩個官能是理智和記憶。這個神祕經驗的專用語乃受到《聖經》中《雅歌》的啟迪。這個比喻指明第三種水的官能睡眠的祈禱，和第四種水出神祈禱之間的變動。

凡體驗過這個祈禱的人，多少能理解；由於所發生的是這樣隱晦，他無法更清楚地加以解釋。我只能說，靈魂似乎是和天主相連接，且確信這個結合，致使靈魂不能不相信這是真的。在此祈禱中，所有的官能全都這樣地處於休止狀態，如我說的[151]，決沒有一個官能認為自己在工作。如果一個人正深思一些《聖經》中的事件，他會失去原有的記憶，好像對《聖經》從來沒有過任何思想。如果這個人看書，也沒有什麼相似他所讀的；如果他誦唸禱文亦然，也沒有任何相似的。就這樣，這隻煩人的小飛蛾，亦即記憶，在此燒掉了翅膀；牠再不能動了。意志完全專注於愛，但是它不明白自己是怎麼愛的。理智，如果它了解，卻不懂是如何了解的。我則不認為它懂，因為，如我說的，它是不了解的——我真不明白這事！

15 開始時，有件事我不曉得，因為我不知道天主在萬有中，我想這個無所不在是不可能的，雖然祂似乎這樣地臨在於我。我不能不相信祂就在那裡，因為我覺得，我幾乎清楚地明白，祂以其臨在，就在那裡。那些沒有學問的人告訴我，祂只藉著恩寵臨在。我不相信這事，因為，如我說的，我認為祂是臨在的；我因此而感到困擾。有位非常博學的人士，來自榮福道明修會。他消除了我的這個疑慮，因為他告訴我，天主是臨在的，及天主如何通傳自己給我們；這些真理極其安慰我。

應該留意，且要明白，這個天上的水，即來自上主的極大恩惠，總是在靈魂內留下豐碩的果實，如我接著要解釋的。

151. 見本章十二～十三節。

第十九章

繼續相同的主題。開始解釋這一級的祈禱在靈魂內產生的效果。極力說服靈魂不要反悔，即使他們得此恩惠後再度失足，而且不要放棄祈禱。述說由於放棄祈禱導致的損害。本章非常重要，極其安慰軟弱的人和罪人。

❶ 這個祈禱和結合，給靈魂留下至極的溫柔，竟致使他願意為之銷毀，不是由於痛苦，而是由於喜樂的眼淚。他發現自己沐浴於淚水中，卻無所覺察，也不知何時或如何流淚的；然而，卻賦予靈魂很大的愉悅，看到這猛烈的火，因著水而更加火勢旺盛。

這話聽起來莫名其妙，不過就是這樣發生的。在這種祈禱中，有時發生於我，我這麼地置身於己之外，我不知道自己是不是在做夢，或我所體驗的光榮是真實的事。看到自己沉浸在水中，這水來得這麼猛烈又快速，似乎從天上的雲傾盆而下，我明白自己的經驗並非夢境。開始時，這個祈禱是這樣發生的，很快就過去。

❷ 靈魂變成勇氣十足，如果在那時要為天主粉身碎骨，都會感到無比欣慰。這樣的祈禱，是豪氣的承諾、堅定決心和熱烈渴望的根源；這是輕視世俗的開始。靈魂大有改善，且處在更高的境界，超越前一級的祈禱。他的謙虛更有深度，因為他一覽無遺地看到，接受這麼豐沛又雄偉的恩惠，毫無自己的勤勉奮力，獲得和體驗這個祈禱，他沒有絲毫的貢獻。由於房間內沒有隱藏的蜘蛛網，陽光進來得更多，靈魂清楚地看到他是最不堪當的；他看見自己的可憐。虛榮走得遠遠的，靈魂不可能再有絲毫的虛榮。因為他已親眼看到，他能做的事

很少，或完全沒有，甚至在那裡連同意也幾乎辦不到。彷彿是這樣的，雖然他沒有渴望這事，所有感官的門對他都是關閉的，使他可以更享有上主。他單獨與祂相守。除了愛祂，還要做什麼呢？除非大費一番力氣，他既看不見，也聽不到。靈魂沒有什麼要感謝的。後來，他過去的生活，及天主的大仁大慈，會逼真地呈顯給他。理智不必搜尋這個知識，因為他在那裡看到，他必須吃的和了解的，全都煮好，也準備好了。他知道自己堪當下地獄，反而以光榮來懲罰他。他願銷毀自我於讚美天主中——我願現在就全然銷毀。我主，願祢受讚美，從像我這樣污穢的泥土中，祢造出這麼潔淨的水，竟能擺在祢的餐桌上！啊！天使的喜樂！願祢受頌揚！因為祢願意提拔如此卑賤的微蟲。

❸在靈魂內，這個德行的進步，持續一些時間。他清楚地明瞭，果實不是他自己的，現在他能開始分施果子，因為他不需要那些果子。一個看守天上財寶的靈魂所具有的記號，他開始顯露出來，且渴望把它們分施給別人。他懇求天主，但願他不是惟一富有的人。他開始有益於他的近人，幾乎完全不自知，或憑自己去做什麼。他們卻都認得出他，因為花朵馥郁芬芳，竟至吸引他們。靈魂知道他有德行，他的近人也看到這令人垂涎的果實。他們願意幫他吃這果子。

如果土地歷經磨難、迫害、批評和疾病——很少達到此一境界的人沒有這些的——已經好好地耕種過。又如果，由於度著極其超脫自私的生活，土地已經鬆軟，充分地吸收水分，土地就幾乎不會再乾旱。但是，如果土地仍然硬邦邦，又遍地荊棘，就像我剛開始那樣，仍然沒有離開那些場合。又如果，他沒有感激一個像這樣值得的大恩惠，土地會再次乾旱的。

而如果園丁馬馬虎虎，上主只因祂的良善，不願再下雨，則花園會形同作廢。有幾次這樣的事發生於我。的確，令我很驚奇；要不是發生於我，我是無法相信的。

我之所以寫出此事，是為了安慰像我一樣軟弱的靈魂，使之決不失望、或失去對至尊天主的信賴。即使上主帶領達到此境的人受到舉揚之後，他們可能失足跌倒；但如果他們不願完全喪亡，則不該灰心喪志。因為眼淚獲得一切：一種水吸引另一種水。

❹一個人不該灰心喪志，是鼓勵我——我是這麼樣的我——的原因之一，使我服從並寫報告述說我卑劣的生活，及上主賜我的恩惠；而我卻沒有服事祂，反而冒犯祂。我確實願意在這件事上有很大的權威，好使人信服我。我懇求上主將之惠賜於我。我說，凡開始修行祈禱的人，都不可灰心喪志地說：「如果故態復萌，再陷於罪惡中，卻繼續修行祈禱的話，會使事情變得更糟。」我則相信，如果一個人放棄祈禱，不改善他的惡行，事情才會變得更糟。然而，如果他不放棄祈禱，他可以相信，祈禱會帶他抵達光明的港口。魔鬼在這事上，對我發動猛烈的攻勢。由於我這麼卑劣，我耗費了很長的時間，以為修行祈禱就是缺乏謙虛，如我已說過的，約有一年半[152]——至少是一年——我放棄祈禱。那半年的事，我實在不是記得很清楚。而這樣做無非就是——不能不是這樣——自投羅網，直下地獄，無需魔鬼前來慫恿我。天主啊！幫助我吧！多麼了不起的盲目！魔鬼的攻擊方向多麼準確，促使靈魂放棄祈禱！這個叛徒知道，牠已經失去堅持修行祈禱的靈魂，所有使靈魂失足的一切，由於天主的溫良慈善，都有助於靈魂，向前做個大躍進，更加事奉上主。難怪魔鬼要這麼操心！

❺啊！我的耶穌！這是何等的景象！一個已達此境的靈魂，之後又再陷於罪惡中，祢因祢的仁慈，再次伸出祢的手，把靈魂抬舉起來！像這樣的靈魂，多麼知道祢至極的崇偉和慈悲，及其自身的可憐！在此境界中，他事實上已被銷毀，且知道祢的崇高偉大。在這裡，

152. 見第七章十一節。她所敘述的靈心生活史中，這是一件很重要的事，她多次提及此事。

他不敢舉目仰視。他在這裡抬起眼來，是為了知道他虧欠祢什麼。在這裡，他成為天上母皇的崇敬者，因為她可以使祢平息。在這裡，他呼求曾失足又蒙祢召叫的聖人幫助[153]。在這裡，他認為所有給他的，都是不堪當的，因為他看到自己不配踩上這土地。在這裡，接近聖事時，他具有活潑的信德，看見天主置於其中的大能。他讚美祢，因為祢留下這樣的良方和靈膏，治療我們的創傷，因為這靈藥不只治療外在的傷口，而且使之全然康復[154]。他對這一切感到驚奇。我靈魂的主，誰會不覺得驚奇呢？這麼許多的仁慈，和這麼浩大的恩惠，對待這樣醜陋和可恨的叛徒！走筆至此，我不知道為什麼我的心不破碎；因為我是個卑劣不堪的人！

❻由於祢的賜予，我所流這些少少的眼淚——在我這方面，來自這麼可惡的井裡的水——彷彿我為自己所有的背叛回報了祢。這背叛即是，我常做壞事，努力地破壞祢已賜給我的恩惠。我的主，請賦予這些眼淚一個價值，潔淨這麼污穢的水，以免有人陷於誘惑而加以批判，如同發生於我的。人家感到不可思議，主，祢為什麼捨棄那些非常神聖的人，他們總是事奉祢，為祢辛苦操勞。他們深受修道生活的培育，是真正的修道人（不像我，徒具虛名）。當人家清楚地看到，祢所賜給我的恩惠，卻沒有賜給他們。我的天主，我清楚明白，祢把這個報酬保留起來，好能全部一起給那些聖人，我則由於我的軟弱，才需要這個酬報。那麼，他們像強人一般，沒有這些恩惠仍事奉祢，而祢對待他們有如剛強有力的人，而非自私自利的人。

❼雖然如此，我主，祢知道，我時常向祢大聲呼喊，寬恕那些批評我的人，因為我認為他們對得很。這事發生在（由於祢的溫良慈善）祢保護我不再冒犯祢之後，及當我捨棄所

153. 聖伯鐸、聖保祿、聖奧斯定、聖瑪麗．德蓮都是聖女最愛的轉禱者。
154. 可能暗示路德教派的道理，他們主張成義不會消除罪過，只是覆蓋罪的傷口。

有我認為會使祢發怒的一切時。當我做了這事，上主祢開始給祢的僕婢開啟祢的寶藏。除了在我內決意，準備好接受那些恩惠，祢彷彿不期待什麼；因為祢不只開始很快地把它們賜給我，而且願意別人知道祢把它們給了我。

❽一旦別人獲悉這事，我開始受到尊敬。這些尊敬我的人，還不明白我是個怎樣卑劣的人，無論隱約地露出多少惡行。突然間，批評和迫害開始了；不過，按我的看法，這有許多的理由。為此，我對任何人都沒有心懷惡意，只是懇求祢，看他們是多麼有道理。他們說我想做聖人，發明當時沒有的新奇事，甚至想要達到完全遵守我們的會規，或達到成為修院中非常好又神聖的修女（我自己也不相信會達到，如果不是天主以其溫良慈善親自完成這一切）。他們說，確實是我，取消了好的習俗，導入那些不好的——至少我盡所能地導入。而且，我也造成許多損害。於是他們沒有什麼過錯地譴責我。我不是說只有修女們這樣做，其他的人亦然。上主，因為祢准許這事，他們把真理顯示給我。

❾有一次，正處於這樣的迫害中，當我誦唸日課時，我唸到的詩節說：「**上主祢原是公義的，祢的判決是正直的**[155]。」我開始想，這是個多麼偉大的真理。因為，魔鬼決不能誘惑我懷疑我的主，祢擁有一切美物，或誘惑我任何信德方面的事。更好說，我認為，信德的事物愈超越本性的境界，信德愈強烈——這個思想在我內點燃起更大的虔誠。只相信祢是全能，就足以使我接受祢所有崇偉的化工，而這個大能，如我說的，我決不懷疑。為此，我正想著祢公道地許可，有許多人，如我已說過的[156]，他們是祢非常好的僕人，還沒有得到祢給我的這些禮物和恩惠，而祢之賜給我，係因我是這麼一個卑劣的人。主！祢回答我：「**服事我，不要為這事煩惱。**」這是我第一次聽到祢對我說的神諭，所以我很驚駭。

155.《聖詠》第一一九篇第一三七節。
156. 見第六節。

因為，後來我會解釋⑮這個理解的方式，還有其他的事，在此我不加以談論；這樣會扯離主題，我相信，我已經離題太遠了。我幾乎不知道自己說了些什麼。總是這個老樣子，我的兒子，閣下必須忍耐這些離題旁論。當我看到天主對待我是何等容忍，又看到自己處於此境，對我所講的和想要講的，不致於會失去太多的思路。願上主容許，我的癡愚常是像這些，願至尊陛下不再讓我有絲毫開罪祂的能力；更好說，願我銷毀於此祈禱中。

10 我所說的，現在已足以看出祂的大慈大悲。不只一次，而是許多次，祂寬恕了這麼多的忘恩負義。祢寬恕了聖伯鐸一次的忘恩，對我，祢卻寬恕了許多次[158]。魔鬼用的是何等的理由，誘惑我，對那公然以仇敵相待的人，不要假裝是他的朋友。我的盲目是多麼過分！我主，除了在祢內，我想，我能在何處找到治療？多麼愚蠢！逃避光明，好能常常摔倒！魔鬼在我內發明的是多麼驕傲的謙虛：離開支持我的支柱和枴杖，去對付這麼慘重的失足！現在，我滿腹驚異地劃個十字聖號。我不認為，我所經歷的危險中，有什麼像魔鬼的那個發明那麼壞的。牠教我以謙虛作為藉口，牠在我的腦袋裡放進這個思想：自問，既然我是這樣卑劣，又接受了好多的恩惠，我怎能修行祈禱呢？還有這個思想：如同其他所有的人，唸唸我本分的口禱，這為我就夠了；以及這個問題：我怎能妄想做得更多，既然我甚至連口禱都沒有唸得很好；魔鬼唆使我，說這樣，即表示對天主的恩惠缺乏敬意和重視。

這樣想和了解是對的；然而，放棄修行祈禱則是最大的壞事。上主，願祢受讚美，祢來救拔了我。

11 我認為，這是魔鬼開始誘惑猶達斯的方式，只是在我的情況中，叛徒魔鬼沒有公開地工作；不過，漸漸地，牠下手對待我，一如牠加害於猶達斯。為了天主的愛，凡修行祈

157. 見第二十五章到二十七章。
158. 接下來一連串的話，表示她受誘惑放棄祈禱。見本章四節，第七章第十一節。

禱者要小心這事。要知道，當我不祈禱的期間，我的生活更是每況愈下。看看魔鬼加給我的美好良方，及迷人的謙虛——在我內的極大不安。然而，我怎能使我的靈魂寧靜呢？她不再管她的安寧；她記得恩惠和禮物，她視今世的歡樂為可憎惡的。這怎能忍受得了，我很感驚奇。我這樣地懷著希望，是我從沒有想過的（就我現在所能回想的，這一定發生在二十一年前），我不再決心回來祈禱；卻又期待著罪過得到很多的淨化。啊！在這個期望上，我的走向是多麼錯誤！魔鬼讓我持續地期望下去，直到審判之日，把我拖入地獄。

⓬ 由於修行祈禱和看聖書，我看清了真理，也看到了我所追隨的壞路。我常常熱淚盈眶，哀求上主，但我是這麼卑劣，這些對我完全無用。離開祈禱，置身於消遣的許多場合中，得到很少的幫助——我敢說，除了幫我跌倒，什麼幫助也沒有——如我所說的，除了希望地獄之外，還有什麼希望呢？

我相信，有位非常博學的道明會士[159]，在天主眼中堪受敬重的人，他把我從這個睡夢中喚醒，但尚未完全離開罪惡。他使我每十五天領一次聖體，我相信，這事我已經說過了。我開始醒悟過來，雖然還沒有停止冒犯上主。然而，因為我沒有迷失道路，即使不斷地跌倒再爬起，非常緩慢，我仍繼續向前進。凡沒有止步不前的人，即使可能遲到，但必會達到。我認為迷路無非就是放棄祈禱。願天主使我們自由無礙，因為祂是天主！

⓭ 我的經驗說明了——為了上主的愛，這事宜密切注意——即使一個靈魂可能達到這樣的境界，在祈禱時，天主賜給他這麼崇高的恩惠，仍不該信賴他自己，因為他還有跌倒的可能，他絕不該再置身於失足的場合。這點應該留心注意，因為這是非常重要的。即使恩惠確實來自天主，魔鬼後來也能在這事上導致騙局，使這個叛徒魔鬼，能從同一的恩賜中，

159. 根據古嵐清神父，這位是文森德・巴隆神父，見第七章十七節。

得到一樣多的利益。牠欺騙尚未在德行、克苦或超脫上進步的人。如我後來要說的⑯，無論他們的渴望和決心多麼大，他們還沒有強壯到足以置身於那些場合和危險中。這個道理是優異的，因為這不是我的，而是天主教我的道理。所以，我希望無知的人們，就是像我這樣的人，要知道這事。即使一個靈魂可能處於此境，必不可信賴自己而去應戰，因為他會相當艱苦地捍衛自己。在這裡，一個人需要以武力防衛自己，對抗魔鬼，而處於此境的人，還沒有力量和牠們戰鬥，把牠們賤踏在腳底，如同我後來要說的⑯，處在那一境界的人所做的。

⑭ 魔鬼在玩弄靈魂。因為靈魂看見自己這麼親近天主，看出上天與下地兩者美善的不同，及上主顯示給他的愛。他從這個愛得到膽量和安全感，認為不會從所享有的境界墮落失足。他以為自己清楚地看到報酬，又認為他再不可能為了任何世上這麼污穢，和卑賤的快樂而放棄——即在今世就有的——如此愉悅和欣喜的體驗。由於這個膽量，魔鬼撤去了他的自我低估。相信對自己再一無所懼，如我說的，靈魂自投羅網，身陷危險之中，開始懷著亮麗的熱心，無限量地分送果實。他做這事並非傲氣凌人；他很明白，單憑自己，什麼事也做不到。他做這事，懷著對天主很深的信靠，但卻缺乏謹慎明智，因為他沒有看出來，自己仍是一隻羽毛未豐的小鳥。天主把他帶出，他能夠離開鳥巢；但仍然不能飛。德行尚未強壯，對於認清危險，他沒有經驗，也不知道信賴自己招致的損害。

⑮ 摧毀我的，即是這個自我信靠，為此理由，也為了所有的理由，必須有神師及商討的神修人士。我確實相信，天主不會不賜下恩惠給達到此境的靈魂；祂也不會容許他喪亡，除非他完全捨棄至尊陛下。然而，當他失足時，如我已說過的⑯，為了上主的愛，他應該極其留意，不要受騙而放棄祈禱，就像魔鬼以假謙虛使我上當，如我已經說過的⑯，我願多次重提這事。

160. 見第二十一章十一節。
161. 見第二十章二十二到二十九節，二十一章十一節。
162. 見本章三到五節、十節，第七章十一節。
163. 見本章四節。

他應該信賴上主的溫良慈善，上主的慈善大於我們能做的所有惡事。而當我們願意回復與祂的友誼時，祂不會記得我們的忘恩負義，雖然我們還是明知這事；至於祂賜給我們的，做為懲罰這些惡事的恩惠，祂也不記得。相反的，所有的這些幫助我們更快地得到寬恕，如同祂的家人，如我說的，與祂同桌共食。

靈魂應該記住祂的話[164]，並且看祂對我所做的；在我尚未倦於冒犯祂之前，至尊陛下就已開始寬恕我了。祂決不會倦於給予，祂的仁慈也不會耗竭。願我們不要倦於領受。

願祂永受讚美，阿們，也願萬有讚美祂。

第二十章

談論結合與出神之間的不同。解釋出神的性質，述說靈魂所享有的一些美善，此乃上主以其溫良慈善，在此出神中帶給靈魂的。講述其效果，有許多令人驚異的事。

❶ 賴天主的助祐，我想要知道，如何解釋結合與出神之間的不同；或如他們說的，心靈的提升或飛越、或神移，這些都是一樣的。我是說，後面這些語詞，雖有不同，但所指的是同一件事；也叫做「神魂超拔」[165]。出神的益處大大地超越結合。出神產生許多更強的效果，導致許多其他的現象。結合在開始、當中和結束時，似乎都一樣；而且結合發生在靈魂的內在深處。不過，由於其他的這些現象具有更高的等級，它們同時產生內在和外在的效

164. 意指《聖經》中上主許諾要寬恕罪人的話。《厄則克耳》第三十三章第十一節；《瑪竇福音》第九章十三節；《路加福音》第十五章。

165. 聖十字若望曾說過的一些話，在此值得注意：「這裏是合宜之處，談論種種不同的神魂超拔、出神和其他靈魂的舉揚和飛翔，這些都是神修人士慣常經驗的。……此外，我們的榮福會母耶穌．德蘭姆姆，留下的有關這些神修事理的著作，其論述令人讚賞，我希望不久即將付梓，且公布於世。」（《靈歌》第十三詩節）聖十字若望於一五八六年九月一日的總參議會中，促使聖女大德蘭的著作出版。

果。願上主加以解釋，就如祂在其他的祈禱等級所做的。確實，如果至尊陛下沒有賜我瞭悟其狀態和方式，使之能說點什麼，我就不知如何講述了。

❷ 現在我們細想一下，我們所說的最後的水[166]是多麼豐沛，如果不是土地不容納這水，我們可以相信，至尊陛下的這個雲朵在此塵世是和我們在一起的。然而，當我們為此極好的福祐感謝祂，按我們的能力，以工作來回應祂，上主奪取靈魂，現在我們說，就像雲朵凝聚大地的水氣[167]，提拔靈魂完全離開自己。雲朵上升到天上，把靈魂帶走，開始顯示給他，上主為他準備的王國內的事物。我不知道這個比喻是否貼切，事實上，這就是所發生的。

❸ 在這些出神中，彷彿靈魂並沒有賦予身體精神。為此，有個非常強烈的感受，即自然的體溫下降，身體逐漸冷卻，雖然處於此境，沒有任何可以用來抗拒的方法。在結合中，由於我們仍然處於塵世，仍有補救的方法；雖然可能需要痛苦和費力，一個人總是可以常常加以抗拒的。然而，在此出神中，常是無法可想。更好說，沒有任何預先的思想或任何幫助，時常出來一股這麼飛快且強大的能力，一個人看見或感受到這個雲朵或強勢的天鷹，把他舉起，載在翅膀上。

❹ 我說，人明白且看見自己被帶走，卻不知帶往何處。雖然這個經驗是愉悅的，開始時，我們本性的軟弱會害怕。靈魂必須有決心和勇氣——比已敘述過的祈禱還要多得多——好能冒所有的危險，無論可能發生什麼，完全捨棄自己於天主的手中，甘心情願地隨行到任何地方；因為，無論喜歡與否，他已經被帶走了。這個狂喜出神是這麼猛烈，好多次我想要抗拒，用盡全力；特別是，有時發生在公開的場面，有時在私下，而我害怕受騙。有時，我能做點什麼，但卻得使用猛勁，如同與巨人奮戰，以致後來精疲力盡。有時則不能抗

166. 見第十八章一、九節，及第十九章一節。
167. 她在邊邊附註：「我曾聽說是這樣的，雲朵聚集水氣；或是太陽這麼做的。」

拒，我的靈魂被帶走，通常我的腦袋也跟著跑，我一點也抑制不了，有幾次，整個身體被舉起來，離開地面。

❺後面這個情況極少發生。有一次，當我們聚集在經堂，準備恭領聖體，我正跪著時，這事發生了。我極其低沉，因為我覺得這事過於離奇，而且後來會廣為人知。所以，我命令修女們（因為最近發生這事時，正值我擔任院長），守口如瓶，不提此事。然而有時，當我開始看到上主要做同樣的事時（有一次，那時有幾位貴夫人在場，要來聽道理，因為那天是我們的主保慶節[168]）。我在地板上伸展著四肢，修女們來想要抑制我；然而，我還是被人看見了。我極力懇求上主，不要給我任何這樣作秀的恩惠。因為被人看成這麼重要，令我很厭煩——而至尊陛下可賜給我不為人知的恩惠。由於上主的溫良慈善，祂似乎樂於俯聽我，因為直到現在，我再沒有這個經驗；真的，不久前，我做了這個祈求[169]。

❻我覺得事情是這樣的：當我想要抗拒出神時，有這樣大的力量把我從腳掌舉起來，我不知道如何具體而清楚地描述這些力量；它們比其他的神修經驗中的力量大多了——為此，我精疲力竭，疲憊不堪。這個掙扎是很猛烈的，而到頭來，抗拒上主意願的掙扎根本沒用；沒有任何力氣可以抗拒祂的大能。有時，祂很高興，我們看到祂願意賜給我們恩惠。在至尊陛下方面毫無保留；而當我們因著謙虛而抗拒時，會留給靈魂同樣的效果，如同靈魂同意時一般。

❼凡有過這經驗的人，他們會有這些明顯的效果。第一，顯示上主的大能，及我們是怎樣的無能為力。當至尊陛下願意時，阻止不了身體，就像擋不住靈魂一般，我們也不是主人。更好說，無論我們想不想要。我們看到有「在上的一位」，這些恩惠是祂的賜予，我們

168. 大聖若瑟節日。
169. 後來她又有神魂超拔、出神和飄浮空中。參見Spir. Test.12,13；一五七七年元月十七日寫給勞倫・賽佩達先生的信。

根本就不能做什麼，因而留給靈魂深度的謙虛。不過，我承認，這些恩惠使我極為驚駭；一開始，這個害怕是很猛烈的。當一個人看到自己的身體從地上被舉起來，甚至心靈帶著身體跟著跑，如果人不加以抗拒，這是極其輕柔的動作，一個人的感覺尚未失去。至少我是這樣意識到的，我能知道自己正被舉起。這顯示出能做這事者的尊威，令人毛骨悚然，使人害怕極了，不敢開罪這麼尊威的天主。不過，如此的怕懼伴隨著對天主的深情切愛，細想祂對這麼腐爛的微蟲所做的，益發深切地愛祂。彷彿祂真正的滿足不是帶領靈魂歸向祂，而是祂也要身體，雖然身體如此腐敗，由污穢的泥土造成的，因為它做了許多冒犯的事。

❽ 這個經驗也留下一個罕見的超脫，這是我無法描述的，一旦感受到了，也不能置之不理。我非常願意解釋這個劇苦，我相信自己是辦不到的。不過，我要就所知的述說一二，要注意，這些經驗發生的時間，遠在我將要寫的所有的神見和啟示之後[170]。通常我用來祈禱的時間，上主給我這麼大的安慰和禮物，即使這些安慰還沒有完全失去，現在則常在我將要說的這個痛苦的祈禱中度過。

這痛苦時而強烈，時而不太強。現在我想說的是當痛苦比較強烈時。雖然後來[171]我會說到那些強烈的衝動，亦即當上主要讓我出神時，我所體驗的。按我的見解，若和非常屬靈的事物相比較，這些衝動是非常具體的，而我不認為自己誇大其詞。因為在這些衝動所體驗的痛苦中，身體感到跟著靈魂一起走，兩者彷彿共同受苦；在此痛苦中，所感受到的並非至極的無依無靠。

❾ 如我所說，接受這個痛苦時，我們毫無插手的餘地，不過，常有一種渴望，以我不明白的方式，出其不意地湧現。由於這個即刻貫穿整個靈魂的渴望，靈魂開始感到這麼難受，

170. 她在二十七到二十九章、三十二、三十八、三十九、四十章寫到這些神見和啟示。
171. 二十九章八～十四節。

他向上高升，遠超自己和一切受造物。天主把他放在一個遠離萬物的沙漠中，無論他如何勞苦，總找不到能伴隨他的受造物，他也不想找到一個；他只希望死在這個孤寂中。

若是有人對他說話，他想盡可能地使盡全力說話，卻也沒有什麼用，無論靈魂如何費勁努力，心靈都不願離開那孤寂。

在那時，我認為，天主離得相當遙遠，有時，祂以一種所能想像的最陌生的方式，通傳祂的尊威雄偉。因此，使人不知道如何述說這個通傳，我也不認為有人會相信我或了解我，除非他親身經歷過。這個通傳之賜予，不是為了安慰，而是為了顯示靈魂感到難受的理由，因為這個美善不在了，而這是包括一切的美善。

❿ 由於這個通傳，渴望增加，至極的孤寂感也增加，即使靈魂處在沙漠中，他看到由於這麼一個柔巧和透徹的痛苦，我想，他能夠逐字地說：**整夜不眠，獨自哀號，像屋頂的孤零小鳥**[172]。（也許，聖王先知說這話時，正處於相同的孤寂中，由於他是個聖人，上主以更強烈的方式賜給他這個經驗。）為此，這個詩句進入我的腦海，因為，我想我看見它落實於我。知道有別人——而且是這麼了不起的人——也體驗如此至極的孤寂，我很覺安慰。所以，靈魂彷彿不在自己內，而是在自己的屋頂上，因為他看到自己甚至超越靈魂的最高部分。

⓫ 有時候，彷彿靈魂走來走去，好像被迫說又自問：「**祢的天主在哪裡**[173]？」可以注意一下，我不知道這個詩句的本國語，當我明白之後，我欣慰地看到上主將之放進我的腦袋裡，在這事上，我什麼也沒做。有時，我記起聖保祿說，他已被釘在十字架上[174]。我並不是說這些話適用於此；我知道它們不適用。不過，我認為，這靈魂已被釘在十字架上，因為沒

172.《聖詠》第一〇二篇第八節。
173.《聖詠》第四十二篇第四節。
174.《迦拉達書》第六章第十四節。

有來自天上的安慰，他也沒有在天上；他不能想望任何來自上天或下地的安慰。兩邊都得不到援助，就好像他被釘在天地之間。那來自天上的（如我說的[175]，亦即這麼令人欣羨的對天主的認識，遠遠超越所有能想望的一切），導致更多的折磨，因為這個渴望如此地增加。按我的看法，這個強烈的劇苦，有時帶走感官的意識；不過這個強度只持續很短的時間。

這個經驗相似臨終的極苦，不同的是，隨著這個痛苦來的是這麼的幸福，我不知道如何比擬。這是個艱辛、愉悅的致命，因為它不許塵世之物呈顯給靈魂，即使這東西向來很得靈魂喜愛。彷彿是這樣，靈魂立即用力把這些東西拋出己外。

他清楚明瞭，他想要的只有他的天主。他不是愛天主的哪一個特別方面，而是愛整個的天主，而且不知道他愛的是什麼。我說他「不知道」，因為想像沒有呈現任何事物。按我的見解，這事發生的許多時間中，官能也是沒有知覺的。就像結合和出神中，喜樂使官能休止，同樣，在這裡，痛苦使官能休止。

⑫ 耶穌啊！誰能向閣下好好講解這個祈禱？好使您能對我說明這事！這個祈禱是我的靈魂現在常常體驗的。往往，當靈魂不被占有時，他被置於急切渴望死亡之中；當他看到這祈禱將要開始了，他很怕自己不會死。然而，一旦置身於其間，他會渴望耗盡餘生於此痛苦中，即使這個痛苦格外劇烈，遠超一個人所能忍受的。有時，我的脈搏幾乎停止，這是根據一些修女說的，她們有時在我的近旁，知道得比較多。我雙臂伸直，我的手僵硬，有時候我不能合併起來。結果，甚至到了第二天，我仍感到脈搏和身體的疼痛，好似骨頭支離破碎。

⑬ 我有時真的想，如果這個祈禱像現在這樣繼續下去，如果我的生命告終，上主會得到服事。按我的看法，像一個這樣大的痛苦，是足以致死生命的，然而我還不堪當死亡。那時

175. 見本章第九節。

我所有的渴望是死掉。我也不想煉獄；或由於我犯的大罪，我堪當下地獄。在那急切渴望看見天主中，我忘掉了一切；對靈魂而言，沙漠和孤寂比世上所有的友伴還好。如果有什麼可以安慰靈魂的，那就是和受過同樣折磨的人交談。

⑭ 靈魂還有一個折磨，就是，即使他抱怨，似乎沒有人會相信他。這個痛苦如此劇烈，靈魂不像之前那麼希望孤寂，他也不想望任何友伴，除非是能向之抱怨的人。他就像一個被繩索勒住脖子的人，快要窒息而死，因而設法尋求解脫。所以，我認為，這個渴望友伴來自我們的軟弱，因為這個痛苦置我們於死亡的危險中。是的，這事確實是這樣，我有幾次，由於我的重病和危機，曾經置身於死亡的危險中，如我說過的[176]。而我相信，可以說現在這個危險，猶甚於其他一切的危險。因此，渴望身體和靈魂不要分離，使人祈求幫助，以得解脫。藉著述說和抱怨這個痛苦，藉著分散自己的注意力，靈魂尋求活下去的解決方法——非常違背心靈的意願，也相反靈魂的最高部分，它不願脫離這個痛苦。

⑮ 我不知道，我所說的是否切合主題，是否我知道如何加以述說，不過按我明確的見解，這就是所發生的事。閣下，請看，靈魂在今世能有什麼安息呢？他能有的安息——亦即祈禱和獨居，因為上主藉此來安慰我——現在往往都成為折磨。不過，這個折磨如此愉悅，看起來這麼有價值，現在靈魂更渴望這個折磨，遠超過先前體驗的所有恩惠。這個經驗似乎更安全，因為是追隨十字架的苦路。按我的看法，其本身包括非常寶貴的安慰；身體只分享痛苦，惟獨靈魂既受苦又歡躍，係由於這個痛苦導致的喜樂和滿足。

我不知道這事怎能發生，但是確實發生了。按我的看法，我不會把天主賜給我的這個禮物（如我說的[177]，這些來自祂的手，決非我自修得到的，因為這是非常、非常超性的），拿

176. 見第四章和五章。
177. 見本章七和九節。

來交換後來我要說的所有恩惠。我不是說，所有的這些禮物一起得到，而是逐一得到。一定不要忘記，這個痛苦的經驗來自本書所寫的一切恩惠之後，而且正是上主現在賜給我的[178]。

16 開始時，我很害怕（幾乎每一個上主賜給我的恩惠，臨於我時都這樣，直到至尊陛下擔保我在進步中）。上主告訴我不要害怕，而且要更看重這個恩惠，超過祂曾賜予的所有其他的恩惠。在這個痛苦中，靈魂被淨化和塑造，或像黃金在熔爐中提煉，使這個塗上琺瑯質的禮物，可以更漂亮地擺在那裡。而且在這個祈禱中，靈魂被煉淨的，是他必須在煉獄中受煉淨的。

我清楚明白這是個大恩惠，留給我更大的確信，我的告解神師說這是很好的。雖然，由於我這麼卑劣，我很害怕，但我決不能相信這是不好的；相反的，當我想起自己多麼不堪獲得，這麼豐富的福祐使得我害怕。願上主受讚美，祂是這麼的好，阿們。

17 看來，我已經遠離主題，因為我開始講的是出神；我所講的這些已超過出神，這樣，還有我所說的效果沒講。

18 現在我們言歸正傳，再談出神[179]，述說出神中比較共同之處。

我說有許多次，我記得，身體變得這麼輕，失去了全身的重量。有時候，這個感覺竟然達到如此的地步，我幾乎不曉得怎樣把腳放在地面上。當身體處在出神中，身體好像是死了一般，常是什麼也不能做。他一直保持出神時被攝住的姿態，無論是坐著或站著，手是張開的、或緊握的，雖然有時感官失去知覺（有時發生於我，我完全失去知覺），這種情況極少發生，而且只發生很短的時間。不過，通常靈魂是失去方向的。即使他不能做什麼外面的事，他並沒有失去理解，他所聽見的彷彿來自遠方。

178. 她在最後幾行的邊邊附註：「我是說這些衝動，來自這裡所說的上主賜給我的恩惠之後。」
179. 她在本章一節開始講出神，直到第五節扯離主題。第九～十六節，她談到疏離的孤寂和灌注的痛苦祈禱。

我不是說，當他處在出神的頂峰時，他聽到或理解什麼（我說「頂峰」，表示當靈魂失去對其他事物的知覺時，因為這時他們與天主緊密地結合）。按我的見解，在那時，他看不見、聽不到，也感受不到。然而，如我說的，在談到前一個結合的祈禱時[180]，這個靈魂在天主內完全神化，只持續很短的時間；不過，當這時間延續時，沒有官能有知覺，靈魂也不知道在此祈禱中發生了什麼。

也許，他不知道這事，因為天主不願我們尚在今世就明白；祂知道我們沒有能力這樣做。我在自己身上看到這事。

⑲閣下會問，這是怎麼回事？出神有時持續這麼許多小時，又常發生。至於發生於我的個案，如我在前一個祈禱時所說的，時時經驗到出神。靈魂時常專注；或更好說，上主攝住靈魂時，使之專注於祂，短暫地休止所有的官能。然後，只有意志仍繼續休止。我認為，其他兩個官能的活動，就像日晷儀的小指針，總不停止。不過，當正義的太陽願意時，祂使官能停止。

我說這兩個官能休止是短促的。然而，由於這愛的衝擊和心靈的舉揚非常之大。意志仍留在專注中，即使另兩個官能已回到好動的狀態。意志有如統治一切的主人，導致身體上的這些效果[181]。雖然另外非常活潑的兩個官能想要阻止意志，因為感覺官能不阻擋意志，它們是僅有的敵人。意志導致這些官能休止，因為上主願意如此。大多半的時間，眼睛是閉著的，即使我們可能不想閉上眼睛；而如果有時張開眼睛，如我已說過的[182]，靈魂並沒有注目或留意於他所看見的。

⑳在這個祈禱中，靈魂能靠自己做的少多了；當這兩個官能於此結合中再度休止，就沒

180. 見第十八章十二節。
181. 她在第十八節講了身體官能作用的休止和失去重量。
182. 見第十八章十節。

有太多要做的。為此理由，凡從上主得到這個恩惠的人，當他看到身體許多小時受到束縛，而理智和意志則有時分心，他不該因此而愁悶。真的，這些官能通常專注於讚頌天主中，或渴望領悟和明瞭它們所經歷的——甚至為了這樣，它們並沒有完全清醒，而是像熟睡且做夢的人，還沒有完全醒過來。

21 我這樣詳細地解釋這事，因為就在現在，在這裡[183]，我知道有幾個人，上主賜給他們這個恩惠。如果指導他們的人，沒有親身經歷這事，這些指導者，尤其如果他們不是博學者，可能會認為在出神當中，這些人好像死了一般。如我後來要說的[184]。當他們的告解神師不了解他們時，所受的痛苦很令人同情。或許我不知道自己正說些什麼。閣下會了解，是否我說的貼切，因為上主賜給您經驗到這個出神——雖然，由於您很久沒有再經驗，或許您不像我留意到這麼多。

所以，無論我如何使勁要活動，身體沒有力量足以動一動；靈魂帶走身體的所有力量。通常身體因之而健康且更強壯——因為身體真的病了，且滿是劇苦——因為在此祈禱中，有些很奇偉的殊恩賜給了身體。如我說的，上主有時願意身體也享有這祈禱，因為它現在順服於靈魂的渴望。待靈魂返回已身之後——如果這個出神是很強烈的——會有一兩天，甚至三天，官能專注，或失神一般；好似不在自己內。

22 由於這個祈禱，使得必須返回日常生活成為痛苦；在此祈禱中長出了翅膀，使人易於飛翔；雛鳥的稚毛脫盡。在這個祈禱中，基督的旗子已高高舉起。就好像這個碉堡的守衛登上，或說，佔據了最高的堡壘，揚起了天主的旗子。他俯視下方，如同一個脫離險境的人。他不再害怕危險，反而渴望危險，好像一個得到確實擔保的人，穩操勝算。靈魂在其中看得

183. 亞味拉。
184. 見第二十三章和二十四章。

非常清楚，今世必須看重的萬事萬物何其渺小，而且根本是虛無。凡站在高處的人盡覽許多的事物。靈魂不再渴望，也不願擁有自由意志——這正是我向上主請求的。他把自己的意志交給上主。

請看，園丁在此擢升為守衛。他所渴望的，無非是承行上主的旨意；他也不願做自己或其他什麼的主人，也不願在這花園中只打零工。如果花園裡有些什麼好的，是至尊陛下分施給他的。從今以後，靈魂不為自己渴望什麼；他希望自己的行動完全合乎天主的光榮和祂的聖意。

㉓事實上，如果這個出神是真正的，所有的這一切會發生；靈魂會得到所說的效果和益處。如果這些效果沒有出現，我極其懷疑這些出神來自天主；相反的，我恐怕它們是否來自狂犬病，如聖文生所說的[185]。我明白且由經驗看到：只要一個小時，或不到一小時，靈魂在此成了自己的主人，也得到自由，以致靈魂認不得自己。他不知道這麼許多的幸福是如何給他的，然而他很明白，這無比的益處乃隨著每個出神而來。

若非親身經驗，不會有人相信這事的。為此，他們不相信這可憐的靈魂，因為他們看到過他的卑劣，又這麼快地看到他追求大膽的事物。因為過不了多久，靈魂就沉迷於事奉天主，不是一點點，而是盡所能地事奉祂。他們認為這是誘惑和愚笨。如果他們了解，這些渴望不是來自靈魂，而是來自上主，靈魂已把自己意志的鑰匙交給了上主，他們就不會驚奇了。

㉔我還認為，一個達於此境的靈魂，不再為自己說或做什麼。這位尊高無上的國王，關照所有他必須做的。天主啊！幫幫我吧！在此多麼清楚地看出來聖詠的涵意，那些渴望鴿子

185. 聖文生・費雷（St. Vincent Ferre, OP）.寫道：「要確實知道，大部分的出神，實在是狂犬病，反基督的使者因之而來。」見Tractatus de vita Spiritual（Madrid, BAC, 1956）Ch,14。
186.〈聖詠〉第五十五篇第七節：「但願我有鴿子般的翅膀，為能飛翔而去，棲身安藏！」

翅膀的人是多麼正確[186]！這是很清楚明瞭的，這個飛翔是賜給心靈的，使之可以提升超越所有的受造物，最重要的是超越自己。這個飛翔是平靜的飛翔，愉悅而不喧嘩。

㉕上主帶領達到此境的靈魂，多麼具有主權！盡觀萬物而不入陷阱；他感到過去落入陷阱的時光多令人羞愧！他的盲目多麼地使他驚駭！對那些仍在盲目中的人，他深感同情！尤其是，如果他們是已蒙天主恩待的人。他想要大聲呼喊，使之明白他們多麼受騙，有時他甚至這樣做了，成千的迫害，如傾盆大雨落在他的頭上。他們認為這個人沒有什麼謙虛，特別如果是一個女子，指出她想要教導那教導她的人。結果，他們譴責這個靈魂。這是有理的，因為他們不知道這愛的衝動在引導她。有的時候，這靈魂不能，也不能忍受，不使那些他所愛的人醒悟過來，並且渴望從今生的囚禁獲釋得到自由，因為他先前度的無非是監禁的生活；他也不認為有什麼不是這樣的。

㉖他深深懊悔那操心自己名譽的時光，也悲嘆他所受的欺騙：相信世俗所謂的榮譽是榮譽。他看到，世俗所相信的榮譽，是個多麼至極的謊言，我們全都被騙。他瞭悟，真正的榮譽不在於虛偽，而在於真理，有什麼就是什麼，沒有就是沒有，而一切皆空無，甚至不及空無，且不得天主歡心。

㉗靈魂嘲笑自己過去看重並貪求金錢的時日，雖然在貪財的事上，我不認為自己曾為此告過罪——這是真的；然而，看重金錢就足以是個過失。如果我用錢能買到好東西，就是能在自己身上看出來的好東西，我會非常看重錢財；不過，我看到的是，這好東西是藉著放棄一切才得到的。這是什麼呀！我們用這錢買我們想要的東西，是有價值的東西嗎？是永久的東西嗎？所獲得的是憩息於不幸中，付出的代價多麼昂貴！人往往用錢賺來地獄，買到地獄永火和無窮無盡的痛苦。啊！如果人人視之為無用的糞土，這世界的局勢會多麼和諧，會避

免多少的法律訴訟！如果對名譽和錢財不自私自利，人與人之間會有何等的友誼！我認為這會解決所有的問題。

㉘靈魂看到縱情於快樂的極大盲目，人怎樣以之買來艱難困苦——甚至在今世——及擾亂不安。多麼的不安寧，多麼少的幸福！多麼無益的勞苦！

在此祈禱中，他不只看見靈魂內重大的過失和蜘蛛網，還看盡所有的細微塵埃，無論多麼細微都遍覽無遺，因為太陽非常明亮。因此，無論一個靈魂多麼辛苦努力，以達到成全，如果這太陽占有了靈魂，一切看來都顯得污濁不堪。靈魂就像玻璃杯中的水：如果不照射，這水看起來很清徹，只要太陽一照射，就會看出來充滿點點微塵。這比喻是很貼切的。靈魂在這個神魂超拔之前，認為他小心翼翼地不得罪天主，而且按照他的能力，盡所能地去做。然而，一旦被帶入這個祈禱，正義的太陽照耀他，使他張開眼睛，他看到這麼許多的塵埃，他會想要再閉上眼睛。他還不太算是大能神鷹的小鷹，仍不能直接凝視太陽。不過，在他張開眼睛的短短時間裡，他看見自己一片混濁，滿身泥巴。他記起〈聖詠〉所說的：「**活人在祢面前不得稱為義人**[187]。」

㉙當他看見這神性的太陽，其光耀的明輝使之目眩；反顧自身時，泥巴蓋住他的眼睛；這隻小鴿子的眼睛瞎了。這樣，許多時候，他完全處在盲目、全神貫注和驚駭中，並且由於所看見的許多奇偉而陷於昏厥。

在此境界中，會得到真謙虛，他完全不在乎說自己好，也不在意別人這樣說。是上主，而不是靈魂分施園中的果實，沒有什麼黏住他的雙手。他所有好的，全歸於天主；如果他說些有關自己的事，他為天主的光榮而說。他知道，在花園裡，他什麼也沒有；甚至即使願

187.〈聖詠〉第一四三篇二節。

意，他也無法不知道這個真理。無論願意與否，他親眼看見，上主使他對所有的世物閉上眼睛，使之能張開眼睛瞭悟真理。

第二十一章

繼續並結束談論最後一級的祈禱。述說體驗這祈禱的靈魂返回世界的感受，及上主賜給他光明，看清世俗的騙局。本章包含很好的道理。

1 為了結束所談論的[188]，我說在這裡無須靈魂的同意，他已經把自己給了天主。他知道，他甘心情願捨棄自己，完全交在天主手中。他不能欺騙祂，因為天主通曉一切。在今世，事情卻不是這樣，因為所有的塵世生活，充滿了欺騙和口是心非：當你想，你得到了一個朋友，按照他對你的表現，後來你知道，那些全是謊言。沒有誰能活在這麼多的陰謀詭計中，尤其是，如果還有點利益可圖。

上主所帶領，達到瞭悟真理的靈魂是有福的！啊！這是多麼適合國王的境界！這對他們多麼有價值！努力達此祈禱境界，比致力於偉大的統治，更勝一籌！在這個王國裡，有何等的公平正直！他們會避開，且已經避開何等的罪惡！在這個境界，一個人不怕為了天主的愛而喪失性命或榮譽！凡負有更大責任照管天主的榮耀，而非關照所有屬下的人，這是何等偉大的祝福！因為，這些屬下都必須跟隨他們的國王！為了增加一丁點的信德，為了啟示給異

188. 聖女大德蘭在此重拾前題，談第四級祈禱的效果和心靈境界。她在十九章開始談這主題，第二十章七和二十三節繼續談，本章做結論。

端者，這樣的國王甘心情願喪失一千個王國——確實如此；因為這是個超大的收穫：一個永無終窮的王國，在這裡，當靈魂只要嚐到其中的一滴水，就會使之對今世的一切事物感到厭惡。

❷ 上主啊！如果祢給我這個地位，能高聲暢談這事，他們不會相信我的，如同他們不相信許多比我更會講這事的人；不過，這至少讓我很滿足。我認為，只為了使這些真理中的一個曉諭於人，我願意看輕自己的性命；我不知道自己後來會做些什麼，因為，我是個不值得相信的人。不管我是何許人，我體驗到很大且令我銷毀的衝動，要把這些真理告訴統治者。當我做不了什麼時，我轉向祢，我的主，祈求祢補救這一切。祢清楚明白，我非常樂意失去祢已賜給我的恩惠，將之讓給國王們，只要我能處在不冒犯祢的境界。因為我知道，那時他們就不可能同意現在所同意的事了，而且這些恩惠，也不會沒有至極的祝福。

❸ 我的天主啊！賜給國王們瞭悟他們的責任！因為祢願在世上立定這些國王，我甚至聽說，當祢帶走其中的一位時，天空會出現記號[189]。確實，每念及此事，益發增加我的虔誠。我的君王（基督），甚至在這事上，祢願意他們明瞭，他們必須效法祢的生活，因為他們死時，會在天空出現記號，如同祢去世時。

❹ 我非常斗膽自大。閣下如認為不好，請撕掉這些。相信我，若我能當面說，或如果我認為他們會相信我，我會說得更好；因為我非常熱切地把他們託付給天主，也願意幫助他們。一切都得冒生命的危險；我常渴望捨棄生命，這樣的話，付出微薄的代價冒險，卻能大有收穫。因為，現今活著的人，沒有一個人親眼看出，我們處於很大的騙局中，也沒有人看出我們忍受的盲目。

189. 古時流行的傳聞，遇有重要人物去世，天空會出現記號。如主耶穌的逝世。參見《瑪竇福音》第二十七章四十五節。

❺一旦靈魂達到這個境界，他對天主懷有的不只是渴望；至尊陛下還賜給他付諸實行的力量。無論什麼事情進到他的腦袋，只要他認為是為主效勞的事，他無不勇往直前；如此，所付出的代價根本不算什麼。因為，如我說的[190]，他清楚地看見，除了取悅天主，一切都是虛無。麻煩則在於，像我這樣無用的人，少有機會做點什麼事。我的天主，但願祢容許，會有這樣的時刻來到，使我能稍稍回報我對祢所有的虧欠，即使只報答祢一點點。上主請照祢的意願來處置，使祢這個僕人得以稍稍事奉祢。其他的女子，她們為了祢做了英豪的偉業；我則除了說話以外，一無是處。因此，我的天主，祢不加給我工作。至於我多麼必須效勞，這一切全是話語和渴望，甚至連在這方面，我也沒有自由；因為，我很可能一事無成。我的耶穌，所有美善中的美善，請先堅強我的靈魂，備妥她，然後安排一些辦法，好使我能為祢做點什麼事；因為沒有人能忍受，接受了這麼多，卻什麼也還報不了。上主，無論代價如何，請不要使我到祢面前時，雙手空空；因為，報酬之賜予，必定相稱於個人的功業。這是我的生命，這是我的榮譽和意願。我全獻給祢，我是祢的，請按照祢的心意來使用我。我主，我已清楚看到，我的能力很單薄。然而，一達到祢登上了這座瞭望台，我看見的是真理。只要祢不離開我，什麼事我都能做。要是祢離開了，無論多麼短的剎那，我會故態復萌，這也就是地獄。

❻處於此境的靈魂，發現自己必須返回處理事事物物，看到這麼不和諧的生命鬧劇，浪費時間於照顧身體的需要、睡覺和吃飯，他感到多麼痛苦。一切都令他疲倦！他不知如何逃脫；他看見自己被鐐銬鎖住、被捕獲。為此，他更真實地感到生命的可憐，及由於我們的身體而忍受的囚禁。他瞭解聖保祿懇求天主脫離肉身的理由[191]，他與聖保祿一起呼喊，祈求天

190. 見本章第一節，第二十章二十二和二十六節。
191. 《羅馬書》第七章第二十四節。

主給他自由，如我在別的時候說的[192]。不過，處在這個境界，衝動常是這麼大，靈魂覺得想要離開身體，去尋找這個自由，因為沒有別的人可使他自由。他走來走去，好像一個被賣到國外的人。最令他難受的是，他找不到許多和他一起抱怨，且祈求這個自由的人；相反地，更常見的是渴望活下去。啊！但願我們什麼都不牽掛，如果我們不把滿足放在任何世物上，經常活著而沒有天主的痛苦，及享有真生命的渴望，必會緩和我們對死亡的恐懼。

7 有時我想，如果某個像我一樣的人，上主已經賜予這個光明（雖然我的愛德這麼不強烈，再加上對真正的安息很不確定，而這安息本是我該當以功行得到的），常常這麼強烈地感受到我的放逐，那些聖人們的感受又是如何呢？聖保祿和瑪麗·德蓮，及其他像他們一樣，經歷過如此熾烈的天主愛火的人，會是怎樣的呢？這必定是個連續不斷的殉道。

我認為，那些給我些許舒解，及同在時我能得到安息的，就是那懷有這些渴望的人——我是說，伴隨著工作的渴望。我說伴隨著工作，因為有些人，按他們自己的見解，是超脫的；所以他們公布這事實。而他們超脫的事該是真的，因為他們的地位需要它，還有，因為他們中有些人開始踏上成全之路已經許多年了。不過，這靈魂從遠遠的就認得很清楚，何者是只有許多話？何者是言語和工作一致？他知道前者沒有什麼成效可言，而後者卻大有所成。凡有經驗的人，對這事會一目瞭然。

8 我已經說了，來自天主聖神的出神引起的效果；事實上，這些效果有多有少。我說少，因為開始時，即使出神導致這些效果，並沒工作的實際印證，所以不能知道有否這些效果。出神也使全德成長，盡除蜘蛛網的蹤跡，而這是需要一些時間的。愛和謙虛愈成長，這些德行的花朵散發更多的芬芳，把花香給自己，也給別人。

192. 見第二十章二十五節。

這是真的，在一個這樣的出神中，上主能夠在靈魂內如此地工作，為達到成全，還需要的只是一點勞力。凡沒有這個經驗的人，沒有人能相信，在此境界中，上主賜給靈魂的恩惠。按我的看法，帶領我們達到這個成全的，不是我們的力量。我不否認，有人依靠天主的助祐，使用一些作家寫的祈禱，及其原則和方法，靠著許多的努力達到成全和很大的超脫。但是，他們不會像上主在此境界中，以這麼短的時間，就能大功告成，無需我們方面做任何事情。祂決定性地從地上提拔靈魂，賜給他主權，統治一切世物，即使他可能比我的功勞少——我不能過於強調我的沒有功勞，因為我幾乎什麼功勞也沒有。

❾至尊陛下為什麼這樣做，因祂願意，而且祂以自己願意的方式這樣做；即使靈魂可能沒有準備好，至尊陛下預備靈魂來接受祂賜給的恩惠。因此，祂常常賜予出神，並非因為靈魂好好耕耘花園而堪得到（雖然這是非常確定的，凡好好看顧花園，努力於超脫的人，必會蒙受恩待）。然而，有時候這是祂的聖意，在非常卑劣的土地上顯示祂的無上尊高，如我已說過[193]。祂如此準備靈魂接受每一個恩惠，在某種程度上，靈魂不再能夠回到先前冒犯天主的生活。他的思想這麼習慣於瞭悟真正真理的精髓；亦即，他覺得其他的事事物物彷彿兒戲。他有時自我解嘲，當他看見莊嚴的修道人及祈禱者，那麼看重那些他已賤踏在腳底的面子問題。他們說，此乃事關謹慎及其權勢地位，使之能行事更有成效。靈魂清楚明白，如果為了天主的愛，他們把權勢地位擱置一旁，在一天之內，他們的成效遠超過十年。

❿為此，靈魂度著勞苦的生活，常有十字架，但仍然快速地成長。他的同伴覺得，他彷彿已經在山頂。短短的時間內，他的進步良多，因為天主經常持續地更加恩待他。他是天主的靈魂；是天主親自看顧他，天主如此地光照靈魂。靈魂認為，賴天主的助祐，一直保守他

193. 見十九章六～十節，十八章四節，十五章七節，十章四節。

免於冒犯天主，且喚醒靈魂去事奉天主。

當我的靈魂達到這個境界時，天主賜給我這麼一個大恩，停止我內的罪惡，上主賜給我力量脫離罪惡。現在，處於那不好的情況中，及和過去常令我分心的人在一起——設若有那些場合，這些事已不會煩擾我了。過去常常對我有害的事，現在反而有助於我。天地萬物都成為使我更認識、更愛慕天主的媒介，也使我徹悟自己對天主的虧負，並懊悔我的往昔。

⓫我清楚明白，這些效果不是從我而來，也非由於我的勤勞獲取的，因為甚至連尋求的時間也沒有。只因為至尊陛下的溫良慈善，賜給我獲得這效果的剛毅。

自從上主賜給我這些出神的恩惠迄今，這個剛毅持續地增加中。由於祂的溫良慈善，祂親手扶持我，使我不致回頭走。我也不認為，就像這樣，在我方面做了些什麼，而這是真的；我清楚明白，一切全是上主做的。

為此，我認為，蒙上主賜予這些恩惠，及懷著謙虛和敬畏接受的靈魂——常知道是上主親自賜恩，而我們自己幾乎什麼也不能做——會被安置在任何一種的人當中。即使這些人是放蕩和腐敗的，靈魂既不會受干擾，也絲毫不為所動；相反的，這個經驗有助於他，成為使之進步神速的方法。這些已是強壯的靈魂了，上主揀選他們來造福他人，即使他們的剛毅不是來自自己。漸漸地，當靈魂在此境界中親近上主，祂通傳給靈魂很深奧的祕密。

⓬在此神魂超拔中，所得到的是真正的啟示和大恩惠及神見。這一切全是為了使靈魂謙卑和剛毅，不看重今世的事物，使之更清楚知道，上主對事奉祂的人所準備的崇高酬報。

願至尊陛下容許，祂已顯示給這位可憐的罪人非凡的慷慨，能鼓勵並激起閱讀本文的人，為天主而徹底捨棄一切。如果甚至在今世，至尊陛下就已這麼豐富地支付報酬，凡服事祂的人，所得的報酬都清楚可見，那麼，來生的酬報又如何呢？

第二十二章

談論除非蒙上主提拔，默觀者不要高舉自己的心靈於高超的事物，這是一條多麼安全的道路，及何以基督的人性必須是達到至高默觀的途徑，述說她曾努力隨從的一個錯誤理論。本章非常有益。

❶ 有一件我想說的事，按我的看法這是很重要的。如果閣下認為好，可以視之為勸告，因為這是可能發生的，您會有需要。某些寫祈禱的書上說，即使靈魂不能自己達到這個祈禱的境界，（由於這個工作是完全超性的，是上主在靈魂內的成就），他能幫助自己，高舉心神，超越所有的受造物，謙虛地高舉靈魂。而靈魂度過許多的煉淨生活後，達到明路時（我不懂為什麼他們說是明路；我了解這是指那些已有進步的人），他能夠這樣做。他們極力勸告人，驅逐一切有形體的形像，以之達到神性的默觀。他們說，在那些進修者的情況中，這些具有形體的形像，即使指的是基督的人性時，對於最完美的默觀都是妨礙和阻擋。

為了支持這個論點，他們提出上主對宗徒們所說的聖神降臨——我是說在祂升天時[194]。他們認為，由於這工作是純靈性的，任何有形體的事物都能妨礙和阻擋。所以我們該當努力以普通的方式思考天主，祂是無所不在的，而我們沉浸在祂內。

194.《若望福音》第十六章第七節。聖女在旁邊附註：「我認為，如果他們有信德，就像聖神降臨之後的信德，相信祂是天主，也是人，這就不會阻礙他們；因為這些話不是對天主之母說的，雖然她比一切人都愛上主。」

我認為，有時候這是好的。不過，完全避開基督，或把基督的至聖聖身和我們的可憐境況，或一切受造物，等同看待，這是我無法忍受的。願至尊陛下容許，使我能加以解釋。

❷我並不否認這個理論；因為主張的人是博學者和神修人，他們知道自己所說的，而天主以許多的道路和方式帶領靈魂。現在我想說的是祂帶領我靈魂的道路，其他的道路我則毫不考慮；也要說為了修行從書中所讀到的，我所發現的危險。我真的相信，凡達到結合的人，沒有超越性的進步——我是說，天主賜給靈魂的出神、神見及其他的恩惠，會認為這些書上說的是最好的修行，如我所做的。然而，如果繼續這樣修行，我相信，我決不會達到我現在的境界。按我的見解，這是個錯誤的修行。那麼，也有可能錯誤的是我；無論如何，我要述說發生於我的事。

❸我沒有神師，而閱讀這些書時，我從中漸漸明白一些事理（後來我曉得，如果上主沒有指點我，我從書本所能獲知的甚少。因為若非至尊陛下恩賜我透過經驗了解，我什麼也不明白）。因此，當我開始體驗一些超性的祈禱時，我是說寧靜的祈禱，我努力撇開任何有形體的事物，雖然我不敢抬舉自己的靈魂——因為我總是這麼卑劣，我認為這樣做是妄自尊大。然而我也覺得，我感受到天主的臨在。就是這樣，我努力收斂於祂的臨在中；這是個津津有味的祈禱，如果天主從中援助，則是非常愉悅的。由於我體驗到這樣的益處和安慰，再沒有人能使我返回基督的人性；事實上，我認為這是個阻礙。

啊！我靈魂的主，我的美善，被釘的耶穌基督！每一念及我的這個看法，無不令我痛心疾首；我覺得自己變成可怕的叛徒，雖然是出於無知。

❹我一直這麼專心致志地，奉獻整個生命給基督。我持有這個看法，一直到最後（我是

說，在上主賜給我這些出神和神見的恩惠之前[195]），這麼極端的修行法，我並沒有在其中逗留很久。所以，我常回到我的習慣，歡欣於這位上主內，尤其當我領聖體的時候。我總喜歡在眼前有個基督的畫像或態像；因為，我無法如我所願的，把祂刻劃在我的靈魂裡。我的主啊！這是可能的嗎？視祢為得到更大恩惠的阻礙，這樣的看法能進到我的腦袋裡，甚至逗留一個小時之久嗎？除了祢，我的所有福祐從何而來呢？

我很不願想及自己在這一點上的過錯，因為使我深感痛心；確實的，這是出於無知。為此，由於祢的溫良慈善，祢願意挽回這事，派遣人來帶領我離開這個錯誤——後來又讓我這麼多次看見祢，如我後來會解釋的[196]。使我更加清楚，我的錯誤有多麼大，同時告訴許多人，我剛剛所說的，並將之寫在這裡。

5 按我的看法，這麼多達到結合的靈魂，之所以無法大有進展，獲致極大的心靈自由，原因乃在於這個修行。

我認為，我的看法能建立在兩個理由上。或許，我所說的根本算不了什麼，然而我所要說的是我的親身經驗。上主還沒有賜給我光明以前，我的靈魂處境很不好；因為得到的所有安慰只是一小口。一旦過去了，就沒有基督的陪伴，可以在後來的磨難和誘惑中加以協助。

第一個理由是[197]，這些人缺少謙虛——這個缺乏很細微，又很隱密和隱藏，使之覺察不出來。誰會這麼驕傲和可憐——如同我這般——畢生辛勞，行好多的補贖、祈禱，及遭受可能想像的迫害之後，上主容許他和聖若望[198]一起在十字架下，他不會感到，這是個很大的富足，很好的回報嗎？只有像我這樣愚笨的人，才會感受不到是個很大的富足，我本該獲益之處，全都失之交臂。

195. 括號中這句話，是聖女在旁邊的附註。
196. 見第二十八章。
197. 第二個理由出現在第九～十節。
198. 《若望福音》第十九章第二十六節。

❻如果我們的本性或健康，不許我們常常默想基督的苦難，感到過於痛苦，無法忍受，那麼，誰會阻止我們，不准我們和復活的基督同在呢？我們擁有聖體內的基督，祂那麼親近我們，聖體中的基督，已經受到光榮，我們無須凝視祂這麼疲憊又精疲力盡、傾流聖血、在路途中勞累不堪、受祂曾善待過的人迫害，且忍受宗徒們的不信。的確，沒有人受得了常常想著祂所忍受的許多煎熬。注視在這裡的基督，沒有痛苦，充滿光榮。升天之前，祂逐一堅定並鼓勵門徒，祂在至聖聖體內做我們的好伴侶，好似無法片刻離開我們。我的主，我為了更事奉祢而離開祢，這是何等的可悲啊！當我冒犯祢時，我不認識祢；然而一旦認識了祢，我怎能想，走這條路會更有所獲呢？我走的是一條多麼糟糕的道路啊！現在我認為，要不是祢帶我回頭，我所走的並非道路，因為看到祢在我身邊，我看到一切的福祐。當我看著祢站在法官面前時，對我而言，就沒有什麼磨難是不好忍受的。凡能生活在耶穌基督面前的人（祂總是走在我們前面，搶先受苦），能忍耐一切。上主幫助我們，堅強我們，從不捨棄我們；祂是一個真正的朋友。而我清楚明白，後來我看見，天主所渴望的是，如果我們要悅樂祂，領受祂的大恩惠，我們必須經由基督的至聖人性，因為基督是祂所喜悅的[199]。許多、許多次，我從經驗中得知這個真理。上主也對我說過這事。我確信無疑地明瞭，如果我們渴望至尊陛下指示我們崇高的奧祕，我們必須經由此門而入[200]。

❼因此，閣下大人[201]，即使您已處於默觀的巔峰，也不該想望其他的途徑；在這路上，您得以安全行走。經由我們的這位上主，一切福祐會臨於我們。祂會教導我們這些事。觀看祂的一生，這是最好的模範。有這麼好的朋友在身旁，祂絕不會如同世俗之友，遭逢困苦患難就離棄我們。我們對祂還多要求些什麼呢？凡真心愛祂，經常有祂在身邊的人，真是有

199.《瑪竇福音》第三章十七節。
200.《若望福音》第十章第九節。
201. 聖女在此首次以貴族頭銜尊稱賈熙亞神父。他堪當這個尊稱，因為他是歐羅佩撒伯爵的甥姪。這個尊稱更進一步地證明，整部著作中，聖女是對著這位道明會神父述說的。

福！讓我們思量榮福聖保祿：除了耶穌聖名，他的口彷彿再不能說出其他的名字，宛如出自內心與主非常親近的人。一旦我瞭悟了這個真理之後，我細心觀察一些聖人和偉大默觀者的生活，他們並沒有採取別的道路：聖方濟（St. Francis）以他的五傷證實這條道路、巴杜阿的聖安東尼（St. Anthony of Padua）則以耶穌聖嬰、聖納德欣喜於至聖的人性、瑟納的聖女佳琳（St. Catherine of Sienna）……，還有其他的許多人，閣下知道得比我多。

❽ 這個棄置有形體事物的修行，必是好的，一定的，因為是這麼有神修的人所說的。不過，按我的見解，這靈魂應該是非常精修的；因為在那之前，顯然必須經過受造物來尋求造物主。凡事都有賴於上主賜給每個靈魂恩惠；這不是我所關切的。我希望解釋的是，基督的至聖人性必不能和其他有形體的事物相提並論。但願能好好了解這一點，願我知道如何加以解釋。

❾ 當天主願意休止所有的官能，如我所提及的那些祈禱的狀態中所看到的[202]。顯然，即使我們並非這麼願意，這個至聖人性的臨在會被拿走。那麼，就喜樂地順其自然；像這樣的失去是有福的，使之更能享有那我們認為失去的。因為這時，靈魂專注於愛天主，祂是理智辛勞求知的那一位，靈魂愛著他所不瞭解的，歡躍於如此的大喜樂中，如我說的，除非靈魂失去自己，而得到自己，否則無法享有這個喜樂。

然而，認為我們要熟練又細心地習慣於，不去使盡全力，謀求保持至聖人性的經常臨在（巴不得真是經常臨在）。我說，這就是我不認為好的。靈魂飄浮在半空，如同人家說的；看起來，靈魂彷彿沒有支持，無論他多麼自認為充滿天主。這是一件很重要的事，當我們仍生活在世上，仍然是人，我們就需要人的支持。這個沒有人的支持，其壞處導致另一個我要

202. 見第十八章等等。

說的理由。至於第一個理由，我開始說了[203]，亦即，天主尚未提拔靈魂之前，就想要自我高舉靈魂，其中存有小小的不謙虛；因為不滿足於默想一些有價值的事理，及尚未和曼德一起工作，就想要做瑪麗[204]。當上主願意提拔靈魂時，即使祂從第一天起就這樣做，也沒有理由害怕；不過，我們要自我約束，我相信，之前我已說過了。這個小小一丁點的缺乏謙虛，即使看起來不算什麼，卻造成在默觀上進步的大損害。

❿ 回來談第二點，我們不是天使，而是還有血肉之軀。當我們仍在塵世——而且是這麼地活於塵世，如我這樣——就想要當天使，這是很愚笨的。通常，思想需要有點支持。如果，有時靈魂離開己身，或四處行走，如此地充滿天主，他無需任何受造物來使之收心，但這並不是這麼常有的事。當人置身於處理事務中，遭受迫害和艱難困苦時，或當人無法保持這麼許多的寧靜，處於乾枯乏味時，基督是非常好的朋友；因為我們看祂是人；也看祂軟弱無力、備受煎熬，看祂是我們的伴侶。一旦我們有了這習慣，就會很容易發現祂在我們身旁，雖然，有時候，無論這樣收心，或那樣注視基督，我們都辦不到。

處於這種情況下，有個好態度是我已經說過的[205]，我們不要表現出是個神慰的追逐者。為此，無論處境如何，擁抱十字架是很重要的事。主基督的所有安慰全被剝除淨盡，他們把祂獨自留在苦難中。我們不要捨棄祂，因為祂會給我們更好的支持，超過我們自己的努力，使我們能上達更高之處。而當祂認為合宜之時，當祂願意吸引靈魂脫離自我時，祂會隱而不見，如我說的[206]。

⓫ 天主非常樂於看見一個靈魂，謙虛地奉祂的聖子為中保，並且這麼深愛天主聖子，甚至當至尊陛下願意提拔他到非常崇高的默觀時，如我已經說的[207]，他知道自己的不配，和聖

203. 見本章五節。
204. 《路加福音》第十章第四十二節。
205. 見第十一章十三節，第十二章三節。
206. 見本章九節。
207. 見本章九節。

伯鐸一起說：主請祢離開我，因為我是個罪人[208]。

這些是我的親身經驗；是天主引導我靈魂的道路。如我所說的[209]，別人走的是其他的捷徑。我所懂得的是，祈禱的整個根基在於謙虛，一個靈魂在祈禱中愈謙卑自下，天主就愈提拔抬舉。我不記得，祂所曾賜給我的，這些我將述說的任何一個明顯的恩惠，不是在看到自己的卑劣而被化為烏有的同時。而且，為了幫助我認識自己，至尊陛下設法幫助我了解一些事，這是我不知道如何想像的。

我主張，在此結合的祈禱中，靈魂若靠自己做點什麼來自我幫助，即使剛開始時看起來有所助益，很快的，他會再跌倒，因為沒有好的根基。我恐怕他決不會獲得心靈真正的貧窮，神貧乃意指安息在辛勞和乾枯中，不在祈禱中尋求安慰或舒適——因為世上的安慰都已放棄了——而是為了愛祂，在磨難中尋求安慰，因為祂時常生活在磨難之中。雖然如此，如果感受到一些安慰，不該惹來不安和痛苦。有些人認為，如果他們沒有常常用理智工作，並力求虔誠，則一切都會失去——彷彿這麼大的一個福祐，能以其勞苦立功來獲得。

我不是說，他們不該認真地努力留在天主的臨在中；而是，如果他們甚至連一個好思想也得不到時，如我已在別處說的[210]，他們不該殺死自己。我們是無用的僕人，我們想，我們能做些什麼嗎？

12 然而，上主願意我們認識自己的無用，我們變成好像小驢子一般，轉動我所說的水車[211]；雖然牠們的眼睛看不見，也不知道自己在做些什麼，牠們卻比園丁用盡辛勞得到更多的水。人必須自由地行走這條道路，把自己放在天主的手中。如果至尊陛下願意提拔我們，成為祂的密友，並分享祂的祕密，我們該欣然接受；如果不是，我們就該以謙卑的工作服

208. 見《路加福音》第五章第八節。
209. 見本章二、八節。
210. 見十一章十節。
211. 見十四章。

事，而不要坐在上座[212]，如我曾有一次說過的。天主比我們更細心，祂知道什麼適合每一個人。當人把自己的意志完全交給了天主，藉著自我克制，他會得到什麼呢？

按我的見解，比起第一級祈禱，這裡要容忍的少得多了，而碰到的害處則多的多。這些福祐是超性的。如果一個人的聲音不好，無論多麼辛苦地賣力高唱，對他毫無用處；倘若天主願意給他好嗓門，那麼就無需事先吊嗓子。所以，我們要時常懇求天主賜給我們恩惠，把靈魂交託給天主，信賴祂的無上尊高。由於靈魂得以留守在基督的腳旁，他要盡力不離開那裡，就像是他所渴望的；他要效法德蓮，因為如果他是強壯的，天主會帶領他進入曠野[213]。

⓭為此，若非閣下找到比我更有經驗的人，他知道得更清楚，否則的話，您應該持守這個看法。若是有人開始在天主內尋求愉悅，如果他們認為，自己幫助自己，會有所進步，且找到更大的安慰，不要相信他們。啊！當天主願意時，祂會多麼公開地顯示出來，無需我們這些小小的幫助！因為無論我們多做多少，祂帶走心靈，彷彿巨人拿起一根稻草，根本抵抗不了。以為癩蛤蟆應該期待，隨時願意時，就能自己飛起來，這是個多麼古怪的信念啊！我則認為，如果天主沒有提拔我們的心靈，我就自個兒將之高舉，這樣甚至是更困難、更棘手的事，因為他會為了塵俗世間和成千的阻礙而愁苦。而且想飛起來，對他也沒有什麼益處。雖然飛起來對他而言，比對癩蛤蟆更是可能的事，但他這麼地深陷泥巴中，由於他的過失，他失去了這個能力。

⓮所以，我願作此結論：每當我們想到基督時，應該記起祂的愛，祂藉此愛賜給我們這麼許多的恩惠。也要記得，天主顯示的是何等的大愛，賜給我們擁有基督的愛作為擔保，以致愛情導出愛情。即使我們才剛剛開始，又非常卑劣，我們要在眼前時常保有這種神性之

212.《路加福音》第十四章第十節。
213.《路加福音》第十章第三十九節。最後這句是有關聖女瑪麗．德蓮的傳說。根據聖大國瑞，在拉丁教會中，一般而非普遍地，把悔改的罪婦（《路加福音》第七章第三十六～五十節）和伯達尼的瑪麗（《若望福音》第十一章）視為同一人。

愛，並喚醒我們去愛。因為，萬一上主恩待我們，將此愛深刻於我們心中，一切都會成為容易的，我們也會迅速而不費力地做好工作。願至尊陛下賜予這愛——因為祂知道，這愛對我們多麼有益——由於這愛，祂擁有我們，也由於祂的榮福聖子，祂以如此的高價證明祂對我們的愛；阿們。

⑮有件事，我想請教閣下，當上主開始賜給一個靈魂崇高的恩惠時，就像把他放在完美的默觀中；正確地說，他應該搖身一變，馬上就是徹底地成全。的確，事情理當如此，因為凡得到這麼大恩惠的人，不該再渴望任何的安慰。那麼，當靈魂逐漸習慣於接受恩惠和出神時，為什麼他們似乎也接受這麼許多崇高的效果呢？又為什麼好像得到的恩惠愈多，他也愈超脫呢？在剎那間，上主能使之聖化，就像隨時光的流逝，上主使之在德行上成全。為什麼呢？

這是我想要知道的，因為我不知道答案何在。在開始時，天主給的剛毅，不會超過一眨眼的時間，除了留下來的效果，什麼也覺察不到。還有，上主也賜予維持較長的剛毅，我清楚知道兩者間的不同。往往我認為，理由在於靈魂沒有完全準備好，直到上主逐漸地培育他，賜給他成人的決心和力量，使之能踐踏萬有於腳下。祂在短時間內為德蓮做的，至尊陛下也為其他人做，配合這人自己的作為。為了讓上主來工作，我們要不斷地相信，即使在今世，天主所賜予是百倍的[214]。

⑯我也在想這個比喻：即那賜給精修者和初學者的恩惠，完全是一樣的，我們可以將之比喻為許多人吃食物。那些只吃一小口的人，只在嘴裡留味一下子。吃多一點的人，得到滋養。大吃特吃的人，得到生命和力量。他們常常這麼能吃，也這麼充滿生命之糧，除了這食

214.《瑪竇福音》第十九章二十六～三十節。

糧，他們不再吃任何滿足他們的食物。他們看到這對自己多麼有益，他們的味覺這麼賞識這個甜蜜，若必須吃其他的食物，他寧可不要吃，因為吃別的食物，無異於取走好食物留下的可口風味。

和聖善人士交談，只談一天，或連談多天，其益處各有不同；如果時間超過多天，要是天主恩待我們，則會使我們相似他。總之，一切取決於至尊陛下的意願，及祂願意把這食物給誰。不過，非常重要的，凡已經開始接受這個恩惠的人，要有決心完全超脫，並且珍視這個恩惠，如同它該受到的珍視。

⑰我還認為，至尊陛下要測試看看，愛祂的人是誰？祂一下子測試這位，一下子考驗那位，以至極的愉悅啟示祂是誰；並且使之具有活潑的信德（如果是死了），相信祂所要賜給我們的，說：「請看，這只不過是恩惠的浩瀚海洋中的一小滴。」祂這樣做，是為了毫無保留地給予那愛祂的人；視他們如何接受而給予，並且給出祂自己。祂愛所有愛祂的人，多麼好的愛人！多麼好的朋友！

我靈魂的主啊！對那信賴祢的人，祢所給予的，誰能訴諸言詞，解釋清楚呢？凡達到此境，卻又仍然和自己相守的人，他們的損失，誰又能說得清楚呢？上主，不要願意有這樣的損失，因為進到一個像我這個破舊的住所，祢已做了這麼許多。願祢永遠永遠受讚美！

⑱如果閣下和神修人討論我所寫的祈禱論，我再次請求您，這些人務必真的是很有靈修的。因為，如果他只知道一條道路，或一直耽擱在中途，他必不能了解。有些人，從一開頭，天主就帶領他們走非常高超的道路，他們因此認為，別人也將獲益於這條道路，寂靜理智，不使用有形體的方法。然而這樣做，其他有些人會陷於乾枯，如同呆頭鵝一般。而那些

稍有寂靜經驗的人，馬上認為，既然他們已有了這個寂靜，他們就能自我高舉；他們因此不得進步，反而落後，如我已說過的[215]。為此，凡事都需要經驗和審慎明辨。願上主以其溫良慈善，將之惠賜給我們。

第二十三章

重拾前題，續談她的生活[216]，她如何開始尋求更高的成全，用什麼方式尋求。對於指導靈魂修行祈禱的人而言，知道這些靈魂該如何開始修行是很有幫助的。知道這事，使她獲益良多。

❶ 我願重拾前題，續談我的生活，相信已躭擱得超過該有的逗留——因為，這樣會使人更明瞭後來敘述的。從這裡開始，這是一部新書，我是說，另一個新的生命。到此為止，所談的是我的生活。從我現在解釋這些祈禱之事起，我所度的生活，是天主生活在我內——按照祂顯現給我的方式。因為我認為，在這麼短短的時間裡，消除這麼許多的壞習慣和行為是不可能的。願上主受讚美，祂使我從自己得到釋放。

❷ 為此，我開始避開那些場合，更專注於祈禱，上主也開始賜給我恩惠，就像是祂渴望給的，我覺得自己樂於接受。至尊陛下常常賜給我寧靜的祈禱（許多次是結合的祈禱），時間維持得較長。

215. 見本章五節。
216. 她從第十一章起談祈禱的四個等級，現在開始接續中斷的主題，繼續她的生活史。

由於在那時，一些婦女陷於嚴重的錯覺，受到魔鬼的欺騙，我開始害怕了[217]；而我體驗到的是這麼大的愉悅和甜蜜，許多時候，我沒有辦法躲避。此外，我看得出來，極為確信這個愉悅來自天主，尤其是當我在祈禱時。我也注意到，從祈禱中出來後，我更加進步，也更有力量。然而經過一點分心之後，我就開始害怕，懷疑是不是魔鬼使我認為這個經驗是好的，希望我休止理智，牠好能引我離開心禱。那麼，我就不去默想苦難，或受惠於理智的運用。我認為這樣是個很大的損失，因為我還不懂這個祈禱。

❸再者，由於至尊陛下現在願意啟迪我，使我不再冒犯祂，並且認清我對祂的許多虧欠。這個害怕日益增加，促使我費心盡力，尋找神修人士向他們討教。我已經聽說了，有些神修人將到本城來，他們是耶穌會士[218]——我不認得他們當中的任何人——我非常喜愛他們，只聽說過他們的生活方式，和所奉行的祈禱。但是我自覺不配和他們談話，也沒有能耐足以服從他們，這使得我更加害怕。因為和他們談了話之後，我又是依然故我，這是一件很難受的事。

❹我大概就這樣，又過了些時日，直到經過內心的一番掙扎，加上許多的眼淚之後，我決心去和一位神修人談話（向他討教，我所經驗的是什麼祈禱。如果我走錯了路，請他光照我），並且盡我所能地，不要冒犯天主。因為，如我剛剛說的，我看到自己缺乏剛毅[219]，使得我這麼害怕。

天啊！多麼可怕的錯誤！我欲善，卻避開了善！當德行方始時，魔鬼勢必在這事上大加干預；我消除不掉這個怕懼。魔鬼知道，靈魂的徹底解決辦法，在於請教天主的朋友；而我卻下不了決心這樣做。我等著先有所改善，就像在我放棄祈禱時[220]（也許我絕不會如此

217. 十六世紀，宗教法庭對光照派的公開判決，在各城市紛紛展開，如科道瓦（Córdoba）、塞維亞、瓦亞多利。
218. 耶穌會神父於一五五四年，在亞味拉創立會院，取名為St. Giles。
219. 見本章三節。
220. 見第七章一節。

做），由於陷入小小的壞習慣，竟至使我無法知道那些是壞的。我需要別人的幫助，需要他們伸手拉我。願上主受讚美，因為到了最後，是祂首先伸出援手。

❺由於我看到自己的害怕漸漸增加，因為這個祈禱也增加了。我覺得，在此祈禱中，若不是有些極大的善，就是有些至極的惡。我清楚明白，我已有一些超自然的體驗，因為，有時候，我無法加以抗拒；如果這是個想有就有的經驗，那就不成問題了。我自認為，如果我沒有努力保持純潔的良心，避開每一個場合，即使只是小罪亦然，那麼我就沒有補救的辦法了。因為，如果這個祈禱來自天主的神。顯然地，致力於良心的純潔，必會從中獲得一些益處。如果來自魔鬼，則我致力於取悅上主，不冒犯祂，也不會給我什麼損害。相反的，遭受損失的是魔鬼。我於是下定決心，努力保持良心純潔，並且懇求上主幫助我。努力了一些日子以後，我看到自己的靈魂沒有力量達到那麼的成全，只因為還有些執著，雖然其本身不是太不好，已足以敗壞一切。

❻人家對我說，本地有位博學的神父[221]，上主已經開始使人獲知他的良善和芳表的生活。透過住在本地的一位聖善紳士的幫助，我設法和他談話。這位紳士是已婚人士[222]，但是他度著非常模範和有德的生活，這麼富有祈禱和愛德，他的良善和成全，閃閃發亮，照耀本地所有的人。他的舉城聞名是有許多理由的，因為有很多靈魂因著他獲益良多。他具有這麼許多的才幹，即使其身分對他幫助不大，卻也不能限制他的發揮。他至極聰明，待人總是彬彬有禮。他的言談毫不令人厭煩，那麼平靜文雅，同時又正直而神聖。凡與他交談的人，無不感到極為愉悅，他把一切事都導向對談者靈魂的最大益處，彷彿他惟一關心的是，依照他認為可能的，為每個人效勞，並且取悅所有的人。

221. 即加斯巴・達撒神父，是亞味拉的教區神父，見第十六章七節、第三十六章十八節。
222. 方濟・撒爾謝多先生，他成為聖女極親近的朋友。他的太太是梅茜亞・雅姬拉女士（Doña Mencía del Aguila），是聖女的叔叔伯鐸・桑徹斯・賽佩達太太的堂姐妹，這位叔叔曾介紹聖女看靈修書，對她有很大的影響（第三章四節，第四章七節）。方濟・撒爾謝多在亞味拉聖多瑪斯道明學院上神學課，約二十年之久。他是一個真正的神修人，太太過世後，棄俗修道，做了神父。

❼於是，這位有福又神聖的人士，由於他的敏捷，我認為，這是我靈魂得救的起點。他的謙虛令我稱奇。我相信他已修行祈禱快四十年了——我不知道，或許還少兩、三年。在他的身分可能的範圍內，他過的是全然成全的生活。他的太太是天主的好僕人，這麼有愛德，對他毫不阻止。總之，天主揀選她為人之妻，知道她的先生會是天主的忠僕。他的一些親戚和我的親戚結婚。他也和另一位天主的忠僕㉓很有交情，這位忠僕和我的一位堂姐妹結婚。

❽我這樣安排了，使這位司鐸，即我所說的天主的忠僕，來和我談話。這位紳士是那司鐸的好朋友，我覺得可請他做我的告解神師。當他帶神父來和我談話時，我極其羞愧，覺得自己在這麼一位神聖的人面前，向他敘述了我的靈魂和我的祈禱；但我並沒有要他聽我的告解。我告訴他，我非常忙，而那是真的。他開始以神聖的決心來指導我，好像我是個很強的人——當然我該是這樣的，因為他看到我所體驗的祈禱——為的是使我決不冒犯天主。當我看到，他立刻這麼決心地對待那些瑣事，如我說的㉔，就是那些我沒有剛毅立刻放棄的，也無法這麼完美地放棄的瑣事，我感到很傷心。因為，我看到他認真地對付我靈魂的執著，如同我必須馬上死於一切，我也看得出來，我還需要更多的勸告。

❾總之，我明白，他給我的方法，並非我能藉以補救我處境的方法，因為，那是適合更成全靈魂的方法。至於我自己，即使我在接受天主的恩惠上有進步，對於德行和克苦，我則剛剛在起步的階段。的確，如果我沒有其他的人，而只有他可以交談，我相信，我的靈魂決不會有所改善。因為在看見我做不到他所告訴我的——我也不認為我能做得到——我所感到的傷心，已足以使我失去希望，並且放棄一切。

有時我很驚奇，在幫助靈魂達到天主方面，這位司鐸很有特殊的恩寵，天主竟沒有讓他

223. 亞龍索・奧華雷思・達維拉（Don Alonso Alvarez Dávila）。
224. 本章五節。

了解或照管我的靈魂。我明白，所發生的事全是為了我更大的好處，使我能認識，並求教於，如耶穌會士那樣聖善的人。

❿那時，我安排這位聖善的紳士，找個時間來看我。在此，我看到他非常謙虛，願意和一位如我這般卑劣的人談話。他開始探望我，鼓勵我，對我說，我不該一天之內什麼都全部放棄，而是逐步漸進地，天主會完成這個工作，他自己就曾多年無法斷絕一些微小瑣事。謙虛啊！你所在之處，及親近擁有你的人，所賜予的是何等大的祝福！這位聖人（我認為，我有理由以此名號稱呼他），由於他的謙虛，和為了我的益處，告訴我他的軟弱。這對他來說是軟弱，其實顧及合乎他的身分，那是沒有什麼過錯或不成全的，然而，按照我的身分，我有那樣的軟弱卻是很大的過失。

我提這件事，不是沒有理由的，因為，看來好像我不厭其煩，老說這些瑣事。不過，這些事情在開始時是這麼重要，有助於一個靈魂，且指示他如何起飛（人們說，他還沒有長翅膀），除非一個人親身經歷過，否則不會相信我所說的。因為我寄望於天主，閣下將能幫助許多靈魂，所以在此述說這事。這位紳士是我的全部救援，知道如何治癒我，對我懷有謙虛和愛德。還有，當他看到我什麼也沒改善時，他的忍耐。他謹慎地逐步指示我克勝魔鬼的道路。我開始對他懷有很深的摯愛，我感到，沒有比看到他的日子更是賞心的事，雖然如此，這樣的日子是很少的。當他來遲了，我就憂心忡忡，那時我擔心，因為我這麼卑劣，他不來看我了。

⓫由於他漸漸獲知我這麼大的不成全，而且甚至是罪過（雖然後來我對他說，我做了更大的改善）；又因我向他述說天主賜給我的恩惠，使他能啟迪我。他對我說，我的不成全和

這些恩惠是不相稱的。這些恩典所賜給的人，都是已經很精修並克苦的人，他不能不深感害怕，因為他覺得在某些事上存有惡神，雖然他無法斷定。至於我的祈禱，他所了解的一切，他則認為是妥當的，他也這麼說。困難在於我根本不知道如何述說我的祈禱；因為直到現在，天主才賜給我恩惠，明瞭那是怎麼回事，及如何述說。

⑫ 由於這位紳士對我說出他的害怕，加上我早就有的害怕，我感到傷心極了，流了好多眼淚。因為，我真的渴望悅樂天主，我無法說服自己，這是來自魔鬼。然而我很害怕，因為我的大罪，天主使我盲目，以致不知道起因何在。

我遍讀群書，想看看是否能獲知怎樣說明我的祈禱，我找到一本書名叫《攀登熙雍山》[225]。書中論及靈魂與天主的結合，在其中，我體驗的所有記號是什麼思想也沒有。這是我最常說的：當我體驗到那祈禱時，我無法思想任何事情。我標記出相關的章節，把這書給他，好使他和我所說的那位司鐸——他是聖人，也是天主的僕人——詳讀這書，並告訴我應該做什麼。而如果他們認為應該，我會完全放棄祈禱，因為，我何必置身於這些危險之中呢？如果將近二十年修行祈禱的結果，我不但毫無所獲，反而受到魔鬼的欺騙，那麼，最好是不要再修行祈禱了。雖然這對我來說，也會很辛苦，因為我已體驗過，沒有祈禱，我的靈魂是何等的光景。

為此，我已是四面楚歌，舉目盡是危險。我好像困在河流當中的人，無論朝向何方，都怕遭到不測的兇險，幾乎就要淹死了。

這是一個非常嚴厲的考驗；而我經歷許多這樣的考驗，如我後來要說的[226]。雖然這事看來彷彿不重要，但或許會有助於明瞭，心靈必須如何受考驗。

225. 拉雷多的《攀登熙雍山》，參閱註八十八。拉雷多是一位方濟會士，入會前曾做過醫生。他的書於一五三五年最早發行於塞維亞。
226. 見第二十八章四～六節，及最後幾章等等。

⓭ 的確，所經歷的是很大的考驗；需要有些勸告，尤其是婦女。因為我們非常軟弱，清楚明白地對我們直說是從魔鬼來的，會導致許多的損害。不過，應該細心地考量這個事情，他們要避開可能的危險，勸告她們對這事守密的重要性；這個守密是適宜的。

在這方面，我說起來，像個飽受磨難的人。因為我和有些人談過我的祈禱，他們卻沒有守口如瓶，反而到處去請教別人，他們真使我受害良多。他們把本該隱密的事——這不是給人人知道的事——傳揚出去，彷彿是我把這事公布出來的。我相信，上主許可發生這事，我受苦，他們沒有任何過錯。我不是說，他們說出我在告解中提及的事。而是，因為我的害怕，我向他們述說我自己，好使他們能開導我，我則認為他們應該會三緘其口。雖然如此，我從不敢對這些人隱瞞任何事。

為此，我說，應該勸告這些靈魂，要非常謹慎小心，鼓勵他們，等待良機，直到上主幫助他們，如同祂幫助了我；如果不是這樣，我會遭受極大的損害，因為我很驚嚇和害怕。帶著沉重的內心，我很驚奇，竟然我沒有招致許多的災害。

⓮ 由於我把這本書，連同我盡力敘述的、我的生活和罪過的報告[227]，交給了他們（這不是告解，因為其中一位是平信徒；不過，我清楚地瞭解自己是多麼卑劣）。這兩位天主的僕人，懷著很大的愛德和摯愛，詳加細察什麼是最適合我的。

我懷著怕懼等候回答；把自己交託給許多人的祈禱，在那些日子，我自己大大地祈禱。當中一位憂心忡忡地前來，告訴我，他們倆一致認為，起因是魔鬼。他對我說，我最好找個耶穌會神父談談。如果我請求這位神父，說出我的需要，他會前來的，而我應該辦總告解，敘述我全部的生活及狀況，要非常坦誠告明一切，依賴告解聖事的德能，天主會光照他。這

227. 即劃上記號的《攀登熙雍山》，和她的第一份自傳性的報告，這個資料已經失傳。

些神父在神修方面非常有經驗，而且他對我所說的，我什麼也不該忽略，因為，如果沒有人指導我，我會置身於許多的危險中。

⑮ 這話令我如此地驚駭和痛苦，我不知如何是好，淚流如注。當我在經堂中，傷心不已，不知道自己會變成什麼樣子。在一本書上（彷彿是上主把書放在我的手中），我讀到聖保祿所說的，天主是忠信的，祂決不許愛祂的人受魔鬼的欺騙（《格林多前書》十章十三節），這話深深地安慰了我。

我開始準備我的總告解，寫下所有好與不好的事——按照我所知道如何敘述的，清楚地詳述我的生活，鉅細靡遺[228]。

寫好之後，加以回想，我看到這麼許多的惡事，幾乎沒有什麼好事，我沮喪萬分，傷心至極。還有令我感到痛苦的，院中的人會看到，我和這麼神聖的耶穌會士談話。因為我很害怕自己的卑劣；我認為，我將要有更大的責任避開罪惡和我的消遣，而如果做不到的話，事情就會更糟糕。所以，我和管更衣所的人及門房商量好，不要告訴任何人。這樣安排，一點用處也沒有，因為當他們叫我時，正好有院內的人站在門口，於是她走遍全修院，通告有誰來看我。所以，在那想達到天主之人的路上，魔鬼擺設的是何等的阻礙！何等的害怕！

⑯ 後來，我和這位天主的僕人——他真是個上主的僕人[229]，極有智慧——述說我靈魂的一切，如同對著一位很懂得這種語言的人，他向我說明我所經驗的事，給我許多的鼓勵。他說，這很清楚認得出來是來自天主的神；但是，我必須再回去祈禱。還有這個祈禱沒有很好的根基，以及我還沒有了解克苦（這是真的，因為我覺得，甚至連這個字我都不明瞭）。我決不該放棄祈禱，反而要更加勤勉奮力，因為天主賜給我那樣特殊的恩惠，要是天主不願藉

228. 這是另一份自傳性的神修報告，和上一份報告一樣，都已失傳。
229. 狄耶各．沈迪納神父，一五五五年夏是聖女大德蘭的告解神師。見二十四章一節。

著我造福許多人，他會感到很不可思議。他還說了些其他的事（他彷彿預言了上主後來要對我做的事），並且指出，如果我沒有回應天主賜給我的恩惠，我會有很多的過失。

關於他說的這一切，根據留在我靈魂上的深刻印象，我認為，天主聖神藉著他說話，治癒了我的靈魂。

17 他令我感到非常羞愧；他指導我的方式，好似徹底地改變了我。了解一個靈魂，是件多麼了不起的事啊！他對我說，我應該每天祈禱一段耶穌的苦難，我會從這個祈禱中獲益，而且要只存想耶穌的至聖人性；同時盡所能地，抗拒那些收心和安慰的經驗。這樣的話，我就不會對它們留有餘地，直到他告訴我別的事。

18 他留給我安慰和鼓勵，上主幫助了我，也幫助他了解我的處境，及我該如何接受指導。我保持著決心，不忽略他命令我的任何事，直到如今，我仍然這麼做。願上主受讚美，祂賜給我服從告解神師的恩寵，雖然我的服從並非成全的；他們差不多全是神聖的耶穌會士；雖然如我說的，我對他們的順服並非成全的。

我的靈魂開始有了顯著的改善，如我現在要敘述的。

第二十四章

繼續相同的主題。述說開始服從之後，她的靈魂怎樣有進步，而抗拒天主是如何地少有

成效，以及至尊陛下開始賜給她更成全的恩惠。

❶ 由於這個告解，我的靈魂成為這樣的順服，致使我認為，沒有什麼是我不能自我預備的。因此，我開始做許多改變，雖然告解神師沒有強迫我。其實，好像他認為這一切改變沒什麼重要似的；而這倒更加驅策我，因為他以強調天主的愛指導我的靈魂。如果不是我出於愛而做的事，他則容許我自由，也不勉強。

為此，將近兩個月，我盡全力抗拒天主的恩賜和恩惠。在外表方面的改變是明顯的，因為上主已經開始賜給我勇氣，修行一些捨棄。有些認識我的人，甚至連本院[230]的某些修女，她們都說看起來過於極端。和我先前的生活方式比起來，這個捨棄是極端的，那些人這樣想是對的。然而，按照我身穿的會衣、誓發的聖願、我所應盡的責任，那麼就顯得不足了。

❷ 關於抗拒天主的安慰和恩惠，我從至尊陛下得到一些教導。因為，過去我總認為在祈禱中接受恩惠，必須有很深的隱退，我幾乎連動都不敢動。後來我看出來，這樣的努力是多麼無關緊要。我愈努力分心走意，上主愈以甜蜜和光榮籠罩我，我覺得自己被團團圍繞，無處可逃脫，這是真的。我這麼地認真，致使我感到痛苦。上主更是認真地賜給我恩惠，且把自己顯示給我，在這兩個月內，所得的恩惠遠遠超過平常，致使我更加明瞭，抗拒恩惠，不是我能力所及的事。

我再度開始愛這至聖人性。祈禱也開始建立起來，如同有了根基的大樓；我喜愛更多的補贖。由於重病纏身，我向來不看重做補贖。聽我告解的這位聖人告訴我，有些事是不會危害我的，也許天主給我這麼許多的病痛，起因於我不做補贖，所以至尊陛下願意給我一些。他命令我做一些不是讓我很愉快的克苦。我全都做了，因為，我視之為天主的命令，天主賜

230. 指亞味拉降生隱院。
231. 聖方濟．博日亞（St. Francia Borgia S.J.，一五一〇～一五七二），繼承父親成為第四代甘迪亞公爵之後，捨棄他的貴族榮銜和地位，加入耶穌會。一五六五年獲選為該會第三任總會長。一五五五年夏，他首次會晤聖女大德蘭，聖女說，她曾兩次會見他。見Spir. Test. 58, NO. 3。

給他恩寵，這樣地命令我，我則服從他。於是，對於任何冒犯天主的事，無論多麼微小，我的靈魂都有所覺察，如果我把持不放一些不必要的事物，除非將之捨棄，否則我無法收心斂神。我大大地祈禱，因為上主以祂的雙手扶持我。由於祂許可我請教祂的僕人們，不要許我回頭走；因為我認為，回頭走會是一個很大的罪行，他們也會因我而失掉聲譽。

❸在那時，方濟神父[231]來到這個地方，他曾是甘迪亞公爵，幾年前捨棄一切，進入耶穌會。我的告解神師[232]及我曾提過的那位紳士來到我這裡，安排好使我能和他談話，向他報告我的祈禱，因為我知道，在天主的恩惠和恩賜上，他是個精修者，由於他是個為天主捨棄許多事物的人，甚至在今世，天主就已賞報了他。

當他聽我講完之後，對我說，我的經驗是從天主之神來的，他認為多加抗拒是不好的；不過，到目前為止，一切都算好。我應該常常以一段耶穌的苦難來開始祈禱，而如果後來上主要帶走我的心靈，不要加以抗拒，讓至尊陛下帶走，但不要企圖自己這麼做。就像一位非常精修的人，他給了我良方和勸告，經驗在這件事上是非常重要的。他說，再加以抗拒是錯誤的。

我得到好大的安慰。這位紳士也非常高興，因為方濟神父說這是來自天主的。這位紳士幫助我，按他所能給我好多的勸告。

❹正在此時，我的告解神師[233]遷調他處。他的遷調令我感觸良多，因為我想，我會故態復萌，依然卑劣不堪，我不認為還能找到另一位像他的人。我的靈魂彷彿處在沙漠之中，非常憂傷和害怕。我不知如何是好。我的一個親戚安排好帶我去她家，我設法馬上就去，希望能從耶穌會中找到另一位神師。上主容許，我結識一位守寡的高貴夫人[234]，她是個修行祈

232. 狄耶各・沈迪納是聖女的第一位耶穌會告解神師，他在亞味拉只有幾個月，所以指導聖女為期很短。
233. 即狄耶各・沈迪納神父。
234. 紀爾瑪・于佑雅夫人，她的丈夫留給她一筆財產，她以之大行愛德。她提拱大部分的收入給聖女的亞味拉聖若瑟隱院。後來她嚐試在聖若瑟隱院度加爾默羅會的生活，但因健康欠佳而必須離開。

禱的人，而且是耶穌會士很親近的朋友。她讓我去向她的神師辦告解，我則留在她家裡許多天。她的家就在附近，我很高興和他們做許多交談。光是聆聽他們的神聖談話，我的靈魂就已感到大有所獲。

❺這位神父㉟開始帶領我邁向更高的全德。他告訴我，若要完全悅樂天主，我必須毫無保留。他熟練又溫和地指導我，因為我的靈魂一點也不強壯，而是很脆弱，尤其在放棄我的一些友誼方面。雖然我沒有因為他們而冒犯天主，但是我非常執迷，而我認為放棄他們是忘恩負義的。於是我質問，為何我要忘恩負義呢？因為我並沒有開罪天主。他告訴我，把這事交託給天主一些時日，同時誦唸讚美詩「造物的聖神請降臨」，使天主能光照我什麼是比較好的。有一天，我祈禱了很久，祈求上主幫助我在一切事上悅樂祂，我開始唸這讚美詩；當我在唸時，有個出神臨於我，這麼地突然，幾乎把我帶出己外。這是毫不容置疑的事，因為非常的明顯。這是第一次，上主賜給我這個出神的恩惠。我聽到這些話：「我不願妳再和人交談，而是和天使。」這個經驗令我驚駭，因為靈魂的動作強而有力，這些話是在心靈深處對我說的；為此，這使我害怕，雖然另一方面，我也感到很大的安慰，至於這個害怕，我則認為，是因為留在我內的新奇經驗而引起的。

❻這些話已應驗了，因為我再不繫戀任何的友誼，或對任何人尋求安慰或懷有特別的愛。除了那些人，我知道他們是愛天主，又努力事奉天主的人；這並非靠我的力量做到的，也不管他們是朋友或親戚。如果我覺察不出這人在尋求愛或事奉天主，或尋求談論祈禱，若是要和他交往，對我而言，是個很痛苦的十字架。我認為，事實是這樣，確實如此。

❼從那一天起，我勇氣十足，為天主捨棄一切，就好像一個人希望從那一刻起——我不

235. 耶穌會士若望・布蘭達諾斯，也是紀爾瑪夫人的告解神師。

認為這是可以妥協的——徹底地改變。為此，不再需要命令我什麼了，由於我的告解神師看到我這麼執迷於這事，他不敢明確地說，我應該放棄這樣的執著。他必須等候上主來工作，如同主所做的。我也不認為自己辦得到這事；我已經嚐試過了，這使我遭受相當大的痛苦，因為我並不認為，這執著對我是不合宜的，所以我放棄努力。現在，上主在這個出神中，賜給我自由和力量來做這事。因此我對告解神師說這事，並且放棄一切，如他所命令我的。我的告解神師看到在我內的這個決心，極有益於他。

❽ 願天主永遠受讚美，因為剎那之間，祂給了我自由，這是我多年用盡全力，無法靠自己獲得的。時常這麼勉強自己，我的健康必須付出高昂的代價。由於這是祂親自完成的，祂是充滿大能、萬有的真主，我一點也不覺得痛苦。

第二十五章

談論這些神諭的性質，上主賜給靈魂神諭並沒有經過聽覺，有些欺騙可能來自這些神諭，及若是來自天主的，如何加以辨識。凡達到此一祈禱等級的人，本章是非常有幫助的，因為解釋得很好，而且包含豐富的道理。

❶ 我認為可以說明一下，上主賜予的神諭是如何發生的？以及靈魂有什麼感受？好使閣下能夠明瞭這事。自從我所說的，上主賜我這個恩惠直到現在，這恩惠一直是很常見的，從

接下來所說的可以看得出來。

神諭中的話是非常明確的[236]，但不是用身體的耳朵聽到的；雖然如此，卻非常清楚地明白，超過如果是聽來的，並且無論如何用力抗拒，不予理解，根本沒用。在今世，當我們不想聽什麼時，我們可以塞住耳朵不聽，或轉移注意力到別的事上，即使是聽到了，也不明瞭。天主對靈魂說這些話的情況，根本就避不開。更好說，即使我不想聽，還是會聽得到，並且使理智非常靈敏，能明瞭天主願意我們了解的，我們願或不願了解，都沒有什麼用。那能行萬事的天主，願意我們明白，祂必完成自己的意願，祂顯示自己是我們的真主。對此我有許多經驗，因為，由於極度的害怕，我抗拒了將近兩年之久，現在有時我也這麼做，但實在沒有什麼用。

❷ 我願說明在此可能有的騙局，雖然我認為，凡有許多經驗的人，必很少或根本不會受騙；不過必須要有許多的經驗。同時我也要說明，來自善神或惡神，兩者間的不同，以及神諭也可能是理智本身的領悟，這是可能發生的，或是心靈自身對自己說話。關於後者，我不知道是否可能，然而甚至到如今，我認為是這樣的。

至於來自天主的神諭，在很多的事情上，我有許多經驗。神諭對我說的，經過兩、三年後都應驗了，直到現今，沒有什麼成為謊言的，以及其他的一些事情，清楚地看得出是來自天主之神的，如我後來要說的。

❸ 我認為，一個人可能懷著強烈的情感和迫切的祈求，把某事交託給天主，而自認為瞭解了某件事是否要或不要做，這是非常可能的。雖然凡了解來自天主話語的人，會清楚地看出來，這些來自理智話語的本質，因為兩者的差異很懸殊。如果是理智捏造出來的事情，

236. 在此我們有語言上知識的通傳，這和理智神見的純粹而分明的知識，顯然有別。見第二十七章六節。

無論編造得多麼巧妙，一個人會知道，這是理智在安排事情和說話。其差別在於，一個是編造話語，另一個則是聆聽話語。理智會看出來，那時它不是聆聽，而是在工作。其所揑造的話語，笨拙而空幻，沒有來自天主話語的明晰。我們可自行轉移注意力，不顧這些理智的話語，就像我們說話時，自行決定沉默不語；若是來自天主的話語，決不能轉移注意力。

另一個比一切都明顯的記號是，由理智編造的話語生不出什麼效果；而天主所說的，則同時是話，也是工作。即使這些可能不是熱心的話，而是責備的話。從一開始，天主的話全然安頓好靈魂，準備他，感動靈魂，給他光照，恩待靈魂，使他寧靜。如果靈魂遭受乾枯、擾亂和不安時，彷彿頓時就一掃而空。更好說，好像上主願意靈魂明瞭，祂具有威能，祂的話就是工作[237]。

4 我認為這兩種話語，其不同就像說話和聽話，完全是這樣。當我說話時，如我說的[238]，我用理智編造我想說的；但如果是別人對我說，我就是聆聽，什麼也不用做。

還有一種情況，我們無法清楚地確定這話是否真的說了，就好像一個人處於半睡眠狀態。至於來自天主的話，聲音是非常清楚的，你不會漏掉所說的任何一個音節。後者有時發生在理智和靈魂非常擾亂和分心時，靈魂無法組成一個好句子，然而卻發現對他說的已整理好的長句子；即使處在深度的收斂中，他也編不出這話。聽到第一次的說話，如我說的，靈魂徹底地改變了。特別如果靈魂處於出神之中，官能是休止的，如何理解事物呢？之前，這些事物甚至未曾進入他的腦海中。這些事物是怎樣進來的呢？當時靈魂幾乎完全沒有作用，想像處於虛弱無力的狀態中。

5 根據我的看法，應該知道，當靈魂結合時，處於神魂超拔之中，決不會看到神見，

237. 見第十二章三節。
238. 第二～三節。

也不懂那些話語。因為，處在這樣的時候——如我已經解釋過的，我相信，在談及第二種水時[239]——所有的官能全都失去知覺，我認為，一個人看不見，不了解，也聽不到。靈魂完全處在另一位的權下，處在這樣的情況，為時很短。我不認為，上主會留給他半點自由。一旦這個短短的時間過去，當靈魂仍然存留在某種出神之中，這些神諭會發生[240]。官能處在如此的情況中，即使沒有失去知覺，也幾乎什麼都不能做。它們好似全神貫注，無法把句子放在一起。這兩種神諭之間的不同，有這麼許多方法辨識，縱然一個人可能受騙一次，他決不會常常上當的。

❻ 而我說，如果靈魂是有經驗的，並且有所戒備，他會清清楚楚地看到其間的不同。除了看到我所說的兩種神諭的不同外，來自理智的神諭生不出效果，靈魂也得不到任何效果（因為，來自天主的神諭，無論靈魂願意與否，都會得到效果），也不會相信這些話語。反之，靈魂知道理智在胡說，他不加理睬，幾乎就像不理睬一個他知道已發瘋的人。

至於來自天主的話語，就像我們正聆聽一位神聖的人，或極有權威的博學者，我們知道他不會對我們撒謊。雖然這是個拙劣的比喻。因為天主的話有時這麼樣的威嚴，即使一個人想不起來是誰說這話。如果是責備的話，也會使人顫慄；而如果是愛的話語，則使之融化於愛中。它們涉及的事，如我說的[241]，和人的思想遠不相稱。這麼長的句子，說得如此之快，一定需要用好多的時間編造，我決不認為，我們會認不出來，那是我們無法自己捏造的。

為此，我沒有理由在這個事上耽擱；要是一個有經驗的人，沒有故意要上當，而他卻受騙，我會覺得很不可思議。

❼ 許多次，我有這樣的經驗：如果我有些懷疑，我就不相信對我所說的，並且認為是

239. 不是第二種水，而是第四種水，見第十八章一節等等。二十章三節等等。
240. 在此回想聖女在第十八章和二十章有關神魂超拔的教導，會很有幫助，尤其是第十八章十二～十三節。
241. 見本章四節。

我的想像（我是後來才這樣想的，因為在當時不可能如此想）。經過一段時間之後，我看到那些話應驗了。因為上主使之留在記憶中，不會忘記。然而來自理智的神諭，就像思想的初次攪動，過去了，也隨之忘記。那些來自天主的神諭，就像一個工作，即使有些記不到，時間也過去了，仍然不會這麼的忘得一乾二淨，記不得其中所說的主要部分；除非時隔很久、或者是些恩惠或道理的話。不過，我認為，有關預言的話，是不會忘記的，至少對我是這樣的，儘管我的記憶很差。

❽而我再說一遍。我認為，要不是一個靈魂這樣的不虔誠，竟至自願捏造——這是罪大惡極的——說他聽到，而其實並沒有聽到的話；那麼，他是不可能不知道，這是自己捏造和講述的話，不是從天主之神來的。不然的話，他整個生命會在錯覺幻想中度過，且認為自己是明瞭的，雖然我不知道這是怎麼回事。要麼，是靈魂願意知道；不然，就是靈魂不願意知道。如果他排除所知道的，決不願知道任何事，由於成千的害怕，和許多別的理由，他渴望在祈禱中安靜，而不要有這些事，他怎會給理智這麼多的餘力去編造呢？做這事是需要時間的。至於來自天主的神諭，不費半點時間，我們就能獲知，並且瞭解這似乎需要一個月的時間編造的事情，而理智本身和靈魂都很驚訝於明瞭某些事物。

❾事情就是這樣，凡有經驗的人會看得出來，我所說的一切，逐字逐句都合乎事實。我讚美天主，因為我能夠這樣地加以敘述。結論上述所說的[242]，我認為，隨時我們願意，都能了解來自理智的話語，而且每次去祈禱，我們都能想自己了解它們。至於來自天主的話語，事情就不是這樣；我得經過好多天，即使想要了解一些事，也不可能。而有時候，我並不想知道，如我說的，卻又使我知道。我認為，凡有意欺騙別人，說他們知道了什麼來自天主的

242. 見本章一～六節。

事，其實是從自己來的。這樣的人，沒有什麼困難地會說，他是用自己的耳朵聽來的。實在的，真是如此。我從未想到還有另一種聆聽和理解的方式，直到我在自己身上看見。所以，如我說的[243]，經驗使我付出許多艱辛的代價。

❿ 當話語來自魔鬼時，不僅沒有好效果，還有壞效果。我有這樣的經驗，不下兩次或三次，那時上主隨即知會我，這話是從魔鬼來的。除了留下很大的乾枯，靈魂內還有一種不安，就好像許多次，上主容許我的靈魂遭受種種嚴厲的試探和考驗。雖然這個不安常常折磨我，如我後來要說的[244]，一個人無法明白，這個不安從何而來？靈魂好似在抗拒；他焦慮和憂苦的，卻不明白原因何在，因為魔鬼所說的不是壞事，而是好事。我不知道，是否一個靈體會感受到另一個靈體。魔鬼給我的安慰和愉悅，我認為，顯然很不同。牠能用這些安慰來騙人，欺騙那些沒有或不曾有過來自天主之安慰的人。

⓫ 我說的是真正的神慰：一個輕柔的舒暢——強烈、印象深刻、愉悅和寧靜。因為靈魂小小的熱心感受、眼淚和其他小小的情感，初次小小迫害的微風過後，就會失掉它們的小花。我不稱之為熱心，即使它們可能指的是一個很好的開始，而且是聖善的情感。然而，它們尚不足以用來分辨，到底這些效果來自善神或惡神。所以，最好經常小心戒備。尚未超越這些熱心感受的人，會很容易受騙，如果他們有神見或啟示……。

我從來沒有這些神見或啟示……，直到天主純粹出於祂的溫良慈善，賜給我結合的祈禱——除了我所說的第一次的情況外[245]，我看見基督，這是許多年以前的事。如果至尊陛下容許，我可能會知道這是個真神見，如同我後來知道一樣，因為這會給我不少的益處。當神見或啟示來自魔鬼時，靈魂內不會留有絲毫溫柔，而是彷彿受到驚嚇，而且感到很厭惡。

243. 見第二十三章。
244. 見第三十一章及三十二章一節，三十六章七～十一節，三十八章二十三～二十四節，三十九章四節。
245. 見第七章六～七節。

⓬ 我極其確定地主張，一個凡事不依賴自己的靈魂，且又堅固於信德，寧願為一端信道死一千次，魔鬼必欺騙不了他，天主也不會容許這事。懷著這份對信仰的摯愛，此乃天主隨之灌注的。這是活潑有力的信德，經常致力於順服聖教會的主張，請教各種人，就像一個已經堅定同意這些真理的人。所有他能想像的啟示，即使他看到天開了，也不會絲毫打動他，使他偏離聖教會的主張。如果有時候，他看見自己動搖，觸及堅決的信德，我是說，如果他沒有在自己內看到這個剛毅，又如果，熱心和神見並非有助於這個剛毅；那麼，他不該認為這個神諭是安全的。這個也適用於以下的情形，如果他看到自己躊躇著說：「可是，如果天主對我說了這話，這也有可能是真的，就像祂對聖人們所說的。」我不說靈魂相信這話，而是說，魔鬼藉第一個慫恿開始誘惑他，因為只躊躇於這個思想，就已經大錯特錯了。不過，在此情況中，我相信，如果靈魂堅定於信德，如同一個上主賜予這些恩惠的人，往往他連第一個慫恿也不會有；因為靈魂認為，魔鬼會無情地評擊教會，甚至連教會主張的極小真理亦然。

⓭ 我說，如果靈魂沒有在自己內看到這個剛毅不屈，又如果，熱心和神見也非有助於此，他不該自認為安全。雖然他不會馬上看出這個損害，漸漸地，這個損害會變很大。根據我看見，及從經驗得知，一個神諭，如果和《聖經》一致，是具有來自天主的憑據。如果神諭只一點點偏離《聖經》，我會有無比的極大確定，這是從魔鬼來的，而非我現在有的來自天主的神諭，無論後者有多大的保證。因此，無須尋找記號，或分辨神諭來自善神或惡神。因為這個來自魔鬼的記號，已經如此清楚，即使全世界都向我保證，這神諭來自天主，我也不會相信。

事實是這樣的，當神諭來自魔鬼時，彷彿所有的福祐都隱藏起來，避開了靈魂，於是導致靈魂不悅和騷亂，而且什麼效果也沒有。即使他覺得有好的渴望，但卻不是強有力的渴望。像這樣的神諭留下的謙虛是虛假的、擾亂的，也非溫和的。我認為，凡有過善神經驗的人就會明瞭。

14 總之，魔鬼能夠玩弄許多的惡作劇；所以，在這個事上，所確定的無非是，懷有更大的怕懼，經常徵詢意見，有個博學的神師，對他毫不隱瞞。這樣就不會招致任何損害——雖然，由於某些人的過分怕懼，為害我不淺。

尤其是，曾有一次我遭遇這事，許多我信任的人，聚集一起，詳細商量一個救助我的良方（這樣是有理由的）。雖然我只和他們當中一位談過這事，而我之所以對其他的人述說，則是這一位要我這麼做的。他們都很喜歡我，恐怕我會受騙。當我不在祈禱時，我也極其害怕——因為當我祈禱時，上主賜給我一些恩惠，祂那時會向我保證。我相信他們有五、六位[246]，全是天主的忠僕；我的告解神師對我說，他們都一致斷定[247]，我的經驗來自魔鬼，所以，我不該這麼常領聖體，我也應該想辦法時常分心走意，不要單人獨處。

我害怕極了，如我所說的[248]，而我心臟的毛病更增加我的害怕。白天時，我常常不敢單獨留在房間裡。因為，我看到這麼多人同意，我的經驗乃從魔鬼而來，雖然我自己不相信是這樣的，我感到至極的不安，又想我的無法相信，是出自我的不夠謙虛。因為他們全都度著聖善的生活——無比地超越過我——而且都是博學者。為什麼我不該相信他們呢？我在盡其所能的範圍內，勉強自己相信他們所說的，我覺得，自己的卑劣生活與之比照之下，他們說的必是真話。

246. 這些人可能是加斯巴．達撒、龔札羅．亞蘭達（Gonzalo de Aranda）、若望．布蘭達諾斯這三位是耶穌會士，另外兩位平信徒：方濟．撒爾謝多及他的表兄弟亞龍索．奧華雷思．達維拉先生。
247. 如果不是若望．布蘭達諾斯，就是巴達沙．奧瓦雷思，兩位都是耶穌會士。
248. 見第二十三章十三節。

⑮我走出聖堂，滿懷惆悵，步入小經堂，我已有多日放棄領聖體，放棄獨居，這是我全部的安慰。因為，沒有半個人我可與之交談，他們全都反對我。有些人，當我提到這事時，我覺得，他們在取笑我，好像是我發明出來的事。有的勸我的告解神師，要對我小心戒備；有的則說，我的經驗很清楚是來自魔鬼的。只有我的告解神師（雖然他也認同那些人，以之來考驗我，這是我後來才知道的）常常安慰我；告訴我，即使我的經驗來自魔鬼，要是我不開罪天主，什麼也加害不了我。而這神諭到時候也會離開，我應該非常熱切地向天主祈求這事。他和所有向他辦告解的人，還有許多別人，以及我在自己的祈禱中，和所有我知道是天主忠僕的人，都向至尊陛下祈求，帶領我走別的道路。這樣不斷向上主懇求，我看持續了將近兩年左右。

⑯每當想及，魔鬼竟能這麼許多次對我說話，再也沒有什麼足以安慰我的。自從我不再特別撥出時間獨居祈禱，上主使我與人交往時收心斂神，我完全無法避免，而且告訴我，悅樂祂的是什麼；即使我可能不願意，我仍然會聽到。

⑰我孤孤單單，無法從任何人找到什麼支持，唸不出口禱、看不下聖書。這麼許多的苦難，又害怕是否魔鬼欺騙我，這些都令我驚嚇，萬分的擾亂和憂苦，不知道對自己要如何是好。我曾見過自己陷於如此的憂苦之中——有幾次，或說是許多次；然而卻未曾達到這麼至極的程度。我處在如此的境況中，約有四、五個小時，上天或下地的安慰一點也沒有；上主使我留在痛苦中，害怕成千的危險。

我的上主啊！祢是多麼純真的朋友！又是多麼具有大能！只要祢願意，祢就能愛，祢決不會停止愛那些愛祢的人！萬物都讚頌祢，世界的主啊！誰為祢而大聲宣揚，述說祢對自己的朋友是多麼忠實！萬事萬物皆有終窮，惟祢，萬有的上主，永無終窮！祢容許那愛祢的人所受的痛苦，多麼微不足道；我的主啊！祢對待他們多麼柔巧、溫和、愉悅，但願沒有人逗留於愛什麼人，而只是愛祢！上主，好像祢嚴厲地考驗那愛祢的人，使之在至極的考驗中，明瞭祢那最至極的愛。我的天主啊！誰能有此領悟、學識和嶄新的話語，以之極力頌揚祢的化工，如我的靈魂所理解的呢？我主，一切都辜負我；但如果祢不放棄我，我必不會辜負祢。讓一切博學者起來反對我，一切受造物迫害我，魔鬼折磨我；主，請祢不要捨棄我，因為，對那惟獨信賴祢的人，祢的救援所帶來的收穫，我已有過經驗。

⑱在此大憂大苦的當下（雖然那時我還沒有開始有任何神見），單單以下的這些話，就足以消除憂苦，帶給我完全的平靜：「女兒，是我，不要怕。我不會捨棄妳；不要害怕。」我認為，根據這種情形，需要好多小時來說服我，方能使我平靜下來，而且沒有人足以勸服我。

只傾聽這些話，我就有了平靜，同時也有剛毅、勇氣、安全、寧靜和光明，剎那之間，我看到自己的靈魂判若兩人。我認為，我願和全世界的人爭辯，證實這些是來自天主的。啊！多麼好的天主！啊！多麼好的上主，多麼強而有力！不只賜予勸諭，也予以治癒！祂的話語就是工作！天主啊！祂多麼地使信德堅強，使愛增加！

⑲確實的，確是這樣，我時常想起，在海中遇到狂風大作時，上主命令風浪平息[249]。所以我說：這人到底是誰？我所有的官能都服從祂；在剎那之間，在這麼深沉的黑暗中，是誰給予光明？是誰軟化一顆如同石頭般堅硬的心？在那彷彿長久乾旱之處，是誰給予柔和的淚水？是誰給予這些渴望？是誰賜給這個勇氣？這促使我深思：我到底害怕什麼？這是怎麼回

249.《馬爾谷福音》第四章第三十九節。

事？我渴望事奉這位上主，除了悅樂祂，我別無所求。我不想要快樂滿足，不要休息，不要別的什麼好東西，而只要承行祂的旨意（我認為，我確確實實是這樣，我能肯定這事）。如果這位上主是強而有力的，如同我看到的祂是這樣，我知道的祂是這樣，而如果魔鬼是祂的奴隸（這是毫無疑問的，因為是信道），那麼，既然我是這位君王上主的僕人，魔鬼能對我做什麼惡事？為什麼我會沒有剛毅來和整個地獄戰鬥呢？

我的手中握著一個十字架，我覺得，天主真的給了我勇氣，因為在剎那之間，我看見自己判若兩人，而且我不怕和牠們血肉相拚。因為我認為，有那十字架，我就能輕易地完全擊潰牠們。為此，我說：「現在，你們全都來吧！身為上主的僕役，我倒要看看你們對我能做什麼？」

⓴ 無疑地，我認為牠們都怕我，因為我保持這麼的平靜，這麼的對牠們全體無所怕懼。過去常有的所有害怕都離我而去——甚至到今天亦然。雖然有時我看見牠們，如我後來要說的[250]。我對牠們幾乎不再有任何的怕懼；反而我覺得，牠們都害怕我。

萬有的上主確實賜給我制伏牠們的主權，我毫不把牠們放在眼裡，看牠們不過是蒼蠅。我認為牠們是這樣膽小，當牠們看到自己被瞧不起，牠們的魔力就消失不見了。這些敵人不知如何迎頭向前攻擊，除了那些牠們看出來已向之投降的人，或當天主許可牠們這樣做，為了祂僕人更大的好處，牠們誘惑且折磨他們。

願至尊陛下容許，使我們敬畏祂，祂才是我們該害怕的，使我們明白，一個小罪之危害我們，超過來自所有地獄聯合一起的危害。因為，事實就是這樣的。

㉑ 這些魔鬼使我們多麼驚嚇，因為，由於我們對名譽、財產和愉悅的把持不捨，我們

250. 見第三十一、三十二、三十八、三十九章。

甘願受驚嚇！魔鬼和那違背自己的我們聯合起來，我們愛慕和渴望的是我們本該厭惡的，那時，牠們真的能大大地傷害我們。因為，我們把自己使用的武器提供給對方，使之和我們交戰，把必須用以防衛的武器全交給了對方。這是極其悲慘的事。然而，如果我們為天主而厭惡一切，擁抱十字架，努力真實地事奉天主，魔鬼勢必像遠避瘟疫一般，逃離這些真理。牠是謊言的朋友，而且是謊言的自身。牠必不會和行走於真理中的人簽定合約。

當魔鬼遇有黑暗的理智，牠狡詐地助長其雙眼失明。因為，如果牠看見一個人已經盲目了，安身在空虛無益的事上，而且是這麼的空虛無益，這些世物像似兒戲，魔鬼於是也把這人看成小孩，以此來對付他。所以牠敢不只一次，而是許多次和他交戰。

㉒ 願上主容許，我不是這些人當中的一個，而是，但願至尊陛下恩待我，使我瞭悟欲得安息，何為安息？欲得榮譽，何為榮譽？欲得愉悅，何為愉悅？而非顛倒過來；我揮拳[251]蔑視所有的魔鬼！而牠們都會怕我，當我們能說「天主！天主！」而使魔鬼顫慄發抖時，我不明白這些害怕：「魔鬼！魔鬼！」是的，因為，我們已經知道，如果上主不允許，牠是無法攪亂的。這是什麼？無疑地，我害怕那些如此懼怕魔鬼的人，超過害怕魔鬼本身，因為魔鬼不能下手加害我。反之，這些怕魔鬼的人，如果他們是我的告解神師，會造成很嚴重的擾亂；我已多年經歷這麼至極的煎熬，現在我很驚奇，自己怎能忍受得了，願上主受讚美！祂這麼真實地幫助了我！

251. 原文higa：意指用拳頭作手勢侮辱人的動作，把姆指收在食指和中指當中，指向所輕視對方的鼻尖。

第二十六章

繼續相同的主題。述說並解釋發生於她的事，致使她不再害怕，並確認是善神對她說話。

❶ 我認為，上主賜給我對抗魔鬼的這個勇氣，是個很大的恩惠。因為，一個靈魂除了怕得罪天主之外，還畏懼或害怕其他的什麼，這是很嚴重的不利。既然我們有一個全能的君王，如此尊高無上的上主，祂能行一切，把萬有屈服在祂的權下。如果一個人，如我說的[252]，行走在真理中，在至尊陛下的面前，且懷有一顆純潔的良心，根本就沒有什麼好怕的。因此，如我說的，我願意所有的害怕，使我不致有剎那的時間冒犯祂（祂是能在剎那間毀滅掉我們的），願至尊陛下樂意，沒有任何反對我們的人，祢無不使之潰敗而逃。

一個人可能說，這話是真的，卻又進一步地問，這個靈魂是誰？竟然正直到完全中悅天主？因此而下結論，靈魂應該害怕。的確，這樣的靈魂不是我，我的靈魂是非常卑劣的，沒有什麼用，並且充滿成千的可憐。然而，天主行事與人不同；祂明瞭我們的軟弱。藉著多方面的揣測，靈魂在自身內感受到他真的愛天主；因為，凡達此境界的人，他的愛不是裝扮出來的，如同處在開始起步的階段時，而是這麼充滿強力的衝勁，也渴望看見天主。如我後來要說的[253]，或者我已說過了，他感到事事厭倦，事事難受，事事折磨，如果不是和天主在一起、或為了天主，沒有一個休息不使他難過的。所以，這個愛真的是非常清楚的，而且，如我說的，不能是裝扮出來的。

252. 見第二十五章一節。
253. 她將在第二十九章八～十四節談這事，而已經在第二十章九～十四節，及第二十一章六節談過這事。

❷另有一回，由於某事件，這事後來我會述說，我遭遇很大的憂患和批評。這些痛苦來自我的修會，幾乎整個城鎮的人[254]，還有許多的情況令我愁苦至極，致使我陷於困擾不安中。那時，上主對我說：「妳為什麼害怕？妳不知道我是全能的嗎？我會實現我所許諾的。」（後來這真的應驗了），我隨即就變得這麼的剛毅。我覺得，我願再著手其他的事，即使我得付出代價承受更大的磨難。為了事奉祂，我願再次承擔痛苦。

這樣的事已發生過好多次，我無以數計。許多次，祂說的是責備的話，且是正當我犯過失的時候。這些責備的話足以融化一個靈魂；至少使之改善。因為，如我說過的[255]，至尊陛下同時給予勸告和治癒。有時，神諭會使我記起過去的罪，尤其當上主願意賜給我一些特殊的恩惠時；好似靈魂已在真正的法官面前，這些罪過把真理呈現給他，這麼的清楚，以致他不知要躲到哪裡去。有時，上主警告我所介入的一些危險，或其他一些人，或未來的事——往往在事情發生前的三、四年——這一切都應驗了。其中有些還能具體地指明出來。

因此，有許多理由可以知道，神諭是從天主來的，我認為，人不可能不知道的。

❸最安全的事，如上主告訴我的，是讓我的告解神師知道我靈魂的全部狀況，及天主賜給我的恩惠。他該是個博學者，我要服從他。上主常常這麼對我說。這正是我所實行的，不這麼做，我就沒有平安；而有安全感對女子也不好，因為我們沒有什麼學識。這樣，就不會有什麼害處，反而獲益良多。

我有個告解神師，他克制我很多，有時令我苦不堪言，給我很大的磨難，因為他極度地擾亂我。然而他卻又是使我獲益最多的一位，遠非我所能述說[256]。雖然我很愛他，我還是有些誘惑想要離開他。因為我覺得，他加給我的愁苦，阻礙我的祈禱。每一次我下決心要離開

254. 她講的是建立若瑟隱院，見本書第三十六章。
255. 二十五章三和八節。
256. 巴達沙・奧瓦雷思 S.J.，見二十八章十四節。

他，那時我會聽到，我不該這麼做。這個責備，比起告解神師之對待我，還要叫我愁苦難當。有時候我很難過：一方面我被問；而另一方面我又挨罵，這一切都是需要的，因為我的意志不容易屈服。

有一次，上主告訴我，如果我不決心受苦，則無法服從，我必須雙目注視著祂所受的苦，一切自會容易做到。

❹某次，有位聽我告解的神師，在我開始告解時勸我說，一旦神諭經證實為來自善神，我就該緘默不言，不對任何人提及；因為那時保持沉默，不談這些事是更好的。我不認為這有什麼不對，因為每次對告解神師說到神諭時，我感到這麼強烈的羞愧，有時我覺得比告明大罪，更加令我羞慚。尤其是遇有很大的恩惠時，告解神師不相信我，且又取笑我，我這麼地深感羞辱；以致我想，把這些恩惠告訴他們，會是對天主的奇工妙化不敬。而且為此理由，我應該保持靜默。之後我明白了，那位告解神師的勸告是錯誤的，我決不該對我的告解神師持守靜默，因為告訴他我會十分安全，而不這麼做，則有時我會受害。

❺往往上主在祈禱時命令我什麼，而我的告解神師卻要我做另一件事，上主會再來告訴我服從告解神師。後來至尊陛下會改變神師的心意，而同意上主的命令。

當許多本國語的書遭禁時[257]，我對此的感觸很深刻，因為閱讀其中有些書是我的賞心樂事，而我再也看不到了。因為只許可看拉丁文的書。上主對我說：「**不要傷心，我將給妳一本活書**。」我不能了解為何對我說這話，因為我尚未有過神見。後來，只在幾天內，我非常清楚地明白了，因為我得到這麼許多可以深思細想的，如此收心於我所看見的臨現，上主向我顯示這麼許多的愛，以許多的方式來教導我，致使我很少或幾乎不需要書本。至尊陛下成

257. 宗教法庭的總長費爾南多．瓦耳德斯，於一五五九年公布一分禁書名單，其中有些是用本國語言寫成的靈修書，他認為會危害單純的靈魂。

為真正的書，我從中看到真理。這樣的一本書是可讚美的！其中關於必須閱讀和修行的，留給人如此深刻的印象，致使你不能忘記！誰看見上主遍體鱗傷，備受迫害折磨，而不擁抱它們、愛它們、渴望它們呢？誰看到些許祂賜給服事者的光榮，而不知道一個人能做的一切事，能受的一切苦，根本什麼都不算，因為我們等待著如此的厚報？誰看到被判罪者遭受的酷刑，會不覺得世上的折磨與之相比，是愉悅的？會不知道他虧欠上主有多少？因為上主這麼多次使他從中得到自由。

❻因為依賴上主的助祐，關於這些事情，還有更多可以說，我想繼續敘述我的生活，願上主容許，對於我所要說的，我知道如何說明我自己。我堅決相信，凡有經驗的人會懂，也看得出來，我說對了一些事；凡沒有經驗的人，如果認為所說的全是一派胡言，我一點也不覺得驚奇。我所說的，對那該被原諒的人，該已足夠了，而我無意責怪說這些是一派胡言的人。

願上主助祐我完成祂的聖意，阿們。

第二十七章

述說上主教導靈魂的另一方式，沒有對她說話，卻以一種神妙的方法告知祂的旨意。同時也解釋非想像的神見，及上主賜給她的大恩惠。本章非常值得注意。

❶ 那麼，再回來敘述我的生活。我正忍受著這個困難的苦患，如我已說過的[258]，許多的祈禱呈上，祈求上主引領我走更安全的道路；因為，他們對我說，這條路這麼的可疑。事情的真相是，即使我懇求天主，我多麼願意渴望另外的道路，但渴望此事並非我能力所及，即使我時常為此禱告，因為我看到自己的靈魂這麼有進步——除了有時候，為了他們對我說的事，及所導致的害怕，使我精疲力竭。我看見自己是完全不一樣的人，我無法想望別的路，不過，把自己放在天主的手中，使祂能在我身上徹底實現祂的旨意；祂知道什麼適合於我。

我看到，在這條路上，我正被帶往天堂，而先前我則是走向地獄；所以我應該希望追隨這條路，而不相信這是來自魔鬼的。即使我盡一切所能地勉強自己，我還是無法強迫自己相信和渴望別的道路；這也非我的能力可以辦到的。

我為此意向，把所做的都獻上——如果我有什麼好功德。我呼求最愛的聖人，求他們使我脫免魔鬼。我做九日敬禮。我把自己交託給聖希拉利（Hilarion）和總領天使聖彌格，為此，我再度熱心地敬禮他們，我還請求許多的聖人，願上主指示我真相，我是說，願他們能為我向至尊陛下求得這個恩惠。

❷ 所有這些祈禱，我的和那些別人的，全都奉獻為了上述的意向，即上主或是領我走別的路，或是明示真相。因為我所說的[259]上主賜給我的神諭，這麼持續地發生著。經過兩年之後，在我身上發生了這事：榮福聖伯鐸的節日，在祈禱之中，我看見，或更好說，我感到基督在我身邊；用我身體的眼睛，或用我的靈魂，我什麼也沒有看見，而是我覺得基督就在我旁邊，我看見那是祂，我認為，祂正在對我說話。因為我完全不知道，能有像這樣的神見，開始時，這令我極其驚駭；除了哭，我什麼也做不了。然而，上主只向我說了一句擔保的

258. 見第二十五章十五節。
259. 見第二十四章五節，二十五章，二十六章二和五節。

話，如同過去常有的經驗，就使我感到：寧靜、受寵惠和毫不害怕。我覺得耶穌基督一直在我的身邊；但由於這不是一個想像的神見[260]，我沒有看到任何形狀。然而我非常清楚地感受到，祂經常在我的右邊，而且是我做每件事的見證者。只要我稍微收心，或沒有過於分心，我無不覺察祂就在我身邊。

❸ 我憂心忡忡，馬上告訴我的告解神師。他問我，我看見祂是什麼形狀。我回答說，我沒有看見祂。他問道，我怎麼知道那是基督。我答說，我不知道是怎麼回事，但我不能不知道祂在我身邊，我清楚地看見，也感受到祂。我靈魂的收斂是很專注的，而且我非常持續地處在寧靜的祈禱中，其效果非常不同於我慣常有的，而這是非常清楚的。

我不能做什麼，除了提出比喻，設法自我解釋。而確實的，沒有非常適合這種神見的比喻。因為這個神見是最高超的，（後來有位聖善又有靈修的人——他名叫伯鐸．亞爾剛大拉會士，後來會談到他[261]——告訴我的，及其他極博學的人說的。）這也是魔鬼最不能加以干預的神見。我們仍處今世的人，對此所知甚少，無法加以解釋。有學問的人會解釋得比較好，因為，如果我說，我不是用身體或靈魂的眼睛看見的，因為這不是一個想像的神見，那麼，我怎會知道和肯定祂就在我身邊，比我親眼見到祂還要確定呢？若以為這種神見，像是瞎子或身處黑暗，看不見另一個人在身邊，這是錯誤的。這個比喻有一點點像似，但沒有很相似，因為在如此的情況中，一個人是以感官來體驗的：他或是聽到另一個人說話，或移動或碰觸到他。在神見中，這些都沒有，你也看不到黑暗；而是，這個神見經由給予靈魂知識而呈現，這比陽光還要明亮。我不是說，你看見太陽或亮光；而是說，有一道光，而無須你看見光，這道光照亮理智，致使靈魂可以享有這麼大的福分。這個神見帶著至極的福分。

260. 這是個理智的神見，聖女大德蘭至少劃分了三種神見：一）理智的神見：像現在的這個，在第三節中，她會加以敘述；二）想像的神見：用她所謂的「靈魂的眼睛」看到的。亦即想像或幻覺，在二十八章中會說明；三）肉體的神見：用身體的眼睛看見的，她在二十八章四節中說，她未曾有過這種神見。聖女措辭用語，非常自由，所以說及理智的神見時，她說：體會到這個神見。

261. 見本章第十六～二十節，三十章二～七節。

❹這個神見不像經常感受到的天主臨在，尤其是那些有結合或寧靜祈禱的人。彷彿是要開始祈禱時，我們找到祂，可以和祂交談，藉著效果，及我們感到很大的愛和信德的心靈情感，及其他的決志，好像我們知道祂俯聽我們。這個臨在來自天主的大恩惠，凡蒙祂賜予此恩惠的人，應該極其珍視。因為這是非常崇高的祈禱，但這不是一個神見；在此結合或寧靜的祈禱中，一個人明白天主是臨在的。如我所說，乃經由祂賜給靈魂的效果，這是至尊陛下願意給靈魂體驗祂的方法。在此神見中，清楚地看見聖童貞之子耶穌基督臨現。在結合或寧靜的祈禱中，賜予的是一些神性的印象。在神見中，連同這些印象，你看到的還有至聖人性伴隨我們，願意賜給我們恩惠。

❺那時，告解神師問我，「誰說那是耶穌基督？」「祂許多次告訴我的。」我回答。不過，在祂告訴我之前，祂刻印在我的理智上，那就是祂。在祂這麼做以前，祂告訴我祂在，但我卻沒有看見祂。如果有個人，我從未見過，只聽說，在我看不見或處在幽暗中時，他會來和我說話，且告訴我他是誰，我會相信的；可是，我不能這麼堅決地確定，那個人就是我會看見的人。在此神見中，我能確定；因為無須看見，就已刻印上如此清楚的知識，我不認為能加以懷疑。上主願意如此地刻劃在理智上，致使這個神見，比看得見的，更不容絲毫置疑。且更有甚者，因為當我們看見時，我們有時懷疑，可能對所看見的有幻覺。在此神見中，即使起初會有些許懷疑；另一方面，卻仍有這麼大的確信，以至這個懷疑沒有什麼力量。

❻因此，天主教導靈魂，和靈魂說話，還有另一種方式，不同於先前所說的講話方式[262]。這是一種非常屬於天堂的語言，無論我們多麼想要說明，要是上主沒有透過經驗來教導

262. 見本書第二十五章。

我們，在此塵世，很難明瞭。上主把祂要靈魂知道的事，放進靈魂內的極深處，在那裡，祂使靈魂獲知此事，而沒有形像或清楚的話語，而是用我所說的這個神見的方式[263]。天主以此方式，賜給靈魂了解祂的渴望，及崇高的真理和奧祕，這是值得密切注意的。因為，許多次我所知道的是，當上主向我解釋一些祂願意給我看到的神見時，就是這樣的。我認為，由於以下的理由[264]，魔鬼在此經驗中干預得最少。如果這些理由不好，我必是錯誤的。

❼ 這種神見或話語，可說是這麼的靈性。我認為，沒有官能或感官上的不安，使魔鬼能搬弄什麼的，有時候，會有短暫的休止；不過有時我則認為，官能並沒有休止，感官也沒有撤退，反而是很有知覺的。這個神見和神諭並不常出現於默觀時，這種情況非常少。然而，當它出現時，我們既做不了什麼，而且也什麼都不能做；彷彿一切全是上主的工作。

就好像食物已好端端地擺在腸胃裡，我們沒有吃，也不知道是怎麼放到那裡去的。很清楚地知道食物就在那裡，雖然腸胃不知道那是什麼食物，或是誰放進去的。然而在這些神諭的情況中，理智是知道的，但卻不知道神諭怎麼來到的；什麼也看不到，什麼也不懂，靈魂也沒有受到感動要渴望它，也從來沒有人告知我，這是可能的事。

❽ 在我先前所說的神諭中，天主使理智知道——即使他可能不想知道——而且了解所說的是什麼。在那樣的經驗中[265]，靈魂好似有另外用來聆聽的耳朵，天主使他聽見，而且他不會分心。就像是這樣：如果某人有好聽力，而他不塞住耳朵，有人對他大聲說話，他聽見了，即使他可能不願意聽。而事實上，他還是做了點事，因為他注意聽，為能了解人家對他說了些什麼。

在我們現在所說的神諭中，他則什麼也沒做；即使只有聆聽這個小小的事，靈魂在先前

263. 在第二節及其後。聖女大德蘭區分三種神諭：一）清楚的，且用耳朵聽得到的話；二）清楚的，但不是用身體的耳朵聽到的話，雖然如此，卻比耳朵聽到的要懂得清楚多了，見第二十五章；三）沒有清楚的話語，就像在天堂，沒有說話而理解：天主和靈魂互相瞭解，惟有藉著至尊陛下願意靈魂瞭解祂，沒有使用任何的管道……見第二十七章十節。現在她開始述說第三種神諭。
264. 她開始在下一節列舉理由，但卻又一度中斷話題，直到第二十九章才再繼續。
265. 見第二十五章。

的神諭中所做的也被取消。他發現，所有的東西準備好了，也吃好了。除了享受之外，沒有什麼要做的。就像一個人他沒有學習，也沒有做什麼事去學會閱讀，什麼也沒有學過，卻發現在他內擁有所有的知識，不知道他怎樣、或從哪裡得知的；因為他從沒有學過什麼，甚至連ABC都不會。

⑨最後這個比喻，我認為，至少解釋了一點這個天堂的恩賜。因為，靈魂看到在一剎那之間，他成為有智慧的；榮福聖三的奧蹟和其他卓越的事理昭然若揭，沒有一位神學家，靈魂不敢與之爭辯，而贊成這些偉大的真理。他這麼的驚訝；其中一個恩惠就足以使靈魂徹底地改變，使之不愛事物，而愛上主。他看到上主使之得蒙如此大的福祐，而沒有他個人的任何努力，祂通傳祕密給他，以這樣的友情和愛對待他，人無法以筆墨形容。而祂賜予的一些恩惠，可能引人懷疑，因為這些恩惠如此令人欣羨，而所賜給的人，是這麼地不堪獲得。凡沒有非常活潑信德的人，必無法相信。所以，我想少說天主賜給我的恩惠——除非我別有所命，又除非某些神見能有益於一些人；或使天主可能賜予這些神見的人不致驚嚇，如我這般，以為這個經驗是不可能的，或我可能要說明上主引導我的方式和道路，這是他們命令我寫的。

⑩那麼，重拾前題，再來談談這種理解的方式。我認為，上主願意以所有的方式，使這個靈魂對天堂度的生活有些認識。我想，就像在天堂上，你無須說話，就能了解（這事，我確實從來不曾知道，直到上主以其溫良慈善，願意我看見。在一次的出神中，把祂自己顯示給我），在此神見中就是這樣。因為天主與靈魂之間互相了解，只要至尊陛下願意，則靈魂就會了解祂，無須使用其他的方法，去顯示這兩個朋友彼此的愛。彷彿在此塵世兩個朋友

之間的經驗，他們彼此深深相愛，互相之間也很了解；甚至不用打手勢、做記號，只要看一眼，彷彿就能互相了解了。在此神見中，必定是這樣的；我們不知道是怎麼回事。這兩個愛人直接地互相注視著，如同《雅歌》中，新郎對新娘說的[266]，我相信，是在那裡聽來的。

⓫ 啊！天主那令人讚嘆的溫良！祢容許我以雙眼注視祢，這對眼睛，及我靈魂的雙眼，注視得多麼差勁！上主！願它們藉此神見，變得習慣於不去看卑劣的東西，使之除祢以外，沒有可令它們滿足的！忘恩負義的人哪！你們究竟要到什麼地步呢？因為，我從經驗得知，我所說的是真的，祢為一個靈魂所做的，竟達到如此的極限，所能說的，只是其中最少的部分。已經開始修行祈禱的靈魂啊！懷有真實的信德，你仍在今世尋求什麼好東西——卻把獲得永生的事擱置一旁——有什麼能和這些恩惠中最小的一個相比呢？

⓬ 想想看，這實在是確實的，天主以此方式，把自己給予那為祂捨棄一切的人。祂沒有偏心[267]，祂愛每一個人。沒有人有藉口，無論他多麼可憐，因為上主這樣對待了我，帶領我達到如此的境界。請注意，我所說的，甚至不是一個摘要，並非概述那所能說的。我只說必須說，以之解釋上主賜給靈魂的這個神見和恩惠。然而，我無法描述所感受的，當上主賜給靈魂明瞭祂的祕密和無上尊高時，這個愉悅，這麼地超越塵世所有可以獲知的。的確，理所當然地，會使你厭惡今世的愉悅，那些全是垃圾。若必須在這兩種愉悅之間做個比較，我覺得很不得體，即使世上的愉悅永久長存，而上主給的愉悅，只如同來自為我們預備好的廣大江流的一滴水。

⓭ 好羞愧！我確實自覺很羞愧，如果一個人能在天堂上羞慚，在那裡，我會比任何人更羞慚！為什麼我們該要有這麼許多的福祐和愉悅，還有這麼多的無盡光榮，完全以犧牲耶穌

266.《雅歌》第四章第九節。
267.《羅馬書》第二章第十一節。

做為代價呢？我們豈不該至少和耶路撒冷的女子一起哭泣？因為我們沒和基勒乃人㉖一起，幫助耶穌背祂的十字架。我們怎能以愉悅和消遣，享受祂以傾流這麼多的血為我們贏得的呢？這是不可能的！而我們是不是認為，我們能以虛榮來效法祂被輕視時所忍受的嗎？（祂忍受了痛苦，是為使我們永遠為王）這樣的一條路是走不到哪裡去的；這是大錯特錯的道路，我們決不會藉之抵達目的地的。

閣下應該大聲宣告這些真理，因為天主取走我這樣做的自由。我願意常常宣告給我；雖然我老是這麼緩於聽到和了解天主，如同從這裡所寫的，可以看得出來的，談及這事，真是非常羞愧；因此，我願保持靜默，我將只說那有時來到我腦海中的。願上主容許，帶領我達到目的，使我能享有這個福分。

⓮ 這是多麼想不到的光榮！那些已享有光榮的天堂聖人，是多麼幸福！當他們看到，雖然遲到，他們為天主工作，沒有保留什麼可能的東西。而他們以相稱於自己的力量和身分，毫無保留地為天主效勞，而且，得的多，給的也多！凡不向基督尋求榮耀，反而樂見自己受貶抑的人，他會是何等的榮耀！凡樂於被視為瘋狂的人，他是多麼有智慧！因為這就是所謂的智慧本身——基督。由於我們的罪過，現在的瘋子是多麼少！的確，現在那些被視為發瘋的人，已經沒有了，這些基督的真正愛人，由於所做的英豪偉業而被看成瘋狂。世界啊！世界！由於很少人認識你，你多麼持續地贏取榮耀！

⓯ 然而，我們是不是認為，如果我們被視為智慧和謹慎的，天主現在會得更多的事奉！這真的必定是使用這麼許多謹慎的理由。我們會很快地認為，如果每個人沒有按其身分，以許多的沉著和權威行事，則是沒有什麼好表樣。甚至一位會士、神職人員和隱修女，都會認

268.《路加福音》第二十三章第二十六～二十七節。

為穿點老舊和打補丁的衣服，是一種標新立異，成為軟弱者的惡表；甚至連收斂心神，修行祈禱也被視為惡表。這個世界懷有這般的心態，這麼地忘卻成全之事，及聖人們所懷有的愛的崇高衝勁。我認為，我們生活的這個麻煩的世代中，這個心態導致更多的損害和不幸，超過所有修道者的惡表。當他們言行一致地說出，這個世界該受到的看重是多麼少；從像這樣的惡表中，上主獲取更大的益處。如果有人因此惡表而令人吃驚，則會使其他的人醒悟過來。至少，會把基督及其宗徒們受苦的形像呈現出來，因為，現在比從前更加需要這樣的形像。

⑯ 現在，天主從我們中接走的真福伯鐸．亞爾剛大拉會士，他是個多麼美好的基督肖像！（譯註：聖人於一五六二年十月十八日逝世於亞味拉）這個世界，在此世代中，無法忍受這樣的成全。人們說，我們的健康比較差，而且現今的時代不像過去。然而，這位聖人是這個時代的人，如同其他時代的人，他具有偉大的精神，把世界踐踏在腳下。雖然別人可能無法像他那樣地超脫事物，也做不到這麼嚴厲的補贖。但是，如我在別的時候所說的[269]，有許多賤踏世界的方式。當上主看到這樣的勇氣時，祂會教導他們。我將要述說的這位大聖人，至尊陛下賜給他多麼大的勇氣，使得他四十七年之久，踐行十分嚴厲的補贖！如眾所周知的，我想說點這個補贖，因為我知道這事完全是真的。

⑰ 他告訴我這事，也告訴了另一位[270]，聖人對這一位什麼也不隱瞞。（他告訴我的理由，是他對我的愛。因為上主願意這事，好使他在我迫切需要時回來，且鼓勵我，如我所說的及還要再說的[271]）他告訴我，已有四十年，他晚上只睡一個半小時。開始時，這是他在補贖上最大的考驗，為了克服睡著，他不是跪著，就是站著。當他睡著了，他就坐起來，把頭

269. 見本章第十四節，十六章一、四和八節，二十一章等等。
270. 這一位是可敬的瑪利亞．狄雅思（María Díaz 一四九九～一五七二），她接受聖伯鐸．亞爾剛大拉的指導，其聖德聞名於亞味拉城。
271. 見本章第三節，三十章，三十六章二十節。

靠在牆上釘著的小木頭上。他無法伸展四肢，即使他願意也不成，因為他的斗室，如所知道的，不會大過四英尺半。

在那些年裡，無論天氣炎熱、或下雨，他從來不戴上頭帽；他的腳什麼也沒穿。除了一襲粗毛會衣，不穿其他的衣服，也沒有什麼蓋身的衣物。會衣緊得不能再緊，外披一件相同質料製成的小斗篷。他告訴我，當天氣冷得不得了時，他脫掉斗篷，打開斗室的門和小窗，後來再穿回斗篷，並關上門，他就能藉著多穿點的溫暖緩和一下身體。每三天吃一次，是他很平常的修持。當我顯出非常訝異時，他對我說，凡習慣這樣做的人，這是很有可能的。他的一位同伴對我說，有一次，伯鐸會士八天什麼也沒吃。這必然發生在他祈禱時，因為他經驗很大的神魂超拔，和天主之愛的衝擊，關於此，有一次我是見證人。

⑱ 在他年輕時，所修行的貧窮和克苦是很極端的。他對我說，他曾住過自己修會的一個會院三年，因為他從來沒有抬起雙眼；除了聽他們的聲音，他誰都不認識，他也不認得如何走到他必須去的地方，他只是跟著別的會士走。他在旅途中是這麼做的。許多年，他從未注視過婦女，他告訴我，無論看或不看，對他已沒什麼差別。不過，當我認識他時，他已經非常老了[272]，非常虛弱，看起來骨瘦如柴。

儘管有這一切的聖德，他卻非常的和藹可親。雖然他的話不多，除非有人問他。他的言詞非常愉悅，因為他有個聰穎的腦袋。還有其他許多我願意說的事，可是我恐怕閣下會問，為什麼我涉及這一切——我忐忑地寫下這些。因此，我要為他的結局下個結論，就像他的生活，宣講並告誡人們。當他看到自己快死了，他口唸：「**我真高興，因為有人對我說**（Laetatus sum in his quae dicta sunt mihi）[273]」這篇〈聖詠〉，雙膝跪下而死。

272. 聖人生於一四九九年，卒於一五六二年。如果這個會晤是在一五五八年，他只有五十九歲，不能說非常老。聖女大德蘭可能是從外表判斷的。
273.《聖詠》第一二二篇第一節。古時習慣以聖詠的首句代表整首聖詠，因為全是唸拉丁文的，這聖詠是日課中常唸的，一般會士都會背誦。

⑲後來，上主容許我從他接受更多的幫助。經由他給我對許多事的勸告，超過當他還在世上時。我已多次看見他充滿光榮。第一次他顯現給我時，對我說，堪受這樣賞報的補贖，是個有福的補贖，還有其他許多的事情。在他死前一年，雖然距離此地好幾里格（譯按：一里格約三英里）之遠，他顯現給我，因為我知道他快要去世，我對他這麼說。當他逝世時，他顯現給我，告訴我，他已進入他的安息。我並不相信，但也把這事告訴了一些人；八天之後，消息傳來，他已過世；或更好說，他開始永遠生活。

⑳請看，這嚴厲生活的結局，這麼偉大的光榮。我覺得，他比還活在世上時，給我更多的安慰。有一次，上主對我說，凡奉伯鐸會士之名祈求的，祂無不應允。我把許多事情交託於他的祈禱，我看到都應驗了。願上主永遠受讚美，阿們。

㉑真是的，我又說到哪去了！但願此事喚醒閣下，使您對今世的事物什麼也不看重，好似您不知道，也未曾捨棄一切，未曾修持這個捨棄似的！

我看到世俗中這麼多的沉淪喪亡，即使我對此事所寫的，所感到的無非是好累，這麼做卻使我找到安息；我所說的一切都相反我自己。願上主寬恕我在此事上對閣下的冒犯，願閣下也寬恕我，因為我之令您勞累，不是故意的。好像是，我要您在這個事上，為我的罪做補贖。

第二十八章

談及上主賜給她的大恩惠，及如何首次顯現給她。解釋何謂想像的神見。述說來自天主的神見所留下的明顯效果和記號。是很有教益的一章，非常值得留意。

❶ 重拾我們的話題[274]。剛過去沒有幾天，我持續地體驗到這個神見；這給我許許多多的好處，我都沒有離開祈禱。無論我做了多少，我努力地這樣去做，不使天主不悅，我清楚看見的這位上主，可以見證此事。雖然有時候，由於他們提出的所有警告，我很害怕，這個害怕並沒有持續很久，因為上主給我保證。

有一天，當我祈禱時，上主願意只顯示給我祂的雙手，真是美極了，我無法誇大其辭。這神見使我極其害怕；任何上主賜給我的超性恩惠，開始時，都使我非常驚駭。過了幾天之後，我也看見神聖的面容，使我置身於完全的專注之中。由於後來祂賜給我恩惠，看見祂的全身，我不明白，為何上主以這樣的方式，把自己顯示給我。逐步地，直到後來，我了解，至尊陛下俯就我本性的軟弱而帶領我，願祂永受讚美！這麼許多的光榮，像我這樣卑微又卑劣的人，是無法承受的；祂知道這事，仁慈的上主遂來準備我。

❷ 或許閣下會認為，看見如此美的一雙手和面容，並不需要像這樣的力氣。光榮的聖身如此美，看見來自光榮的這麼超自然的美，令人感到惶惑不安。為此，這個神見使我感到這麼大的害怕，我完全受到震撼和擾亂。雖然後來我得以如此確定和安全，體會到其他的效果，使我立即不再怕懼。

❸ 在一個聖保祿的慶節，當我望彌撒時，基督的至聖人性，以其復活的形貌完整地呈現給我，就像在圖畫中，充滿至極的美和尊威；關於這事，我已特別寫過給您，即您堅持命令我這麼做的。書寫這事對我是非常困難的，因為沒有人描述這神見而能不使之受毀損的。

274. 亦即第二十七章二～五節談的神見。

不過，盡我所能地，我已告訴過您了㉗⑤，所以在此沒有理由重提此事。我只說，如果在天堂上，除了光榮聖身的尊貴美麗，沒有什麼東西可讓人看起來愉悅的，那麼，這個神見是非常大的光榮，尤其是面見我們的主，耶穌基督的人性。如果，甚至在此塵世，至尊陛下按我們的卑劣所能承受的，顯示祂自己，當人享有這麼樣的一個福分時，會是何等的光榮？

4 我從未用身體的雙眼看到這個，或任何其他的神見，即使是想像的神見亦然。

那些對這事知道得比我多的人說，理智的神見比想像的神見完善，而想像的神見，則遠比用身體的眼睛看到的神見完善得多。他們說，肉身的神見是最低層次，魔鬼能從中導致更多的錯覺；雖然那時，我不懂這事。然而，由於賜給了我一個想像的神見，我盼望能用身體的眼睛看到。那麼，我的神師就不會對我說，那是我想像出來的。當這個神見過去，我立即體驗到：我想，那是我想像出來的；認為我騙了我的神師，為了我已告訴了他而憂煩不堪。這成為我流淚的另一個原因，於是我去看他，向他解釋。他問我，是不是我只覺得騙了他；或者，是我有意要騙他。我告訴他真相，因為我認為，我沒有說謊，我也沒有故意這麼做；世上沒有任何事情，我會把一件事說成另一件的。他很明白這事，所以設法來安撫我。我感到十分的對不起，為了這些事去找他。因為，我不知道魔鬼如何地作弄我，使我認為這是我捏造的神見，因此而折磨自己。

然而，上主這麼快地賜給我這個恩惠，披露這個真相。這些我以為來自想像的疑慮，很快地離我而去，後來我清楚地看到我的愚蠢。如果我用許多年盡力想像，如何來表達這麼美的事物，我實在辦不到，也不知道要怎麼做；這超越世上所有能想像的一切，甚至連只想像其皎潔和燦爛，也想像不出來。

275. 她指的是寫給賈熙亞的第一份神修報告，這份資料已失傳。這個基督至聖人性的神見，可能發生在一五六一年元月二十五日。

❺這個燦爛輝煌，並非令人眩目的光輝，而是柔和的皎潔，是灌注的光輝，使這個神見極其愉悅，不會使人疲倦，這光輝也非閃亮的，不會使所見的這麼神性的美，令人疲倦。這個光，多麼不同於世上的光。我們所見的太陽的明亮，若和神見中呈現的明亮和光相比，則顯得晦暗無光，而且是這麼地不一樣，後來你會不想再張開眼睛。其間的不同，就像一道燦爛、清澈的水流經水晶之上，太陽輝映於其上，及一道非常混濁、泥濘的水流經地面。這並不是說，所指的是太陽，或這光是陽光。總之，那就好像是自然的光，而太陽光則有如造作出來的。這是沒有夜晚的光，經常是光；什麼也不能使之暗淡下來。總之，那是人無法想像的一種光，無論他有多麼大的領悟力，終其一生，也想不出那像似什麼。天主這麼突然地，賜予這光，如果必須張開眼睛，你連張眼的時間也沒有。因為，當上主願意賜給這個神見，無論眼睛張開與否，都沒有什麼差別；即使我們不想看那神見，也會看得到。沒有什麼分心足以抗拒它，也沒有什麼力量、勤奮或小心足以辦得到。我清楚地經驗此事，如我將要說的[276]。

❻現在我想說的，是上主藉著這些神見顯示祂自己的方式。我不是說，我要解釋這麼強的光怎能放進內在的官能內，及這麼明晰的形像怎能放進理智內——看來真的就在那裡——因為這些是博學者要加以說明的。上主沒有使我明白這是怎麼回事，我是怎麼無知，我的理智這麼笨拙。無論這些有學問的人多麼想要對我說明，這些神見是怎麼來的，我仍然無法了解。確實的，即使閣下認為我有靈活的智力，我並沒有。在許多事上，我已經驗到，我所知道的，無非是給我說的，如俗話所說的那樣。有時，我的告解神師對我的無知很驚奇。我決不會了解，我也不想了解，天主怎麼導致這個神見的，或神見怎麼來的，我也不問；即使，

276. 見第二十九章七節。

如我說的[277]，多年來我和很有學問的人交往。至於有些事情是或不是罪，是的，我是和他們談論過這事。至於其餘的，則無須我去想什麼，除了想天主完成一切。我看，除了讚美祂，我沒理由感到驚嚇。實在的，祂所做的這些困難的事，導致我內更大的虔敬；困難愈大，導致的虔敬也愈大。

❼那麼，我要說的是經由經驗所明瞭的。至於上主怎麼做到的，閣下會說的比我更好，也會說明那些隱晦不明的事，及我可能不知如何述說的事。

我認為，這是很清楚的，在有些情況中，我所看見的是一個形像，但在許多其他的例子中則否；更好說，是基督親自樂於明晰地把自己顯示給我。有時，這神見這麼隱晦，我覺得像一張圖像，但卻不像世上的畫作，無論那畫作如何完美，因為我曾看過許多的畫作。若認為世上的畫作和神見能有什麼相似的，這是很愚蠢的；這無異於活人與其肖像之間的相似。無論肖像畫得多麼逼真，都無法看來這麼的自然，畢竟仍是死的東西。不過，我們暫且擱下這個例子；它用在這裡很貼切，也非常正確。

❽我不是說這個例子是個比喻，而說是真實的，因為比喻總不會這麼準確。其差別在於一個是活人，另一個則是畫像，正是如此。如果所看見的是一個形像，則是一個活的形像，不是死的人，而是生活的基督。祂使靈魂知道，祂是人也是天主，不是如同祂在墳墓中，而是如同祂復活後，從墳墓中出來。有時祂帶著如此無上的尊威，沒有人能懷疑，那就是主基督本人。尤其領完聖體之後，我們知道祂就在那裡，因為信德告訴我們這事。祂顯示自己真的就是這個居所的主人，靈魂彷彿全然在基督內銷毀！我的耶穌啊！誰能表明祢顯示自己時的尊威！上主，所有世界及諸天、其他成千的世界、無數的世界及祢可創造的諸多天堂的上

277. 見第十章九節，十三章十八節。

主！藉著祢顯示自己的尊威，靈魂多麼明瞭，對祢而言，成為世界之主，根本不算什麼！

❾ 我的耶穌啊！在此可以清楚看出來，和祢的大能相形之下，所有魔鬼的魔力之小，也看得出來。凡取悅於祢的人，怎樣能夠把所有地獄踐踏在腳底？在此神見中，也看得出來，當祢下到地獄時，為什麼魔鬼怕祢的理由；及為什麼魔鬼為了逃避如此無上的尊威，寧願下到其他成千更低的地獄。我看到，祢要靈魂知道這個尊威是何等無上崇高，及這至聖人性連同天主性是何等的大能。在此神見中，清楚地呈顯，審判之日面見這位君王的尊威，看見祂嚴厲地對待惡人，是何等的光景。這個神見是留在靈魂內真正謙虛的根源，他看到自己的可憐，他不能不知道。這神見是慚愧和真正悔罪的根源；雖然靈魂看見上主顯露出愛，他卻不知要躲到何處，因而完全溶化。

我說這神見具有這樣無比的大能，當上主願意把祂極大部分的崇偉和尊威顯現給靈魂時，沒有人能承受得了；除非上主願意以非常超自然的方式助祐他，置之於出神和神魂超拔中。因為，在此享有神性臨在時，神見沒有了，否則的話，如我說的，沒有人承受得了。

後來這神見會被忘記，這是不是真的呢？那尊威和美麗留下如此難忘的印象，除非當上主願意靈魂遭受很大的乾枯和孤寂。關於這事，我會更進一步地述說[278]，因為在那時，好似連天主也忘了。靈魂經歷一個改變，他經常專注凝神，彷彿正在開始一個嶄新的、生活的和崇高的愛之境界。雖然理智的神見，即我所說的[279]，沒有以形像的方式呈現，是更完美的。然而，為了俯就我們的軟弱，讓這個臨在持續留在記憶中，以保持思想的全神貫注，致使這麼神性的臨在呈現在想像裡，這是一件神妙的大事。這兩種神見幾乎總是並肩而來。它們來的方式是這樣的：用靈魂的眼睛，我們看見至聖人性的單純、美麗和光榮；透過理智的神

278. 見第十三章十二、十五節。
279. 二十七章二節。

見，如已說過的，我們得知天主是多麼威能。祂能行一切事，祂命令一切，管理萬有，而且祂的愛滲透萬有。

⑩ 這個神見是非常值得珍視的，而且我認為，其中沒有危險，因為由它的效果可以知道，魔鬼在此毫無權勢。我覺得，牠曾三或四次，以假的神見企圖呈現上主本身。牠採取肉身的形狀，但牠不能偽造這個形像，賦予來自天主神見的光榮。牠製造顯現，為了要摧毀靈魂看過的神見；然而靈魂自己會抗拒，他感到惶惑、不悅和擾亂，因為他失去了先前所懷有的虔敬和愉悅，且處在毫無祈禱當中。在開始時，如我說的[280]，這發生過三或四次。這是這麼非常不一樣的事，即使一個人只有寧靜祈禱的經驗，我相信，藉著在談及神諭時所說的效果[281]，他也會明瞭的。這個假的顯現是非常明顯的事；如果靈魂不願受騙，行走在謙虛和單純中，我不認為他會上當的。凡有過來自天主真神見的人，幾乎都能立即識破假神見，因為，雖然假神見以快慰和愉悅開始，靈魂將之猛力拋出己外。我認為，甚至連愉悅必定也不一樣，這假神見不具有純潔和貞潔之愛的現象。魔鬼會很快地原形畢露。因此，凡有經驗之處，我認為，魔鬼無法造成損害。

⑪ 至於這個來自天主的神見，若說是想像能造作，這完全是不可能的不可能；這樣根本是不可理喻。因為，只一隻手的美麗和皎潔，就已完全超越我們的想像，這是不可能一剎那間就看見的。沒有想或也不曾想過它們，所呈現的事物是想像用很長的時間也無法湊在一起，如我說的，因為它們遠超過我們在今世所能領悟的。如果我們能想像神見中的什麼，藉著我現在要講的另一個因素，其不同仍是可以看出來。如果神見是由理智呈現，除了不能產生任何真神見的大效果之外，這個靈魂也會處在精疲力竭之中。這樣做，就好像要使一個人

280. 見本節。
281. 見第二十七章七節等等。

睡著，但卻仍醒著，因為還沒有睡意。當一個人需要睡眠或頭腦虛弱，昏昏欲睡時，他真的能睡著，有時幾乎他做到了些什麼。然而，如果不是真的睡著了，他就得不到振作，也經驗不到在腦袋裡有更新力量的感受；更好說，他感到更精疲力竭。在此有些類似的事，因為如果理智製造神見，靈魂則會精疲力竭，不是振作和強壯，而是疲憊和不悅。人無法誇大真神見留下的豐盈富裕；它甚至賜給身體健康，使之泰然安適。

⓬我提出的這個及其他的理由，是當他們告訴我說，魔鬼是起因；或說，我幻想出這個神見——這是常有的事——所以，我盡所能地作出比較，而上主也賜給我明瞭。然而，這一切都沒有什麼用。因為本地有非常聖的人士，和他們比較起來，我是個卑劣的人；而且天主沒有引導他們走這條路，他們馬上就害怕起來。事情彷彿是這樣，由於我的罪過，他們所獲知的我的祕密及向他們吐露的隱私，到處傳揚開，雖然，我除了告解神師，及他要我向之告訴的人外，沒有對任何人談及。

⓭曾有一次，我告訴他們，若有個我非常熟識的人，我剛剛和他講過話，如果他們對我說，這不是那個人，而是我想像出來的。無疑地，如同他們知道的，我會相信他們說的，甚於我所看見的。可是，如果這個人留給我一些珠寶，而且留在我的手中當作深情大愛的信物，我就不會相信他們說的；即使我願意，也辦不到。因為，之前我沒有任何珠寶，又是貧窮的，可是現在，我發現我是富裕的。這些珠寶我能秀給他們看，因為凡認識我的人，清楚地看到我靈魂的改變，我的告解神師這樣告訴我。在諸事中，其差異是非常大的；這不是偽裝的，反而是所有的人都能看得很清楚。我說，由於先前我如此卑劣，我不能相信，如果魔鬼做這事要來騙我，帶我下地獄，他竟會採取這麼相反的方法，消除罪惡，且賜予德行和剛

毅。因為我清楚看到，由於這些經驗，我立即改變了。

⑭據我所知，我的告解神師，如我說的，他是非常聖善的耶穌會神父[282]，給我相同的答覆。他非常謹慎，且具有深度的謙虛，他的謙虛如此之大，致使我遭受許多的考驗。由於他是個博學者，又是常常祈禱的人，而上主沒有引導他走這條路，他又不信靠自己。由於我的緣故，他在許多方面飽受煎熬。我知道，他們告訴他，要對我小心防備，不要因我告訴他的任何事情，讓魔鬼來欺騙他；他們向他列舉別人的例子。這一切都使我憂慮不安。我很怕不會有人要聽我的告解了，所有的人都離我而去。我就只能哭，什麼辦法也沒有。

⑮由於天主的眷顧，他願意繼續聽我的告解，因為，他是一個了不起的天主忠僕，他為天主忍受一切。為此他勸告我，不該離開他對我所說的，也不要怕他會辜負我，而我則不該冒犯天主。他總是鼓勵我，安慰我。他常是命令我，不要有什麼不對他說的。我從沒有這樣做。他告訴我，如果我奉行這個勸告，魔鬼就不能傷害我，即使神見是從魔鬼來的，甚且，天主會從魔鬼想加害靈魂的惡中取善。這位神父盡其所能，在各方面努力打造我的全德。因為我有這麼多的害怕，我事事服從他，雖然沒有達到成全的地步。由於這些磨難，在他當我的告解神師期間[283]，三年或是更多，飽受困苦，遭逢很大的迫害，及上主容許別人——往往他們是沒有過失的——對我做出不好的判斷時，人人都到他那裡去，他平白無辜地遭受責備。

⑯如果他沒有這麼聖，又上主沒有鼓勵他，他必無法承受這麼許多的指責。他必須答覆那些認為我是誤入歧途的人；而他們不相信他。另一方面，他又得安撫我，治癒我的害怕，且強調要害怕冒犯天主。他也必須向我擔保，因為每次的神見中，都會有些新的顯示，天主

282. 巴達沙・奧瓦雷思，當他開始指導聖女大德蘭時，年約二十五或二十六歲。
283. 根據聖女大德蘭在《靈修見證》（Spir. Test.）五十八章三節中的敘述，他當了六年聖女的告解神師，她所說的開始時很困難的三年，必是一五五八～一五六一。

容許我後來心存很大的害怕。每件事都落在我身上，因為我是，而且一直都是，這麼樣的一個罪人。這位神父深切同情地安慰我。如果他相信自己多些，我就不會受這麼多苦；天主賜他在一切事上瞭悟真相——我相信，是聖事本身給他的光明。

⓱ 那些天主的僕人，對我不太放心，常來和我談話[284]。由於我不留意說了一些事，他們曲解我的心意。由於我不小心說的話，他們認為我的表現沒有什麼謙虛。（我非常愛他們當中的一位，因為我的靈魂對他有無盡的虧負，而他是非常聖的人；當我看到他不了解我時，感到難過極了，他強烈地要我有所進步，也願上主賜給我光明。）由於在我身上看到一些小過失——因為他們看到有許多——其他的一切立刻遭到譴責。他們問我許多事情；我直率又不經心地回答。他們馬上假定我有意教導他們，認為我自視為智者。這一切全都跑到我的告解神師那裡去，確實的，他們是希望我好；我的告解神師再次責罵我。

⓲ 這事持續了好一陣子，四面八方，令我愁苦不堪。然而，依賴上主賜給我的恩惠，我能忍受這一切磨難。

我之述說這事，為使人明白，沒有一個對此神修道路有經驗的人，會是多麼大的磨難。如果上主沒有恩待我這麼多，我不知會變成什麼樣子。有足夠的事使我發狂的，有時候，我看到自己身處困境之中，不知如何是好，惟有舉目仰視上主。因為善心好人反對一個像我這麼卑劣、軟弱又害怕的小女子。我這麼說，好似沒有什麼；然而在我一生所受最嚴厲的磨難中，這是其中最劇烈的。

願上主容許，藉此磨難，我多少奉事了至尊陛下，而我非常確定，那些歸咎和譴責我的人，他們是在事奉上主。這一切全是為了我更大的益處。

284. 見第二十三章四節等等。

第二十九章

繼續已開始的主題，述說天主賜她的一些恩惠，及至尊陛下為了她的確信，告訴她的一些事情，使她能答覆那些反對她的人。

❶ 我已經遠離主題，因為我正要述說辨識神見不是來自想像的記號[285]。我們怎能詳細地呈現基督的人性，和想像祂至極的美呢？如果要這個形像看起來有點像，則需要不少時間。你確實可以在想像中呈現祂，注視祂一些時間，注視祂的模樣和皎潔，使這個形像漸趨完美，並加以熟記。由於理智能塑造出來，誰又能拿掉這樣的一個形像呢？然而，在我們談及的神見中，並不可能由我們自己去塑造，而是，我們必須看上主願意顯示什麼？看祂什麼時候願意？及如何願意？其中既沒有所謂的放開或導入神見，無論多麼努力，都做不到放開或導入；我們既不能想要看見，也不能不要看見。如果我們想要去看些什麼特別的東西，基督的神見就會終止。

❷ 兩年以來，天主常常賜給我這個恩惠。至今一定超過三年多了，祂持續地更換這個恩惠，代之以其他更卓越的——如我後來可能加以解釋的[286]。由於知道祂對我說話，也知道，我正注視著至極的美，祂以最美又神聖的口，溫和地說那些話——有時我注視祂的嚴厲——因而強烈地想要知道祂眼睛的顏色，或祂長得有多高，那麼，我就能描述這些事，但我未曾堪當看見它們。我也無法得到這個認識，反而，設法要這樣做時，我會完全失掉神見。確實地，我有時看到祂充滿同情地望著我。然而，這種神見是這麼強而有力，靈魂無法承受得

285. 她在第二十七章七節開始解釋，為什麼在理智的神見中，魔鬼的干預是最少的，以及天主所說的言語並沒有清楚的話語。
286. 見本章第八～十四節。

了，所以置身於這麼卓越的出神中，為了要更完全地占有神見，卻失去這神見。因此，關於這個神見，沒有什麼渴望或不渴望的。可以清楚地看出來，上主願意的無非是謙虛和慚愧，及接受我們所蒙受的賜予，並讚美賜予的這位。

❸ 這就是所有的神見，無一例外。我們什麼也不能做，既不能少看，也不能多看；我們的力量既不能做，也不能不做什麼。上主願意我們非常清楚，這不是我們的工作，而是至尊陛下的工作，使得我們很難驕傲起來。更好說，使我們謙虛和敬畏。當我們看到，上主拿走我們看的能力，看不到想看的東西，祂也能對我們取消這些恩惠和恩寵，我們就會虛懷若谷。只要我們仍生活在此流放之地，應該經常懷著敬畏行走。

❹ 上主常常向我顯示祂是復活的，祂在聖體中的顯現亦然，除了有時，祂顯示給我祂的聖傷，為了鼓勵遭受困苦中的我。有時，祂顯現在十字架上，或在山園中，還有戴著茨冠，但這樣的顯現很少；有時祂也顯現出背著十字架。如我說的，由於我和別人的需要。不過，祂的聖身總是充滿光榮。

談說這些神見，我飽受羞辱和煎熬，還有許許多多的迫害。他們這麼確定地認為，我有魔鬼在身，有些人還想替我驅魔。這對我還不算什麼。然而我難過的是，當我看到我的告解神師怕聽我的告解，或當我獲悉有人對他們說了些什麼。雖然如此，我決不懊悔看到這些天上的神見；甚至於，我也不願拿一個神見來交換世上所有的美物和愉悅。我總認為，神見是來自天主的大恩惠。我覺得是至極富裕的寶藏，上主許多次親自向我做此擔保。我看到對祂的愛增長得非常多。我向祂抱怨這一切的磨難，常常深受安慰地離開祈禱；且有了新的力量。我不敢反對那些人[287]，因為我看出來，所有的事情會更糟的。由於我這麼做，他們會認

287. 指她的告解神師及神修顧問，雖然沒有寫出名字，但在第二十三及二十五章已有指示。

為我沒有什麼謙虛。我向告解神師述說；當他看到我難過時，他總是大大地安慰我。

❺ 由於神見持續地增多，先前幫助我的那群人當中，有一位[288]（他曾幾次聽過我的告解，就是在我的神師[289]不能聽我告解時）開始說，這顯然是魔鬼。由於我沒有抗拒魔鬼的辦法，他下命令，當我看到一個神見時，應該一直不斷地劃十字聖號，並且要我做出汙辱人的輕蔑手勢；因為他確定這是來自魔鬼的。我若做這個動作，神見就不會再回來。他對我說，我不該害怕，天主會保護我，使之離開我。奉行這個勸告，對我非常痛苦。因為我無法相信。而我所相信的是，這神見是來自天主的，所以必須做他命令我的事，對我而言，是一件很恐怖的事。而且如我說的[290]，我也不願這神見被拿走。然而，到最後，我做了他所有命令我做的事。我持續不斷地祈求天主，流了好多的眼淚，求祂使我脫免受騙。我也祈求聖伯鐸和聖保祿；因為上主第一次顯現給我，是在他們的慶節[291]。上主告訴我，他們會保護我免於受騙。為此，我時常很清楚地看見他們在我的左邊，雖然不是以想像的神見看到的。這兩位榮福大聖真是我的主保。

❻ 對著主基督做出輕蔑的手勢，使我痛苦極了。當我看見祂臨在，就算他們把我粉身碎骨，我也不能相信是魔鬼；因為，這對我是一種嚴厲的補贖。由於我不能不斷地劃十字聖號，因為我在手中握著十字架。幾乎所有的時間，我都手握十字架；可是輕蔑的手勢，我則沒有這麼持續，因為，這樣做使我難過至極。我回想起猶太人給祂的傷害，祈求祂寬恕我，我這樣做，是為了服從代表祢的神師，請不要責備我，因為他們是祢安置在教會內的神職人員。上主對我說，不要憂慮，我在服從上做得很好，不過，祂會使真相大白。當他們禁止我修行祈禱時，我覺得祂在發怒。祂對我說，告訴他們，現在他們所做的是暴行。祂給我記號

288. 根據古嵐清神父，她指的是龔札羅・亞蘭達。
289. 指的是巴達沙・奧瓦雷思。
290. 見本章第四節，二十七章一節。
291. 六月二十九日，見第二十七章二節，二十八章三節。

明示這神見不是來自魔鬼的。後來我會述說一些[292]。

❼有一次，當我手中握著十字架時（我的玫瑰唸珠上有十字架），祂親自從我手中拿起；當祂還我十字架時，成為由四個大寶石做成的十字架，無比貴重，遠超鑽石——對於超性的事物是無法比擬的。相形之下，鑽石和在那裡所看到的寶石，好似成了偽造品，也非完美的物品。上面有五傷，是非常精巧的工藝。祂告訴我，從那時起，我會這樣看見這十字架；事實如此，我看不到木頭的質料，而是看到這些寶石。然而，除了我之外，誰也看不到。

當我開始努力服從命令，拒絕並抗拒這些恩惠時，反而使恩惠大量地增多。我設法分心走意，卻從沒有離開祈禱。我甚至覺得，連睡覺也在祈禱。在這裡，痛苦變得忍無可忍，但是，停止想祂，也非我能力所及。無論我多麼盡心竭力，或即使我願意，我也辦不到。總之，我盡所能地服從他們。不過，在這件事上，我能做的很少，或什麼也不能做；而且，上主從來沒有從我身上拿走祈禱。即使祂告訴我去做他們所說的，另一方面，祂也向我保證，並且教我應該對他們說什麼——現在祂就是這麼做的。祂給我這麼許多充分的理由，這些理由使我覺得完全的安全。

❽不久之後，至尊陛下開始如祂所許諾的[293]，給我更多的標記，指示就是祂，在我內增加對天主這麼大的愛，我不知道是從何而來的；因為這是非常超性的，我也沒有努力去獲取。我看見自己因為渴望天主而近於死亡，除了死去，我不知道如何尋找這生命。這個愛的一些很大的衝擊臨於我，雖然不像先前所說的那些[294]，那麼地忍無可忍、或具有那樣的價值，我不知如何是好。因為什麼也滿足不了我，我也無法容忍自己；真的是彷彿我的靈魂被

292. 見本章第八節。三十章八節，等等，三十四章十六節。
293. 見本章第六節。
294. 見本章第二十章九節，等等。

強奪而去。啊！上主的至高巧計！多麼微妙的技巧，祢以之來對待祢那可憐的僕人！祢對我隱藏祢自己，以祢的愛，以這麼一個愉悅的死亡來磨難我，致使靈魂不願從中離開。

❾凡不曾體驗過這麼猛烈衝動的人，誰也無法了解。這不是內在的不安寧，也不是時常有的一些熱心感受；由於心靈受不了，就像快要悶死一般。這些熱心的感受屬於較低層次的祈禱，其猛烈的激動，使之無法溫和地收心斂神於自己內，也不能使靈魂沉靜下來。這個情況有如小孩子哭得這麼厲害，就好像快要窒息了；若給他們一點什麼喝的，這些過分的感受就停止了。在此亦然，理智應該約束這些感受；因為它們能來自人的本性軟弱。我們要害怕地認為，它們不全是完善的，而可能大部分屬於靈魂的感官成分。所以，要使這個小孩子靜下來，如人們說的，要以愛的撫慰感動他去愛，以溫和的方法，而非以暴力。使這愛維持於內，不要像加熱太快的鍋子，由於火中放進太多的木柴而沸騰溢出。他們應該減少增強火勢的起因，努力柔和地，而非以費力的眼淚，弄熄火焰；因為這些眼淚來自感受，招致許多的損害。開始時，我自己有時也有這些經驗，使得我的腦袋疲憊不堪，我的精神累了兩天或更多天，無法回來祈禱。為此，開始時必須審慎明辨，使每一件事溫和地進行，也使心靈顯出在其內的深處工作。一個人應該努力熱切地避開外在的感受。

❿至於這些衝動則大不一樣。我們自己不用在火上添加木柴。事情反而是這樣的，一旦火燒了起來，我們突然被投入其中，而使我們燃燒起來。這個創傷的痛苦，是因上主不在而引發的，並非靈魂自己營求得來。但有時，一支鏢箭穿透內心至深且最靈活的凹處，竟致使靈魂不知發生了什麼事，也不知他想要什麼。他清楚地知道，他想要天主，這個箭矢彷彿已沾了毒藥，使他能為了愛天主而輕視自己；他會很樂意為祂喪失性命。

你無法誇大或描述天主創傷靈魂的方式，及這個創傷導致的至極痛苦，因為它使靈魂忘記自己。然而，這個痛苦是如此愉悅，生命中不會有什麼其他的愉悅，能給予更大的幸福。靈魂會經常希望，如我說的[295]，死於這個病症。

⓫這個痛苦及同在一起的光榮，使我惶惑；我不明白像這樣的組合怎麼可能。看見一個靈魂受創傷，這是何等的光景啊！我說，該以這樣的方式來理解這事，可以說，靈魂以如此卓越的理由被創傷。且要清楚地明白，靈魂並沒有推動這個愛，而是彷彿有個來自上主對靈魂至極深愛的火星，突然臨於靈魂，使他完全燃燒起來。啊！多少次，當我處於此情此景，我就會記起達味的〈聖詠〉：「**我的心渴慕祢，就像小鹿渴望清泉**[296]」，因為我認為，我看到它逐字地應驗在我內。

⓬當這個渴慕不太猛烈時，彷彿能稍有舒解；至少靈魂尋求一些醫治——因為他不知道做什麼才好——做點補贖，卻對補贖沒什麼感受，也引不起絲毫的痛苦，就好像死掉的身體在流血一般。他尋求種種的途徑和方法，為他所覺察的天主之愛做這事。可是，這個愛的疼痛如此之大，我不知道有什麼身體的折磨可以除去。由於這個救助良方不在於身體的補贖，醫治這麼卓越的痛苦，這些補贖並沒有什麼療效，卻可以稍微舒解一下，靈魂能行走在這條路上，同時祈求天主治好他的病。不過，靈魂看得出來，除了死，別無良方。因為他認為，藉著死亡，他能完全享有天主。有的時候，痛苦這麼劇烈，靈魂不能做補贖，也不能做任何的事，因為全身都癱了，腳和手臂都動彈不得。如果一個人是站著，他會坐下來，如同人從一處被帶到另一處。甚至無法呼吸，靈魂吐出幾聲輕輕的嘆息，因為他不能多做些什麼；這些是在他內裡感受到的。

295. 見本章第八節。
296.《聖詠》四十二篇第二節。

13 當我處在這個情景中，上主願意我看到以下的一些神見：我看見靠近我的左邊，有位具有人形的天使。除了罕有的情形，我不常見到有人形的天使。雖然有許多次看到天使顯現給我，但我卻沒有看見他們，就像先前我所說的，這是在理智的神見中顯現的[297]。在此神見中，上主願意我這樣地看見：天使並不大，而是小小的。他非常美，面容火紅，好似火焰，看起來好像是屬於最高品級的一位天使，彷彿整個都在燃燒的火中，顯得火光四溢。他們必是屬於所謂的智品天使（Cherubim），他們並沒告訴我名字。然而，我清楚地看到，在天堂上，有的天使和別的天使非常不同，而別的天使又和其他的不一樣，我不知如何加以說明。我看見在他的手中，有一支金質的鏢箭，矛頭好似有小小的火花。我覺得，這位天使好幾次把鏢箭插進我的心，插到我內心最深處。當他把箭拔出來的時候，我感到他把我內極深的部分也連同拔出；他使我整個地燃燒在天主的大愛中。這個痛苦之劇烈，使我發出呻吟。這劇烈的痛苦帶給我至極的甜蜜，沒有什麼渴望能帶走靈魂，靈魂也不滿足於亞於天主的事物。這不是身體的痛苦，而是心靈的，雖然身體也分享一些，甚至分享很多。這個發生在靈魂和天主之間的愛的交換，如此甜蜜，我祈求天主，因祂的溫良慈善，也給那些認為我說謊的人嚐嚐這個愛。

14 這個經驗仍持續的日子裡，我彷彿失神般地走動，既不想看，也不想說話，而是緊緊抱住我的痛苦。對我而言，這是超越一切受造物的至極光榮。

有時，當上主願意時，會有這樣的事：這些出神這麼猛烈，即使我處在人們當中，我也無法加以抗拒；我深感憂慮，怕會成為公開的事件。當我經驗這些出神後，我不覺得這痛苦很大；而是之前我在別章提過的[298]——我不記得是哪一章——，我那時的出神，在許多方面

297. 二十七章二節。在這裡，她不是說自己有肉體的神見，而是指想像的神見。見二十八章四節，在那裡她說，她從來沒有過肉體的神見。
298. 二十章九節，等等。

是不一樣的，而且更有價值。然而，當我現在說的這個痛苦開始時，好似上主把靈魂帶走，置之於神魂超拔之中；因此而沒有疼痛或痛苦的餘地，因為喜樂立即進入。願祂永受讚美，祂賜予這麼多的恩惠，給那對這無比宏恩做這麼差勁回應的人！

第三十章

回來敘述她的生活，述說上主怎樣消除她的許多磨難，把榮福方濟會士，聖善的伯鐸·亞爾剛大拉帶來她居住的城裡，談論她有時經歷的大誘惑和內在的煎熬。

❶ 因此，看到自己很少，或根本沒辦法避開這些如此之大的衝動，我也害怕有這些衝動。我不明白，何以痛苦和幸福可以同在一起？我已知道，身體的痛苦和心靈的幸福，在一起是可能的；然而，如此過度的心靈痛苦，和這麼至極的喜樂同在，則使我迷惑不解。

我仍然沒有停止力求抗拒，但是我所能做的這麼少，有時使我好累。我用十字架保護自己，希望用上主保護眾人的方法來捍衛自己。我看不到有人了解我；我非常清楚知道這事。但是，除了我的告解神師外，我不敢對人說；因為這麼做，無異於真實又清楚地表示我不謙虛。

❷ 上主樂意清除我極大部分的煎熬，而且是全部消除，祂把真福伯鐸·亞爾剛大拉會士帶來本城。我曾提過他，我說了些有關他的補贖[299]。還有別的事，我也得到了證實，即有

299. 第二十七章十六～二十節。

二十年的時間，他不斷地穿著錫鐵皮的苦衣。他是一些本國語論祈禱之書的作者，這些小冊子現在普受歡迎。由於他自己的良好修行，他以非常有幫助的方式，寫給投身於祈禱的人[300]。除了上述多少提及的一些事外，他徹底嚴格地遵守榮福聖方濟的原初會規。

❸於是，我曾說過的那位寡婦[301]，她是天主的忠僕，也是我的好友，獲悉這麼聖善的人就在此地；而她也知道我的需要。她是我苦患的見證人，極其安慰我，因為她的信德這麼強，以致她不能不相信，別人視之為來自魔鬼的；她則認為來自天主聖神。由於她是一個很聰明又值得信任的人，上主賜給她許多祈禱方面的恩惠，至尊陛下願意在博學者不懂的事上光照她。我的告解神師許可我告訴她一些密事，因為有許多的理由信任她。有時，上主把祂賜給我的恩惠，分施給她，也把有益於她靈魂的勸告分享給她。一旦獲悉這位聖人在本城裡，她什麼也沒對我說，就從省會長獲得許可，讓我在她的家裡住八天，使我能更容易和聖人交談。第一次聖人來到這裡的期間，在她的家，也在一些聖堂裡，我多次和聖人談話。後來聖人多次再來時，我又和他談過許多話。我向他概述我的生活，及修行祈禱的方式，就我所知地清楚說明。對我與之談論我靈魂的人，我總是設法以完全的明晰和真實來述說。甚至連任何開始激動我心的變動，我都願意他們知道。我也坦承，那些和我爭辯的可疑和有問題的事情。所以，我和他談論我的靈魂，沒有絲毫的口是心非和掩飾。

❹幾乎打一開始，我就看見，他因為有經驗而了解我，這一切正是我所需要的。在那時，我不明白自己，也不知道如何描述我的經驗，如同我現在所做（因為後來天主使我了解，也能描述至尊陛下賜給我的恩惠）。而那了解我，並對我解釋這些經驗的人，他應該有親身的經驗。伯鐸會士大大地光照了我；我不懂，像那樣的經驗是可能的，至少，對那沒有

300. 聖女所說的可能是《論祈禱與默想》（*Treatise on Prayer & Meditation Trans.* D. Devas, O.F.M.Westminster, Md.: Newman Press 1949）不過，這本及其他的書，其確實性尚存異議。
301. 即紀爾瑪・于佑雅夫人，見第二十四章四節。

想像的神見，我就不懂。我認為，我也不了解，那些我因為靈魂的眼睛看到的神見怎麼可能。我已說過[302]，惟有因身體的眼睛看得到的神見，我認為才值得注意，而我未曾有過這樣的神見。

❺這位聖人啟迪我每一件事情；也為我解釋清楚。他告訴我不要憂愁，反而我應該讚美天主，且要這麼確定，一切都來自天主聖神。除了信德之外，沒有什麼對我是更真實和更可相信的。他深深安慰了我，對我表示所有的關心和恩待，後來他非常關懷我，和我分享他自己的事和職務。由於他看到我也盼望那他有的行為──因為上主以非常確定的方式給我這些行為──也看到我這麼地有勇氣，他很高興和我談話。凡蒙上主帶領達此境界的人，他找不到有什麼愉悅或安慰，除非遇見，他認為，上主已開始賜給這些恩惠的人。按照我的看法，在那時，我還沒有很多，上主容許，現在我可以有了。

❻他極同情我，對我說，世上最大的一個磨難，就是我所遭遇的；亦即善良好人的反對。而且我還有一條很長的路要走；因為我常有需要，而在本城中沒有人了解我。不過，他說，他會去和我的告解神師談話，也和最磨死我的那位談，即我已提過的那位已婚的紳士。由於他感到對我懷有極大的善意，引發了和我所有的爭論，他是敬畏天主又聖善的人；不過，由於看到我最近這麼卑劣，他無法感到放心。為此，聖善的伯鐸會士向他們擔保，因為他和他們談話，提出讓他們感到安全的動機和理由，告訴他們，不要再擾亂我。我的告解神師需要的擔保不多；這位紳士則需要這麼許多的擔保，這些理由仍然還不足以完全確定，但卻有助於他不再這麼驚嚇我[303]。

❼我們同意，從那時起，我會寫給他關於發生於我的事，並且熱切地彼此代禱。而這就

302. 第二十八章四節。
303. 告解神師是巴達沙・奧瓦雷思S.J.，紳士則是方濟・撒爾謝多。

是他的謙虛，他看重這個可憐人的祈禱，令我感到非常羞愧。他留給我極大的安慰和幸福，能夠對我的祈禱感到安全，不懷疑是來自天主。他對我說，如果我對什麼事感到些許懷疑，為了更大的安全，我該告訴我的告解神師，這樣的話，我會過得很安全。

然而，我無法感到完全的放心，因為上主先領我走的是一條怕懼之路。而我相信他們對我說的，即我有過的經驗是來自魔鬼的。因此，沒有人能使我這樣感到沒有怕懼，或是我能給上主放在我靈魂內的經驗更多的信心。所以，即使伯鐸會士安慰我，使我平靜下來，我仍無法對他的話有如此的信心，而完全不害怕；尤其當上主使我處於靈魂的考驗中時，如我現在將要說的。雖然如此，如我說的，我還是很有安慰。

我無法充分地稱謝天主，及我的榮福父親大聖若瑟。因為我認為，伯鐸會士是委員會的會長，這是大聖若瑟把他帶來這裡的。因為這個委員會是奉聖若瑟為主保[304]，我向他做了許多的祈禱，也同樣地向聖母祈禱。

8 有幾次，我碰到這樣的事，即使現在仍會遇見，雖然並不是那麼多。我的靈魂遇有這個至極的煎熬，再加上厲害的身體折磨、疼痛和疾病，我一點也幫不上自己的忙。

另有幾次，我的身體患了更嚴重的病；然而，由於我沒有靈魂的痛苦，我很高興地承受病苦。但當身體和靈魂的痛苦一起來時，這個煎熬是這麼劇烈，使我痛苦至極。上主賜我的所有恩惠全忘了。只留下使人痛苦的記憶；它們就像是一場夢。理智這麼失神落魄，使我行走在成千的懷疑和疑慮中，好像我不了解，或是我幻想出神見，這已足夠使我受騙，更不用說我欺騙了那些好人。我覺得自己這麼不好，所有的卑劣和異端邪說全是因為我的罪引起的。

304. 她指的是方濟會的準會省，該會省奉聖若瑟為主保。

❾ 這是魔鬼揑造的假謙虛，為了使我擾亂不安，而且如果牠能夠的話，會設法使我的靈魂陷於絕望。現在對於有什麼是從魔鬼來的，我已有如此之多的經驗。由於牠現在看到我認得牠，牠不再折磨我，如同過去牠慣常做的那樣。牠可以清楚地被辨識出來，藉著牠招惹起來的擾亂和不安。藉著只要牠的工作持續下去，靈魂感到的激動，藉著牠放進靈魂內的黑暗、憂苦和乾枯，及對祈禱或任何善工提不起勁。彷彿牠窒息靈魂，且把身體捆綁起來，使他一無所用。即使靈魂知道自己的卑劣，很難過地看到自己的真相。即使我們誇張地想我們的卑劣，誇張得如同前面提到的[305]，感到真是這樣。真正的謙虛不會惶惑，或擾亂地臨於靈魂，也不會使靈魂黑暗，或帶給他乾枯。更好相信，真正的謙虛安慰靈魂，且以完全相反的方式臨於靈魂：寧靜、溫和且充滿光明。從另一個觀點來看，靈魂很有安慰地看到，上主賜給他的痛苦，是何等大的恩惠，及多麼地有用。為了他的冒犯天主，他很覺傷心；不過，另一方面，上主的仁慈使他寬心。他得到自慚形穢的光明，且讚美天主容忍他這麼久。

來自魔鬼的另一個假謙虛，是對任何事都沒有光明；好似天主用火和劍來毀滅一切。魔鬼呈現給靈魂正義，雖然靈魂相信有仁慈——因為魔鬼沒有這種本事，能做到使他失去信德——然而，靈魂從這個信德中得不到安慰；反而，當他看到這麼多的仁慈，助長更大的折磨，他認為自己有責任做得更多。

❿ 這是我所知道的，魔鬼揑造的假謙虛中，最痛苦、最狡猾和最騙人的一個。為此，我願警告閣下，萬一牠以此方式來誘惑您時，您會有些光明，且認得出來——如果牠讓理智去辨識的話。不要以為這是個學問和知識的問題，在這時，所有的一切都對我無助。後來，當我從中得到釋放，我清楚地知道，這個感受是愚蠢的。我所了解的是，上主願意並許可這

305. 見本章八節。

事，准許魔鬼來誘惑我們；如同魔鬼誘惑約伯時，天主所准許的[306]。雖然在我的情況中，由於我的卑劣，誘惑沒有這麼慘重。

⓫ 事情這樣地發生於我。記得有一天，在基督聖體節前夕，這是我非常熱心敬禮的一個節日，雖然沒有像我該有的那樣熱心。這一次的經驗只延長到節日。別的時候，這樣的經驗延長到八至十五天，或甚至三個星期，我不知道是否還有拖得更長久的。這事尤其發生在聖週期間，在那時，祈禱是我的愉悅。事情是這樣發生的，我的理智突然間被事情抓住，有時是這麼瑣碎的事，有時我對它們自我解嘲。魔鬼故意使盡手段，叫靈魂心煩意亂，在那裡阻撓他，讓他做不了自己的主人。除了魔鬼提示給他的荒思謬想之外，他也無法想及其他的事。那些思想幾乎都不是重要的事，既非捆綁，也非解開。牠之捆綁靈魂，只是為壓迫他，使之感到侷促不安。事情就這樣地臨於我，好似魔鬼在和我的靈魂打球，使靈魂無法從魔鬼的勢力中脫身。

靈魂在此時所受的苦是無可言喻的。他尋求舒解，然而，天主卻不許他找到什麼。在此只剩下理性的光明，作為運用自由意志的前導，但是，這個光明並不清楚。我是說，眼睛幾乎受蒙蔽。就像一個人經常走同一條路，雖然是夜晚，外面一片漆黑。由於先前對這條路的熟識感覺，及他曾在白天看過，他知道有什麼地方可能會摔跤，所以小心提防那危險。關於不得罪天主亦然，因為這就好像靈魂的習慣動作。我們暫時不談上主把靈魂掌握在手中的事，這當然是很重要的。

⓬ 信德那時已是死氣沉沉，且睡著了，就像其他所有的德行那樣，雖然還沒有喪失，靈魂真的相信聖教會的道理；不過，這只是口頭上的宣稱。另一方面則好似靈魂受到磨難，失

306.《約伯傳》第二章第六節。

去感覺，他之認識天主，彷彿是從遠處聽到一些什麼。
愛變得這麼冷淡。如果聽見有人談到天主，他聽來好似一些有關祂的道理。他相信這些事，是因為教會這麼相信，對於內在曾經驗過的事，卻什麼記憶也沒有。
去祈禱，或留守獨居中，無非是苦悶倍增，因為他在自己內感受到的折磨，不知道為什麼，是無法忍受的。

我認為，這個經驗有點像是地獄的複製品。這事是這樣的，根據上主在一個神見中使我明白的：靈魂在自己內燃燒，他不知道誰點燃這火，也不知道火來自何方，或要如何避開這火，或用什麼方法熄滅。如果他想用看聖書來改善這情況，他覺得好像不知道要怎樣看書。曾有一次，我開始讀聖人傳記，看看是否能使我專心，以聖人的遭遇來安慰自己。看了幾行，讀了四、五遍之後，比開始看時懂得更少，所以我就不看了。這樣的事，多次發生於我，只是我特別記得這一次。

⑬ 要是去和什麼人談話，情況更糟。因為魔鬼放進這麼令人不悅的氣忿之神，彷彿我要吃掉每一個人，一點也幫不上忙。而我則認為，若能克制自己的脾氣，倒是做到了些什麼，或是上主把靈魂保護在祂的手中，以免他說或做任何傷害人的事，因而冒犯天主。

至於去找我的告解神師，這確實發生過許多次，正是我現在要說的。雖然我交往過的及現任的告解神師，都是很神聖的人，他們很嚴厲地對我說話，又責罵我。後來當我告訴他們時，他們很覺驚訝，且告訴我，不這樣做，並非他們的能力所及。他們極力不再這麼做，因為事後他們感到難過，甚至對於已做的這事很有顧忌。然而，當我遇有身體和靈魂相同的磨難時，他們決定要憐憫地安慰我，卻無法做到，他們沒有說什麼不好的話——我是說會冒犯天主的話——他們說的是，一位告解神師能說出的，最令人不悅的話。他們必是有意克制我，雖然有時候我很高興，也準備好承受這樣的克苦，然而處於如此經驗的期間，凡事對我都是折磨。

我還有自己在欺騙他們的感覺。我去找他們，非常熱切地警告他們，要對我小心戒備，因為我可能騙了他們。我清楚地看到，我不會故意這麼做，我也不會對他們說謊，然而，事事都叫我害怕。他們當中的一位[307]，由於他了解這個誘惑，有一次對我說，不要憂心愁苦，即使我想要騙他，他有腦袋，不會讓自己受騙的。這話給我極大的安慰。

14 有時候（或許幾乎都是——至少相當常有），領聖體後，我就平靜下來。有時，一接近聖事，就立刻體會到靈魂和身體這麼好，令我很驚奇。彷彿只一剎那間，靈魂的所有黑暗都消散了；太陽一出來，靈魂就看穿了他當時的愚蠢。

有時，藉著上主對我說的一句話，祂只說：**「不要憂慮；不要害怕」**，如我曾在別處提過的[308]，我就立刻得到痊癒；或藉著看到的某個神見，好似我什麼苦都沒有了。我在天主內歡欣喜悅；我向祂抱怨，何以同意使我遭受這麼許多的折磨。但是這個痛苦得到很好的酬勞，因為隨之而來的恩惠，幾乎總是極其豐沛。

我認為，靈魂無非如同從熔爐中出來的黃金，更加精練和純淨，好能在他內看見天主。所以，後來這些看似忍無可忍的磨難，也變小了，而如果上主會更得到事奉，他願意再回去受苦。即使可能會有更多的煎熬和迫害，如果所遭遇的事不會冒犯上主，而是快樂地為祂受苦，一切事都會是更大的收穫——雖然我沒有忍受，一如我之該忍受的，而且十分的不成全。

307. 根據古嵐清神父，這一位是巴達沙・奧瓦雷思。
308. 見第二十五章十八節，二十六章二節。

⑮有時的經驗是另一種。事情的發生是很突然的。我認為，想任何好事，或願意做好事的可能性也被拿走，身體和靈魂感到完全沒有用，而且深感頹喪。我沒有其他那些的誘惑和憂慮，但卻有一種不知其所以然的不開心；也沒有什麼可以使我靈魂滿意的。我沒法去做外在的善工，勉強自己忙一點。我清楚地知道，當恩寵隱藏起來時，靈魂的微小不堪。這並沒有常常使我很痛苦，因為看到自己的卑微，給了我一些滿足。

⑯有的時候，我發現，我甚至無法以合適的方式，念及天主或任何的好事，或修行祈禱，即使我處在獨居中亦然；不過，我覺得自己認識天主。我知道，在這裡是理智和想像使我受害。我認為，意志倒是沒有什麼問題，且準備好要做每件好事。然而理智這麼野，無非像個狂怒的瘋子，沒有人能綁得住它[309]。我也無法做主人，足以使之安靜唸一段信經的時間。有時我笑笑自己，看透我的可憐，而我看著這個瘋子，不去管它，且看它要做什麼。光榮歸於天主，真夠叫人驚奇的，理智總不尋求惡事，而是奔向不同的事：是否在這裡、那裡或哪裡有什麼可做的事。我因此而更清楚明白，處在完美的默觀中，上主綁住了這個瘋子，祂賜給我的是至極無上的大恩惠。那些認為我很好的人，要是看到這個精神錯亂，真不知會怎樣。我極其同情靈魂看到他有這麼壞的同伴。我希望靈魂得到自由，所以我向上主說：「我的天主，什麼時候我終於能看見我的靈魂整合起來讚美祢，使其所有的官都能享有祢；上主，請不要許可，不要再使之支解碎裂，就彷彿每個碎片各行其事。」

我常常遭受感官的分散；有時我清楚知道，這和我的健康欠佳大有關係。我時常想起原罪給我們造成的損害。我認為，正是這個緣故，我們無法以整合的方式，享有這麼許多的幸福。而我的罪必定也是一個原因；如果我沒有犯那麼許多的罪，我就能更整合地享有幸福。

309. 要記得，聖女大德蘭常常沒清楚劃分理智、思想和想像。

⑰我還有另一個很大的磨難：好像所有我讀過論及祈禱的書，我都懂，而且上主已經賜給我這樣的恩惠。我認為自己不需要這些書，所以就不看，只看聖人行傳。因為，我自覺這麼缺乏他們事奉天主的行實，我認為這樣做會有助於我，且鼓勵我。我覺得自己很不謙虛，想自己得到這些祈禱的恩惠，但又不能有其他的想法。這事使我很難受，直到博學者和真福伯鐸．亞爾剛大拉會士告訴我，不要憂心這事。我清楚地看到，自己還沒開始事奉天主，雖然至尊陛下賜給我恩惠，如祂賜給許多人一般。我無非是個不成全的人，而在渴望和愛上則不然。關於後者，我看得很清楚，上主已惠賜給我，使我能稍微服事祂。我真的認為我愛祂，不過，我在自身上看到的工作和這麼多的不成全，使我很沮喪。

⑱有的時候，會出現一種我所謂的「靈魂的愚蠢」。因為我認為，我既不作惡，也不行善，而是如人們所說的，隨波逐流。既沒有痛苦，也沒有光榮。既非生命，也非死亡。既非喜樂，也非憂苦；好似靈魂什麼感覺也沒有。我覺得靈魂好像小驢子吃草般地走動；因為他們給牠吃而得到餵養，牠是在吃，而幾乎覺察不出自己正在吃。處於此境的靈魂，必會得到餵養，獲得來自天主的一些大恩惠。因為在如此可憐的生活中，他不後悔活著，他逆來順受地忍受生活；然而，靈魂卻感覺不到能瞭解自己的行動或效果。

⑲我認為，靈魂現在彷彿在很平靜的風中航行，他不知道怎會前進得這麼多。至於別種恩惠，效果是這麼顯著，靈魂幾乎立刻看到他的改善；因為在那時，渴望不會休止，靈魂也決不會滿足。這就是我所說的[310]，蒙受天主賜予很大的愛之衝動的人，他們所體驗的。這些衝動就好像我曾見過的一些湧流的小水泉；它們不停地湧出細沙。

這是個很好的例子，或說可比喻為達到此境的靈魂：愛總是沸騰的，且想著他要做什

310. 第二十九章八～十四節，二十六章一節。

麼。他無法容納自己，就像土地容不下水；反而把水從土裡吐出。同樣，靈魂非常習慣地，由於他擁有的這個愛，他既不得靜息，也容不下自己。他已經沉浸在這個水裡；他希望別人來喝水，因為他已不再缺少水，為此，他們能幫他讚美天主。啊！多少次，我回想起，上主對撒瑪黎雅婦人說的水！為此，我好喜歡那一段福音。的確是這樣，從我很小的時候起——雖然不像我現在這麼明白這個好事——我常常祈求上主給我這水。我常隨身帶著一張主在井邊的圖畫，畫下寫著：「**主！請給我這水**[311]**！**」

⑳ 這愛也好像猛烈的大火，為了不使之熄滅，常需要加入一些燃料。因此，在我所說的這些靈魂的情況中，即使要付出極大的代價，他也會願意帶來木柴，使火不致滅掉。我就是這樣的人。即使我能扔進去幾根稻草在上面，也很高興；有時我是這樣做，或說是許多次。有時我笑笑自己；有時則心有戚戚焉。有個內在的推動，鼓勵我做此服事——我無法多做什麼——在聖體前插些枝葉和花朵，掃掃地，或整理好聖堂，做些像這樣卑微的小事，使我很覺羞愧。如果我做補贖，所做的一切實在微不足道，如果不是上主接納了我的渴望，在我看來，全是些不重要的事，我則對自己笑笑。

那麼，由於天主的溫良慈善，蒙祂豐富地賜予此一愛祂的烈火，由於缺乏為祂做事的體力，受到不小的磨難。這真是一個很大的痛苦。因為靈魂沒有力氣在這個火上扔進一些木柴，惟恐這火熄滅而感到瀕臨死亡。我認為，在他內，他已被銷毀，化為灰燼，融化在眼淚中，且燃燒起來；這是個至極的折磨，雖然是愉悅的。

㉑ 達到此一境界的靈魂，要多多讚美上主，因為上主賜給他體力去做補贖。或賜給他學識、才幹，或給他自由能宣道、聽告解和帶領靈魂歸向天主。因為這樣的一個靈魂，他不知

311.《若望福音》第四章第十五節。

道或不了解他所得的福分，除非他嚐到什麼是無法做點事來事奉上主，卻又經常得到很多。願萬有讚美祂，願眾天使光榮祂，阿們。

㉒寫出這麼許多的細節，我不知道，自己是否做得好。由於閣下再次下達命令，不要我擔心詳述這事，也不要我省略什麼，我清楚而忠實地述說所記得的事。我不得不刪去許多，否則的話，我會浪費更多的時間，如我說的，我的時間這麼少[312]，而且有可能寫不出什麼有益的事。

第三十一章

談及外在的誘惑及魔鬼的顯現和施加於她的折磨。也談到一些很有助益的事情，勸告行走全德之路的人。

❶既然我已說了一些，魔鬼帶給我的內在且隱密的誘惑和擾亂[313]，現在我願談談，魔鬼幾乎公然地引發其他的事情，從中不能不知道就是牠。

❷有一次，我在一個經堂內，牠以令人憎惡的形狀，出現在我的左邊。因為牠向我說話，我特別看著牠的嘴，非常的嚇人。彷彿很大的火焰，只見火光，毫無陰影，從牠的身子冒出來。牠以很恐怖的方式對我說，我已逃脫了牠的魔掌，不過，牠會再親手來捕捉我。我害怕極了，盡我所能地猛劃十字聖號；牠不見了，但很快又再回來。這事兩次發生於我，我

312. 見第十章七節，十四章八節。
313. 見第三十章九節。

不知要做什麼才好。那裡有些聖水，我把聖水灑向那個方向；牠就不再回來了。

❸另有一次，由於這樣可怕的內在和外在的痛苦與擾亂，我歷經五個小時，備受折磨，我不認為自己還能忍受下去。和我一起的修女們十分驚慌，不知如何是好，我也不知要怎樣幫助自己。當身體的疼痛和病苦，達到了忍無可忍的地步時，我有個習慣，在我內盡所能地懇求上主。如果藉著我的忍耐，可使至尊陛下得到事奉，願祂賜給我忍耐，我願留在這個情況中，直到世界末日。

由於這次受到這麼猛烈的痛苦，我透過這些懇求和決心，幫助自己忍受折磨。上主願意我明白，此乃魔鬼，因為我看到，在我的旁邊有個可憎的小黑鬼，好像人在失去所謀求之物的地方，絕望地咆哮著。看到牠時，我對自己笑笑，沒有害怕。那裡有幾個修女和我在一起，她們幫不上忙，也不知道針對這麼許多的折磨，可有什麼良方。由於無法抗拒，我重重地打自己的身體、頭和手臂；更糟的是內在的騷擾，我無法感受任何一種的寧靜。我不敢要求聖水，以免驚嚇她們，因為她們不知道發生了什麼事。

❹我往往體驗到，聖水比什麼都靈驗，魔鬼會逃之夭夭，不再回來。牠們也逃避十字架，不過還會再返回。聖水的神力一定很大。當我取用聖水時，我的靈魂感覺到特別，且非常明顯的安慰。確實無疑地，通常我的靈魂感到舒解，我不知如何說明，就好像一個內在的愉悅，使靈魂感到全然舒適。這不是些幻覺，或什麼只一次發生於我的事，而是時常發生的，我也留心地細察過。我說，這個舒解，好比一個很熱又口渴的人，喝了一罐清涼的水；彷彿全身透徹地舒暢。我認為凡教會指定的事物都很要緊，我欣喜地看到，祝聖聖水的禱文具有的神力，使之和未祝聖的水截然不同。

❺由於折磨沒有停止，我說：「如果妳們不笑，請給我聖水。」她們把聖水拿來給我，灑了一些在我身上，卻沒什麼幫助。我朝著魔鬼所在的地方灑去，魔鬼立刻逃跑，我全身的病都消除，好像被一隻手拿走一般，只留下我疲憊不堪，彷彿飽受棍子痛打過。這事對我大有益處，看到即使靈魂和身體都不屬於魔鬼的人，當上主許可時，牠竟能這麼加害於人，那麼，若是被魔鬼據為己有的人，更當如何呢？這使我重新切望擺脫這麼惡劣的同伴。

❻不久前，另有一次，同樣的事發生於我；雖然時間沒有拖太久，我正單獨一人。我要求給我聖水，她們進來時，魔鬼已經走了，這兩位修女很可信任，因為她們絕不會說謊，她們聞到像硫磺般的惡臭。我卻沒有聞到。這些惡臭緩慢地消散，因而使人覺察得到。

另一次，我在經堂內，有個很強烈的收心衝動臨於我。我離開經堂，使人不致注意到，縱使她們都聽見靠近我位置的附近，有很大的毆打聲。我聽到緊靠我的地方在說粗話，好似魔鬼正圖謀著什麼事，雖然我什麼也聽不懂。不過，我仍十分專注於祈禱，我既不理會任何事，也不害怕。這樣的事情發生，幾乎都是當上主賜給我恩惠，說服某個靈魂在全德上進步時。

❼現在我要說的事情，確實地發生於我。對於這事，有許多的見證，尤其是我現任的神師[314]，因為他看到這事寫在一封信裡；無須我告訴他這人是誰，他非常清楚是誰。

有個人來找我，他已有兩年或一年半，陷於不道德的罪惡中。這是我聽過最可憎惡的罪行。整個期間，他都沒有辦告解，也沒改過；而他仍然主持彌撒。雖然他告明其他的罪，至於這個罪，他說怎能告明這麼醜惡的事。他極其渴望斷絕罪惡，卻又無能為力。我非常憐憫他，看到他這樣地冒犯天主，令我悲痛萬分。我答應為他極力懇求天主釋放他，並且請其他

314. 根據古嵐清，這位是道明・巴臬斯。

比我更好的人做同樣的祈求。我寫信給他，藉著他告訴我的某人，我可以把信交給他。事情就是這樣，收到第一封信之後，他就去辦了告解。由於我把他交託給許多非常神聖的人祈禱，天主願意憐憫這個靈魂；至於我，雖然卑劣，也極認真地盡我所能地祈求。

他回信給我，說他已改善很多，這些日子他沒有犯罪，但他受到的折磨和誘惑如此強烈。按照他所遭受的痛苦，彷彿他就在地獄之中。他請求我把他交託給天主；我則把他交託給我的修女們，藉著她們的祈禱，上主必會賜給我這個恩惠，因為她們把這事深深牢記心中。沒有人猜得出來這人是誰。我祈求至尊陛下減輕那些折磨和誘惑，讓魔鬼來折磨我，要是我什麼都不會冒犯上主。

結果，一個月下來，我慘遭折磨；正是在這段期間，發生了上述的兩件事[315]。

❽ 上主樂意使魔鬼離開他；這是他寫給我的，因為我告訴他，在那個月期間，我所遭受的事。他的靈魂堅強起來了，並且得到完全的自由。他不勝感激天主和我——好像是我做了些什麼事似的。然而，上主賜給我恩惠的這個聲望，使他獲益。他說，在看到自己困苦萬分時，他讀我的信，誘惑就會離他而去。對於我所受的折磨，和他的獲得釋放，他感動不已。甚至連我都覺驚奇，我得經歷更多幾年，來看到這個靈魂得到釋放。願上主事事受讚美，因為那些事奉祂的人，所做的祈禱（我相信在此隱院內[316]，這些修女們的祈禱），能完成許多事。但由於是我要求這些祈禱，魔鬼必定對我更加忿怒；而由於我的罪，上主容許這事。

❾ 還有，在這段期間，有個晚上，我覺得魔鬼要悶死我了；周圍灑了許多聖水後，我看見牠們一大群地走過，好像被拋到斷崖下。有這麼許多次，這些該死的魔鬼折磨我，現在我對牠們的怕懼少之又少。我看到，除非上主許可，牠們無法動彈。如果我說出所有這些例

315. 見本章六節談到的魔鬼介入。
316. 聖若瑟隱院。

子，恐怕會惹閣下厭煩，而且也使我自己厭煩。

⑩ 願所說的有助於天主的真實僕人，使之對於魔鬼有意引人害怕而設立的稻草人，不予理會。我們應該知道，每次我們不加理睬，牠們就會削弱，靈魂則獲得更多的主權，往往會大有所獲。我不要再深談下去，以免過於冗長。

我只說諸聖節晚上發生於我的事：當我在經堂裡，才唸完夜禱中的福音聖歌，還在唸著非常虔誠的祈禱文。快結束時，一個魔鬼出現在經本上，使我不能唸完這禱文。我劃十字聖號，當我再開始唸禱文時，牠又回來，我相信，我重新開始了三次，直到我向牠灑聖水之後，我才能唸完。在那一瞬間，我看見有些靈魂離開煉獄；這些煉靈的得救必定還差一點點的善工，我不知道，魔鬼是否有意來阻撓這事？

我很少看到魔鬼具有形體，多次所見的都沒有形體，例如前面曾提及的神見(317)，沒有看見什麼形體，就知道魔鬼在那裡。

⑪ 我還願意述說以下的這件事，因為嚇得我要命：有一天，在聖三的節日，我在某修院的經堂中祈禱，神魂超拔，我看見魔鬼對抗天使的一場大戰，我無法了解其中的涵意。過了不到十五天，事情就顯然明白了，這是出於祈禱和不祈禱兩群人之間的衝突，導致發生這事的修院許多的損害。這個戰爭持續很長的時日，造成許多的不安寧。

另有一次，我看見非常眾多的魔鬼，包圍著我，又彷彿有個極大的亮光環繞著我，阻止魔鬼靠近。我明白，天主在看顧著我，所以牠們接觸不到我，無法使我冒犯天主。按照幾次我在自己內看到的，我知道，這是一個真的神見。

事實上，現在我已深深明白，牠的魔力之小，要是我沒有違背天主，我幾乎半點怕懼也

317. 她說的是理智的神見，於第二十七章二節中所解釋的。

沒有。如果這些魔鬼沒找到怯懦者，及向牠們投降的人，牠們的魔力是無足輕重的；魔鬼正是對著像那樣的人，展現其魔力。

有時候，處在我已提過的誘惑中[318]，我覺得過去的虛榮和軟弱，在我內又醒了起來；我必須真的把自己交託給天主。馬上折磨就來了，由於我認為，既然在我內出來那些思想，那麼，我所體驗的恩惠，必定全部是從魔鬼來的。我以為，凡從上主接受這麼許多恩惠的人，甚至連一個壞思想的最初乍動，也不該有。不過，那時的告解神師安撫了我。

⓬有時，我深受折磨，即使現在仍折磨著我，因為看到自己受尊敬，尤其被高貴人士敬重，而且他們對我誇獎有加。這使我受苦，且受苦良多。於是我注視基督和聖人們的生活，我認為自己正走著相反的方向，因為他們之向前行走，只經由輕視和凌辱。這使我行走在敬畏中，如同一個人既不敢抬起頭來，也不願引人注意。而當我遭受迫害時，我就不這麼做了。那時，靈魂昂首而行，雖然身體不這樣。另一方面，我覺得憂苦，不知道怎麼會是這樣的。可是，事情就是這麼發生的，那時靈魂認為處在自己的王國內，把一切置於腳下。

有時我體驗到以下的誘惑，且延續好幾天；一方面，好像是德行和謙虛，其實我現在清楚地看到，這是一個誘惑。一位非常博學的道明會士[319]，他對我做了清楚的說明。當我想到上主賜給我的這些恩惠公然告知於人，這個折磨這麼過分，使我的靈魂擾亂極了。竟然達到如此地步，每每念及此事，我寧願被人活埋，也不要這些恩惠公開地讓人知道。所以，當這些收心或出神的經驗開始，連在公開的場合，我都無法抗拒，事後我自覺羞愧萬分，不願處在有什麼人會看見我的地方。

⓭有一次，當我為了這事難過不已，上主問我為什麼害怕，因為從中只會出來兩件事，

318. 見第三十章九節，等等。
319. 道明・巴臬斯神父。

他們或是批評我，或是讚美祂。祂解釋說，那些相信的人會讚美祂，而不信的人，則沒有過錯地非難我；無論哪一個結果，對我都有益處，所以我不該難過。這話深深安撫了我，每當想起時，我都會感到安慰。

這誘惑達到這樣的地步，使得我想要離開這個地方，把我的入會資金轉入另一個修院（比我目前居住的修院更為封閉），因為我曾聽到對此修院的高度推崇。這會院也是屬於我們的修會[320]，離本地非常遠，令我感到安慰的，乃是去一個沒人認識我的地方。可是，我的告解神師不許我離開。

14 這些害怕剝奪了我很多的心靈自由；後來我明白，那不是來自真謙虛，因為這麼地擾亂我。而上主教導我這個真理：我應該決心，且確定，祂的恩惠不是些什麼屬於我的好事，而是屬於天主的。正如我不會因別人受稱讚而難過，其實我非常高興，也很有安慰。看到天主在他們身上彰顯自己，我也不該因為祂的工作顯示在我的身上而難過。

15 我還走另一個極端。我做了一個特別的禱告，我祈求天主，當某人認為我有些什麼好時，願至尊陛下讓他知道我的罪過，因而看到這些恩惠之賜予，沒有我的絲毫功勞。我總是極其渴望我的無功無勞公諸於人。我的告解神師對我說，不要這麼做。然而，直到最近，如果我見到有人很推崇我，我會拐彎抹角，或盡所能地，使之獲悉我的罪過；這麼做，令我感到釋懷。告解神師同樣責備我的這個做法，要我審慎行事。

16 我認為，這樣的感受不是來自謙虛，而是來自誘惑。我覺得自己欺騙了所有的人。雖然這是真的，他們受了騙，想我有什麼好。但我並沒有騙他們的意圖，我也從沒有這樣的目的；而是上主為了某些理由，許可這樣的事。所以，即使對我的告解神師，如果我看到沒有

320. 很難確定這是哪座會院，可能在西班牙國境之外，也可能是國內瓦倫西亞的一座降生隱院。

必要時，我什麼也不和他們談論，否則會使我非常不安。

現在我已瞭悟，這一切小小的害怕和痛苦，及這個外表的謙虛，是來自嚴重的不成全，和不克苦。因為，把自己全交在天主手中的靈魂，不會在乎別人說好或說壞。他徹底瞭悟——因為上主願意賜他瞭悟此事的恩惠——自己一無所有。他要相信賜予恩惠的天主，祂知道為什麼要使之揭示於人；他也要準備好接受迫害。在我們現今的時代，當上主願意讓人知道，祂把這些恩惠賜給某人時，這迫害是一定的。接受如此恩惠的一個靈魂，會有一千個眼睛盯住他，而對於別種的一千個靈魂，甚至連一個眼睛也不瞧一瞧。

17 真的，害怕不是沒有理由，不過，這必定是我自己的害怕——不是謙虛，而是膽怯。天主許可在世人眼前以此方式行走的靈魂，可以好好準備自己，在這世界的手中致命。因為，如果他不想死於這世界，這世界也會致他於死地。我真的看不到，這世界有什麼令我稱心的，除了，它不寬容好人的過錯，以其批判，逼迫他們臻於成全高境。如果某人不是成全的，我說，追求成全之路，要比立即殉道需要更多的勇氣。因為，全德是不能急速達到的，除非上主的特許，願意賜給某人這個恩惠。看到這個靈魂開始了，世界希望他是成全的，而在一千里格（譯按，約三千英哩）距離之外，世界看來是什麼錯事，或許是個德行；譴責的人，以同樣的方式非難罪行，因而判斷別人。這些靈魂不必吃或睡，如他們所說的，甚至也不必呼吸了。他愈受尊敬，則愈必須忘記他還在身體內，無論靈魂有多成全。他們仍然活在世上，受制於他們的卑下處境，無論他們可能多麼地把一切都踐踏在腳下。所以，如我說的，必須要有大勇氣。因為，可憐的靈魂都還沒有開始走，他們就想要他飛起來；還沒有克服其偏情，他們就要他在很大的犯罪機會中，堅強屹立，如同他們所讀到的，確定在恩寵中的聖人一般。

在這樣的處境中，也要讚美上主，因為祂會喚起內心很大的同情；許多的靈魂回頭走，因為，可憐的小人兒不知如何幫助自己。我相信，如果不是上主這麼仁慈地做了一切事，我也會回頭走的；閣下會看到，我除了跌倒再爬起來，實在就沒有別的什麼本領了。

⓲ 我願知道如何述說這個情況，因為我相信，許多的靈魂在此上了當，因為他們想在天主面前飛起來，他們給自己翅膀。我相信，我已使用過這個比喻[321]，不過在此這很適用。我會談論這件事，因為我看到，有些靈魂為此緣故很是憂苦。因為他們懷著很大的渴望、熱心和決心，開始要在德行上進步。有的人為了天主，捨棄一切外在的所有，乃由於別人已在全德上大有進展。他們很看重上主賜予的德行，這是我們靠自己無法達到的；也看到聖書中寫的祈禱和默觀，為了登上這個高貴的境地，我們必須做的，由於他們不能立即親自做到，就灰心喪志起來。這些德行就是：不在意別人說我們不好，反而比他們說我們好時，更覺高興；不看重面子；放開親戚，如果他們不修行祈禱，就不想和他們交談，反而感到很厭煩；還有其他許多這類的事，我認為，天主必定會賜給這些靈魂的。因為，我認為，這些德行是超性的，相反我們的本性傾向。

這些靈魂不要難過，要在上主內懷有希望；藉著他們的祈禱，及其所能有的作為，至尊陛下會帶領，使其現在的願望成真。我們這個軟弱本性，非常需要有很大的信靠，不要變成膽小鬼，或認為，即使我們努力為之，仍得不到勝利。

⓳ 由於對這事我有許多的經驗，我要說點什麼來勸告閣下[322]。不要以為，即使您認為是這樣，您已有了德行，如果沒經歷反面的考驗，我們必須常常不信任自己，而且只要我們還

321. 見第二十二章十三節。
322. 本章其餘的部分，是聖女對賈熙亞神父的談話，非常明確。幾乎整部書中，她持續不斷地和他對話。

活著，決不可掉以輕心。因為，如我說的，認透事事物物真相的恩寵，如果還沒有完全賜給我們，有許多的事情會緊緊地黏住我們；處於今世，從來沒有什麼事情，不會沒有許多危險的。

我覺得，幾年前，我不只超脫了我親戚的牽累，而且對之感到厭煩；我確實有此感受，無法忍受他們的交談。由於出了一件非常要緊的事，我必須和我的妹妹住在一起，她是我先前非常愛的妹妹[323]。然而，和她談話時，即使她的人比我好，我卻感到和她談不來。由於她是個結婚的人，跟我有著不同的身分，彼此的交談總不是我所願意的話題。我盡可能地一個人獨處。然而，我卻看到，她的苦惱使我憂心和掛慮，超越我對近人的憂慮。終於，我明白了，我並不如自己想的那麼自由；我還是必須逃避這情況，使上主已開始賜給我的德行成長；因此，依賴上主的恩寵，經過這件事之後，我努力地這麼做。

⓴ 當上主開始賜予一個德行時，應該極其珍視；我們決不可置身於失掉德行的危險中。在事關我們的名譽和許多其他的事上，這是真實的。閣下應該相信，不是凡我們自認為超脫的，就是如此；必不可在這個事上敷衍了事。凡是想要有所進步，卻又感到掛念著一些榮譽的人，要相信我，且要努力克服這個執迷。這就像個鎖鏈，無法用任何銼刀銼斷，惟有藉著我們的祈禱和合作，天主方能使之斷絕。我認為，這樣的執迷牽掛，是這條路上的束縛，對其造成的損害，令我驚訝。

我看見一些聖善的人，他們從事令人稱奇的大事。願天主幫助我！這個靈魂為什麼還在世上？為什麼他不在全德的巔峰？這是什麼？誰耽擱那為天主做這麼許多的人？啊！什麼是有面子……！最糟的是，愛面子的人，不願人家知道他愛面子，理由在於，魔鬼有時使靈魂

323. 聖女最小的妹妹華納·奧瑪達，她和丈夫從奧爾巴來到亞味拉。她的婚姻出了些困難的狀況，先生的脾氣不好，再加上經濟上的問題。

認為，他應該有面子。

㉑ 那麼，他們要相信我，為了上主的愛，相信這隻小螞蟻，因為上主願意她講話。如果他們不除掉這隻毛毛蟲，即使牠不會毀損整棵樹（因為，尚存有其他的德行），所有的德行都會被蟲啃光的。樹木既不美麗，也不茂盛，甚至連鄰近的樹也不得繁茂。所給出好表樣的果實，也不健康；是維持不了多久的。

我常說，無論愛面子的問題多麼小，對面子的掛心，有如荒腔走調的風琴聲；所有的音樂都不和諧。這個掛心，在所有方面危害靈魂，而在這條祈禱的路上，乃是瘟疫。

㉒ 我們努力經由結合而與天主團聚，尋求奉行基督的勸諭。祂受到侮辱和見證人的罪責，我們倒想望著全然保有面子和信用，絲毫無損？這是不可能達到結合的，因為，我們沒有走同一條道路。如果我們費力且努力地，在許多的事上放棄我們的權利，上主會來親近靈魂的。

有些人說：「我沒有機會修行這個超脫，人家也沒有給我機會。」我相信，凡有此決心的人，上主不會使他失掉這麼多的好事。至尊陛下會安排好許多事，使靈魂從中修得這個德行，雖然他並不想要有這麼多的加油！

㉓ 我想要談些我所做的瑣碎小事，其中有些是我所說的小稻草[324]，我將之放在火上，因為我別無所長。上主接納一切；願祂永受讚美！

在我的過錯中，有這一條：由於我的不認真，及置身於無益的事務中，我對經堂裡的日課，和堂中的行事禮規，所知不詳；我卻看到，其他的初學生都可能教導我。我想不要去問她們，那麼，她們就不會發現我知道得這麼少，不致因此給她們立下壞表樣。這樣的態度是

324.見第三十章二十節。

很正常的。可是，一旦天主稍稍開了我的眼，即使我知道的，當我有個最小的疑問時，我去請教最小的修女，我既沒有丟臉，也沒有失去信任，事實上，我認為，上主後來給我更好的記憶。

我很不會唱歌，當我沒有學好她們指派我的唱經職務時，我著急得很（不是因為我要費心修德，避免在上主面前犯過，而是因為有許多人在聽我）。只因為愛面子，使得我這麼擾亂不安，我說我會的很少。後來，我接受指派的職務，當我不很清楚這本分時，就單純地直說我不懂。開始時，我覺得相當難受，不過到了後來，我則欣喜於其中。其實，當我開始不在乎別人知道我不會，我的日課誦唱得更好。而努力消除這該死的愛面子時，我瞭悟了如何處理我的愛面子。這個事情，每個人各有其領悟的方式。

㉔藉著這些微不足道的瑣事（我根本是烏有，因為這事令我苦惱），一個人漸漸在德行上進步。對於這些為至尊陛下做的小事，祂賦予價值，也幫助人完成大事。為此，在有關謙虛的事上，曾有過這事：由於看到除了我，人人都很有用（我是什麼用都沒有的），於是，在她們離開經堂後，我去收拾她們每個人的斗篷。覺得自己正服事著在此讚美天主的天使。我做這事，直到她們發現為止，我不曉得她們怎麼知道的。這使得我相當難為情，因為我的德行還沒有達到願意人家知道這事；而這不是出於謙虛，而是怕她們笑我，因為這些事是那麼地微不足道。

㉕我的主啊！看到這麼許多的卑劣，及述說一些小沙粒，甚至，連從地上挖出一些沙粒來服事祢，我也做不到。因為凡我所做的事，無不籠罩在成千的卑劣中，這是何等羞愧的事啊！祢恩寵的水流，尚未湧出，仍蟄伏在這些沙粒底下，等著要把它們高舉出來。

我的造主啊！在這麼許多的惡事中，誰能找到些什麼來說，而現在我所述說的，是我已從祢得到的大恩惠！我的主！確是這樣，我不知道，我的心怎能忍受得了。或，凡閱讀本文的人，怎能不憎惡我，看到這麼至極的大恩惠，得到如此不好的回報。總之，我竟然沒有羞於詳述我的這些服事。是的，我主，我很覺羞愧；然而，由於自己沒什麼有貢獻的事可說，使得我說了這些卑微初步的事，為此，凡開始就行了大事的人，可懷有希望；既然天主好似顧及我初步的作為，祂必會更善待其他的人。願至尊陛下樂於賜我恩寵，使我不會老是待在起步的階段，阿們。

第三十二章

談及上主如何願意把她的神魂置於地獄中的某處，此乃她罪有應得。簡潔地敘述在那裡所得的顯示。開始談如何創立聖若瑟隱院，即她目前居住的地方。

1 上主已賜給我前述的許多恩惠[325]，及其他非常高貴的恩惠，經過一段長時間之後，有一天，當我在祈禱時，我突然發現，不知其所以然，我彷彿被置於地獄之中。我明白上主願意我看到，魔鬼已在地獄為我準備好的地方，是我罪有應得的地方。這個經驗發生在極短的時間內，然而，即使我還會活許多年，我認為，這是我不可能忘記的事。

我覺得，地獄的入口像個窄巷，非常長又狹小，好像是個窯洞，低下、黑暗又狹窄。我

325. 見第十三章到三十一章。

覺得地上是骯髒的爛泥巴水，散發出污穢的惡臭；其中有許多很壞的小爬蟲。狹窄的盡頭有個洞，看起來好像嵌入牆壁的小櫥櫃；我看到自己被置於擠壓中。比起我在那裡的感受，看到這一切是愉悅的。我所描述的幾乎都是不能誇張的。

❷我所感受的，我認為，甚至無法誇張；也無法了解。我在靈魂內體驗到一種火，我不知如何說明，身體的痛苦已是這麼忍無可忍。在今生中，我曾有過至極的病苦，按照醫生所說的，是世上最劇烈的痛苦（因為當我癱瘓時，我的神經全都萎縮起來[326]，再加上我忍受的其他各式各樣的痛苦，甚至，如我說的[327]，有些魔鬼造成的痛苦），和我在那裡的這個體驗比較起來，根本不算什麼。我看到它們會沒有終窮地繼續下去，永無休止。

然而，這個若和靈魂的臨終相形之下，可不是沒什麼：這麼猛烈地感受到一種緊壓、一種窒息和苦悶，同時還帶著這麼的絕望和悲慘的不幸。我不知如何誇大其詞地描述。若說這經驗，有如靈魂持續地從身體被強奪而出，仍嫌不足以表達。因為這會使你以為，某個人要來奪取這個生命；然而這裡的情況是，靈魂把自己撕成碎片。

事實上，我不知如何說出一個充分有力的敘述，描寫這內在的火和絕望，再加上，這麼至極的折磨和痛苦。我沒有看到有誰把這些苦患加給我，而是，我認為，我覺得自己在燃燒和瓦解。我要再說一遍，最糟的是內在的火和絕望。

❸置身於這麼一個有害的地方，完全沒有希望得到半點安慰，既不能坐下來，也不能躺下來，也沒有任何房間，即使他們把我放在牆上的洞裡。那些牆看起來很嚇人，本身是封閉的，使一切都窒息。沒有光，完全籠罩在最黑暗的黑暗中。我不明白怎會是這樣，這是舉目皆痛苦的景象。

326. 見第六章一至二節。
327. 見第三十到三十一章。

那時，上主不要我多看地獄的一切。之後，我看到另一個神見，即驚嚇人的事、一切罪惡的懲罰。至於看到這個神見，我認為它們看起來很可怕，但由於我沒有感受到痛苦，並沒有使我那麼害怕。因為，前一個神見中，上主願意我實際體驗那些靈性的折磨和憂苦，彷彿身體在受苦。

我不知這樣的經驗怎麼可能。不過，我很清楚，那是個大恩惠，上主願意我親眼看到，因祂的仁慈而使我得到釋放的地方。和這個痛苦比較起來，曾聽說過的那些痛苦，根本不算什麼，比起有時我曾想到的不同折磨亦然（雖然很少，因為我的靈魂對於這麼可怕的思想很受不了；亦即魔鬼用鉗子撕下皮肉，或其他我讀過的各種折磨）；這痛苦有些不同。總之，就好像一個實體，在今世被燒，比起用那裡的火燒，今世的火顯得非常的微不足道。

❹我感到很恐怖，即使六年後的現在，提筆書寫此事的當下，仍覺得可怕極了。我覺得，由於這個害怕，此刻我的體溫下降。因此，每每回想起這磨難和痛苦，我無不認為，凡今世能忍受的事事物物，都算不了什麼。所以我這麼認為，我們的抱怨是沒有理由的。為此，我再說一遍，這個經驗是上主賜給我的一個最大的恩惠，因為非常有助於我不怕今生的困苦和反對，同時堅強得足以忍受，並稱謝釋放我的上主。如同現在所顯現給我的，從那麼永遠和可怕的兇惡中，使我得到自由。

❺自從那時起，如我說的，比較起忍受片刻我在地獄那裡受的苦，我覺得一切都容易接受。我很驚奇，時常讀過一些書，書中多少解釋了地獄的痛苦，我並不害怕，也沒有拿著當一回事。我在哪裡？當我使得自己去那樣兇惡之地，我還怎能在什麼事上逍遙自在呢？我的天主，願祢永受讚美！這是多麼明顯，祢愛我遠超過我愛自己！我主，多少次祢把我從這麼

黑暗的牢獄中解放出來，又多少次，我違背祢的聖意，再把自己放到裡面去！

❻從這個經驗中，湧現想要幫助靈魂的大衝動，還有，許多會下地獄的靈魂（尤其是路德教派，由於洗禮，他們也是教會的肢體）帶給我的極大痛苦。我確實認為，即使為了從令人毛骨悚然的折磨中，只救出一個靈魂，我也甘心情願忍受許多的死亡。我注意到，如果我們看到一個人，是我們在這世上很愛的人，若遇有很大的煎熬和痛苦，我們本然地會予以同情；而如果他的煎熬很慘重，我們也會覺得悲痛。在那裡，誰受得了看一個靈魂陷入沒有終窮的最煎熬的煎熬中呢？沒有一顆心忍受得了的，這無不令人悲痛至極。因為，如果在此塵世，知道生命終有完結，有其大限，我們仍受感動，懷有這麼多的同情，對於另一個無終窮的生命，當我們看到魔鬼怎樣天天帶去這麼許多靈魂，和牠一起下地獄，我們怎能安息呢？

❼這個覺悟，也使我渴望，在這麼重要的事上，除了在我們方面盡所能地做一切，不要滿足於其他次要的什麼事。我們什麼也不要忽略，願上主容許，願祂賜我們恩寵，去做一切能做的事，使祂受到事奉。

有時我深思細想，雖然我這麼壞極了，我仍懷有一些事奉天主的掛念。在我看來，世界所做的，無異於虛無的那些事，我是不做的。總之，我以上主賜給我的許多耐心，忍受很大的病苦，我也沒有批評或說任何人壞話的傾向，我也不認為，我會希望別人遭殃，我沒有貪心，也想不起曾有嚴重冒犯天主的嫉妒。還有一些別的事，即使我這麼卑劣，我總懷有敬畏天主之情。可是，雖然如此，我看到魔鬼已經為我準備好的地方。確實，由於我的過失，我覺得自己還該受更大的懲罰。總之，我說這是個可怕的折磨。而且，自滿自足也是件危險的事，步步陷入大罪的靈魂，是不該平安無事或滿足自在的。然而，為了天主的愛，我們要避免那些機會。上主必會幫助我們，如同祂之對待我。願至尊陛下容許，不要對我放開祂的手，以免我再失足，因為我已看到，我將落到什麼地步。願上主不要容許這事，因為祢是至尊陛下，阿們。

❽看到這事和其他的事，還有上主——只因祂是上主——願意指給我的奧祕，亦即祂要賜給好人的光榮，還有惡人將遭受的痛苦。之後，我焦急地想獲知，有什麼方法或方式，能使我為這麼多的罪惡做補贖？及該做些什麼來獲得這麼多的益處？我渴望避開人們，完全離世退隱。我的心神不得安息，但這個不安寧並非擾亂，而是愉悅的。顯然的，這是從天主來的，至尊陛下給了靈魂熱力，使之消化其他更粗糙的食物。

❾我正想著，我能為天主做什麼，我認為第一件事是跟隨修道生活的聖召，這是至尊陛下已賜給我的，盡我所能成全地遵守會規。雖然處於我所在的修院中，有許多天主的僕人，天主在此也得到很好的事奉，但修女們由於很大的需要，時常外出，到她們能居留的地方——即相稱於修道者身分的地方。還有，並沒有以原初的嚴格奉行會規，而是奉行全修會接受緩和詔書頒布的會規[328]。加上其他一些的不方便；我認為修院有很多的舒適，因為這是一座很大又悅人的修院。然而，我是一個外出很多的人，外出的這個不利情況，現在對我是個嚴重的問題。因為，有些人希望我陪伴他們，長上卻無法說「不」；當事情急迫時，長上命令我去。因此，由於他們的命令，我無法久留修院中，魔鬼必定也插手幫倒忙，不使我留在家裡。因為我和某些修女分享，那些我所請教之人給我的教導，做了許多好事。

❿有一次，當我和某人在一起時，她對我，也對這小群人的其他人說：如果我們不能像赤足修會的修女，我們還是有可能建立一座修院[329]。因為我一直有這些渴望，我開始和我的

328. 這份詔書是Romani Pontificis of Eugene IV，一四三二年二月十五日。這份詔書的內文參見：Monumenta Historica Carmeli Teresiani，ed. Enlogio Pacho et al.（Rome, Teresianum 1973），459～461.（以後簡稱Monumenta）。

329. 這一小群人的名字，我們幾乎全都知道：提出這個建議的是瑪利亞．奧坎伯，是大德蘭堂表親的女兒。她加入聖若瑟隱院，取會名為瑪利亞．包迪思塔（María Bautista）。其他大半是聖女的親戚，有的是加爾默羅會的修女，有的是在俗的朋友。她們常聚在降生隱院大德蘭的斗室內。這些人有：碧雅翠絲．賽佩達（Beatriz de Cepeda）、雷奧諾．賽佩達（Leonor de Cepeda）、瑪利亞．賽佩達、依撒伯爾．聖保祿（Isabel of St. Paul）依內思．達碧雅（Inés de Tapia）、安納．達碧雅（Ana de Tapia） 及華納．蘇亞雷斯。瑪利亞．聖若瑟（María of St.

貴婦友伴談這件事，她就是我曾提過的那位寡婦[330]，她也有相同的渴望。她開始著手計畫，要供給新修院定期的收入。現在我看得出來，這些計畫成功的機會很小，然而，渴望使我們認為事情會成功。而另一方面，我在所住的修院中[331]，感到十分的滿足，因為很投合我的喜好，而且所住的斗室，正是我很中意的，所以我仍在拖延。雖然如此，我們同意熱心向天主祈求此事。

⓫ 有一天，在領聖體之後，至尊陛下熱切地命令我，以我的全力，致力於這座新修院，祂做了很大的承諾，這座修院會建立起來，祂會在其中大受崇奉。祂說應取名為聖若瑟。因為這位聖人要看守一邊的門，聖母則守護另一邊，基督會留在我們當中，它將是一顆燦爛輝煌的閃亮明星。祂說，即使是緩規的修會，人不應以為祂在其中得到的事奉很少。祂問說，如果世上沒有修道人，這世界會變成什麼樣子？並且說，我應該告訴我的告解神師[332]祂命令我的事，祂會請求他不要反對這事，或阻止我做這事。

⓬ 這個神見具有這麼大的效果，上主賜給我的這個神諭是這樣的，我無法懷疑這不是從天主來的。我感到極大的痛苦。因為一方面，我得為這座修院付出的可怕擾亂和磨難，已局部地呈現於我；另一方面，我在自己的修院中，很是賞心愉悅。雖然之前我曾談論這事，並沒有這麼大的決心和確定要這麼去做。這些話好似在強迫我，也由於我看到，我要開始做的一些事，會擾亂我的平靜，我很懷疑要做什麼。然而，上主常回來對我談及新修院，向我提出這麼許多清楚的理由和道理，使我看到這是祂的旨意，不得不告訴我的告解神師。我寫下所發生的一切事來告訴他[333]。

⓭ 他不敢堅決地對我說，忘掉這座新修院。從本性的理由來看，他知道這不是切實可行

Joseph）寫道：「有一天，聖女和瑪利亞．奧坎伯及其他降生隱院的修女聚在一起；談到沙漠中的聖人，此時，她們中有人說，由於她們不能到沙漠去，她們該建立一個有少數修女的小隱院，她們可以團結一起做補贖。」瑪利亞．奧坎伯所說的赤足修會，指的是皇家赤足修會（Descalzas Reales），國王斐理伯二世的妹妹華納公主（Princess Doña Juana）隨從聖伯鐸．亞爾剛大拉的邀請，在亞味拉創立的方濟赤足隱修院。

330. 紀爾瑪．于佑雅。
331. 降生隱院。
332. 巴達沙．奧瓦雷思。
333. 這份書面報告已遺失。

的，因為我那位要資助新院的同伴，她的能力很小，或幾乎不可能做到。神師告訴我，要和長上商量這事，並且按長上的指示去做。

我沒有對長上談及這些神見，然而，那位想建立這修院的貴婦已和他談過話。省會長[334]欣然同意此事，因為他很喜愛所有的修道生活，他給予所有需要的支持，並告訴她，他接受這座修院直屬他管轄。他們談論必須要有定期收入，及為了許多的理由，我們決不願意有超過十三位的修女[335]。

在我們開始談論之前，我們就寫信給聖善的伯鐸．亞爾剛大拉會士，告訴他所發生的一切事。他勸告我們，不要停止建立修院，他給我們有關這一切的意見。

⓮ 這個事情才開始在本城傳開時，無法三言兩語說清楚的大迫害就臨於我們。閒言閒語、譏諷嘲笑，說這是愚蠢的。至於我，他們說，我在自己的修院中過得太舒適了；我的同伴則遭遇這麼許多的迫害，使得她非常沮喪。我不知如何是好。我認為他們多少有些正確。

正當這樣難過萬分時，我把自己交託給天主，至尊陛下開始來安慰和鼓勵我。祂告訴我，在這事上，我看到創立修會的聖人們所遭遇的，我還要遭受更多的迫害，超過我所能想像的，但不該煩擾我們。祂告訴我，去對我的同伴說一些事，而使我驚奇得不得了，我們立即對所發生的事感到安慰，且得到勇氣來對抗一切。事實上，在祈禱的人當中，及全城的人，幾乎沒有一個人，在那時不反對我們的；幾乎人人都認為這是極為愚蠢的。

⓯ 我自己的修院中，有這麼許多的流言和喧鬧，省會長認為反對眾人非明智之舉；於是，他改變主意，不願接受新院屬他管轄。他說定期收入沒有擔保，款額太少，又有強烈的反對。思量一切，他是有理的。終於，他放棄這個提案，且拒絕接受。

334. 安赫．薩拉察（Angel de Salazar），一五六〇年繼國瑞．費爾南德斯（Gregorio Fernández）擔任卡斯提省會長。
335. 後來聖女大德蘭改變想法，容許有二十一位修女。

對於已經受到第一波打擊的我們，這個拒絕是最痛苦的；尤其是在我的情況中，看到省會長的反對是很痛苦的。要是他接受，我就會得到眾人的諒解。至於我的同伴，除非她放棄，否則就不給她赦罪，因為，他們說她有責任除掉醜聞。

⑯ 她去找一位最有學問的人[336]，一位聖道明會的大忠僕，告訴他這事，並且報告一切。她做這事，甚至在省會長尚未撤回許可之前，因為在這整個地方，沒有人肯給我們一個意見；就這樣，人家說這只是我們一時突發的興致。這位貴婦向這個聖人述說一切，及她自己財產的收入。她有個強烈的渴望，希望神父幫助我們，因為他是當時本城中最博學的人，在他的修會中，鮮有比他博學的。我告訴神父，我們所想及所做的一切，以及其中的一些理由。我沒有說半句顯現的事，只提出催迫我的本性理由，因為除了答覆這些理由，我不希望他給我們任何意見。

他告訴我們，給他八天的期限來回答；同時問，是否我們決心去做他給我們的答覆？我對他說是的。然而，即使這麼說，我認為，我會做這事的（雖然在那時，我看不到這事能有所進展的道路），我也沒有得到任何擔保，這個會院會建立起來。我的同伴則有更大的信心；不管人家對她說什麼，總不會叫她決定放棄。

⑰ 然而，如我說的，我認為放棄這個計畫是不可能的。我相信，這顯現是真的，因為沒有反對《聖經》，也沒有違背聖教會的法律，這是我們該這麼做的。雖然這個承諾，我真的認為是從天主來的，但如果，這位博學者告訴我們，這麼做不會不冒犯天主，而且有違良心，我想我會立刻放棄，或另謀出路。可是，除了這條道路，上主沒有指示我別的。

後來，這位天主的忠僕告訴我，他承擔此事，且完全決定要我們撒手別管，因為他已經

336. 伯鐸・伊巴涅斯。

聽到群眾喊叫的消息；他也這麼認為，反對群眾是愚蠢的。他繼續說，當時有位紳士獲悉我們去找他，這位紳士遂告訴他，要小心，不要幫助我們。然而當他開始思考如何回答我們，細想這件事、我們的意向，及我們對修道生活的計畫，他感到確定不疑，這是很能事奉天主的，我們不該停止進行這事。

所以，他回答我們，快快對此計畫做出結論，他提出應該進行的方法和規劃。他說，雖然財產不多，人必須對天主有點信賴，凡反對這計畫的人，應該到他那裡去，他會回答他們；就這樣，他經常幫助我們，如我後來會說的[337]。

18 他的回答極其安慰我們。由於他的幫助，有些常常反對我們的聖善人士，得以較為諒解；有的則來幫助我們。

他們當中有位聖善的紳士，是我曾提過的[338]。由於他真的很聖；他認為，我們的計畫是要達到這麼成全的道路，而我們的全部基礎在於祈禱，雖然他覺得這些方法太困難，又不切實際。他表示，這事有可能是從天主來的。似乎是上主親自感動了他，達到此一看法。

上主同樣感動了「老師」，他是神職人員[339]，之前我曾提及的天主忠僕，他是全城的楷模。他是天主的人，在這地方救助且有益許多的靈魂，現在他同意在這個計畫上幫助我們。

處在這種局勢中，常有許多祈禱的幫助，而且，已經在一個很好的地點買到房子，雖然房子小……，我倒是一點也不掛心。上主已經告訴了我，要盡我所能地快開始，後來我會看到至尊陛下所做的[340]。我所看到的是多麼好！就這樣，雖然我知道定期收入很少，我相信上主會幫助我們，透過其他的方法來安排事情。

337. 見第三十五章四～六節，三十六章二十三節。
338. 方濟・撒爾謝多，見第二十三章六節。
339. 加斯巴・達撒神父，見第二十三章六節。
340. 見第三十三章十二節。

第三十三章

繼續相同的主題，述說奉獻給榮福大聖若瑟的修院。敘述她奉命不參與這個計畫，在放棄的期間，她所受的磨難，及上主如何安慰她。

❶ 那麼，事情到了這個地步，就在這麼關鍵的時刻，那一天，這些文件要簽定時，我們的省會長改變了心意[341]。根據後來的情況，我相信這是天主的安排。因為有這麼許多的祈禱，上主來圓滿完成這工作，安排了另一種行事的方式。因為我們的省會長不肯接受這會院屬於他管轄，我的告解神師[342]命令我不得參與這個事件，雖然上主知道，事情到此地步，我承受了很大的磨難和憂苦。雖然省會長命令我做了至今我已做的事，他卻更相信，這一切全是婦女的愚蠢，而對我的批評也因之增多，事情就這樣地遭到擱置。

❷ 在我的整個修院內[343]，我非常不得人心，因為我要去建立一座更封閉的隱修院。她們說，我在侮辱她們；在我自己的修院，我也能事奉天主，因為其中有別人比我更好。說我不愛這會院；最好把得到的收入給這裡，而不要給其他的地方。她們中有幾個人說，應該把我關進小囚房[344]；很少的幾個人則稍稍保護我！我清楚地看到，在許多事上，我的反對者是有些道理的，有時我則向他們解釋。然而，由於我不提主要的因素，即上主命令我去做這事，我不知要如何行事；所以，我對其他的事保持靜默。天主賜給我非常大的恩惠，所有這一切毫不擾亂我。事實上，我放棄這個計畫，這麼輕鬆自在，好像我未曾付出什麼似的。沒有人相信這事，甚至連認識我的，那些非常祈禱的人士亦然。他們以為我會萬分苦惱和羞愧；甚

341. 見第三十二章十五節。
342. 本章中提到的告解神師都是巴達沙·奧瓦雷思。
343. 降生隱院。
344. 古老的修道院中，有一間黑暗的斗室，是把違犯法規受懲罰的修女關起來的地方。

至我的告解神師也不相信。至於我自己，由於我認為已盡所能地做了一切，我覺得沒有必要再做上主所命令我的；我留在修院內，覺得很自在愉悅。雖然，我一直相信，這事必會實現，但我看不到方法，也不知如何或何時會實現；不過我非常確定會是這樣。

❸最令我愁苦不堪的，是我的告解神師有次寫信給我。彷彿我做了什麼違背他意願的事。（這也是上主所願意的，在那令我痛苦的部分，我不會缺乏磨難。）因此，處在迫害群起蜂擁的當中，當我以為該會從他得到舒解時，他寫信給我，說我現在應該能從所發生的事中看出來，這個計畫全然是個美夢，我該回頭改過，從此不再想出去做些什麼，也不要談到這事，因為我已看見了所發生的騷動。他還說了些其他的事，這一切全都使我痛苦。他說的話，比什麼都令我愁苦，因為，我認為，如果我處在冒犯天主的情況中，或已冒犯了天主，又如果這些神見是迷思妄想，我所有的祈禱全是騙人的，那麼，我就是行走在上當和喪亡的道路上。

這使我備受至極的煎熬，擾亂不已，愁苦萬分。然而，從不辜負我的上主，在我所列舉的所有磨難中，時常來安慰我，堅定我——沒有理由在此詳述此事——祂告訴我，不要憂愁，說我為天主做了很多，在那個事上沒有冒犯祂。我該做告解神師命令我的，現在保持靜默，等時間到了，再來做這事。我十分的安慰和欣喜，我覺得所有臨於我的迫害，全都不算什麼。

❹在此，上主教導我，為祂接受磨難和迫害，是多麼至極的幸福。我看到在我的靈魂內天主之愛的增加，還有其他許多令我驚奇的事；使得我不能不渴望受磨難。別人想，我會很覺羞愧。是的，如果上主沒有這麼無與倫比地恩待我，賜給我這麼宏大的恩惠，我該會是這

樣的。

這時，我所說的天主之愛的衝動[345]，開始增強，神魂超拔更加頻繁，雖然我保持靜默，不對任何人說這些恩賜。這位神聖的道明會士[346]和我一樣，確信不疑，此事必會成就。由於我不願涉入其間，以免違背神師的命令，他和我的同伴磋商此事；他們寫信到羅馬，開始接洽這事。

5 同時，魔鬼在此開始讓這人或那人知道，在這個事上，我得到了些啟示。有些人開始極恐怖地前來告訴我，我們處在困境中了，因為可能會有人向宗教法庭告發我。這令我覺得好笑，也讓我發笑，因為對於這一個可能，我未曾有過半點怕懼。如果有人看到，在信仰的事上，我違犯了聖教會最小的禮節，我自己很清楚，為了信仰或《聖經》的真理，寧願死一千次。而我說，他們不該害怕這些可能的控告；如果我的靈魂還有這類的事，覺得必須怕宗教法庭，這是很不好的。我想，如果我真有什麼害怕的事，我會親自去找宗教法庭的人；而如果我被告發，上主會來釋放我，我將獲得益處。

我和我的道明會神父談論這事，如我說的，他是這麼的博學，對於他告訴我的話，我能感到完全的安心。那時，我盡所能清楚地告訴他，所有關於神見、我的祈禱態度及上主賜給我的大恩。我請求他非常認真地細察我的祈禱，告訴我是否有什麼違反《聖經》的地方，及他對這一切的感受。他對我非常肯定，我認為，這事使他獲益良多；雖然他非常好，從那時起他更加專注於祈禱，退隱到自己修會的一個會院內，在那裡可有多些的獨居，使他更能修行祈禱[347]。他留在那裡約有兩年多，然而服從把他給帶了出來，他深感遺憾；不過，由於他是這樣的人，他們需要他。

345. 見第二十九章九節，等等。
346. 伯鐸・伊巴涅斯。
347. 伯鐸・伊巴涅斯退隱到里昂・特立阿諾斯（León Trianos）的獨居隱院，他於一五六二年二月二日逝世於該地。

❻他的離去，使我感到非常難過，因為，這對我是個很大的失落，雖然我沒有設法挽留他。不過，我知道，他所獲得的益處。當我對他的離去滿懷惆悵時，上主對我說，我該感到安慰，而非愁苦；因為，他得到很好的引導。在那裡，他的靈魂突飛猛進，當他回來時，他告訴我，無論世上的什麼，都不能使他不到那裡去。而我也同意，因為先前他只憑學識使我確信，並安慰我；然而現在他這樣做，也憑著自己的靈修經驗，因為他獲得許多超性經驗。天主適時帶領他，看到這是需要的，為了幫助建立這座修院，此乃至尊陛下所願意的。

❼因此，約有五、六個月，我保持靜默，不參與或提起這事，上主從沒有命令我這麼做。我不明白理由何在，然而我無法去掉這事必會成就的想法。

這段期間的末了，耶穌會修院的院長調任，至尊陛下把一位非常有靈修、富有勇氣與明達，又很博學的會士[348]帶來此地，正是我迫切急需之時。由於我的告解神師有個長上，而他們極有這樣的德行：除非翕合長上的意願，不然就不輕舉妄動。由於他的充足理由，他不敢對某些事做決定，雖然他非常了解我的心靈，也願使之大有進步。現在我的心靈有著這麼大的愛之衝動，強烈地感受到所受的束縛，雖然如此，卻沒有越出他給我的命令。

❽有一天，當我愁苦不堪，想著我的告解神師不相信我，上主對我說，不要憂慮，這個愁苦會很快結束。我欣喜無比，以為這話是指我將不久於人世。當我想起來，就覺得很快樂。後來我清楚地看到，這話是指我所說的這位院長的來到，因為那個痛苦的情況再沒有出現了。新的院長沒有阻止我的告解神師，反而告訴他，要安慰我；且沒有理由害怕，不要用這麼緊迫的道路來引導我；他該讓天主的神工作，因為有時候，彷彿這些很大的心靈衝動，使我的靈魂甚至不能呼吸。

348. 加斯帕・薩拉札（Gaspar de Salazar）於一五六一年四月接任狄奧尼西歐・貝斯克（Dionisio Vázquez）的職位。由於亞味拉主教的異議，導致加斯帕・薩拉札於一五六二年初調任。

❾ 這位新院長來看我，我的告解神師命令我，以完全的自由和坦白和他談話。通常，我對於講述自己總覺得極大的不自在，而事情卻是這樣的，當我進入了告解亭，我心靈有個不知是什麼的感受，之前或之後，我想不出來，可曾有過和什麼人有這樣的感受；我不知怎麼說，也無法用比喻形容。因為這是個靈性的喜悅，我的靈魂領悟，他的靈魂了解我的靈魂，我們兩人的靈魂是和諧一致的；雖然如我說的，我不知道怎麼可能這樣。因為，如果我已經和他說過話，或聽到過有關他的很多傳聞，那麼知道他了解我，而感到喜樂，這並非什麼了不起的事。可是，他沒有對我說半句話，我也沒有發言，對這個人我先前什麼也沒有聽說過。

後來我看到，我的心靈沒有受騙，無論在哪一方面，和他談話都帶給我的靈魂很大的恩惠。他的態度非常適宜，善於帶領那些看來上主已使之精進的人，因為他使他們奔跑，而非亦步亦趨。他的方法是要他們超脫萬有，且加以克制，因上主已賜給他這方面極卓越的本領，還有其他許多的事。

❿ 首次與他交談時，我立即領悟他的高貴品格，也看到他靈魂的純潔和聖善，上主賜給他辨別神類的特恩。他極其安慰我。認識他不久之後，上主再次催促我，重新接手交涉建院的事情，去向我的告解神師和這位院長提出許多的理由和實情，為什麼他們不該阻止我做這事。其中有些理由使他們害怕，因為這位院長神父從不懷疑，這事是從天主之神來的，經過研究和細察，可以看出來事情的所有結果。許多的深思熟慮之後，他們不敢冒險阻止我進行這個工作。

⓫ 我的告解神師再次許可我，完全投身於建院的工作。我清楚地看到，將會加諸我身的

辛勞，因為我非常孤單，幾乎沒有什麼可行之道。我們同意完全祕密地進行，所以我找了我的一個妹妹[349]，她住在城郊，買下一棟房子，並加以整修，好像是她自己的房子，用上主賜給的錢，以幾種方式購置房產。上主如何照顧這事，真的說來話長，因為我極其細心，不做任何違反服從的事。但是我知道，如果告知長上，一切都會化為烏有，如同前次一樣，事情甚至會更糟。

至於得到金錢，購置房屋，簽訂契約，整頓裝修，經歷這麼多各式各樣的磨難，現在我很驚奇，自己怎麼忍受得了。有時候，我是完全孤零零的，雖然我的同伴已盡力而為，但她能做的很少，且是少之又少，幾乎什麼都沒有，只有掛她的名，以之為她的捐贈，其他所有的辛勞全是我的。有時候，我愁苦滿懷地說：「我的主，祢命令那看來不可能的事，這是怎麼回事？雖然我是個女子，要是我能有自由！……然而受到這麼多方的牽制，沒有錢，也無處去獲得，沒有宗座的正式詔書，什麼都沒有，主！我能做什麼呢？」

12 有一次，非常急需時，我不知要怎麼辦，也不知怎樣付給工人工資。我真正的父親和主大聖若瑟顯現給我，使我明白，我不會有所缺乏，我應該雇用他們。我就這樣照辦，半毛錢也沒有，上主卻以令人驚奇的方式，使那聽到此事的人供應給我[350]。

我深深感到房子非常小；這麼小，看來彷彿不適於當做修院，我希望買到鄰近的另一個房子，作為聖堂，而這也是個小房屋。我不知道怎樣去買這房子，也不知如何是好。有一天，領完聖體後，上主對我說：「我已經告訴過妳[351]，盡妳所能地住進去。」祂感嘆地又對我說：**「人類何其貪心哪！妳有了土地還覺得缺少！多少次我在夜露中睡覺，因為沒有我住宿的地方！」**

349. 華納．奧瑪達女士，她和先生若望．奧巴耶（Juan de Ovalle）住在奧爾巴。見三十一章十九節。
350. 她指的是得到弟弟勞倫給她的錢，弟弟住在厄瓜多爾的基多。參見她於一五六一年十二月二十三日寫給他的謝函。
351. 見第三十二章十八節。

我非常吃驚，且看到祂是對的。我進入這個小房子，草擬計畫，房子雖然小，卻全然適於做修道院，我不再憂煩於買更多的房產。不過，我設法整修安頓，使之堪住，一切都很粗糙的，沒什麼修飾，但也不致危害健康，這些事總該是這樣的。

⓭ 聖女佳蘭（St. Clare）的紀念日[352]，當我去領聖體時，聖女顯現給我，非常美麗。她告訴我，要鼓起勇氣，繼續進行已經開始的工作，她會幫助我的。我於是大大地敬禮她；她所說的確實應驗了，因為附近一座屬於她修會的隱院[353]，前來支援我們。更重要的是，逐漸地，她把我的這個渴望導向這麼成全的境界。這位榮福聖女在她會院修行的貧窮，也落實在本院，我們也是靠施捨維生。因為這事耗費我不少的辛勞，這條貧窮的法規，要有宗座聖父的完全確認和授權，任何人不得更改，而且是沒有任何定期的收入。上主做得更多，這很有可能是由於這位榮福聖女的祈禱，因為沒有任何的請求，至尊陛下完全供給我們一切所需。願祂永受讚美，阿們。

⓮ 這些日子中，有一天，聖母升天節。我在榮福聖道明修會的一座會院內[354]，正沉思著，過去在這聖堂裡告解的許多罪，及我卑劣生活中的許多事時，有個出神突然臨於我，如此強烈，幾乎把我帶出己外。我坐了下來；我仍覺得，我看不到舉揚聖體，我也無法望彌撒，後來我對此有些不安。我覺得當我處在這個境況時，我看到自己穿上一件非常潔白光輝的衣服，不過，起初我沒有看見誰為我穿上的。後來，我看見聖母在我的右邊，聖父若瑟在我的左邊，是他們為我穿上這衣服的。我於是明白，現在，我的罪已潔淨了。穿上衣服之後，正當享有至極的愉悅和光榮時，我覺得聖母雙手握著我。她對我說，事奉大聖若瑟，使她非常欣喜，我應該相信，我所致力於建院的事必會完成，上主和他們兩位會得到很大的事

352. 那天是一五六一年八月十二日。
353. 亞味拉城內的一座聖佳蘭隱修院。
354. 聖女大德蘭得到這個神祕的經驗，是在亞味拉城牆外，聖多瑪斯的基督聖堂。一五六一年八月十五日。

奉，我不要害怕在這事上會失敗，即使給予的服從不是我所喜歡的，因為他們會看顧我們，祂的聖子已經許給我們，祂要和我們在一起，她給了我一個珠寶，作為這是真實的記號。

我覺得她在我的頸上戴一條非常美麗的金項鍊，項鍊上有著珍貴無比的十字架。這黃金和這些寶石，這麼不同於今世的金銀珠寶，它們的美也與今世所想像的大不相同。上主願意顯示的這件衣服，理智無法明瞭是什麼，也想像不出其皎潔；塵世的事物與之相比，可以說，就像是一張炭畫。

⑮我看到聖母的美是無與倫比的，雖然我無法描述任何細節，除了她大致上的臉形，她的衣服潔白，且極其光輝，但並不耀眼，而是柔和的。我沒有這麼清楚地看見大聖若瑟，雖然我確實看到他在那裡，就像我所說過的，看不到的神見[355]。我覺得聖母看起來很年輕。

他們和我同在一會兒，我處在至極的光榮和幸福中，我覺得自己從未經驗過，也不願從中離開。然後，我彷彿看見，他們偕同一大群天使，上升到天堂。我留在很深的孤單中，雖然很有安慰，且受到舉揚。在祈禱中收心斂神，深受感動，有一段時間，我既不能動，也不能說話，幾乎人在己身之外。我留在為天主而銷毀的極大衝動及那樣的效果中。一切的事情就這樣發生了，無論我多麼努力，我都不能懷疑，這神見是從天主來的。這事留給我極大的安慰和平安。

⑯至於天使之后所說的服從之事[356]，事情是這樣的。由於不能隸屬於所服從的修會，令我很難過，然而上主對我說，隸屬於本會的長上並不合宜。祂指出了為什麼我絕不適於這麼做的理由。不過，祂告訴我，我以某種方式向羅馬申請，祂會告訴我，祂會照顧，使我們得到所請求的。事情就這樣應驗了，這個申請是按照上主告訴我的方式做的；而且很容易地獲

355. 見第二十七章二節。
356. 見本章十四節。

得恩准，否則的話，我們是無法得到的。由於後來發生的某些事，非常幸運，服從的隸屬歸於主教，不過在那時，我還不認識這位教長，我也不知道他是誰。上主願意他是個這麼好的主教，且百般地恩待這座修院，如所需要的，因為修院會遭受極大的反對，如我後來要說的[357]，也是為了使修院能建立起來，如同目前的狀況。祂是這樣地行了一切事，願祂受讚美，阿們。

第三十四章

述說在這段期間她宜於離開這城市。說明理由，及她的長上如何命令她，要她去安慰一位非常悲傷的貴婦。開始談及在那裡所發生的事，及上主賜給她的大恩惠，上主藉著她喚醒一位非常顯貴的人士，使之全心事奉上主，及後來她如何得到這人的支持和恩惠。本章極為重要。

❶ 然而，無論我多麼小心，不使人知道，我還是無法完全保密，不讓某些人獲知許多。有的人相信所傳聞的，有的則不信。我非常害怕，如果省會長來時，有人告訴他，他會命令我不得繼續；這整個工作就必須停止。

上主這樣照顧了這事。離此地約二十多里格的一座大城裡，有位貴婦因丈夫過世而非常哀傷。她傷心至極，使人擔心損及她的健康[358]。她曾聽聞我這個小罪人，上主為了其他隨之

357. 見第三十六章十五節，等等。
358. 露薏莎・瑟達夫人是梅迪納謝利（Medinaceli）第二公爵的女兒，這位公爵係出自西班牙和法國的皇家。她的丈夫阿利亞斯・貝德羅・撒阿貝達（Arias Padro de Saaveda），是卡斯提首富之一，逝世於一五六一年元月十三日。

而來的福祐，這樣地安排了事情，使他們向她誇讚我。這位貴婦熟識省會長。由於她是貴族人士，獲知我所居住的修院容許外出，上主賜給她這麼熱切的渴望，想要看我，認為我能安慰她。於是立即百般設法，要我前去那裡。她傳達信息給在遠方的省會長，所以省會長出了一道命令給我，且附上服從的規範，要我立即和另一位同伴前往，我在聖誕夜獲悉此事[359]。

❷ 這事令我困擾不安，也非常苦惱，知道她要我去，是因她以為我有什麼好，而我知道自己這麼卑劣，而難於忍受這事。我非常熱切地向天主懇求這事，用了整個或大部分唸誦讀日課的時間，處在很深的出神中。上主對我說，不可不去，不要聽那些意見，因為有幾個人勸我小心行事。即使我會遭逢磨難，天主卻會得到很大的事奉。至於建院之事，羅馬的詔書未到之前，我不宜留在此地，因為魔鬼已佈下了天羅地網，等待省會長回來；我什麼都不要怕；祂會在那裡幫助我。

我受到很大的鼓舞和安慰。我把這事告訴那位院長神父，他對我說，我一定要去。因為也有人對我說，我不該遵守省會長的信，這些是魔鬼的奇招，使我在那裡遭受一些損害；我該回信給省會長。

❸ 我服從了這位院長神父，及我在祈禱中所獲知的，我毫無怕懼地前往，雖然難免深感羞愧，看到他們帶我去那裡的原因，覺得他們是多麼地受騙。這使得我更加祈求上主，不要離棄我。我非常安慰的是，在我所要去的那個城裡，有個耶穌會的修院[360]，而隸屬於他們修會，如同在我這裡一樣，我認為會有些安全。

上主容許，這位貴婦得到安慰，很快就開始有了顯著的改善，她感到自己日漸安適。她極其看重這個改善，如我說的[361]，痛苦使得她憂傷過度。而藉著我所認識的一些善心人的許

359. 一五六一年十二月二十四日。
360. 這是聖方濟・博日亞一五五八年創立的耶穌會修院。此時的院長是伯鐸・道曼尼契（Pedro Doménech），理家是吉爾・龔撒雷斯・達維拉（Gil González Dávila）。
361. 見本章一節。

多祈禱，上主必然行了這事，為使事情的進展有益於我。她非常敬畏天主，人也這麼好，她那豐富的基督徒精神，補充了我的不足。她極喜愛我。看到她的良善，使我非常尊敬她。然而，我覺得凡事都是十字架，因為舒適帶給我很大的折磨，我非常怕他們對我過分講究的關心。我的靈魂非常沮喪，不敢稍有疏忽，上主也沒有不顧我；當我在那裡的時候，祂賜給我極大的恩惠。賦予我這麼自由，和這麼輕視所看見的一切——恩惠愈大，則愈加以輕視——我和那些貴婦們交往，能服務她們是我的大榮幸，懷著自由的心境，我感到與她們平等。

❹我得到一個很深刻的洞察，我把這個見解告訴她。我明白了，她是個女人，和我一樣，受制於情感和軟弱，以及我們該多麼不重視的貴族地位。愈是尊高的貴族，則愈要小心戒備，辛勞困苦也愈多。我看到，為了保持相稱於其尊位的形像，所導致的焦慮。且不容許他們活下去，要他們毫無意義地吃，不顧及時間和適度的安排。因為，凡事都必須合乎其身分，而非按照他們的體質。許多時候，他們所吃的食物，比較合乎的是他們的地位，而非其所好。

因此，想做貴婦的渴望我完全厭惡——天主啊！救我免於虛偽的形像！——即使我相信，少有婦女能比這位貴婦更謙虛，更單純，而她是這個王國中最尊高的貴族。我很同情她，看到好多次，她必須放棄自己的所好，以顧全她的身分。至於能信任的僕人，少之又少，雖然她有些好僕人。你不能對這人多說兩句話，否則那受惠者就會遭到嫉視。

這是一種從屬關係，而且是世人說的謊言，稱這樣的人為「主人」，我認為，他們無異於是成千事件的奴隸。

❺上主容許，當我留在那個家裡時，居住其中的人，對至尊陛下的事奉都有改善，雖

然我也不免有些磨難，及受到少數人的嫉妒。這是因為那位貴婦對我寵愛有加，可能他們必會想我意圖一些個人的利益。上主極其可能容許他們，給我一些磨難，及其他各種類似的事情，使我不致動心於所體驗的舒適，祂樂意把我從中帶出來，使我的靈魂整個地大有改善。

❻ 當我在那裡時，有個會士來到該城，他是個貴族出身的人，多年前，我曾和他談過幾次話[362]。在我所住的附近，有一座屬於他修會的會院，有一次，當我在那裡望彌撒時，湧現一個渴望，想知道他靈魂的狀況，因為我希望他成為天主的大忠僕；於是我起身，要去和他談話。由於我已收心於祈禱，我起來之後，覺得這是浪費時間，而我不明白為何要管閑事，所以再返回原位。我覺得這事發生了三次，最後，好天使比壞天使更強有力；我前去招呼他，他過來告解亭和我談話。

我們開始問候彼此的生活，過去遇見他，至今已有多年，我開始述說自己遭逢的許多靈魂的磨難。他極力地要我告訴他是什麼磨難。我對他說，這不是要讓人知道的，我也沒有要說這些。他說，由於我所提過的那位道明會士[363]，是他的摯友——知道這些事，他會由他獲悉，我不該憂慮這事。

❼ 事實是，他無法不催促我，而我覺得我也無法不述說。儘管談這些事時，通常我都會感到不悅和羞愧，然而在和他，及我所說的那位院長[364]談時，我沒有感到絲毫的難受，反而非常有安慰，我在告解亭對他說這些事。

我覺得，他比從前更有智慧，雖然我一直認為他極其聰明。我看到，如果他把自己全交給天主，他那至極的天賦和才能就會大有所用。好幾年來，我一直是這樣：只要看到有人很使我稱心滿意，有時就會不能不滿懷切望，希望看到他把自己全獻給天主。雖然我渴望所有

362. 賈熙亞神父，他是歐羅佩撒伯爵的姪甥，祕魯總督的堂表兄弟。一五五五年，他在亞味拉聖多瑪斯道明會院擔任長上。可能在那裡，大德蘭首次會晤他。一五七七年，他前往祕魯，擔任省會長之職。一五八一年返回，一五九〇年逝世於塔那貝納（Talavera）。
363. 伯鐸．伊巴涅斯神父。
364. 加斯帕．薩拉札。

的人事奉天主，在我喜歡的這些人身上，這個切望帶著非常大的衝動；因此，我為了他們極力地懇求上主。對於我所說的這位會士，事情如此地發生於我。

❽他請求我，為他向天主懇切祈禱，然而他不必要求，因為我已有此想法，我也不能做別的。我去到自己常常單獨祈禱的地方，深深地收斂心神，開始以一種愚蠢的方式對上主說話，這是我常做的，不知道自己在說什麼。那時所說的是愛，靈魂如此地出神，我看不到靈魂和天主之間有何不同。靈魂知道他擁有至尊陛下，忘記了靈魂自己，以為他就在天主內，而且，就好像渾然一體，毫無區分，說些癡話。我記得，為那靈魂我流了許多眼淚，向上主祈求，求使他真的獻身事主，之後，我說，即使我看他很好，這並不能使我滿意，因為我希望他非常好；因此，我對至尊陛下說：「上主，祢一定不可拒絕給我這個恩惠；看，這個人多麼適宜做我們的朋友。」

❾啊！天主的溫良慈善，至極美好的人性！祢看的不是話語，而是說話者的渴望和心意！一個像我這樣對至尊陛下大膽說話的人，祢怎能忍受！願祢永遠永遠受讚美！

❿我記得，在祈禱的那幾個小時裡，那天晚上，我懷著很大的憂苦，不知自己是否和天主在永恆裡。由於我不知道自己在恩寵內或沒有（不是因為我想知道，而是我渴望死去，為的是，不至於發現自己活在不確定是否已死的生命裡——因為我感到沒有比不知道自己已冒犯天主，更令人傷心的死亡），這個痛苦壓迫著我。我祈求天主，不要許我失去恩寵，我融化在盈盈的淚水中，充滿著喜悅。那時，我了悟到，我真的得到安慰，確定我是在恩寵之中。因為一個像這樣的天主之愛，及至尊陛下賜給我的那些恩寵和情感，不能和陷於大罪的靈魂和諧並存。

我懷有信心，為了那個人，向上主所祈求的，必會蒙他恩賜。上主對我說了一些要我告訴他的話。我極不喜歡做這樣的事，因為我不知要怎麼說。把信息傳給第三者，如我說的[365]，常是我最不喜歡的事情；尤其當我不知道那人會不會接受，或他是否會取笑我。我對此深感沮喪。最後，我這麼的心悅誠服，我答應天主，一定會告訴這個人。由於自覺很羞愧，我把這些話寫下來交給他。

11 由於在他身上導致的效果，看來這些話是從天主來的。他非常誠懇地決志獻身於祈禱，即使他沒有立即這麼做。由於上主願意這人屬於祂，祂藉著我向他傳達一些真理，我並不明瞭這些話，但卻這麼適切，令他很覺驚訝。上主必然已安排妥當，使他相信，這些話是從至尊陛下來的。我雖然卑劣，仍極力懇求上主，使這個人徹底地歸向祂，且使他厭惡生活中的滿足和事物。就這樣——願天主永受讚美！——他這麼徹底地歸向天主，每次他對我說話，總令我驚訝。如果我沒有看到這事，我是會懷疑的，在這麼短短的時間內，增加了這麼多的恩惠，而且他如此地專注於天主，彷彿他不再為世上的任何事物而生活。

願至尊陛下護祐他，因為，如果他像這樣地繼續進步下去（我在上主內懷著這樣的希望，因為他對於自我認識有很好的根基），他必會成為天主最優秀的忠僕，極有益於許多的靈魂。在很短的時間內，他已在靈修的事上有許多的經驗。這些是上主的恩典，端在於上主願意時，或祂怎麼願意，既不在於時間，也不在於服務的事工。我不是說時間和服事不重要，不過，往往上主二十年沒有賜給某人默觀，卻在一年之內，賜給了另一人。至尊陛下自知其詳。

這是一個錯誤，我們以為，有了年歲，就能明白那些沒有經驗絕領悟不了的事。因此，

365. 見第三十二章十二節；三十三章二節。
366. 見第十三章十四節；她指的可能是巴達沙．奧瓦雷思，見第二十八章十四～十六節。

有許多人錯了，如我說的[366]，他們沒有經驗，卻想要分辨神類。我不是在說誰沒有靈修經驗，如果他們是博學者，則不該指導那有經驗的人。然而，他要懂得，無論是內在或外在的事情，靈魂應使用理智，以合乎本性的方式行事；至於在超性經驗方面，他則應該看到，靈魂的行動要合乎《聖經》。至於其餘的，他不該殺死自己，或想他明白自己所不懂得的事，或扼殺心靈[367]。因為如今，在心靈方面，有另一位更大的，上主正主導著他們；他們並非沒有長上。

⑫ 叫他不要驚奇，也不要想這事是不可能的——對天主而言，凡事都是可能的——卻要努力加強自己的信德，謙卑自下，因為上主使一個小小的老女人，在這個學識方面或許比他更有智慧，即使他是一位非常博學的人。懷有這個謙虛，他對許多的靈魂更有助益，對他本人亦然，比他沒有謙虛，而成為默觀者更好。因為，我要再說一遍，如果他沒有經驗，也沒有深度的謙虛，來知道他不了解這經驗，並且知道這不是不可能的。那麼，他對自己不會有什麼助益，對那與他交談的人，更得不到什麼益處。如果他是謙虛的，他不該害怕上主會讓他們當中有人受騙。

⑬ 在許多的事情上，上主賜給我所說的這位道明會神父謙虛。因此這位神父努力地學習，在這個事上，盡可能地探究一切，因為他是一個很好的學者。他不能從經驗獲知的事，則從有經驗者那裡探知。為此，上主助祐他，賜給他很深的信德，所以，這位神父自身受益良多。同時也幫助了其他的靈魂；我就是其中之一。事情似乎是這樣的，由於至尊陛下將要召回一些指導我的人[368]，祂預見要有其他的人幫助我度過很多的艱難，且為我做很大的好事。上主幾乎使上述的那位神父全然改變，使之幾乎認不得自己。可以這麼說；上主賜給他

367. 《得撒洛尼前書》第五章第十九節：不要消滅神恩。
368. 大德蘭在寫本章時，她的兩位指導神師都已過世：伯鐸．亞爾剛大拉，一五六二年十月十八日；伯鐸．伊巴涅斯，一五六五年二月二日。

做補贖的體力（這是他過去所沒有的，以前的他體弱多病），行一切善事的勇氣，及其他的事。這看來確實是從上主來的，一個很特別的召叫。願祂永遠受讚美。

⓮我相信，所有臨於這位神父的美善，乃出自上主在祈禱中賜給他的恩惠，因為這美善不是假冒的。由於天主已在某些事上願意他受考驗，而他已從這些考驗中出來，就像一個人確實獲知，在痛苦的迫害中所得的功勞。我在至尊崇高的天主內懷著希望，但願他更加造福其同會的一些人，及其修會。這事已開始為人所知。我曾看到極美好的神見，上主告訴我一些極令人欣羨的事，是關於他，及我所說的那位耶穌會院長㊿，及其他兩位聖道明會的會士，尤其是他們當中的一位⑳。因為至尊陛下已確實地讓人知道，一些有關他進步的事，而這是我之前已先獲知的。然而，我現在所說的這一位，有許多事情已經顯示給我。

⓯現在，我願在此說一件事：有一次，我在修院的會客室和他在一起，我的靈魂和心靈這麼徹知，那在他內燃燒著的天主大愛，幾乎使我凝神。我深思細想著，至尊崇高的天主在這麼短的時間內，把一個靈魂提拔到這麼高超的境界。這使我羞愧不已，因為我看到他這麼的謙虛，聆聽我講些有關祈禱的事，也看到自己沒有什麼謙虛，竟然以此方式，對著像這樣的一個人講話。上主一定容忍了我這麼做，因為我強烈地渴望看到這個人大有進步。和他在一起，這麼地有助於我，彷彿他使我的靈魂重新燃燒起來，渴望從頭開始事奉上主。

我的耶穌啊！一個在祢的愛內燃燒起來的靈魂，所完成的是何等的事工！我們要多麼珍視這樣的一個靈魂，要多麼懇求上主，使他存留於人世！凡有同樣愛情的人，如果做得到，必須追隨這些靈魂。

⓰當一個病人遇有患相同病症的人，同病相憐，這是很美好的事；發現你自己不是孤單

369. 加斯帕・薩拉札，見第三十三章九～十節。
370. 指伯鐸・伊巴涅斯和道明・巴臬斯，尤其前者。

的，這是多麼有安慰。這兩位在受苦和立功勞方面，彼此的互助強而有力。互相間的支持是何等的卓越，因為他們決心為天主冒著喪失一千個生命的危險，渴望有機會失去生命。他們就像戰士，希望打仗，好能奪得戰利品而致富。他們已經了悟，像這樣的財富，除此之外，別無他法可以獲致。這是他們的責任：勞苦工作。啊！當上主賜予光明，使人了悟，為祂受苦，其收穫是多麼豐富，這是何等了不起的事！除非一個人為祂而捨棄一切，這是無法深切領悟的。凡安息於什麼事的人，顯示出他對這些事物的看重；的確，如果他有所珍視，加以捨棄會使之感到迫不得已——而一切都已趨向不成全和喪亡。在此，俗話說得好，凡追隨喪亡者，其本身即是喪亡。而有什麼比念念不忘虛無，更是喪亡、盲目和不幸呢？

17 那麼，再來重拾前題[371]，正當滿懷極深的喜樂，我默觀著那靈魂，彷彿上主願意我清楚地看到，祂放在其內的寶藏。看到祂賜給我的恩惠，祂以之用我做為工具——雖然我自覺不堪當——我更加珍視上主賜給這靈魂的恩惠，比將之賜給我，還令我看重。我讚美至尊陛下，看到祂實現了我的願望，俯聽了我的祈禱，即上主喚醒了像這樣的靈魂。

那時，我的靈魂是這樣的：她受不了這麼多的喜樂，她出離己身，且已失去自己，為了獲得更多。思考的能力已經喪失，當我正聽到神性的話語，好似天主聖神在說話，一個強有力的神魂超拔臨於我，幾乎使我失去知覺，雖然這個出神只持續很短的一下子。我看到基督帶著至極的尊威和光榮，在所發生的地方顯示很大的福樂。祂這樣對我說，並且希望我清楚地看到，祂經常臨在於像這樣的談話中，當人們這麼喜悅於談祂，多麼地博得祂的歡心。

另有一次，我看見這位神父。當他還在離此很遠的地方時，在很大的光榮中，被天使們舉揚起來[372]。藉著這個神見，我明白了，他的靈魂大有進步。事情是這樣的，有個人提出一

371. 見本章十五節。
372. 她說的是賈熙亞神父，當時他不在亞味拉。

個嚴重的證詞，完全不利於他的名譽。這個人是他曾經極其善待的人，救助過這個人的靈魂及其失去的聲譽。他欣然樂意地忍受這事，做了其他很能事奉天主的事，且忍受了其他的迫害。

⓲ 我不認為現在宜於細說更多的事情。由於閣下知道這些事，如果後來您認為確實合宜，則可將之為天主的光榮而寫出[373]。我所說的關於這修院的預言，及別的將要說的預言，和其他的事情，全都應驗了。有些是在事情發生之前的三年，上主告訴我的——其他有的時間比三年多，有的則少。我總是告知我的告解神師，和我的寡婦朋友[374]，如我說的，我答應要告訴她。我知道她轉告了其他人，這些人知道我沒有說謊；天主也不許我這樣，無論遇有多麼重大的事情，除了完全真實的事，我什麼也不說。

⓳ 我的姊夫突然間過世[375]，我極為悲傷，因為他沒有機會辦告解。在祈禱中，有神諭告訴我，我的大姊也會同樣去世，我該去她那裡，設法幫助她預備善終。我對告解神師說這事，由於他不許我去，我又再次得到這訊息。當他知道這事，他告訴我去那裡，是不會有什麼損失的。

大姊住在一個小村子[376]，我去了，但沒有告訴她這個神諭。我盡所能地光照她每一件事，促使她常去辦告解，在所有的事上照顧她的靈魂。她非常好，都照著去做。四、五年內，她已養成這個習慣，保持非常醒悟的良心。她死的時候，沒有人在她身旁，也無法辦告解。很慶幸的是，由於她已有了好習慣，死前不到八天，她已去辦了告解。

她逝世的消息帶給我很大的喜樂。她留在煉獄很短的時間。我認為沒有超過八天，那時，在我領完聖體後，上主顯現給我，願意我看到祂如何帶她進入光榮。自從上主告訴我，

373. 大德蘭說的是賈熙亞神父的內修生活，這幾頁是寫給他的，但由於接收文件的人，不只他一人，尚有其他的人，因此她以隱晦的方式述說這事。
374. 紀爾瑪夫人。
375. 瑪定・古斯曼・巴雷恩多斯是大德蘭同父異母的姊姊瑪利亞・賽佩達的先生。
376. 加紐達的卡斯提亞諾斯，聖女早年生病時，曾到過她那裡。見第三章三節；第四章六節。
377. 露薏莎・瑟達夫人，見第三十四章一和三節。

直到她過世的這些年裡，我沒有忘記祂對我所說的事，我的同伴也沒忘記；我的大姊一過世，我的同伴來我這裡，非常驚奇看到這些話如何應驗。願天主永受讚美，祂這麼樣地照顧靈魂，使他們不致喪亡。

第三十五章

繼續說明相同的主題：創立我們榮福聖父若瑟的這座修院。述說上主所安排的方法，使這座修院遵守神聖的貧窮，及她離開同住的這位貴婦的理由，還有其他一些發生於她的事。

❶ 當我和所說的這位貴婦在一起時[377]，我和她同住了半年多。上主這樣地安排：有位本會的貞女[378]，住在離此地約七十多里格的地方，獲悉一些關於我的傳聞。她決定前來此地和我晤談，繞道行走了許多里格。上主感召她創立另一個修院，就在同一年，同一月，上主也這樣感召我。當上主賜予這個渴望，她立刻變賣一切所有，赤腳徒步行到羅馬，請求獲得建院的許可文件。

❷ 她是個修行許多補贖和祈禱的女子；上主賜給她許多恩惠，我們的榮福聖母顯現給她，命令她創立修院。在事奉上主方面，她遠遠超過我，我感到羞於站在她的面前。她給我看從羅馬帶回的恩准文件。她和我在一起的十五天中，我們商談如何進行建立這些修院。和她談過話之後，我才注意到，我們的會規——在尚未緩和之前——命令我們不能保有什

378. 貞女：意指身穿修會會服的婦女，但在團體之外，度著收心和有德的生活。瑪利亞．耶穌（María de Jesús），一五二二年生於格拉納達，很年輕就守寡，後來入了當地的加爾默羅會，在發願之前，她感到蒙召離開修院，去創立一座革新的加爾默羅會院，她在一五六三年在亞爾加拉（Alcalá）創立了一座革新的加爾默羅會院，亦即在大德蘭創立若瑟隱院之後一年。她所創立的修院極端嚴厲，後來於一五六七年，聖女大德蘭緩和其嚴規。

379. 這項完全赤貧的法規，並未包含在會規內，而是國瑞九世於一二二九年四月六日的詔書中加上去的。

麼[379]。我也沒有想要建立一座沒有定期收入的修院。我的意向是，我們不要憂慮著日常的需要；我沒有顧及與之而來的，保有財產所有權的許多掛慮。

由於上主教導了她，這位聖女，雖然目不識丁，卻清楚明瞭，而我讀過這麼多遍會憲，反倒一無所知。當她告訴我這事時，我認為這是對的，雖然我恐怕他們不會容許我，且會說我在做些蠢事，及我不該做那使別人因我而受苦的事。如果我獨自一人，我就不會有絲毫的保留。其實，這是我的一大樂事，想到我能遵守我們的主基督的勸諭，因為至尊陛下已賜給我對貧窮的很大渴望。

為此，貧窮對我而言是最好的，這是不容置疑的。因為長久以來，我一直渴望著，能夠為了天主的愛而去行乞，而且既沒有家，也沒有任何東西。然而，我害怕的是，如果上主沒賜給別人這些渴望，她們的生活就會很不快樂。我也害怕，貧窮會導致某些分心的原因，因為我看到有些貧窮的修院，不是很收心。我沒有反省到，這個不收心是因她們自身的貧乏，而非修行貧窮使之分心。因為分心並不會使修院富有；而天主從不辜負任何事奉祂的人。總之，我的信德薄弱，不是個上主的真正僕人。

❸由於我凡事都和這麼多人商量，幾乎沒有一個人有此看法，無論我的告解神師，或我向之討教的博學者。他們提出這麼許多理由反對貧窮，我不知如何是好。由於我已知道這是會規，也看到守貧窮更為成全，我無法說服自己，修院該有定期收入。而如果有時他們令我折服，當我回到祈禱，默觀著十字架上的基督，這麼貧窮，這麼赤裸裸，我無法接受成為富有的。我淚水滿盈地懇求祂，妥當地安排事情，好使我看到自己是貧窮的，如同祂一樣。

❹我發現有定期收入的諸多不便，也看到這是導致不安寧的極大原因，甚至造成分心走

380. 伯鐸・伊巴涅斯，那時他正退隱到特立阿諾斯（Strianos），見第三十二章十六～十七節。

意，我不得不和博學者爭辯。我把相同的事情寫給幫助我們的道明會士[380]，他覆函給我，滿滿的兩頁，寫著為何我不該如此的異議和神學，他還告訴我，他非常仔細地研究了這事。我回答他，如果神學不引導我追隨我的聖召、我的貧窮願，及包含一切全德的基督勸諭，我則不想受惠於神學。所以，在這個事上，他無法以其博學施惠於我。

如果找到了某個能幫我的人，我就欣喜無比。在這個事上，那位與我同住的貴婦[381]極有助於我。有的人告訴我，開始時，他們認為這個看法很好；後來開始細想這事，他們發現有這麼許多的不便，他們又重新堅持不要我這麼做。我對他們說，既然他們這麼快就改變想法，我最好採納他們原先的看法。

❺此時，由於這位貴婦未曾見過聖會士伯鐸．亞爾剛大拉，上主容許，因著我的懇求，他來到貴婦的家裡。由於他是個真愛貧窮的人，且這麼多年修行貧窮，他深知貧窮中的富裕；所以他極其幫助我，且命令我絕不可不進行我的計畫[382]。而他是最能給予意見的人，因為他在這方面具有廣博的經驗，有了他的見解和贊許，我下定決心，不再徵詢其他的意見。

❻有一天，正熱切地向天主祈禱這事時，上主告訴我，我絕不可不建立守貧窮的修院，因為這是祂的父和祂的意願，而祂會幫助我。這事發生在很深的出神中，且有這麼許多的明顯效果，這個渴望是從天主來的，不容我絲毫的懷疑。

另一次，祂告訴我，定期收入會造成心思混亂，及其他誇讚貧窮的事。祂向我保證，凡守貧窮者，不會缺乏生活的所需。如我說的，我個人從不害怕這個缺乏。上主也轉變了這位碩士[383]神父的心，我是說前述的道明會士。他寫信給我，說我該建立沒有定期收入的修院。獲悉此事，令我欣喜不已，且又得到這些意見。我決心為了愛天主而生活，我感到這無非是

381. 露薏莎．瑟達夫人。
382. 除了口頭上的勸告，他還寫給她一封著名的信，談論貧窮。
383. 碩士（Presentado）：意思是入選者，這是道明會通用的學位名稱，相當於碩士學位。聖女大德蘭在此說的是伯鐸．伊巴臬斯。

擁有全世界的財富。

❼在這個時候，由於我的修院快要選舉，我的省會長[384]取消了加於我的命令和服從，讓我自行選擇，回修院或再留一些時日。有人通知我，許多人想要選我當院長。只一想到這事，就已是個可怕的折磨。再者，任何一個我決心為主接受的殉道，都比這容易，我絕說服不了自己承受這事。此外，因為有許多修女[385]，還有其他的理由，這麼超多量的工作，我從未喜歡過，也不想有任何職位。我認為，擔任長上對我的良心是很危險的；因此我讚美天主，我不在那裡。我寫信給我的朋友，不要投票給我。

❽我正欣喜於不必置身於那些吵雜當中，上主告訴我，我不該不回去。因為我所渴望的一個很好的十字架，已為我準備好了，我不該拒絕，我必須鼓起勇氣回去，祂會協助我，我必須立刻就走。我感到相當困擾，除了哭，什麼也沒做，因為我想這個十字架的意思，是指我會當選為院長。而如我說的，我無法信服，像這樣的職位，對我的靈魂會有什麼益處——我也不覺得自己夠格。

我向告解神師述說這一切。他對我說，我應該設法回去，顯然這是更成全的，又因為天氣炎熱，回去選舉還有充足的時間，我可以留幾天再走，以免在旅途中生病。然而，上主卻另有安排，事情就這樣發生了。

我的內心這麼不得安息，我無法祈禱。我感到自己沒有做上主命令我的事，因為留在這裡，很令我稱心愉悅，我不願投入困苦中。這些全是我對上主說的話；既然我可以在那為我更成全的地方，我為什麼不去？如果我應該死，那就死掉吧！……除了這一切，還有靈魂的壓迫感，上主拿走了祈禱中所有的安慰……。總之，我就是處在如此的境況下，備受煎熬，我

384. 安赫・薩拉察。
385. 根據她後來在《建院記》所寫的，其中有一百五十餘位修女。

遂請求貴婦善待我，讓我離開。由於我的告解神師看到我在這種情況下，已經告訴我回去，因為天主也同樣推動他，如祂之對待我。

❾ 我的離去，使貴婦深感痛惜，她的憂苦是我的另一個折磨。她曾付出很大的代價，以多種方式強求，謀得省會長的許可，准我和她在一起。為此，讓我離開，對她是一件最難的事，她對這件事的感受非常強烈。然而，由於她是個非常敬畏天主的人。我告訴她，我若回去，能大大地服事天主，及其他許多事，我也留給她希望，只要有可能，我會再來看她。她接受了我的離去，雖然滿懷惆悵。

❿ 我不再為回去而憂傷；一旦我了解這是更成全的事，且更加事奉天主，我懷著欣喜尋求取悅祂。因此我能忍受痛苦，告別滿是離愁的貴婦，及我虧欠許多的其他人，尤其是我的告解神師，他是耶穌會士[386]，我和他交往得很好。不過，我看到為了天主之故，我失去的安慰愈多，則愈欣悅於所失去的安慰。我不明白，這怎麼可能，因為我清楚地看到這兩者的對立：我的愉悅、安慰和快樂，超過我靈魂的沉重憂傷。因為我已得到安慰，且平安寧靜，也能找到時間做許多小時的祈禱。我看到自己就要置身於烈火之中，因為上主已告訴了我[387]，我就要去接受一個大十字架。雖然我從未想到是個這麼大的十字架，如後來獲知的。無論如何，我很高興地前去。由於上主願意我去，我則因為沒有立刻進入戰鬥而感到不解，因此，至尊陛下遣送力量，將之置於我的軟弱中。

⓫ 如我說的，我無法明白，這些對立怎能並存。我想到這個比喻：如果我有個珠寶，或什麼使我極幸福的東西，而我也有個很愛和很樂意取悅的人，甚於我自己。而那人希望有這東西，那麼，如果我使他歡欣，而沒有這東西，比擁有更是我的幸福。由於這個幸福在於取

386. 伯鐸・道曼尼契。
387. 見本章八節。

悅對方，必會超越第一個幸福，它會解除我失去這珠寶或珍愛的東西，或失去幸福，所感受的任何痛苦。為此，雖然我願意感到愁苦，看到那因我離去而惆悵的人（而我的本性是很感恩的，別的時候，這足以惹我十分憂傷），現在，即使想要悲傷，我也辦不到了。

⑫ 關於這座神聖修院的事，不拖延一天是多麼重要，如果那時我仍留在那裡，我就不知要如何終結這事了。偉大的天主啊！當我細思且觀看，至尊陛下如何願意特別助祐我，創始這個天主的小角落時，我常感到驚訝。我相信，這確是天主的小角落，是深得至尊陛下歡心的居處，正如某次祈禱時，祂告訴我說，這修院是祂所喜悅的樂園[388]。好似至尊陛下揀選了這些靈魂，帶領她們來到這裏，而我和她們同居共處，自覺羞愧不已。因為我不曾知道，如何希望得到像她們這樣的靈魂，來實現此一充滿克苦、神貧和祈禱的計畫。她們都如此喜樂滿足地接受這生活，而且覺得不配來到此地，特別是有些人。主從許多世俗的虛榮和浮華中召叫她們，她們本來可以在世俗中滿足地隨波逐流。但在這裏，天主如此地增多她們的滿足，她們清楚瞭解，捨棄世俗的一個滿足，天主賜予百倍的滿足[389]。因此，她們感謝天主，從不覺厭倦。對年輕的修女，祂賜予剛毅和明達，使她們不渴求他物，而她們了悟，超越生活中的一切事物，就是生活在至極的靜息中，甚至對世物亦然。對年老和體弱的修女，祂賜予力量，讓她們能承受克苦和補贖，如其他的修女一樣。

⑬ 我的主啊！這是多麼明顯，祢是全能的！祢所願意的事，我們無須探尋理由。因為超越所有本性的理由，祢使事情成為可能的，祢清楚地顯示出，除了真實地愛祢，真實地為祢離開一切，再不需要什麼了。為此，我的上主，祢使一切事都容易起來。在此很適於說：在祢的法律中祢假造辛勞。上主，因為我看不出來，也不知道，怎麼導向祢的道路是狹窄

388.亞味拉的聖若瑟隱院。
389. 參見《瑪竇福音》十九章二十九節。
390. 這裡暗示三段《聖經》金句：《馬爾谷福音》十章二十八節、〈聖詠〉九十四篇二十節、《瑪竇福音》七章十四節。

的[390]。我看這是一條皇家大道，而非小路；凡確實走上去的人，這是一條更安全的道路，非常遠離犯罪的機會，即那些狹窄的山隘，和使人失足的岩石。我所說的小路，即卑劣的小道和窄路，一邊是會使靈魂失足的深谷，另一邊則是斷崖絕壁，只要人一不小心，就會掉落懸崖，粉身碎骨。

⓮凡真正愛祢——我的美善，安全地行走在寬敞的皇家大道上，他遠離懸崖峭壁。他一開始跌跤，上主，祢就立即向他伸出援手。一次的跌倒並不足以使人喪亡，許多次也不會，如果他愛祢，而不愛世上的東西。他行走在謙虛的山谷中。我不明白，是什麼使人害怕啟程走上成全的道路。

願上主，因祂是上主，賜給我們明白，追隨群眾，隨波逐流，在這明顯的危險中，是多麼不安全，真正的安全，則在於努力在天主的道路上前進。他們要雙目注視著祂，不要怕正義的太陽會落下，如果我們不離棄祂，祂必不會容許我們走在夜裡，也不會使我們迷失。

⓯他們不怕走在獅子當中（我所說的這些是指，凡世界稱之為榮譽、愉悅和類似的快樂）在那裡，好像每隻獅子都要撕碎他們；而在這條路上，好似魔鬼使他們害怕田間的老鼠，一千次的驚恐，我願一萬次痛哭，並大聲告訴每一個人我的極端盲目和卑劣，因為這樣做，可使他們張開眼睛。但願因天主的溫良慈善，人人都能張開眼睛；願祂不要許我成為盲目的。阿們。

第三十六章

繼續相同的主題。述說榮福大聖若瑟的隱修院終於建立起來，修女們領會衣之後，經歷了強烈的反對和迫害。並敘述她所承受的大磨難，及上主如何使她完全獲勝，光榮並讚美上主。

❶ 一旦離開了那城[391]，我非常喜悅地踏上歸途，下定了決心，心甘情願地承擔上主所願的一切事。

就在回到此地的那一夜，我們修院的恩准文件和詔書[392]，從羅馬同時寄到。我好驚訝，當他們知道極需要我在此地，及上主準備我的情形，那些知道上主如何促使我趕快回來的人，也都很驚奇。因為在這裡有主教、聖會士伯鐸·亞爾剛大拉，及另一位紳士。這位紳士是天主的大好忠僕[393]，聖會士住在他家中：天主的僕人們在他那裡得到保護和歡迎。

❷ 他們兩人博得主教接納修院，直屬他管轄[394]，這不是件小事，因為這將是個守貧窮的修院。然而，對那看來決心要事奉上主的人，主教如此地關愛有加，很快的就樂於施予恩惠。而由於這位聖善的老伯鐸會士的贊許，不斷地到處催促人來幫助我們，正是他做盡一切的事。如果我沒有剛好這時候歸來，如我已說的，我不知道這座修院怎能得以建立。因為這位聖人在這裡只有很短的時間，我不認為有八天之久；當時他病勢沉重，不久之後，上主就把他帶回祂身邊了[395]。彷彿上主有意存留他，直到辦妥這件事情，因為他的重病已有很長的時間，我不知是否有超過兩年。

391. 托利多。
392 一五六二年二月七日*Ex Parte Vestra*。
393. 主教是阿爾瓦羅·曼多撒，另一位紳士可能是若望·布拉克斯先生（Don Juan Bláquez）。
394. 主教起初不願接受，但會晤了大德蘭之後，他完全改變了心意。
395. 一五六二年十月十八日逝世於亞味拉的阿雷納斯（Arenas）。
396. 她的妹妹華納·奧瑪達，先生是若望·奧巴耶。
397. 紀爾瑪·于佑雅夫人。

❸一切事情都極祕密地進行；如果不這麼做，什麼也完成不了，因為人們反對這修院，如同後來所顯示出來的。天主安排了我的妹夫生了病[396]；但因為我妹妹不在這裡，我的長上允許我去看顧他。由於這個良機，沒有人知道什麼，雖然有的人難免有所懷疑；然而她們卻又不能置信。令人驚奇得很，當需要辦事時，他的病就沒有惡化，有需要時，他就好轉，而能把房子空出來，我則能自由行事，上主使之如此；我的妹夫對此大感驚奇。

❹對於修院得蒙接受的事，我碰到很大的困難——有時是和這些人，有時則和那些人。我對妹夫的病，也有困難，對工人們亦然，要他們把房子改造成修院，且要快快完工，因為還有許多要做的事。此外，我的同伴不在這裡[397]，我們認為，如果她不在的話，方得隱密行事。為了許多的理由，我照管一切事，使之迅速完成；其中有個理由，我很怕到時候，他們會要我回到自己的修院[398]。有這麼許多磨人的事，我想是否就是這個十字架[399]；雖然如此，我還是認為，比我從上主所獲知的，必須接受的十字架小。

❺一切事情都已就緒，上主容許，在聖巴爾多祿茂的紀念日，有幾位領了會衣[400]，且供奉了聖體，於一五六二年得蒙恩准和授權，創立了我們榮福聖父若瑟的修院。我和兩位我們會院的修女[401]——碰巧在外——參加了領會衣典禮。這座改造成修院的房子是我妹夫的住處（如我說的[402]，為使事情隱密進行，由他買下這房子），我在那裡是有許可的；我所做的每件事，無不向博學者討教，不致絲毫有違服從。由於這些博學者看到，基於許多的理由，這座修院會極有益於全修會，雖然暗暗地進行，且小心地不讓長上覺察，他們告訴我，是可以這麼做的。如果這些博學者告訴我，所做的事情中有個不成全，無論多麼微小，我則寧願放棄建立一千座修院，更何況是一座呢？這是千真萬確的，雖然我願從一切中更加隱沒，以更

398. 即回到降生隱院，後來果真是這樣。
399. 見第三十五章八節。
400. 一五六二年八月二日，四位領會衣的保守生：瑪利亞・博思（Maria de la Paz／of the Cross）、安東尼雅・恩納（Antonia de Henao／of the Holy Spirit）、吳淑娜・雷碧雅（Ursula de Revilla／of the Saints）、瑪利亞・達維拉（Maria d'Avila／of St. Joseph）。
401. 她們是雅妮・達碧雅和安納・達碧雅，後來她們也加入赤足加爾默羅會，取名為雅妮・耶穌（Inés de Jesus）和安納・降生（Ana de Incarnción）。
402. 見本章三節，第三十三章十一節。

大的成全和退隱度聖願和聖召的生活，我卻這樣渴望。如果我能找出來，有比放棄這計畫更能事奉上主的事，我必懷著完全的平安和寧靜這麼做，如我那次所做的[403]。

❻ 所以，對我而言，看到至聖聖體供奉起來，有如置身於光榮之中。這四位可憐的孤兒（因為她們沒有帶入會金[404]），也是四位天主的忠僕（這是我從一開始就有的想法，以祈禱和非常成全的生活，入會者的善表將是我們達到目標的基礎）。她們要彼此互相支持；看到一個工作完成了，我知道是為了服事上主，光耀祂榮福母親的聖衣——這些是我所關心的。

完成了上主這麼多次命令我做的事，也令我欣慰；本城中多了一座獻給我榮福聖父若瑟的聖堂，這是未曾有過的。至於認為自己做了些什麼，這個安慰我倒是一點也沒有。我從未覺得自己做了什麼，現在也不認為這樣。我一直知道是上主完成的，而我該做的部分，有這麼許多不成全，我反倒覺得有理由來責備自己，而非愉悅自己。不過，看到至尊陛下使用我，這麼卑劣的人，做為工具，來完成這樣偉大的工作，我感到無比的欣喜。

所以，我是這麼的喜樂不已，好似已離開己身，處在很深的祈禱中。

❼ 一切都結束之後，大約過了三或四個小時，魔鬼在我內煽動一場心靈的交戰，如我現在要敘述的。牠在我的腦袋裡注入懷疑，不知所發生的是否錯了？沒有省會長的命令，建立這座修院，不知是否違犯服從？因為我確實認為，省會長多少會不高興。因為這座修院直屬主教管轄；還有，我沒有事先告訴他；雖然由於他不願給此許可，而我也沒改變我的服從。另一方面，他什麼都不會照管的。而且，還有一些質疑：住在這裡的人，是否會喜歡這麼嚴格？要是她們缺少食糧，怎麼辦？這一切是不是很愚蠢？誰使得我涉足其間？因為我已有自己的修院。

403. 見第三十三章一至二節。
404. 雖然如此說，歷史學者指出吳淑娜帶來三百金幣。

所有天主命令我的，及許多的勸告，持續了將近兩年不斷的祈禱，忘得一乾二淨，好像未曾有過。我只記得自己的決定。所有的德行，我的信德，那時在我內全都休止，沒有力量做出什麼德行的動作，或防禦自己，對抗這麼許多的襲擊。

❽魔鬼也在我內惹起疑慮：怎會想把自己封閉在這麼嚴格的修院裡？我生了這麼多的病，又怎能受得了這麼許多的補贖呢？離開那寬敞而怡人的修院嗎？在那裡，我常是這麼稱心滿意；我又怎能離開這麼許多的朋友呢？而或許住在新修院中的人，並非我所喜歡的。我自己負有很多責任，可能我會絕望。魔鬼意圖趁機拿走我的平安和寧靜，使我因這樣的騷擾無法祈禱，而失去我的靈魂。

這類的思想，全部混雜在一塊兒，魔鬼放進我的腦海裡；我連想點什麼都無能為力。這個情況同時伴隨著靈魂的憂苦、隱晦和黑暗。我不知如何誇大其詞。發現自己處在那樣的情況下，我去朝拜聖體；雖然無法祈禱。我覺得自己所體驗的痛苦，好像臨終時的極苦。我不敢對任何人說這事，因為我沒有正式指定的告解神師。

❾天主啊！幫幫我吧！這是個多麼可憐的生命！沒有安全的幸福，也沒有什麼不變的事物。剛剛我才感到，世上沒有任何人能改變我的幸福，現在，同樣幸福的理由，卻又這麼的折磨我，使我不知要如何自持。啊！如果我們能細察生命中的事件，每個人會在經驗中看到，他應該有的幸福或不幸福，是多麼的微不足道。

我確實認為，這是我生命中最困難的時期之一。好似我的心靈期待著我還沒經歷的許多事，雖然它們不像這個痛苦那樣嚴厲，如果持續下去的話。然而，上主沒有讓祂可憐的僕人受苦太久，在我的困苦中，祂從沒有不來救我的。現在就是這樣，祂給我一些光明，使我看到這是魔鬼，且明白事情的真相，全都是魔鬼有意用謊言來驚嚇我。因此，我開始回想自己事奉上主的強烈決心，及我渴望為祂受苦。我深思細想，如果我要滿全這些渴望，我就不能到處尋找安息。而如果我有了磨難，它們必是有功勞的；如果是不幸福，若我為了事奉天主而接受，則可視之為煉獄。那麼我就沒什麼好怕的，由於我渴望磨難，這些困苦是很好的；反對愈大，收穫也愈多。為什麼我要喪失勇氣，不去事奉我虧欠如此之多的這位呢？

懷著這些和其他的思慮，鼓足全力，我在至聖聖體前許諾，要盡所能獲得許可，進入這座修院。我也許諾，在確實可行之時，要有隱院禁地。

❿ 我這樣的行動，魔鬼立即逃之夭夭，我則留在平靜和喜樂中；我一直保持這樣，而且常常是這樣。修院中所遵守的一切，舉凡有關禁地、補贖和其他，對我而言，都成為極容易的事，並且算不了什麼。我的滿足如此強烈，竟至有時驚訝，在這世界上，我還能選擇什麼更愉悅的。我不知道，是否就是這個緣故，我的健康從來沒有這麼好過，或是上主願意——由於我必須也理當和大家一樣——給我這個能遵守會規的安慰，即使是有困難。然而，所有知道我病況的人，全都驚訝於我的這個力量。願祂受讚美，一切是祂的賜予，以祂的權能，一切皆可行[405]！

⓫ 這一個衝突使得我疲憊不堪，我對著自己嘲笑魔鬼，我清楚地看到就是牠。我相信，這是上主許可的，因為我從來不懂，當修女不快樂是怎麼回事。在我二十八年多做修女的期間，未曾有過片刻的時間不快樂。於是我得以明瞭，上主所賜給我的大恩惠，及祂免除我的折磨。而且，萬一我碰到了有人不快樂，我就不會驚奇，而會同情她，也知道如何安慰她。

事情過後，用完午餐，我想去休息一會兒，因為我幾乎徹夜不得安眠。前些個晚上，我

405.《斐理伯書》四章十三節。

也不是沒工作或掛慮的；這些日子一直是好疲憊。然而，由於我的修院獲悉此事，而且為了我已說過的理由[406]，城內人聲鼎沸，好似陷入了沉重的焦慮中。於是院長[407]給我一道命令，速回修院。一接到命令，我就離開憂傷滿懷的修女們，馬上回到修院。

我清楚地看到，許多的磨難在等著我。不過，由於修院已經建立起來，我就不怎麼憂慮了。我祈求上主保護我，也求我的父親大聖若瑟帶我返回他的家，我把所要遭受的一切全獻給天主。我欣然喜樂於迫在眉睫的遭遇，為祂受苦且能事奉祂，因為我相信，她們會即刻把我關進小囚房。我想，這會使我非常欣喜，因為我不必對任何人說話，又能在獨居中休息一下，我真的有這個需要，因為和人這麼許多的交涉，我累死了。

⓬ 我一回來，隨即向院長報告一番，她們向省會長申訴一切，把案件留給他。當他來到時，我到他面前去，很高興知道自己正為了上主受點苦。因為在這件事上，我很清楚，既沒有冒犯或違背至尊陛下，也沒有違背修會；反而，我用盡全力，使修會擴展。我寧願為修會的獲益而死，因為我的全部渴望是使之圓滿實現修會的使命。我想起基督所受的判決，看到眼前的這些是不算什麼的。我自述己過，如同罪過深重一般[408]，對那不知其詳的人，事情看來就是這樣。

受到一陣嚴厲的責斥之後，雖然沒有嚴重到足以構成一個罪行，也沒有像許多人對省會長說的，我仍不願自我推諉；我對所要做的事已下了決心。總之，我請求寬恕和懲罰，請他不要生我的氣。

⓭ 我清楚地看到，她們譴責我的某些事，我是沒有過失的。因為她們說，我做這事意圖博取尊榮，沽名釣譽，及其他類似的事。然而，在其他的事上，我明白得很，她們說的是

406. 見第三十二章十四至十五節；第三十三章二節。
407. 這時降生隱院的院長是瑪利亞・辛布隆，是一五六二年八月當選的。大德蘭就是很怕在這一次會議當選，見第三十五章七～八節。
408. 她說的是會議中，在省會長前公開述過的禮節。

真的，說我比別人差，因為我沒有善守修院的嚴格會規；卻又自以為能遵守那更嚴格的，也說到給人立下惡表，標新立異。她們所說的，沒有給我半點擾亂或憂傷，雖然我假裝成很難過，以免她們誤以為，我不在乎她們對我說的話。最後，省會長命令我到修女們面前，詳細說明原委，而且必須要這麼做。

⑭ 因為我內心平安寧靜，又蒙上主的助祐，我這樣地述說，竟然連省會長和在場的人，都找不到可譴責我的地方。後來，我單獨和省會長說得更清楚，他非常滿意，並且答應：如果一切順利的話，當城裡平靜下來時，他會許可我回去那裡，因為舉城人聲鼎沸，喧鬧不休，如我現在要述說的。

⑮ 過了兩、三天後，有些市議員連同市長，召開市議會，他們一致通過絕不批准，因為這麼做，顯然危害大家。為此，至聖聖體要遷移，這座修院絕不得准予繼續。他們命令召集聯合所有修會的會議，各修會皆可提出意見，由兩位博學者代表發言。有的發言人靜默不語，有的則譴責新修院。最後，他們結論，應該立即予以廢止。只有一位道明會的碩士[409]，雖然他反對（不是反對修院，而是反對其貧窮），但他說，這不是非廢止不可的事。這件事情應當細心明察，時候已到了，這樣的決定屬於主教——或其他這類的事。他所說的話非常有幫助，由於他們這麼狂怒，竟能不立刻執行決議。結果，這座修院依然必須繼續存在；因為上主喜愛它，反對上主的聖意，他們能做的少之又少。他們提出理由，都是滿懷熱火；因此，他們沒有開罪天主，卻使我受苦，也使所有支持者受苦（當中有幾位支持者），這些人遭受許多迫害。

⑯ 群眾當中的喧鬧是這樣的，他們別的什麼也不說，全都譴責我，且向省會長和我的修

409. 道明・巴臬斯。

院控訴。他們說我什麼，不會比不說，更叫我難過；但是我擔心的是新修院會被廢止，這事使我極為憂心。還有，看到那些幫助我們的人，將失去他們的信譽，備受煎熬，也使我非常不安。至於別人出言反對我，我反而認為，這是令我喜悅的事。如果我稍有一點信德，我就不會有任何的擾亂；然而缺乏其中的一個德行，就足以使德行全都安眠。所以，如我說的，人們舉行這些會議時，我有兩天非常憂愁。而當我感到真的很憂傷時，上主對我說，**「難道妳不知道，我是全能的嗎？妳害怕什麼？」**祂向我保證，新修院不會被廢止。因此，我深受安慰。他們呈上一份告發的公函給皇家議會，覆函表示要求一份如何建立新修院的報告。

⑰ 結果，漫長的訴訟展開了；本城派代表出席皇家議會；而有些人則必須代表新修院出席。然而，我沒有錢，也不知要怎麼辦。上主這樣安排了事情，我的省會長從沒有命令我放棄介入其中。因為他對任何有德之事都這麼友善，即使沒有積極的幫助，他也不會反對這事。尚未見到訴訟有結果之前，他不許我回去。這些天主的僕人（聖若瑟隱院的修女）是孤單的；她們的祈禱多於我所辦的事，雖然這些事務需要很費力勞神。

有時候，好似一切都失敗了。特別有一天，省會長尚未來到之前，院長命令我，不許涉入任何有關新修院的事；意即放棄一切。我到天主前，對他說：「上主，這座修院不是我的；這是為祢建立的；既然現在沒有人照顧，至尊陛下，是祢必須來照顧。」我感到，好似全世界都在為我照顧這事一般，那麼安心，毫無困擾，我立即覺得它在安全的手中。

⑱ 有位非常好的天主忠僕，是位神父[410]。他經常幫助我，愛好所有成全的事，他到皇家議會中參與這事，非常努力工作。那位我曾提過的聖善紳士[411]，在這個事上，費心盡力，以種種方式予以幫助。他遭受許多磨難和迫害，在諸事中，我常常敬愛他有如父親，至今亦然。

410. 龔札羅・亞蘭達。
411. 方濟・撒爾謝多，見第二十三章六～十四節。

上主賜予這麼許多恩寵給那些幫我們的人，每個人都將之視為自己分內的事，好似關係著他們的生命和榮譽。對於這事，他們所想的，無非是事奉上主。顯然地，至尊陛下幫助了我所提及的那位老師[412]，他是神職人員，也是幫助我們很多的人當中的一位。他代表主教出席一個很大的會議，會中他單獨一人反對所有的人，最後提出一些方案，平息了他們，因之得以延緩時間。然而，沒有一個方案足以阻止他們，不使他們馬上回到廢止修院的問題上，彷彿是件生死攸關的事，如同俗話所說的。我說，這位天主的忠僕，他主持了新修院的領會衣禮，並供奉至聖聖體，他飽受迫害。這些攻擊持續了約有兩年，若要詳述他們遭受的大磨難，則要耗費許多時間。

⑲我很驚奇，為了反對這幾個小女子，魔鬼所招惹的煽動，以及每個人——我是說那些反對的人——怎會想到這座修院會對本城有那麼大的危害！她們只有十二位女子，再加上一位院長，不會有再多的人，而她們要過的是嚴規的生活。如果這修院是有害或錯誤的，那是對著這些女子；然而，若說危害這個城市，這真是不可思議。他們卻找來這麼許多反對的理由，又心安理得地這麼做。終於他們達成協議，如果修院有定期收入，則可通過這案件，使修院得以繼續存在。我已精疲力盡，看到幫助我的人所受的艱難，甚於看到我自己的，我也認為有定期收入，不是個壞主意，等到我們的對手平息下來，再放棄即可。有時候，卑劣又不成全如我者，我想，也許上主願意這樣，因為若不這樣，我們無法成功；我已準備好接受這個妥協。

⑳我已經開始同意，而到了要討論這事的前一天晚上，當我在祈禱時，上主對我說，不要同意，如果開始時我們接受定期收入，他們後來也不會許可我們放棄的，還有一些其他的

412. 加斯巴・達撒神父，見第二十三章六節。

事。同一個晚上，聖伯鐸·亞爾剛大拉會士顯現給我，因為他已過世了。在他死前，曾寫信給我[413]，由於他已獲悉，我們要遭遇的強烈反對和迫害，他在信上說，他欣喜於修院受到這麼猛烈的反對，此乃上主在此修院會極受事奉的標記。為此，魔鬼大加干預，及我絕不可決定接受定期收入。在這封信中，他力勸我兩、三次，不要接受定期收入；又說如果我奉行這個勸告，一切都會如我所願地實現。他逝世後，我已經看見他兩、三次了，也看到他的大光榮；所以我並不害怕，反而欣喜無比，因為他總是以光榮的身體顯現。看見他，給我一種強烈的光榮感受。我記得，第一次看見他時，他告訴我，在其他的事情中，提到他的喜樂是多麼大，他所行的補贖帶給他何等的幸運，使他獲得這樣的賞報。

㉑ 由於我相信，我已說了些有關這樣的顯現[414]，我不要多說什麼，就說這一次。他看起來很嚴肅，只對我說，我絕不可接受定期收入，並問：為什麼我不願接納他的勸告？隨即就不見了。

我很驚愕，次日立刻告訴這位紳士——我凡事都向他求助，而他也是最被這事拖累的人——所發生的事，及他絕不該同意有定期收入，而這個訴訟要更進一步地進行。他比我更信服這事，而且很高興。後來他對我說，他多麼不情願同意這個妥協。

㉒ 後來，當事情快要達到定案時，另一個人，一個非常熱心的天主忠僕，前來對我說，事情宜交在博學者的手中[415]。因此，我十分憂慮。幫助我的人當中，有些贊同這事；魔鬼在這事上發出的咆哮，演變到至極的錯綜複雜。上主在所有的事上幫助我，像這樣的摘要概述，無法詳述這兩年來所發生的事（即從建立修院到訴訟結束）。這最後和最初的階段是最辛苦的。

413. 這封信已失傳。
414. 見第二十七章十九節。
415. 不知道這個人是誰。

㉓那麼，一旦本城達到和解，道明會的碩士神父[416]，設法大力幫助我們，即使他人不在這裡。然而，有一個對我們非常恰當的時機，上主把他給帶來，彷彿上主只為此目的，帶他來到這裡。這位神父告訴我，他來是沒有任何理由的，而是偶然間獲知我們的需要。他再度離開之後，他以幾種方法，設法取得我們省會長的准許，讓我和其他幾位一起離開，到這新修院誦唸日課，並教院中的修女誦唸，省會長這麼快給了許可，看來幾乎是不可能的。我們回來的這一天，對我是至極無比的安慰。

㉔踏進新修院之前，在外界的聖堂[417]祈禱時，幾乎是在神魂超拔之中。我看見基督，祂好似以很大的愛來迎接我，把一頂榮冠戴在我的頭上，感謝我為祂的母親所做的。

另有一次，夜禱之後，大家都在祈禱時，我看見聖母身穿斗篷，在極大的光榮中，彷彿她把我們全都置於她的庇護之下。我明白，那些住在這修院的人，上主要賜給她們的是何等崇高境界的光榮。

㉕一旦開始舉行神聖的日課，人們開始對這修院非常熱心。我們接納了更多位修女，上主也感化最迫害我們的人，對我們大施恩惠，且來賙濟我們；這樣，他們贊成了曾經這麼不贊成的事。漸漸地，他們放棄了訴訟，並且說，現在他們知道了，這修院是天主的工作。因為雖有這麼許多的反對，至尊陛下還是願意使之繼續發展。現在沒有人不認為建立這修院是正確的。為此，他們這麼認真地賙濟我們，無需我們向任何人請求或乞討，上主喚醒他們送來捐獻。我們得以不缺乏生活所需，我在上主內懷著希望，但願總是如此。由於修女的人數很少，如果她們善盡自己的本分，如同至尊陛下現在賜給她們恩寵去做的，我確信，她們不會缺少任何東西，也不必焦心掛慮或強求任何人。上主會照顧她們，如同直到現在祂所做

416. 伯鐸・伊巴涅斯。
417. 由於隱院遵守禁地，修院內不屬於禁地範圍的地區，稱之為「外界」，一般教友參加彌撒的聖堂即是外界聖堂。
418. 大德蘭顯然很仔細地記錄這個資料。不過，這個宗座批准的會憲*Quae Honorem Conditoris*，其中包括福果樞機規定的加爾默羅會會規，頒布於一二四七年。值得注意的是，加爾默羅會規是一二〇九年，耶路撒冷宗主教聖雅爾伯（St. Albert）制定，霍諾利烏斯三世（Honorius III）

的。

㉖能夠和這麼超脫的靈魂同住一起，是我至極無比的欣慰。她們的交談是如何在事奉上主方面更加進步。獨居是她們的安慰，想到去看別人（當這麼做，並非幫助在他們內點燃更愛其淨配的愛火時），對她們是個負擔，即使這些人可能是她們的親戚。因此，除了談說天主之愛的人外，沒有人來此修院，不然的話，修女或訪客雙方都不會感到滿意。她們的語言只許她們講天主，所以，她們只懂得講相同語言的人，而不懂任何不講這種話的人。我們遵守加爾默羅山聖母的會規，完全遵守，毫無減輕。這會規是聖撒比納的福果樞機（Friar Cardinal Hugo of Saint Sabina）規定的。一二四八年，頒布於教宗諾森四世（Innocent IV）在位第五年[418]。

㉗我認為，所受的一切磨難都很值得。目前，雖然較為嚴格，沒有必要時絕不吃肉，且遵守八個月的大齋，和原初會規中的其他嚴規。可是，在許多方面，修女們仍覺得不足，對我們認為能更完美地守好會規的必須事項，她們也加以遵行。因此，我在主內懷著希望，已經開始的一切將會欣欣向榮，就如至尊陛下曾對我說的，將會如此。

㉘我曾提過的那位貞女[419]，設法建立另一座修院，同樣受到上主恩待。這修院建立於亞爾加拉，同時也不乏對她的強烈反對；她一樣遭到極大的磨難。我知道那裡所遵守的修院紀律，完全遵照我們的原初會規。但願所有一切，全是為了光榮讚美主和榮福童貞瑪利亞，我們都身穿聖母的聖衣。阿們。

㉙這麼冗長地述說這座修院，我相信會使閣下[420]不悅；然而若和我們遭遇的許多磨難，及上主施行的奇工妙化比較，相形之下，則是非常簡短。有許多見證人，他們能為這些事發

一二二六年批准，其詔書為Ut Vivendi Normam。其後，一二四七年諾森四世修改並批准，一四三二年恩仁四世教宗（Eugene IV）批准緩和會規。當大德蘭說，「我們遵守加爾默羅山聖母的會規，完全遵守，毫無減輕」，她的意思是放棄一四三二年的緩和會規，亦即降生隱院遵守的。大德蘭選擇了一二四七年諾森四世批准的原初會規。

419. 瑪利亞・耶穌，見第三十五章一節，等等。

420. 賈熙亞神父。

誓作證，因此，我請求閣下為了天主的愛，如果您認為該撕掉這裡所寫的什麼，凡有關修院的部分請您保留。那麼，當我死了以後，交給住在這裡的修女們。當那些修女看到，至尊陛下為了建立這修院所安排的許多事，藉著如我這般卑劣又可惡的東西，她們會得到極大的鼓勵來事奉天主，而且努力，使已經開始的革新不致崩潰瓦解，而常能欣欣向榮。

由於上主願意這麼特別地顯示出來，祂對建立這修院所賜予的恩惠。我覺得，如果有修女，開始鬆懈天主在此創始的全德生活，她是在破壞，必會受到天主的嚴重懲罰。這全德生活是祂所恩祐的，而且能溫和平靜地度這生活，可以清楚看得出來，這是可以忍受的，也能在靜息中完成。經常生活在此靜息之中，所需的主要準備是，只渴望歡欣於基督，她的淨配。這是她們必須經常有的目標：惟獨和祂獨處。而且在此修院中，不該有超過十三位的修女[421]。因為經多方的勸告，我獲悉這是個適宜的人數；我也從經驗中看出來。度像我們這樣的靈修生活，且依靠賙濟，而不去行乞，是不容許有更多人數的。她們常要有更大的信賴，相信這位藉著許多的磨難，和許多人的祈禱，致力於謀求更好的人。這些年來，我們在此修院中，所度的生活極為幸福、喜樂且很少的艱辛，從中我們看到，我們每人的健康都比以往好。顯然的，這個人數是很合宜的。凡認為這生活嚴厲的人，要責怪她們自己沒有靈修，切不可怪罪這裏所遵守的嚴規；因為體質虛弱和健康不佳的人，都能順利地度這種生活。所以，讓她們到別的修院去，在那裏，可配合她們的靈修而得救。

421. 見註解三三五。

第三十七章

談論上主賜給她某個恩惠的效果，其中包含一些非常好的道理。述說何以人應該力求更高等級的光榮，且要加以珍視，及我們不該為了任何困難而忽略永恆的美善。

❶ 關於我已說過的，上主賜給我的恩惠，若要多加詳述，令我感到勉為其難[422]。我所說的已經多得令人難以置信，上主將之賜給這麼一個卑劣的人。不過，為了服從上主，祂命令我這麼做，也是服從諸位閣下[423]，我要說些事情來彰顯祂的光榮。願至尊陛下容許，使有些靈魂因看到上主竟願施惠給如此卑劣的東西，而能獲得益處。對那真正事奉祂的人，祂賜予的又會是什麼呢？願所有的人得到鼓勵，尋求悅樂至尊陛下，甚至在今世，祂賜予這樣的寶物。

❷ 首先，必須明白，上主賜給靈魂的恩惠中，其光榮能有的多，有的少。因為在某些神見中，其給予的光榮、愉悅和安慰，遠超過其他的神見，我很驚奇，甚至在今世，其歡躍程度的不同，如此之大。天主在一個神見或出神中，所賜的愉悅和恩惠，能有這麼大的差別，彷彿今世不可能還有什麼要渴望的。所以，靈魂不渴望，也不要求任何更多的幸福。自從上主指示我，天堂不同的人，他們的喜樂也不同，其間的差別有多麼大，我清楚地看到，在此塵世亦然，當祂願意這麼做時，祂的給予是沒有限量的。為此，服事至尊陛下時，我也不願做任何的較量，我願全然耗盡我的生命、力量和健康。我不願因自己的過錯，失去一丁點的更大光榮。所以我說，如果有人問我，或是忍受世上所有的煎熬，一直到底，而後來達到

422. 本章開始是自傳的最後部分，斷簡殘篇般地敘述，這是奉天主和告解神師之命而補述的。
423. 道明・巴臬斯神父和賈熙亞神父，兩位道明會士。

更多一點的光榮境界，或沒有任何磨難，而降低一些光榮，我喜歡哪一個？我熱切地選擇所有的煎熬，為能享受多一點認識天主的崇偉，我看的是，誰了解祂愈多，愛祂和讚美祂也愈多。

❸我不是說，如果我在天堂的最下位，我不會很滿意，不認為自己好幸運能在那裡。由於我堪當在地獄的最下位，上主帶我上了天堂，則是向我顯示大慈大悲。願至尊陛下容許，我到了那裡，祂不要看我的大罪。我所要說的是，即使我要付出很大的代價，如果我能夠，上主也給我恩寵去好好工作，我不願因自己的過錯，失掉什麼。我是多麼卑劣！有這麼許多罪過，我已失掉了一切！

❹還有值得注意的一件事，在上主賜給我的每個恩惠中，無論是神見或啟示，我的靈魂都會有所獲益。有些神見所獲得的益處非常多。

看見基督，留給我祂至極俊美的印象，這個印象存留到今天，只看一次，就足以留下印象。當上主多次賜予這恩惠時，所留下的印象更是多麼深刻！我得到的益處是非常有用的，事情是這樣的：我有個很害我的大過失，那就是當我開始知道，有什麼人喜歡我，我覺得他們很吸引人，我就這麼地著迷，致使我的記憶因想及他們而大受束縛。我無意冒犯天主，卻很高興看見這些人，想念他們，想著我在他們身上看到的優點。這是如此有害的事，使我的靈魂嚴重地迷失。自從我看了上主無比的至美以後，我再看不到任何能與之相比的人，會令我著迷或占有我思想的了。只要稍稍轉移目光向內，注視已在我靈魂內的這個肖像，我在這件事上，得到如此的自由。在此塵世，所見的事事物物，與我在天主內所看見的無比卓絕和優美相較，無不令人感到作嘔。若是和聽到神性的口只說出的一句話相比，在我看來，沒有什麼知識，也沒有哪種禮物，能算得了什麼的；更何況是這麼許多的話！（如果由於我的罪過，上主不許我除掉這個記憶，）要我這麼專注地想念某個人是不可能的，因為，只要我稍微努力記起上主，就能從中得到釋放。

❺在我和告解神師的個案中，我體驗到這個自由。因為我相信，我的告解神師真是天主的代表。我認為，他們是最慈善的。由於我非常喜愛指導我靈魂的人，也因為我感到安全，我向他們表示，我喜歡他們。他們是敬畏天主的忠僕，怕我會在各方面迷戀，被這愛束縛，即使是以神聖的方式，他們會對我表示不高興。這事發生在我非常隸屬於服從他們之後，因為在之前，我不會有這愛。看到他們多麼錯誤，我對自己笑笑。雖然我往往沒有十分清楚地表達，我對任何人的迷戀是多麼少。不過，我向他們保證當他們更認識我，他們就會明白，我是多麼虧欠天主，對我的這些懷疑，常是在剛剛開始認識才有的。

當我看上主如同一位可以不斷交談的人時，對祂更大的愛和信任開始在我內發展。我看祂是人，雖然祂是天主；祂不會驚訝於人的軟弱。祂了解我們可憐的天性，由於原罪而屈服於許多的墮落，而祂則是來賠補的。我能夠和祂如同朋友般地說話，雖然祂是上主。我知道，祂不像世上所謂的領主，他們所有的君主地位全是造作的聲勢，他們必須有指定的說話時間，和指定的人說話。倘若卑微的窮苦人有點什麼要交涉的，他們要多麼拐彎抹角地行事，為能和這個君主談話，他們得付出多少的辛勞和恩惠！更何況要和國王談話！那時，窮人和非貴族者都無法靠近，得去拜託宮廷內的寵臣，確實無疑的是，寵臣都不是把世界踩在腳底下的人；像這樣賤踏世界的人，他們講的是真話，他們既不害怕，也不虧欠人。這樣的人是不適於在宮廷裡的，因為在那裡，對於看起來錯誤的事，你絕不能說出來，反而要保持靜默；如果你不願失寵的話，你連想都不敢。

❻ 啊！光榮的君王，萬王之主啊！祢的王國不需要用小玩意兒來武裝，因為祢的王國永世長存！不必經由中介就和祢在一起，這是多麼的真實！看到祢，一個人立刻看出來，由於祢顯示的尊威，惟有祢堪當尊稱為主。不需要人等待或引導，才能讓人知道祢是君王。在此塵世，如果一個國王，只他單獨一人，他就無法被人認出。無論他多麼想要人家認出他是個國王，人家也不會相信他；因為他沒有比別人多點什麼來作秀的。為了相信他是國王，必須讓人看到理由，而這就是那些造作聲勢的目的。如果沒有的話，是沒有人會尊敬他們的。權威的外表不是從他本人來的，而由於別人，才會有他的聲勢。

啊！我的上主，我的君王啊！現在有誰會知道，如何呈現祢的尊威！看不出憑祢自己就是偉大的帝王，這是不可能的，因為看到祢的尊威是令人驚嚇的。然而，更令人驚嚇的是，我的主，看到祢把自己的謙虛和愛顯示給一個像我這樣的人。雖然如此，一旦目睹祢尊威的最初驚嚇與害怕過去後，我們能隨心所欲地和祢交談和說話；同時也更加不願冒犯祢。然而這個敬畏不是個懲罰，因為這個懲罰比起失去祢，實在算不了什麼。

❼ 除了其他留在靈魂內的大益處外，上述是來自這個神見的益處。如果神見是從天主來的，可以從效果獲知——當靈魂處在光明中時[424]。如我說的，由於上主往往願意靈魂在黑暗中，看不見這個光明，一個像我這麼卑劣的人會害怕，這是沒有什麼驚奇的。現在就是這樣，八天以來，彷佛在我內既沒有認識——關於我虧欠天主，也記不得祂的恩惠。我的靈魂處在這麼的恍惚中，在我不知道的哪種情況中，也不知是怎麼了。並不是有壞思想，而是對於好思想這麼無能為力，我笑自己。很高興看到，當天主不常在靈魂內工作時，靈魂的軟

424. 見第三十章八至十八節。

弱。我清楚地看見，在此情況中，靈魂並非沒有上主，因為這個磨難，不像我說過的，曾有過幾次的大磨難[425]。然而，即使靈魂把木柴放在火上，做點能做的事，愛火並沒有燃燒起來。藉著上主的極大仁慈，至少看得到冒著煙，因而得知火還沒有完全熄滅。上主再來點燃這火。因為，即使一個靈魂打碎腦袋，猛力吹氣，擺好木柴，也彷彿他所做的全在窒息這火。我相信最好是順服一切，接受靠自己什麼也不能，如我說的[426]，因此而做些其他有功勞的善工。因為，或許上主拿走這祈禱，為使他能做這工作，使之從經驗得知，靠他自己，能做的是多麼少。

❽的確，今天我在上主內得到愉悅，而敢向至尊陛下抱怨。我對祂說：「怎麼了？我的天主，祢讓我度著今世可憐的生活，還不夠嗎？為了愛祢，我得承受，且渴望活在事事阻止人享有祢的地方（而我為了愛祢忍受一切。如祢清楚知道的，我主，因為這對我是至極的折磨）；而只留下這麼少的時間來享有祢的臨在，祢卻對我隱藏起來，這是怎麼回事呢？這怎麼相稱祢的仁慈呢？祢對我懷有的愛，怎能容許這事呢？上主，我相信，如果這是可能的，我對祢隱藏起來，一如祢之對待我，那麼，祢對我懷有的愛，是會忍受不了的。然而，祢總是和我在一起，且注視著我。我的上主！請不要忍受這事，我懇求祢，要看這事對那麼深愛祢的靈魂是很委屈的！」

❾我說了這些及其他的事，我早先已明白，該下地獄是我罪有應得，而且這個懲罰是多麼寬大。然而，有時愛使人如此癡愚，我是不可理喻的；我滿腦子訴說這些抱怨，上主全然加以容忍。願這麼好的君王受讚美！我們可不敢向世上的國王說這些話！……不過，我不驚奇，人不敢向國王或他的代表說，因為是有理由害怕的。這個世界是這樣的，我們必須要

425. 見第三十章八～十八節。
426. 見第十一章十五～十六節。

有更長的壽命（要是能用點來事奉上主），用來學習禮規的細節、新規則和常規。看到這些事，我劃了個十字聖號。事實上，當我進入這座聖若瑟隱院，我還不知道怎樣去生活。這不是好笑的事，當有些不小心，得和相當值得的人交往時，她們實在視之為侮辱，因此必須證明你的意向。如我說的，如果是有些不小心；即使這樣，上主容許，她們會相信你。

⑩ 重拾前題。我說真的，我不知道怎樣去生活。這兒有個可憐疲憊的靈魂：她看到她們命令她，要把思想常常專注於天主。又說，必須這麼做，好能脫免許多的危險；而另一方面，她也看到，她不可省去世俗禮規的細節，以免把體面建立在這些細節上的人陷於誘惑。這些禮規使我苦惱，我得不斷地求原諒。因為我不能不犯許多錯誤，即使我學過這事。因為，如我說的，在世俗當中，這些錯誤可不是小事。

而我們說，在這些事上，修道人該得以寬免，事實上，真的寬免了嗎？並沒有。人們說，修道院必須是禮節的學校，這些事都應該會。我確實無法了解這事。我一直認為，有的聖人說，修道院該是個學校，為了教育希望成為天堂朝臣的人，這完全是個反向的理解。凡關心天堂的人，理當不斷地掛念著悅樂天主，和輕視世俗。人怎能有這麼許多掛念，藉著像這樣變化多端的禮節，來取悅活在世上的人，我不知道這是怎麼回事。如果你能夠學好這些禮規，一次就了事，那也就罷了。然而，光是信上的稱謂名銜，也得在大學裡開一門課，就是說，授課講解要怎麼做。有時候，必須在頁面的這邊留空白，有時則在另一邊；有的人，通常不稱為「可敬的」，而要稱之為「尊貴的」。

⑪ 我不知道這一切如何完了；雖然我還不到五十歲，我已看到這麼多改變，我甚至不知道要怎麼活下去。那剛剛才生下來，還得活許多年的人，他們可要怎麼辦？我真很同情神修

人，他們有責任，為了神聖的理由活在世俗當中：他們必須遵守所有的禮規，這是個可怕的十字架。如果能和所有的人達成協議，對這事成為無知的人，也願意別人這麼看待你，你必能省掉許多的困擾。

⑫然而，我又說了些什麼蠢話！本想說天主的尊高崇偉，卻講些芝麻瑣碎的俗事作為結束。既然上主已賜給我恩惠，捨棄塵世，我則希望離開世俗。讓那愛這些瑣碎事情的人去照顧吧！願天主容許，在那沒有變動的來生，我們不必付這筆帳。阿們。

第三十八章

談論上主賜給她的一些大恩惠，顯示給她某些天堂的祕密，還有至尊陛下願意給她看到的，其他崇高的神見和啟示。述說它們帶給她的效果，及她從中取得的大益處。

❶有個晚上，由於病重，我想寬免自己，不做心禱。我拿起玫瑰唸珠，有意專心地唸口禱。我設法不收斂理智，雖然我在經堂中表面上是收心的。當上主願意時，這些做法是沒有什麼用的。我這麼做了一會兒，有個心靈的出神臨於我，如此強而有力，我無法加以抗拒。我覺得，自己已置身於天堂中，在那裡，我首先看見的是我的父親和母親。我也見到極神奧美妙的事物——在短短的時間內，約有唸一遍聖母經的時間——我實在置身於己外；這個經驗對我而言，真是個太大的恩惠。

我說這持續很短的時間，不過，可能還要稍微長一點，這個印象的時間很短。我恐怕這經驗有些幻覺，雖然我不認為是這樣。我不知道要怎麼辦，因為我很羞於向告解神師告明這事。而我不以為這個羞愧是從謙虛來的，可是我想他會取笑我，並且說：「哎呀！好一個聖保祿，或聖業樂427，妳見到了天堂的事物！」而這些榮福聖人都有類似的經驗，更使我害怕。我沒做什麼，就只是哭了一場。因為我不認為，自己的這個經驗有什麼根基。最後，無論我多麼不喜歡這麼做，我還是去找我的告解神師；因為我從不敢隱瞞這樣的事，即使，我感到說這些使我非常難受，因為我很怕自己受騙，由於看到我這麼愁眉不展，他極其安慰我，且說了許多好話來消除我的憂苦。

❷ 隨著時光流逝，這樣的事仍然持續地發生，而且有幾次，上主向我顯示更大的祕密。除了顯示給靈魂的事物外，他絕不能看到別的，這是不可能的。所以，每一次，我的靈魂只看到上主願意我看的，其他的什麼也看不到。祂所顯示的是這麼豐富，其中最小的部分，都足以令我驚訝，且非常有益於靈魂斷定和輕看所有的世物。

希望我能說明，我所曉得的最小部分；細想著如何能做到這事，我發現這是不可能的。因為我們所看見的陽光，和那裡所呈顯的光，雖然都是光，卻不同。只這一個不同，就無法相比較，太陽的光輝像是個毫無光彩的東西。總之，無論是多麼靈敏的想像，都無法刻劃或描繪這光像似什麼，任何天主賜我明瞭的事物亦然。連同所賜予的認知而來的愉悅，這麼崇高卓絕，以致很難形容，因為所有的感官歡躍於如此高超的境界，這麼的甘飴甜蜜，我無法再誇大其愉悅，所以，最好不要多說什麼。

❸ 有一次，約有一個多小時，由於我不認為祂離開我身邊，上主這樣顯示給我美妙的

427. 《格林多後書》第十二章第二～四節，聖業樂書信集，信22：致Eustochium。

事。祂對我說：**「看，女兒，那些反對我的人所喪失的；不要不告訴他們這事。」**

哎呀！我的主！對那以行為弄瞎自己的人，如果至尊陛下不賜給他們光明，我所說的，帶給他們的益處多麼少。有些祢已賜予光明的人，受惠於知道祢的崇高偉大。然而，我認為，凡看見接受顯示的是一個像我這麼糟糕又卑劣的東西，他們是不會相信我的。願祢的聖名和仁慈受讚美，因為至少，我在自己內看到了可以辨識出來的改善。

後來，我願經常留駐其中，而不願回到日常生活，因為在我內留有很大的輕視世物之情。這些世物，我全視之為糞土，而我看到，我們所忙碌的是多麼卑賤的事物，我們全都被世物耽擱。

❹有一次，當我和曾提及的那位貴婦同在時[428]，我患了心臟病。如我曾說的，我的心臟病很嚴重，雖然現在不是這樣。由於她很有愛德，她下命令，要人展示給我看她的珠寶、黃金和寶石。這些都非常有價值。尤其當中的一顆鑽石，價值連城，她想這些珠光寶氣會使我開心。然而，想到上主為我們所保留的，我笑著看自己，且同情於看到人們所重視的。而且我想，如果我的記憶中，上主曾顯示給我的東西，沒有除掉的話，要去重視那些東西，對我是多麼不可能，即使我努力也辦不到。

因此，靈魂具有如此之大的主權，我不知道，沒有這主權的人能否了解。因為這是純真和本質的超脫，沒有我們方面的辛勞。這一切是天主完成的，因為至尊陛下這樣地顯示真理，使之深深刻印在靈魂內，很清楚地看得出來。我們無法以此方式，在這麼短短的時間內，單憑自己獲得這些真理。

❺並且，保有對死亡毫不懼怕的心境。以前我是很怕死的，現在我則認為，對於事奉

428. 她說的是露薏莎・瑟達夫人，見第三十四章一節；她所說的心臟病，參見第四章五節，第五章七節，七章十一節。

天主的人，死亡是最容易不過的一件事，在一瞬之間，靈魂看到自己離開了肉身的小囚房，進入安息。我認為，天主帶走心靈，顯示給他這麼卓絕的事物，這些出神就好像靈魂離開了肉身；因為在一剎那間，所看見的這些美好事物全聚集在一起。我們略而不談靈魂和身體撕裂的痛苦，因為對此不宜多加注意。凡真愛天主，且輕視今生事物的人，死亡必會是更輕柔的。

❻我也認為，這些顯示非常有助於我，使我認識我們的真正家鄉；並看出來，我們是世上的朝聖者，看到那裡是怎麼回事，認識將來要生活的地方。這是一件很棒的事。因為，如果有人必須永遠住在另一個國家，對他很有幫助的一件事是，經過旅途的奔波，得以看見那是一個能讓他充分靜息的地方。這些顯示也非常有助於深思天上的事物，且致力於使我們的交談是天上的事；這些事都能很容易做到。這些事物是非常有益的，只要望向天堂，就能使靈魂收心。因為上主願意顯示天堂的一些事物，靈魂則對之專注和凝神。那些我所認識的、在天堂裡的人是我的同伴，我由他們得到安慰，這事幾次發生於我。我認為，他們是真正生活的人，而在塵世的人，則是這麼的死氣沉沉，我覺得甚至連全世界都無法做我的同伴，尤其是當我經驗這些衝動時。

❼我用身體的眼睛看見的事事物物，好似一場幻夢和嘲笑。我用靈魂的眼睛看到的，才是我所渴望的；今世的生命是死的，看來好似很遙遠。總之，蒙上主賜予類似這些神見的人，所得的恩惠是非凡的。這是很大的幫助，尤其在背負沉重的十字架時。因為什麼也不能使靈魂滿足，一切都使之不悅。而如果上主沒有允許有時忘記這些恩惠（雖然還會再記起來），我不知道人怎能活下去。願祂永遠永遠受祝福和讚美！

願至尊陛下容許，藉著祂的聖子為我傾流的寶血，開始以某種方式享有它們。因為祂願意我明白一些這麼崇高的美善，願那發生於路濟弗爾（魔王）的事，不會發生於我，牠因自己的過錯喪失一切。願上主因祂是上主，不要容許這事，因為有時，我有不小的害怕。雖然，在另一方面，而且是非常習慣性的，天主的仁慈使我感到安全。由於祂從這麼許多罪中釋放了我，祂不願讓我脫離祂的手，因而誤入迷途。這一點，我請求閣下，要常常向祂祈求。

❽ 按我的看法，我提到的上主恩惠，並沒有像我現在要說的這個恩惠那麼大。這有許多的理由，也因為它在我靈魂內留下很大的美善和明顯的剛毅；雖然每一個恩惠，單獨看來都是這麼了不起，無可比擬。

❾ 有一天，在聖神降臨前夕，彌撒之後，我到獨居室去，這是我常去祈禱的地方。我開始看一本嘉都西會士（Carthusian）寫的書[429]，其中論及這個節日。讀到初學者、進修者和成全者必須有的記號，好能辨識聖神是否和他們同在。我認為，由於天主的良善，按照我所能了解的，聖神並非沒有和我同在，我讚美祂。記得曾有一次讀過這書，那時我真的什麼都沒有；我很清楚明白這點，就像現在，我明白自己已完全不同。因此，我知道，上主賜給我的是很大的恩惠。這樣，我開始想，為了我的罪，我該下到地獄；我極力稱揚天主，因為我不認為，按照我看到的改變，我認得出自己的靈魂。當我正在沉思這事時，有一個極大的衝動臨於我，我不明白其理由。彷彿我的靈魂想要離開身體，因為靈魂不適於留在身體內，也不能等待這麼大的美善。此一衝動這麼猛烈，我幫不了自己。我覺得和先前的衝動有所不同；我的靈魂不知道發生了什麼事，也不曉得要什麼，她是如此的激動。雖然我是坐著的，我設

429. 這事可能發生在一五六三年五月二十九日。一本嘉都西會士寫的書：指的是《基督徒的生活》，原文是拉丁文，作者是嘉都西會士魯道夫．薩克森（Ludolph of Saxony）。這部書有四卷，由拉丁文譯成西班牙文，一五〇二年初版發行於亞爾加拉。這篇聖神降臨的默想，談及靈修生活的三個階段：初學者、進修者和成全者。

法靠著牆壁，因為我本性的能力已完全失去。

❿處在這樣的光景下，我看見有隻鴿子在我的頭頂上。祂和世上的鴿子不一樣，沒有世上鴿子的羽毛，不過，祂的翅膀上有小小的殼，放射出璀璨的光芒。祂比一般的鴿子還大。我覺得，我聽到祂的翅膀發出喧嘩的聲響。祂揮動著翅膀，約有唸一遍聖母經的時間。我的靈魂已處在這麼一個情況中，失去了自己，也看不到鴿子（譯按：已經進入深度的神魂超拔，一切官能作用完全休止）。

心靈因為這麼好的一位貴賓而寧靜。因為，我認為，這樣神奇奧妙的恩惠，應該會使靈魂驚嚇和擾亂的。而當她開始享有這位貴賓時，害怕就沒有了，開始充滿欣喜的寧靜，靈魂繼續處在神魂超拔中。

⓫這個出神的光榮是非凡的。聖神降臨期間的其餘日子，我都在這種精神恍惚和愚癡中，我不知如何自持，也不知如何能容納這麼大的恩惠和禮物。我既聽不見，也看不到，可以說，只享有內在的大喜樂。我注意到，從那一天起，我得到極大的進步，獲得更卓絕的天主之愛，和許多更堅強的德行。

⓬另有一次，我看見同一隻鴿子，在一位道明會士的頭上[430]。除此之外，我覺得，這鴿子的翅膀發出的光芒和輝耀，達及更遠的地方。這事使我明白，他會吸引靈魂歸向天主。

⓭另一次，我看見聖母把一件非常潔白的斗篷，披在碩士神父身上，他是一位道明會士，我有幾次提過他[431]。聖母告訴我，由於他幫助建立這座修院的服事，所以賜給他這件斗篷，作為一個標記。從那時起，聖母將護守他的靈魂，使之純潔無瑕，不會陷於大罪。我肯定確實如此。過了沒有幾年，他過世了，他所度的生活是這麼克苦。他的死亡如此神聖，就

430. 伯鐸・伊巴涅斯。
431. 伯鐸・伊巴涅斯。

我所能知道的，這是不容置疑的。有位陪伴在旁的會士告訴我，神父臨終時對他說，聖多瑪斯和他在一起。他充滿至極的喜樂，渴望離開塵世的放逐之地而過世。後來他有幾次顯現給我，滿被燦爛的光榮，也告訴我一些事。他的祈禱達到如此的境界，當他臨終時，由於他極度虛弱，想避開心禱，卻因他許多的神魂超拔而不能。在他死前不久，他寫信問我該怎麼辦？因為當他結束彌撒後，常常陷於無法阻止的神魂超拔中。天主最後報答了他，賞報他畢生獻給上主的許多服事。

⓮ 我曾提過幾次的耶穌會院長[432]，我看見上主賜給他一些大恩惠。不想在此多加贅述以免過於冗長。有一次他遭逢很大的磨難，備受迫害，自覺憂苦萬分。有一天，我望彌撒，到了舉揚聖體，我看見基督在十字架上。祂說了些安慰的話，要我去告訴這位院長，還有些話是預告將要發生的事；並且提醒這位院長，基督為他所受的苦，通知他準備受苦。這話給他很大的安慰和勇氣，後來全都按照主所說的發生了。

⓯ 關於這位神父的修會，亦即耶穌會，我看到這整個修會了不起的大事。我看見他們在天堂上，有時手中握著白色的旗子，如我說的，還有其他關於他們非常令人讚嘆的事。為此，我極其尊敬這個修會，因為我和他們有許多交往，我見到他們的生活，符合於上主關於他們對我說的。

⓰ 有個晚上，我正在祈禱時，上主開始說一些話，使我記起過去的生活多麼不好，這些話令我滿懷羞愧和愁苦。雖然並不嚴厲，卻引起令人銷毀的傷心和痛苦。一句這樣的話，使人在自我認識上，大有進步，甚於用許多天來深思我們的卑劣，因為這話在我們內刻上不可否認的真理。祂把我曾有過的極其虛榮的友誼放在我的面前，對我說，我應該非常珍視這個

432. 加斯帕・薩拉札。

事：一個如我這般的意志，沒有好好地專心致志，應該渴望專注於祂，而祂會接受。

另有幾次，祂對我說，我應該記得那時候，我似乎認為，違背祂的聖意是個光榮。再者，我該記得我對祂的虧欠，當我重重地打擊祂時，祂賜給我恩惠。如果我有些過錯，這些過錯還不算少，至尊陛下使我對之瞭若指掌，使得我彷彿全然化為烏有；由於我有許多的過錯，這事時常發生。我還有個遭遇，受到我告解神師責備後，我希望在祈禱中得到安慰；在那裡，我找到的卻是真正的責備。

⓱ 那麼，再重拾前題⑷⑶⑶；由於上主開始喚起我記得自己的卑劣生活，而我認為，自己什麼也沒做。在盈盈的淚水中，我不知道，祂是否願意賜給我一些恩惠。這事發生在當我從上主領受一些恩惠時，我先在自己內謙卑自下，使我能更清楚地看到，我是多麼不堪蒙受恩惠；我想上主必會賜予恩惠。

過了一下子，我的心靈那麼入迷，我認為，幾乎是整個離開己身——至少心靈不知道它活在身體內。我看見基督的至聖人性，滿被無比的光榮，是前所未見的。此乃透過令人稱揚的知識顯示給我的，明顯的，這至聖人性深深地在聖父的懷中。我無法描述這相似什麼，因為，我什麼也沒有看到，我覺得自己是在天主神性的臨在中。

我這麼驚訝不已，我覺得，數天之久，我無法返回己身。我總認為自己處在天主聖子的尊威臨在下，雖然不像第一次臨在時那樣。我很清楚明白這事，然而這神見這麼強烈地刻劃在想像中，無論是多麼短的片刻，會有一段時間，無法使之消逝；這個印象是很有安慰的，也非常有益。

⓲ 另有三次，我看到這同一的神見。我認為，是上主賜給我看見的恩惠中，最卓越的神

433. 本章十六節開頭所說的。

見，連同這神見一起的，還有極大的益處。好似以很非凡的方式淨化靈魂，幾乎除掉本性感官的全部力量。這是個熊熊的火焰，彷彿焚盡和毀滅生命的所有渴望。願光榮歸於天主，因為即使，我對虛榮的事物毫無渴望，這讓我非常清楚，在這個經驗中，何以一切都是虛空。多麼虛空，塵世的主權真是多麼虛空。把一個人的渴望提升到純真的層面，這是很有力的教導，留給人崇敬的印象，我不知要如何述說。這和我們從今世所獲得的，大不相同。當靈魂看到，他怎麼敢？或有誰怎麼敢？冒犯這麼至極的尊威時，使得靈魂極其害怕。

19 我已有幾次說了神見的這些效果，及其他的事，我也說過其益處能有大有小[434]。來自這神見的益處是極大的。

當我去領聖體時，回想起我所看見的至尊威儀，看到這尊威就臨現於榮福聖體中（上主許多次願意我在聖體內看見這尊威），我不禁毛骨悚然；整個的經驗好似要滅絕我。我的主啊！如果祢不隱藏起祢的尊高崇偉，誰能常常接近這樣的契合，即這麼的污穢、卑劣和這麼偉大的尊威，兩者的結合。願天使和一切的受造物讚美祢，因為祢這麼的按照我們的軟弱來權衡事物。當我們歡躍於祢的無上恩惠時，祢的大能沒有這樣的驚嚇我們，致使軟弱和卑劣如我們者，不敢歡享祢的恩惠。

20 從前有位農夫的遭遇也會臨於我們，我知道，這事確實發生過。他得到一筆財寶，但是處理這些財富，卻不是他貧乏的心智辦得到的，於是他憂愁萬分，慢慢的，只因為愁苦和擔心，他就死了。如果他不是一下子什麼都得到，而是一點一滴地給他，資助他，因為他是貧窮的，他會活得快樂些，也不致於付出他的生命。

21 啊！窮人的富裕！祢多麼令人稱揚，祢知道怎樣支持靈魂！他們沒有這麼大的財富，

434. 她在第二十八章十～十三節，第三十三章十二節，寫了神見的效果；其不同的程度，則寫於第三十七章二節。

祢卻將之一點一滴地顯示給他們。

當我看到這麼無比的尊威，隱藏在如此微小的聖體內，我驚奇這麼偉大至極的智慧，我不知道，上主如何賜給我們親近祂的勇氣和力量？如果那已經賜予，且至今仍賜我這麼許多恩惠的祂，不給我這個力量，要將之隱瞞是不可能的，我也無法不高聲吶喊這麼偉大的奧妙奇事。像我這樣一個卑劣的人，滿載著令人討厭的事物，且這麼不敬畏天主，虛擲生命。當她看自己這麼靠近大能尊威的上主，而上主願意靈魂注視祂的尊威時，靈魂會有何感受呢？一個曾說過許多話違逆上主的口舌，要和這麼純潔、這麼憐憫的至極光榮的聖身結合，這會是怎樣的呢？因為這聖容流露出來的愛，其溫柔和親切是多麼的美，由於沒有事奉祂，使得靈魂更加憂傷和愁苦，甚於看到祂的威儀導致的害怕。

那麼，我曾有過兩次看見的經驗，又要加以說明，夫復如何呢[435]？

㉒ 確確實實，我的上主，我的光榮，以某種方式。我要說明，在這些很大的憂傷中，我的靈魂感到，我已做了些服事祢的事。哎呀！……我不知道在自言自語些什麼，……我幾乎還沒有說什麼，就已寫了下來！由於我記起了那些事，我已感到混亂，而且有點不在自己內。如果這個感覺是從自己來的，我真的已經說了，我已為祢做了些事，我的主。然而，如果祢不賜予，就不可能有好思想。所以，也沒有理由感謝自己。我是個負債者，而上主，祢是受冒犯者。

㉓ 有一次，正當去領聖體時，我以靈魂的眼睛，比用肉眼看得更清楚，我見到兩個魔鬼，牠們的模樣很令人噁心。我覺得，牠們的角纏住這位可憐司鐸的喉嚨，在那要給我的聖體中，我見到上主帶著我所說的那威儀，放在司鐸的手中；我明白了，這個司鐸的靈魂陷於

435. 見本章二十三節。

大罪中。

我的上主！這會是什麼呢？看見祢的至美置於那麼可憎的模樣中。在祢的面前，那些魔鬼好似驚嚇和害怕，彷彿是這樣的，如果祢容許，牠們會急切地逃之夭夭。這個神見給我極大的擾亂不安，我不知道，自己怎能去領聖體，我害怕極了。想著，如果神見是從天主來的，至尊陛下不會許我看到人靈魂的罪惡。上主卻親自告訴我，要為這位司鐸祈禱，祂容許這件事，為使我明白祝聖經文的大能，而且，無論唸經文者多麼罪大惡極，天主不會不臨現的。同時也讓我看到祂的至極溫良慈善，因為祂把自己放在敵人的手中，全是為了愛我和所有的人。

我深深明白，何以司鐸有責任比別人更好，不相稱地領至聖聖體是多麼的令人痛惜，及魔鬼多麼有力地操控著陷於大罪的靈魂。這事給我非常多的益處，使我深深了悟我對天主的虧負。願祂永遠永遠受讚美。

㉔另有一次，我遇到一件很嚇人的事。我在某地，那裡有個亡者，按我所知道的，這個人許多年來度著惡貫滿盈的生活。不過，他臥病了兩年，在有些事情方面，他似乎有了改善。他沒有辦告解而逝世，雖然如此，我不認為他會下地獄。死者身穿壽衣，我看見許多魔鬼拿著死去的身體，好像他們在玩弄他，也在處罰他。這使我感到恐怖極了，魔鬼用很大的鈎子，將屍體在他們之間拖來拖去。由於我看到葬禮很體面，且又行禮如儀，我細思天主的溫良慈善，祂多麼不願那靈魂的榮譽受損，而願意祂的敵人得以隱藏。

㉕對我所看見的，我處在半癡呆的狀態下。整個喪禮我沒有看見別的魔鬼。後來，當他們把屍體放進墳墓時，裡面有一大群魔鬼，等著要拿這身體。看到這情景令我發狂，我需要

不少的勇氣，方能加以掩飾，我沉思著，對這不幸的死屍，魔鬼有這樣大的操控權，那麼對於靈魂更將如何呢？願上主容許——我所看見的這麼嚇人的事！——也使所有處在罪惡之境的人看見；我認為，這會大有助於他們度良好的生活。

這一切令我更認識自己虧欠天主的，及祂使我得到的釋放。尚未把這事告訴告解神師之前，我非常驚嚇，不知道那是不是魔鬼為了中傷靈魂而引起的幻覺，雖然，人們不認為這人懷有深度的基督徒精神。真實地，這個神見不是一個幻覺，每一想起，總使我驚駭。

㉖ 既然我已經開始說了些死者方面的神見，我願談談幾件事，在這事上，上主容許我看見一些靈魂。為了使之簡潔，我不會多說，而且也沒有必要，我是說，對人沒有助益。

有人告訴我，一位曾做過我們省會長的神父死了（雖然當他死時，他是在別的會省）。我曾和他有些交往，且在一些善事上虧欠他[436]。他是個很有德行的人。一知道他死了，我立即感到非常不安，因為我擔心他的得救。二十年來，他一直擔任長上的工作。做長上，實在使我害怕，因為我認為，照管靈魂包含許多危險的事，我焦心萬分地進入小經堂。我為他奉獻畢生所行的善工。事實上，這是很少的，所以我祈求上主，從祂自己的功勞中補充我的不足，為使這靈魂脫免煉獄。

㉗ 當我盡所能地為此懇求上主時，我覺得有個人從地下的深處冒出來，就在我的右邊，我看見他充滿至極的幸福上升天堂。他該是個上了年紀的人，但我看見他如同只有三十歲，我想甚或更年輕，他的面容光輝燦爛。這個神見瞬間即逝；然而我極受安慰。他的死絕不會使我哀傷，雖然我看到人們為他的離去非常悲傷，因為他是一個普受愛戴的人。我靈魂的這個安慰如此之大，我無法再擔憂他，而這神見是不容置疑的，我是說，這不是個幻覺。

436. 國瑞．費爾南德斯逝世於一五六一年，那時他擔任安大路西亞會省的省會長。一五五〇年至一五五六年任卡斯提的省會長，同時也是亞味拉加爾默羅會的院長。

他死後，過了不到十五天，無論如何，我沒有疏忽於請別人為他祈禱，我自己也祈禱；只是，我無法像未曾看到這神見那樣熱心。當上主像這樣的把某些人顯示給我時，後來我要把他們交託給至尊陛下時，我認為，自己是幫不了什麼的，這樣做好像在行施捨給富翁。由於他死在離這裡很遠的地方，後來我獲知上主賜給他的死亡；他的死是非常大的善表，他死時的知覺、眼淚和謙虛，使得人人驚訝稱奇。

㉘ 修院內有位修女，向來是天主的大忠僕，死後約一天半[437]，在經堂當中一位修女正唸亡者日課的誦讀（是為這位亡者唸的），我站起來要和她一起唸對經。當她唸到一半時，我看見已去世的修女；我覺得她的靈魂從我的右邊出來，就像前一個例子那樣，並且到天堂去了。這不是個想像的神見，如前一個，而是像我所說的別的神見[438]；然而，這種神見如同想像的神見，都是不容置疑的。

㉙ 十八或二十年前，在我的修院內，還有另一位修女死了。她經常生病，而且是天主的一個非常好的忠僕，熱心於經堂的本分，極有德行。我認為她一定不會進入煉獄，因為她忍受許多的病苦，且有超多的功勞。她死後的四個小時，正在葬禮前的時辰經時，我明白了，她離開了煉獄，奔向天堂。

㉚ 當我在一個耶穌會的學院，我的靈魂和身體遭受很大的磨難，即我說過自己曾幾次遭受的[439]，我正處在那種情況下，我甚至無法得到半點好思想。那天晚上，該修會的一位修士在會院內過世[440]，當我盡所能地把他交託給天主，且參加另一位耶穌會神父為他舉行的彌撒時，有個很深的收心臨於我：我看見他滿被大光榮，上升天堂，上主同他在一起。藉著特殊的恩惠，我明白，至尊陛下和他同行。

437. 這位修女及本章二十九節提到的修女，都是在降生隱院過世的。
438. 亦即理智的神見，見第二十七章二節。
439. 這是在亞味拉的聖紀雷思（St. Giles）學院。她說的這些磨難，見第二十三到二十五章，尤其是第三十章八節。
440. 這位修士名叫亞龍索・恩納瓦（Alonsao de Henao），逝世於一五五七年四月十一日。

31 另一位本會的會士，一位好得不得了的會士(441)，患了重病；在望彌撒時，有個收心臨於我，我看見他死了，而且直升天堂，沒有經過煉獄。按我後來知道的，他死的時候正是我看見時。我很驚奇他沒有下到煉獄。我明白的是，因為他是一位會士，善守他的聖願，而且修會的週六特恩，關於不下煉獄的詔書，對他很有幫助。我不知道，為什麼我明白這事。我認為，這必是因為做為一位會士，不在於其會衣——我是說身穿會衣——而在於享有更成全的境界，這才是所謂的會士。

32 關於這事，我不想再多說些什麼，因為如我已說的，我沒有理由這麼做(442)，雖然有許多事情，上主賜給我看見的恩惠。不過，所有我曾經見過的，除了這位神父、聖伯鐸．亞爾剛大拉，及我說過的那位道明會神父(443)，我沒有認識任何沒有下煉獄的靈魂。在某些情況下，上主容許我看到他們擁有的光榮等級，將指定給他們的地方顯示給我。不同的人之間，其光榮也大有不同(444)。

第三十九章

繼續相同的主題，述說上主賜給她的大恩惠。談及上主如何許諾應允她為別人的祈禱。敘述一些明顯的例子，說明至尊陛下賜給她這個恩惠。

1 有一次，我懇求上主，賜給某人視力，這個人是我必須為他祈禱的人，而他幾近完全

441. 她說的是狄耶各．瑪迪（Diego Matías），亞味拉的一位加爾默羅會士，在降生隱院時，曾有一段期間做聖女的告解神師。
442. 見三十七章一節，到了第三十八章二十節及四十章十七節，她又再重覆。
443. 第三十八章十三節。
444. 參閱《格林多前書》第十五章第四十一節。

失明，我非常憂心害怕，惟恐因我的罪而使上主不俯允我。正當此時，祂顯現給我，一如其他幾次那樣[445]，開始指給我看祂左手的傷，用另一隻手拔出來深釘在那裡的鐵釘。我覺得，當鐵釘拔出來時，祂的血肉也隨之撕裂，這個至極的疼痛是清楚可見的。我深感同情。祂告訴我，祂為我受過苦，這是不容置疑的，祂會盡其所能地垂允我所請求的。祂向我許諾過，沒有什麼我求祂的事，祂不應允的；祂已經知道，我不會求任何與祂的光榮不符合的事；祂會應允我現在的請求。我應該細想，即使我沒在事奉祂，也沒有什麼我有求於祂的事，祂不賜予的，且以比我所知如何祈求還要好的方式應允。現在祂知道我愛祂，祂更會如何地賜予所求，我不該懷疑這事。

過了不到八天，上主使這人恢復視力。我的告解神師不久後獲知這事。這個痊癒可能不是因為我的祈禱而得到的，然而，由於我看到這個神見，我感到這麼確信，我感謝至尊陛下，彷彿這個恩惠是祂賜給我的。

❷ 另有一次，有個人患了重病，是非常疼痛的病，因為我不知道這是什麼病，在此就不說這病叫什麼[446]。兩個月來，此人承受著忍無可忍的病痛；這麼痛苦，好似被撕碎一般。我的告解神師，即前面所提及的院長[447]，去探望他；對他極其同情，且告訴我，一定要去看他。由於他是我的親戚，我能去探望他。我去了，對他深感同情，因此我迫切地為他的康復祈求上主。在這事上，我完全且清楚地看到，祂賜給我這個恩惠，因為第二天，他病痛全好了。

❸ 有一次，我懷著至極的憂苦，因為我獲知一個我非常感激的人，他想要做出嚴重違反天主光榮的事。我的憂心掛慮如此之大，竟致不知如何是好。看不出來有何補救的良方，能使他放棄這個看法。我全心地祈求上主矯正他；看不到他摒除這個念頭之前，我的痛苦是無

445. 她意指主基督至聖人性的想像神見，這是比較常有的，見第二十九章四節，三十七章四節。
446. 這個人是她的堂兄弟貝德羅．梅義亞（Pedro Mejía），他的病是結石。
447. 很可能是加斯帕．薩拉札，見第三十三章七節。

法減輕的。

處在這樣的情況中，我到退隱的獨居室（因為我們修院中有些獨居室）；我在的那間有張基督綁在石柱上的畫像[448]。我祈求祂賜給我這個恩惠，我聽到有個輕柔的呼嘯聲對我說話。我毛骨悚然，因為聲音使我驚嚇，我想知道所說的是什麼；然而我聽不見，因為聲音過去得很快。我的害怕不見了，因為很快就消逝，我感到如此安靜、喜樂及內在的愉悅。我很驚奇，只聽到一個聲音，就能在靈魂內產生這樣的效果；因為我是用身體的耳朵聽到的，卻不了解任何字句。由此我明白了，我所求的會得到應驗。果然，我的憂苦都不見了，即使這祈禱尚未應允；就像後來事情真是這樣，我看到這祈禱得到俯允。我向我的告解神師說這件事，因為那時我有兩位非常博學、且是天主好忠僕的神師[449]。

4 我認得一個人，他非常熱切地決心事奉天主，熱心地祈禱一些日子，至尊陛下賜給他許多恩惠。由於他陷入一些犯罪的機會而放棄祈禱，沒有離開這些場合，那些實在是危險的境況。這事使我深深受苦，因為他是一個我很愛的人，我虧欠過他許多。我相信有一個多月的時間，我什麼也沒做，就只是祈求天主帶領那人回頭歸向祂。有一天，當我在祈禱時，我看見一個魔鬼在我旁邊，他氣忿忿地把手上的幾張紙撕碎。這給我很大的安慰，因為我認為我所祈求的已蒙應允。果然如此，後來我獲悉這個人辦了告解，深切地痛悔改過，萬分誠懇地回歸天主，使我在至尊陛下內懷著希望，願他常常有所進步。願天主永受讚美，阿們。

5 有許多次，由於我向上主懇求，我們的主吸引靈魂離開大罪，還有，祂也引導人達到更高的成全。藉著從煉獄釋放靈魂，及其他顯著的事，上主賜給我這麼許多的恩惠，如果我逐一地寫出來，必會使我自己和讀者都感到厭煩。祂賜予靈魂的健康，遠超過賜予身體的康

448. 在聖若瑟隱院中，有間獨居室叫作「基督綁在石柱上的畫像的獨居室」，之所以這麼稱呼，是因為有張畫得很美的基督畫像，這是在聖女大德蘭的指導下畫出來的。依撒伯爾．聖道明（Isabel of St. Dominic）在聖女的列聖品案中作證：「這張基督綁在石柱上的畫像，是聖會母畫在所說的獨居室內的，她為此事祈禱了好幾個小時後，指導一位非常好的畫家，該怎麼畫，怎麼畫繩索、傷口、面容、頭髮，尤其是有一片破布，在靠近手肘的左臂上。」這位作證者知道，因為她從一些現場的會士聽來的，「當圖畫完成後，會母去看這畫時，她在這張畫像前神魂超拔，就在畫家面前，她自己無法抑制。」

復。這已成為廣為人知的事，關於這些事，也有許多的證人。開始時，這事使我非常顧慮，因為我不能不相信，上主賜予這些恩惠係出自我的祈禱，不說那些最主要的恩惠乃是唯獨出自祂的溫良慈善。然而，現在有這麼許多的實例，別人看來非常明顯。因此，相信這事不再使我困擾。我讚美至尊陛下——也感到羞愧——因為我看見自己更加虧欠祂。我覺得，祂所做的更加鼓舞我的愛，加強我事奉祂的渴望。令我更加驚奇的是，即使我想要，我也無法祈求上主認為不適宜的事物。我感到這麼提不起勁，沒有精神也不關心，無論我多麼想勉強自己，祈求也是不可能的。然而，對於其他至尊陛下所要做的事，我發覺自己能時常為那些事祈禱，並且懷有很大的堅持。甚至我自己沒有這個關切時，我覺得彷彿關切已擺在我的面前。

❻這兩種不同的祈求，其差別如此之大，我不知如何說明。其中一個，我不能不勉強自己向上主祈求，即使我自己可能不覺得熱心——雖然這祈求很靠近我的心——而我覺得熱心的是其他的祈求。我覺得好像是人的舌頭打結；雖然他想講，卻講不出來；如果他講了，這樣的講法，他自認為不明白所講的是什麼。

另一個祈求，好似一個人清楚又殷勤地，向著非常熱切聆聽的人說話。第一個祈求，我們現在說的，如同口禱一般。另一個祈求，則是在卓越的默觀中祈求。上主如此地顯示祂自己，祂使靈魂知道祂俯聽我們，欣喜於我們向祂祈求的這事，且賜給我們這恩惠。

願祂永遠受讚美，祂給得這麼多，而我的回報是這麼少。我的主啊！若不為祢捨棄一切，那麼要做什麼呢？這是怎麼回事，這是怎麼回事，這是怎麼回事——我可以說上一千遍這是怎麼一回事，我沒有為祢捨棄一切！因此，沒有理由希望活下去（雖然也有其他的理

449. 賈熙亞神父和道明・巴臬斯神父，兩位道明會士。

由），因為我的生活，沒有相稱我對祢的虧負。我看見自己的不成全，何其之多！事奉祢多麼怠惰！確實的，有幾次我認為，我願意沒有知覺，而不必去知道自己是多麼壞。但願有能力的祂賜予援助。

7 當我在所提及的貴婦家裡時[450]，在那裡必須非常小心，常常深思生命中所有事物的空虛。因為我很受尊敬和讚美，她又獻給我許多真能令我貪戀的東西，如果我為自己著想的話。然而，那具有真眼光的祂看守著我，不使我離開祂的手……[451]。

8 現在我說到「真眼光」，我想起天主已帶他們達到認識真理的人，在處理這些世物時，所遭受的很大磨難，世上的事物這麼多是被蒙蔽的。如同上主有次對我說的——這裡所寫的許多事，不是來自我的腦袋，而是天上的導師告訴我的。我標示出「這是我懂得的」、或「上主告訴我的事」，即使這些事我只漏掉一個音節，都會使我有很大的顧忌。所以，如果我沒有準確地記起一切，我將之寫下來，如同從我自己來的；因為也有從我來的事。我不說那好的是我的，因為我已知道，自己一無是處，而是天主將之賜給我，而沒有我的功勞。不過，當我說「從我而來」，是指，不是藉著顯現使我知道的。

9 然而，哎呀！我的天主！這是多麼真實，即使在靈修的事情上，我往往想要以自己的看法來了解事情，我們對真理的看法是曲折迂迴的，如同我們看待世物一般。我們認為，我們必須以修行祈禱的年歲來衡量自己的進步，甚至把度量加給上主，其實當祂願意時，祂之賜恩是沒有限量的。祂能在半年內恩賜一個人，遠超過另一個度過許多年的人！這是我在許多人身上清楚看見的事，我很驚奇，我們怎能阻止這事。

10 我堅決相信，凡有本事分辨神類且得蒙上主賜予真謙虛的人，在這個事上，一定不

450. 露薏莎・瑟達夫人，見第三十四章一節等等。
451. 思路於此中斷，開始離題旁論，這是大德蘭自然流露的典型方式。

會受騙。因為這樣的人，以好的效果、決心和愛來做判斷：上主賜給他光明，他可以分辨出來。因此，這個人看的是靈魂的改善和進步，而非他們的年齡。一個人在半年內得到的，遠超過另一個人在二十年內能得到的。如我說的，因為上主賜給祂願意給的人，也給那預備得更好的人。現在我看到一些年輕的女孩進入這個修院㊿，因為上主觸動了她們，賜給她們些微的光明和愛（我是說，過了不久之後，祂賜給她們禮物）。她們不等待祂，也不煩惱在她們路上的任何阻礙，甚至連吃飯也不記得。她們把自己永遠關閉在沒有定期收入的修院中，好像是個不珍惜自己生命的人，全是為了祂——她們知道，祂愛她們。她們放棄一切，也不要自己的意志，甚至這麼的退避和嚴格，也不會使之不快樂。總之，她們全都自我奉獻，作為獻給天主的祭品。

⓫ 在這方面，我多麼樂意她們勝過我；我應該含羞地行走於天主面前！自從我開始修行祈禱，及祂開始賜予恩惠的時候起，在這麼一大把的年歲中，祂在我身上沒有做到的，賜給她們恩惠後，三個月就完成了——有的甚至只三天——至尊陛下雖然給她們很大的益處，但賜給她們恩惠，比起給我的少得多了。當然，對於她們為上主所做的，她們不會不快樂的。

⓬ 為此，我願我們回想，自從我們發願和開始修行祈禱以來，已過了許多年，不要去擾亂那些短時間內進步更多的人，使他們回頭走我們的腳步；那些因為天主的恩惠，如老鷹般飛翔的人，我也不願他們像綁住的雛那樣前進。而是我們要雙目注視著至尊陛下；如果我們見到他們是謙虛的，要給他們自由；賜給他們如此之多恩惠的上主，必不會使他們從懸崖絕壁掉下來。他們自己信賴天主，這樣，他們藉信德而知道的真理，有助於他們。是不是我們不信任他們，反而想用合於我們卑微心靈的尺度衡量他們？不要這樣，而是，如果他們體驗

452. 她說的可能是依撒伯爾・聖保祿，她十七歲發願，及瑪利亞・包迪思塔、瑪利亞・聖業樂（María of St. Jerome）和依撒伯爾・聖道明，她們都很年輕，在一五六三至六四年間領會衣。

的大效果和決心，我們沒有得到，我們要自我謙卑，不要責備他們。沒有經驗，人無法了解這些事。認為我們看見他們的進步，我們就是在避免和失去給自己進步的機會。因為上主把這個機會放在我們面前，為了使我們謙卑自下，使我們明瞭自己的缺乏，及這些靈魂多麼親近天主，必定比我們超脫，因為至尊陛下那麼親近他們。

⓭我不認為，我也不願人家認為，我比較喜愛的是只要短時間祈禱，就能立即看到產生很大的效果。因為，如果沒有非常強有力的愛，只求悅樂天主而放棄一切，這是不可能的。像這樣的祈禱，勝過多年修行祈禱，而從未在開始或後來，下定決心為天主做一切事——除了一些很小很小的事，如同鹽粒，毫無重量或體積，彷彿麻雀可用喙帶走，這些我們無法視之為克苦，或很大的祈禱效果。這是很可悲的，我們甚至知道自己為上主做了些什麼事，又對那些事留心注意，即使所做的事真的有許多。

我就是這樣，且在每一步忘掉那些恩惠。我不是說，這麼好的至尊陛下，祂不會極其看重我們所做的小行為。而是我不願留意這些，或看重我在做這些事，因為它們什麼也不算。然而，我的上主，請原諒我，不要責怪我用些什麼來安慰自己，因為我什麼也沒事奉祢。如果我在大事上事奉祢，我就不會去注意那些雞毛蒜皮的小事。凡以豐功偉業事奉祢的人是有福的！如果深思此事，我嫉妒他們，也渴望這些豐功偉業，在悅樂祢方面，我就不會落後許多；然而，我是一文不值的，我的主，請祢親自賦予我價值，因為祢這麼地愛我。

⓮這些日子當中有一天，當羅馬恩准的詔書業已獲得[453]，本修院得以不靠定期收入維持生活。那時我想著，這事的完成，我所遭受的一些艱辛，很有安慰地感到事情已畫下了句號。想到我所歷經的磨難，讚美上主，因為祂肯利用我，我開始思量所經歷的事情。事實

453. 她說的是碧岳四世（Pius IV）的詔書*Cum a Nobis Petitur*，一五六七年七月十七日頒賜。

上，在每一件我所做的，看似有點價值的事上，我找到許多過失和不成全，有時缺少勇氣，常常沒有什麼信德。直到現在，當我看到，上主告訴我的每件關於這修院的事，都實現了；在這之前，我總不能全然明確地相信，但卻也無法加以懷疑。我不知道怎會是這樣。往往在一方面，我認為是不可能的；而另一方面，我又不能懷疑，我是說，相信事情會實現。總之，我發現在上主方面，祂做盡一切好事，至於我所做的，則是不好的；所以我停止，不想這事。我不願回想，以免留在自己這麼許多的過失中，願祂受讚美，當祂容許時，能從一切當中取出善來，阿們。

⑮那麼，我說，依靠你修行祈禱的年歲是危險的，即使有謙虛。我認為，其中能存有一種感受，為了你的服事，你堪當一些什麼。我不是說，你得不到功勞，或不會有好的賞報。我確實認為，任何神修人，凡自認為由於他修行祈禱多年，則堪當這些心靈的愉悅，他絕不會登上靈修生活的頂峰。天主牽著他的手，保護他免除修行祈禱之前所犯的罪過，這還不夠嗎？這人卻向天主控訴，要求金錢，如同人們說的。我不認為這是深度謙虛的表現，卻視之為大膽無恥。至於我這麼不謙虛的人，我不以為自己敢這麼做。然而，事情可能是這樣的，由於我從未服事過，所以也從未要求。或許，如果我做了服事，我會比任何人更渴望上主酬報我。

⑯我不說，如果靈魂的祈禱是謙虛的，他不會成長，或天主不會使之增強；而是說，應該忘掉那些服事的年歲。因為比起上主為我們傾流的一滴寶血，我們所做的一切全都令人作嘔。而如果服事得愈多，負債也愈多，我們尋求的又是什麼呢？因為，如果我們償還一分錢的債務，卻得到一千個金幣作為回報。我們要出於愛天主，而把這些判斷擱置一旁，因為全

都是祂的。這些比較往往都不好，即使是在世物方面亦然；在這些只有天主知道的事上，又會是怎樣呢？至尊陛下表示得很好，祂願意付工資給最後來的人，和最先來的人一樣多[454]。

⑰這麼多次回來寫這三頁，也用了這麼多天——因為，如我說過的，我一直少有時間，現在亦然[455]。我已忘了自己開始說了些什麼，亦即有關此神見：

我看見自己獨自站著祈禱，在一個很大的田野中；在我周圍有各式各樣的人。我覺得他們全都手持武器，要來傷害我；有的拿矛、有的拿劍、有的持短刀、有的操長劍。總之，無論我逃向何方，無不置身於死亡的危險中；我孤零零地，找不到一個協助我的人。當我的心靈處在這個憂苦之中，不知道怎麼辦才好時，我舉目向天，看見基督，不是在天堂上，而是在離我相當遠的天空中。祂向我伸出手來，從那裡這樣地保護我，所有的人我都不害怕了，即使他們想傷害我，也傷不到我。

⑱這個神見看來好似沒有果實，然而，卻對我有非常大的助益，因為祂啟發我了悟其深意。不久之後，我發現自己幾乎置身於這個受攻擊的危機當中，我知道這神見是世界的畫像；彷彿世界的一切都武裝起來，要傷害那愁苦的靈魂。我指的不是那些沒有好好事奉天主的人，也不是指榮譽、財產、歡愉和其他這類的事。因為這是很清楚的，當你最沒有想到的時候，你陷入了圈套中，在任何的事件上，這一切事都是誘惑。然而，我指的是朋友、親戚，及最令我驚奇的，是非常好的人。後來，我發現自己這麼地被這一切人反對，他們反而自以為在行善，致使我不知如何防衛自己，或要怎麼辦。

⑲天主啊！幫助我吧！如果我要講述在此時期所受的種種不同磨難，即使是在前述的那些磨難之後，完全輕視一切是個多麼好的勸告！

454.《瑪竇福音》二十章十二節。
455. 見第十章七節，在這裡，她重新談神見，接續本章八節的主題。

我認為，這是我所經驗過的最大迫害。我說，有時，我覺得自己四面八方都受到束縛，我找到的唯一救助是舉目向天，呼求天主，我清楚地記得，在這個神見中我所看見的。這使我獲益極多，以致我沒有非常信賴任何人；因為除了天主，沒有穩定不變的幫助。在這些大磨難中，上主常常派遣一位在祂那邊的人來幫我，正如祂在此神見中指示給我的，除了取悅上主，什麼也不貪戀的人。上主這麼做，為的是支持我渴望服事祂的微小德行。上主，願祢永受讚美！

⑳有一次，當我非常不安和擾亂時，無法收斂自己，處在作戰和爭鬥之中，我的思想轉向不成全的事物——發現自己不能像平常那樣超脫——因為看到自己這麼卑劣，我害怕上主賜給我的恩惠是幻覺。總之，我體驗到靈魂很大的黑暗。正當我在這個憂苦之中，上主開始對我說話。祂告訴我，不要憂慮，眼看著自己在這個情況中，我明白，如果祂離開了我，自己是多麼可憐。還有，只要我們還活在這個肉身內，就不會有安全。上主使我明白，這戰爭和爭鬥是多麼值得，堪當得到這樣的報酬（我認為上主很同情那些活在世界上的人），我不該想祂忘了我，祂絕不會捨棄我，然而，我必須盡所能地去做。上主充滿安慰的同情對我說這事，祂還說了些其他的事，藉此賜給我很大的恩惠，我沒有理由述說這些[456]。

㉑至尊陛下向我顯示深情大愛，時常對我說這些話：**「現在妳是我的，我是妳的。」**我常習慣說的話是（我覺得自己是真心說出的）：「主！當我只操心祢時，我還憂慮自己什麼呢？」這些話和恩賜令我極其羞愧，當我想起自己是個怎樣的人（我相信，如我自己常說的[457]，而現在則有時告訴我的告解神師），接受這些恩惠，要比忍受嚴厲的磨難，還需要更多的勇氣。當情事發生時，我幾乎完全忘了自己的工作，而呈顯出我是卑劣的。這事的

456. 對於上主在給她的恩惠中，向她說的話，聖女大德蘭謙虛地保持緘默，見第三十八章三十二節、第四十章二和七節。
457. 見第七章十九節，第三十一章十二節。

發生，沒有經過理智的任何推理活動，我也認為，這有時是超性的。

㉒有幾次，領聖體的極強烈渴望臨於我，我不知還能怎樣誇大其詞。有天早晨，這渴望臨於我，外面正下著大雨，看起來離開屋子是不可能的。當我走出屋子，懷著去領聖體的切望，我已這麼的超然己外，我想即使是執許多長矛對準我的心，我也會進到當中去，更何況進到大雨中呢？當我到了聖堂，有個強烈的出神臨於我。我覺得，看到天開了，不只是我以前看見的門口，有個寶座呈顯給我。我曾幾次告訴過閣下，我所看見的[458]；在那之上，有另一個寶座，即神性本體的所在。雖然我看不到這個神性本體，由於一個不可言喻的認知，我知道祂在那裡。好似有些活物高舉著寶座，我想自己曾聽說關於這些活物的描述。我不知是不是福音作者寫的[459]。不過，這寶座像似什麼，或誰坐在上面，我並沒有看見——只看見一大群的天使。我覺得他們無比非凡的美，超越我曾見過的天堂上的天使。我不知他們是不是色辣芬[460]或革魯賓[461]，因為他們的光榮大有不同。他們好似著了火一般，充滿火焰，其差異是很大的，如我已說過的[462]。而我那時所體驗的光榮，則是無法訴諸筆墨，也是不可言喻的，凡不曾有此體驗的人，也無法加以想像。

我懂得的是，所有能渴望的全都聚在那裡；然而，我什麼也沒有看見。有話傳給我，我不知是誰傳給我的。這話說，在那裡我所能做的，就是了解我什麼也不能了解，且看到和這個光榮相形之下，一切全是虛無。因此，我的靈魂後來羞於見到自己被任何受造物阻擋；更何況是貪戀它們，因為一切在我看來，就像是個螞蟻窩。

㉓我參加了彌撒，也領了聖體，但我不知道這是怎麼可能的。我覺得只過了短短的一下子。當時鐘敲響時，我很驚奇，我發覺自己在那出神和光榮之中兩個小時。好似這個火是

458. 意指給賈熙亞神父的口頭報告。
459. 《默示錄》四章六～八節，《厄則克耳》一章五節等等。
460. Seraph 色辣芬〔天主教〕，撒拉弗〔基督教〕：天主的天使之一，原為「熾熱」、「焚燒」之意，故稱為「熾愛天使」。《舊約聖經》中提及色辣芬之處為〈依撒意亞〉第六章第二～七節。有些學者將色辣芬譯為革魯賓，有六隻翅膀（《默示錄》第四章第八節）。教會歷史中指九品天使的上級天使，又稱熾愛天使。
461. Cherubim 革魯賓〔天〕，基祿伯〔基〕：九品天使中的上級天使，又稱普智天使，是《聖經》中所記載陪著天主顯現、或在天主四周護衛的天使（《創世紀》三章二十四節；《出谷紀》二十五章十八節）。

從上而來的，來自天主的真愛；因為無論我可能多麼渴望、尋求和竭力爭取，除非至尊陛下願意，如我時常說的[463]，不然的話，我連得到一個火星也沒有份。後來我很驚奇，當人和這火結合時，我覺得，好似要銷毀舊人的過失、冷淡和可憐。如同鳳凰——根據我所讀過的[464]——在火中焚化之後，從灰燼中復活。同樣，後來這個靈魂變成判若兩人，懷有不同的渴望和很大的剛毅。似乎已不是從前的他，而是開始以新的純潔來行走上主的道路。當我懇求至尊陛下，願事情全是這樣，使我能重新開始事奉祂，祂對我說：**「妳做了一個很好的比較；看，妳沒有忘記時常力求上進。」**

㉔ 有一次，我有相同的懷疑，即不久前才提起的[465]，不知道出神是否從天主來的，上主顯現給我，嚴厲地對我說：**「人子！你們的心要硬到幾時[466]？」**祂說我應該省察自己內的一件事：我是否完全交託給祂？如果我是，那麼，我應該相信，祂不會許我步入迷途。祂那句感嘆使我好難過。祂以一種最溫柔和最安慰人的方式，回來對我說，我不該難過。祂已經知道，在我的方面，我會完全獻身於服事祂。凡是我願意的事，都會實現（所以那時我所祈求的，也會應驗）。我應該看，對祂的愛天天在我內增長；從中我看到，我的經驗不是來自魔鬼。我不該以為，天主會容許魔鬼，在祂僕人的靈魂內扮演這樣的角色，或以為，對我所經驗的事，魔鬼能給予寧靜或清楚的明白。祂讓我知道，由於這麼許多人，且是像這樣的人，對我說這些神見是從天主來的，如果我不相信他們，我就是做得不對。

㉕ 有一次，正在誦唸聖詠*Quicumque Vult*[467]，我得蒙清楚地了悟，明白何以只有一個天主，而有三位，我很驚奇，也極有安慰。這對我極有助益，使我更深入地認識天主的崇高偉大，和祂的奇工妙化。當我思想或談論至聖聖三時，彷彿我明白這是怎麼可能的；而且也給

462. 見第二十九章十三節。
463. 見第三十七章七節，二十一章九節。
464. 她可能是在奧思納的《靈修初步》中讀到的。
465. 見本章二十節。
466. 上主引用《聖詠》第四篇第三節。
467. 不是《聖詠》，而是達修（Athanasios）所著之信經，過去一向在日課中誦唸。

我很大的幸福。

㉖有一天，天使之后，聖母升天節，上主願意賜給我以下的恩惠。在一個出神中，祂顯示給我聖母升天，聖母被迎接的幸福和隆重敬禮，及她的地位，我無法描述這是如何發生的。我的心靈因看到這麼許多的光榮，所體驗的光榮是至極的。留給我很大的效果，有助於我懷著更深的渴望，去忍受艱難困苦，並且留給我很大的渴望，切願事奉聖母，因為她堪當這麼多的事奉。

㉗我在耶穌會的學院[468]，當那會院的修士領聖體時，我看見他們的頭上有非常華麗的大披肩，這神見我看過兩次。當別人去領聖體時，我則沒有看見。

第四十章

繼續相同的主題，述說上主賜給她的大恩惠。從中可以獲得很好的道理。因為，除了服從，如她說的，她的主要意向是寫出有益於靈魂的恩惠。本章結束她自述的傳記，願光榮歸於上主，阿們。

❶有一次，當我在祈禱時，感受到自己內的愉悅如此之大，彷彿不堪當這麼好的恩惠。我開始想自己實在怎樣地該下地獄，即我已看見的那保留給我的地方。因為，如我說的[469]，我絕不會忘記在那裡所看見的情景。

468. 亞味拉的聖紀雷思學院。
469. 她在第三十二章中提到這個神見。

深思細想這事，我的靈魂開始更加燃燒起來，有個靈性的出神臨於我，我不知如何述說。好似我充滿且置身於尊威中，這尊威是我在別的時候所了悟的。在此尊威之中，我得到對真理的認識，亦即所有真理的滿全。我不知道如何說明這事，因為我什麼也沒有看到。有話傳給我，而什麼人我也沒有看見，但我卻清楚地明白，是真理本身告訴我的：**「我爲妳做的這個，不是件小事，因爲這是妳虧欠我的許多事情之一；因爲所有臨於世界的損害，全來自沒有清楚眞實地認識《聖經》的眞理；《聖經》上的一撇一畫決不會過去[470]。」**

我認為自己一直都相信這事，所有的信友亦然。祂對我說：**「哎呀！女兒，眞愛我的人多麼少啊！因爲如果他們愛我，我會顯示給他們我的祕密。什麼是眞愛我，妳知道嗎？那就是了悟凡使我不悅的都是謊言。藉著這個有益的效果，會使妳的靈魂有所了悟，妳會清楚地看見現在妳不明瞭的事。」**

❷ 後來果然如此，願上主受讚美！從那時起，我看到，凡不是導向服事天主的事，我都覺得這麼空虛，而且是撒謊，我不知如何說明我怎樣了悟這事的。而看見處在黑暗中不知這些真理的人，令我感到哀傷，我也不知如何描述。還有，我將在此提到的其他許多益處，我也不知道要怎樣說明。在這個神魂超拔中，上主對我說了一句很特別的話，藉此顯示給我至極的大恩惠。我不知道怎麼會這樣，因為我什麼也沒有看見；然而，卻留給我滿懷的幸運感，及最大的剛毅，真實地使盡我的全力，要去實現《聖經》中最小的部分。我認為，沒有什麼能擋住我的前路，而我克服不了的[471]。

❸ 從顯示給我的這個神性真理，我不知道是如何？或是什麼，有個真理刻劃於我，使我對天主懷有嶄新的崇敬。因為以一種不可言喻的方式，使我認識祂的尊威和權能，我知道這

470.《瑪竇福音》五章十八節。
471. 本章一至四節，是典型的不可言喻的神祕學，她努力，卻又說不清楚，極力地想要以聖經的真理來表達她的神祕經驗。

是件大事。

這留給我很大的渴望，除了非常真實的事情外，別的什麼也不說，達及超越了塵世汲汲營營的瑣事之外；因此而體驗到活在世上的痛苦。這個經驗留給我的是非常的溫柔、安慰和謙虛。我認為，不知是怎麼回事，上主在此賜給我許多這樣的恩惠。我毫不懷疑，這一定不是個幻覺。我什麼都沒有看到，然而，我了悟，凡不帶領我們更親近天主的事，不要加以理會，其中含有很大的福祐。於是我明白，什麼是靈魂在真理面前行走在真理中，我知道了，什麼是真理本身[472]。

❹我所述說的一切，有的是經由神諭獲得的，有的則否。有些事情，我懂得更清楚，比用話告訴我還要清楚。關於這真理的本身，我了悟極大的真理，超過如果有許多博學者教導我。我不認為，他們能這樣地把真理刻劃於我，或使我這麼清楚了悟塵世的虛空。

我所謂的使我了悟的這個真理，亦即真理本身，乃是無始無終的。所有其他的真理全有賴於此真理，就像其他所有的愛全繫於這愛，所有其他的崇偉都在於這個崇偉；雖然，如果比起上主願意我得到的明晰了悟，這個說法是隱晦不明的。在很短的時間內，祂使靈魂得到這麼大的豐收，把這麼深奧的事物刻印在靈魂上，至尊陛下顯示的是何等的大能啊！

我至尊崇高的陛下啊！祢在做些什麼！我全能的上主！請看，祢把這麼至高無上的恩惠賜給了誰！難道祢不記得？這個靈魂是個謊言的深淵，虛榮的海洋，而且全都出於我的過錯！即使祢賜給我天生厭惡謊話，然而在交涉許多事情時，我還是說了謊。我的天主，祢怎能容忍這事呢？一個這麼不堪蒙祢恩賜的人，怎能相稱這樣了不起的安慰和恩惠呢？

❺有一次，當我和所有的修女唸聖神日課的時辰經時，我的靈魂突然收心斂神；我覺得

472. 這個神祕經驗是大德蘭教導謙虛的基礎，見《靈心城堡》六10．7。
473. 亦即，她以一種想像的神見看到祂，帶著光榮的形像。見第二十八章一和三節，第二十九章四節，第三十七章四節，第三十九章一節。
474. 聖女大德蘭在《自傳》中談及的神祕經驗中，這是最富於啟發性的道理，後來成為《靈心城堡》的基礎架構。

好似一面全然明亮的鏡子，這面鏡子無論前後上下，無不完全明淨。在其中央，我們的主基督顯示給我，如同我通常見到祂那樣[473]。我認為自己在靈魂的每一個部分清楚地看見祂，好像在一面鏡子內看見。還有，這面鏡子，我不知道要怎樣解釋，藉著一種我不會說的非常深情的通傳，完全刻印了主基督。

我知道，每次我回想起來，尤其是在領聖體之後，這個神見非常有益於我。我得以了悟，一個處在犯大罪中的靈魂是怎麼回事。這等於是以大煙霧模糊鏡面，使之非常暗淡；因此，即使主基督經常臨在，賜給我們存有，祂也無法顯示自己，或被看見[474]。我明白了，異端邪說則等於打破這面鏡子；這比起抹黑鏡面，還要糟得多。所見和所說的大有不同，因為這是很難用言語來表達的。不過，這帶給我很大的益處，多次我因自己的罪過，而使靈魂模糊不清，不能看見主基督時，會使我非常傷心。

❻我認為，這個神見對收心的人是很有用的，教導他們，細想上主深深地在他們的靈魂內。這個看法，比設想祂在我們外，更令人嚮往，也更有果實，如我在其他的時候說的[475]。有些談論祈禱的書，述說人該在何處尋找天主[476]。尤其是榮福聖奧斯定說到這事，既不是在廣場上，也不在快樂中，或任何地方，找得到天主；而是當他在自己內尋找時，才找到天主。非常明顯的，這是最好的，無須上到天堂，也不必達到己身之外，因為在自己以外去尋找，使得心神疲乏，靈魂分心，得不到多少果實。

❼我願在此勸告一件事，萬一有人經驗到這事。在很深的出神內，時間已過去，靈魂在結合中（因為當靈魂在結合時，感官完全專注，如我說的，這不會持續很久[477]），靈魂留在收心中，還不能返回己身處理外在的事；然而記憶和理智兩個感官，幾乎近於發狂，非常狂

475. 見第九章四～六節。在《全德之路》的第二十八章和二十九章中，她也強調這事。
476. 她說的這些祈禱書，可能是奧思納的《靈修初步》，拉雷多的《攀登熙雍山》，至於奧斯定，則是指他的《懺悔錄》。
477. 所有官能的專注或休止，不會持續很久，見第二十章十八節。至於半出神的狀況，是隨著完全的專注而來的，見第二十章十九節。

喜。我說這有時會發生，尤其是初學階段。我認為，這來自我們本性的軟弱，無法承受這麼強烈的神力，致使想像失去能力。我知道，這事發生於某些人。我認為，他們在那時勉強自己停止祈禱，再另外補回失去的祈禱，這是很好的；設若他們不一下子又回到這樣的狀況，因為這會造成很不好的結束。關於這事，已有經驗為證，並且要顧及我們健康所能承受的，這是很合宜的。

❽無論如何，經驗和靈修導師都是必要的，因為一旦靈魂達到這些界限，會發生許多事情，必須有人可以談談。如果尋找之後，找不到合適的人，上主必不會辜負人的；雖然我是這麼樣的一個人，祂並沒有辜負我，我相信，已經達到體驗這麼許多事的人很少。如果沒有人有經驗，則毫無補救的良方；因為缺乏經驗，神師只會擾亂靈魂，使之憂苦。不過，上主也會關照這事的。為此，和自己的告解神師談談是必要的，尤其如果是女子的話，不過，告解神師該是一位有資格的人。這一切，可能連我現在要說的，之前我都已說過，因為我不太記得了。而我現在述說這事，因為我認為非常重要。上主把這些恩惠賜給許多女子，超過男子。我是從聖伯鐸．亞爾剛大拉聽來的，我自己也同樣看到這事。他說，在這條路上，女子的進步遠比男子多得多。他提出卓越的理由加以說明，全都有利於女子；然而，無須在此述說這些。

❾有一次，在祈禱時，很快地顯示給我，我沒有看到任何有形之物——這是個完全明晰的呈現，亦即怎樣在天主內盡觀萬有，及祂如何在自己內看萬有。要怎樣寫這件事，我不知道。不過，這深深地刻印在我的靈魂上，是天主賜給我的大恩惠之一，這些恩惠，使我慚愧至極，當我記起所犯的罪過時，令我羞愧不已。

我相信，要是上主容許，我得以在之前看見，或那些冒犯祂的人也得以見到，無論是我或他們，就不會有心，也不敢開罪祂。我說「我覺得」，不能肯定我看到任何東西；然而，我必定看到了什麼，因為我能提出一個比喻[478]。然而，這個神見是以這麼微妙又細膩的方式看見的，理智可能無法獲致；或是，我不知道如何說明這些神見，這些看來不是想像的神見。其中必然有些部分是想像的。可是由於感官在出神中，致使它們後來無法述說上主如何臨現在那裡，及祂如何願意它們享有祂。

⑩ 我們說，神性的本體好似非常亮麗的鑽石，超越世上所有的鑽石，或像一面鏡子。如我在說另一個神見時提到的靈魂[479]，除了這是一面以這麼崇高的方式呈現的鏡子，我不知要如何誇大這事。我們能說，凡我們所做的事，都能在這個鑽石中看見。因為是這樣的，鑽石內包括一切所有；什麼也逃不出這個無垠浩瀚。對我來說，這是個令我驚駭的事，看到在這麼短短的時間內，這麼許多的東西聚集在這明亮的鑽石裡。每次回想起來，看到像我的罪，這麼醜陋的東西，出現在明亮潔淨的鑽石上，是最令人傷心不過的。就這樣，每一念及這事，我不知如何能受得了；因此，我慚愧滿懷，不知要躲藏到何處。

啊！誰能向那犯了很不正經和醜陋罪行的人解釋這事呢？使他們記得，這些罪是不能隱藏的，天主確實知道，因為事情是在至尊陛下面前發生的，而我們在祂面前，這麼不恭。

我看到，真的只要一個大罪，就多麼該下地獄，因為無法明瞭。在這麼威嚴的至尊陛下面前，犯這個罪是多麼至極嚴重的事，這一類的事離祂是多麼遠。因此，祂的仁慈是多麼顯然可見，即使這一切我們全知道，祂還是容忍我們。

⑪ 這使得我深思，如果像這樣的事，使靈魂這麼驚駭，到了審判之日，又將如何呢？那

478. 見本章十節。
479. 見本章五節。

時至尊陛下會清楚地顯示給我們，我們也會看見自己所犯的罪。天主啊！幫助我吧！我所忍受的是何等的盲目！許多次，由於我寫下的這個神見，使我很驚駭。請閣下不要對此感到驚奇，要驚奇的是，看到這些事之後，我怎麼還能活下去，又怎能注視我自己。願祂永遠受讚美，祂總是容忍我這麼多！

⑫有一次，在祈禱中，我充滿深度的收心、愉悅和寧靜，我覺得，自己被天使環繞著，且非常靠近天主。我開始為教會懇求至尊陛下。我獲知，到了末期，有個修會將會大有成就，其會士懷以剛毅，維護信仰[480]。

⑬有一次，當我在至聖聖體近旁祈禱時，有位聖人顯現給我，他的修會有點衰微。他雙手捧著一本大書。他翻開書本，要我唸出書中又大又醒目的一些字：「時期一到，這個修會將興盛；將會有許多殉道者。」

⑭另有一次，當我在經堂參加唸「誦讀日課」時，有六或七個人顯現；或說出現在我面前——看來好像有許多人，是同一修會的人，他們的手中握著劍。我想這意指他們要捍衛信仰。因為，另有一次，當我正在祈禱時，我的心神被帶走，好似置身於一個很大的田野，有許多人在搏鬥，屬於這個修會的人，懷著很大的熱心作戰。他們的面容非常美，著了火般地發紅。他們打勝了許多人，把打敗的人拋到地上，有的人則殺掉。我認為，這是對抗異端的戰鬥。

⑮有時，我看見這位榮福聖人，他告訴我幾件事，感激我為他的修會祈禱，且許諾把我交託給上主，我不說出這些修會（如果上主容許，他們會知道，祂會公布出來），免得開罪其他的人。不過，每個修會；或更好說，每位會士，必須努力，使上主用他為媒介，使其

480. 古嵐清神父註明，這是指道明會，而李貝納神父則指出是耶穌會，另外也有人以為是加爾默羅會。

修會極其欣欣向榮，能在教會現今至極的急需中，事奉天主。為此目的而失去的生命是有福的！

⑯曾經有人請我向天主祈求，讓他知道，接受主教職是否使他服事天主。在我領聖體之後，上主對我說：**「當他完全眞實又清楚地明白，眞正的主教身分在於什麼也不占有，那時他就能接受**[481]**。」**藉著這些話，祂指示出來，凡要接受聖職高位的人，必須決不渴望或想望，或至少不力求圖謀。

⑰上主賜予，且非常持續地賜下這些和其他許多的恩惠，給我這個罪人。我不認為必須述說其他的恩惠，因為從所說的事情中，我的靈魂能讓人了解，上主賜給我的精神也能讓人懂得。願祂永遠受讚美，祂是這麼地關心我。

⑱有一次，祂安慰我，懷著深愛對我說，我不該憂心焦慮。因為在今世，總不能常常處在穩定不變的情況中，靈魂會有時熱心、有時不熱心、有時擾亂、有時平靜，有時也會受誘惑；然而，靈魂應該寄望於祂，不要害怕。

⑲有一天，我想著，和那些談我靈魂的人、愛我的人及看來是天主大忠僕的人在一起，給我很大的滿足。因為他們很安慰我，這對我來說，是不是貪戀呢？上主告訴我，如果有個面臨死亡危險的人，認為某個醫生能治好他，如果他不感謝且愛這個醫生，這位病人則不算是有德行的，如果這人不該這麼做，那麼我該當如何呢？和善良好人交談是不會有害的；這麼做，是有益而非有害。這話非常安慰我，因為有時候，自認為這是貪戀，我一點也不想和他們談話。

上主常在一切事上勸告我，甚至告訴我要如何善待軟弱的人，和某些人。祂總不會不關

481. 這人是宗教裁判官方濟・索托・撒拉札（Fancisco de Soto y Salazar）見Spir. Test.五八12。

照我。

⑳有時候，我很難過，因為我看到自己對上主的服事這麼少，必須花時間來照顧我這麼虛弱又不好的身體，實非我心所願。有一次，我在祈禱時，就寢的時間到了；我滿身疼痛，必須做通常的誘吐[482]，由於看見我這麼受縛於自己。另一方面，我的心神希望有更多的時間，我感到這麼難過，開始淚水滂沱，憂心愁苦。

這不是只有一次，而是，如我說的，有好多次。我覺得好氣自己，也真的好恨我自己。不過，我知道，通常我不會憎恨自己，也不會不照顧自己的需要。願上主容許，我不會超過所需要地照顧自己，如同有時我害怕過於照顧自己。我說的這次，上主顯現給我，極其安慰我，並且說，我該忍受，為了愛祂而去做這些事，因為是我現在的生活必須有的。為此，我認為後來我再沒有愁苦過，因為我決心全力事奉上主——我的安慰者；即使祂容許我受一點苦，祂這麼樣地安慰我，致使我除了切望受苦，什麼也不要。

所以，現在我認為，除了忍受痛苦，別無活下去的理由，而這是我最樂意向天主祈求的。有時，我熱切地對祂說：「主！或死去，或受苦，我不為自己要求任何其他的事物。」每每聽到鐘聲響起，總覺得欣慰，因為隨著生命時光的流逝，面見天主也就更靠近一點。

㉑另有幾次，我處在這樣的光景中，既不覺得喜歡活下去，也不在意死去，反而在一切事上，我感到冷淡和黑暗，有著很多的磨難，如我曾說的，我多次有過的[483]。雖然上主願意祂所賜我的恩惠，公然地被人獲知，令我感到安慰的是，這些事之曉示於人，並非出自我的過錯。至尊陛下幾年前已告訴了我，所以，事情必會這樣[484]，因為我非常憂心掛慮。直到現在，我所受的苦不少，如閣下所知道的，因為每個人各自提出自己的解釋。我極其小心，不

482. 見第七章十一節。
483. 見第三十章八節等等。
484. 參閱第三十一章十三節。

告訴任何人，只告訴我的告解神師，或我從告解神師獲知，知道這事的人。我這麼做，不是出於謙虛，而是如我說的[485]，對我而言，甚至連向告解神師訴說，都是很痛苦的。

現在，光榮歸於天主，即使許多人非常熱心地批評我，，也有人害怕和我談話，甚或怕聽我的告解，還有人說許多反對我的事，這一切全都不會給我什麼憂煩，因為我已明白，藉著這些方式，上主願意救助許多靈魂。因為，我清楚地看見這事，也回想到，只為了救一個靈魂，上主忍受了多少痛苦。

我不知道，這些恩惠之被人公開知道，是否就是至尊陛下把我放在這裡的部分原因，放我在這麼一個非常隱藏的小角落裡[486]。在這個地方，按照我所想的，我會如同一個死人，不再有人記得我，然而，事情並非如我所願的那樣，因為我被迫得和一些人談話。然而，由於我不在那能被看見的地方，彷彿上主把我帶到一個避難所，我希望在至尊陛下內會是安全的。

❷❷ 由於我處在少少幾位神聖的同伴中間，而非在俗世。我彷彿從高處觀看，對於他們所說的，或知道關於我的事情，我真的沒有什麼困擾。再者，關於我所有能說的事情，會稍稍有助於某些靈魂。由於我一直住在這隱院內，上主已容許，使我的全部渴望都聚集在這個渴望上。祂賜給我一種生活中的睡眠，或是說，我幾乎總覺得我夢見所看到的一切。無論是多麼大的事，我在自身內覺察的既非高興，也非痛苦。如果真有什麼事情使我高興或痛苦，我很驚奇，這個高興和痛苦過去得那麼快，我覺得好似一場夢。

這完全是真實的；因為即使後來，我可能希望歡躍於此高興，或悲傷於此痛苦，都不是我能做得到的；就好像一個審慎的人，不會對所做的夢感到痛苦或高興。上主現在已喚醒了

485. 見第二十六章四節，第三十八章一節。
486. 聖若瑟隱院。

我的靈魂，離開過去那些情況，因為我沒有克制或死於世物，使得我有那些感受；至尊陛下不願我的靈魂再成為盲目的。

㉓這就是我現在的生活方式，我的主和父親[487]，願閣下祈求天主，求祂帶我回到祂那裡，或指示給我如何服事祂。願至尊陛下容許，這裡所寫的，能稍稍有益於閣下。由於我的時間很少，寫起來很困難。不過，如果我所說的什麼，能使某個人讚美上主，即使只一次，這些困難是很值得的；這樣，我會感到已獲得回報，即使閣下將之付之一炬。

㉔然而，若未經閣下認識的那三位過目[488]，我是不願您這麼做的；因為他們是、而且一直都是我的告解神師。如果我的這份生活報告書寫得不好，要是他們失去對我的好評斷，這是件好事；倘若寫得好，他們是很好又博學的人，我知道他們會看得出來，這是從何而來的，也會讚美那藉我而說話的祂。

願至尊陛下時常護祐閣下於祂的手中，使您成為一個大聖人，以您的精神和光明，光照我這個卑劣的女子。她既沒什麼謙虛，又非常大膽，竟敢下筆書寫這麼崇高的事理。願上主容許，我所寫的沒有犯錯；因為我的意向和渴望，是做對事情和服從，及藉著我，上主可以得到一些讚頌，這是我多年來一直向祂懇求的。由於沒有讚頌祂的功業，我敢於陳述自己的敗壞生活，雖然我沒有過於用心，或多花費時間寫這份報告，但我盡所能清楚又忠實地寫出發生於我的事。

願上主容許，因為祂是大能的，且能俯聽我，使我能事事承行祂的聖意。願至尊陛下不許我這個靈魂喪亡，祂用這麼許多的智謀和方法，又這麼許多次，把我從地獄拯救出來，帶我回到祂那裡，阿們。

487. 即賈熙亞神父，她稱神父為主，是因為他的貴族身分，稱之為父親，則是因為他對聖女的靈魂深切關懷。
488. 其中一位必定是道明・巴臬斯神父，另外兩位有可能是巴達沙・奧瓦雷思及加斯帕・薩拉札。

跋

JHS

❶ 願聖神常與閣下同在，阿們。

我認真地把以下的效勞交託給閣下，是不會錯的，因為您感到有責任非常關心地為我向天主祈禱。因為從我下筆撰述自己的過程中，記起來我這麼多的可憐。我確實理當向您做此請求；雖然我真的能說，寫出至尊陛下賜給我的恩惠，比起寫我對祂的冒犯，我感到困難得多。

❷ 我做了閣下命令我的事，增加了篇幅[489]。我做這事的條件是，閣下答應要撕掉您認為不好的部分。寫完之後，當您遣人來索取時，我還來不及看完。可能有些事情解釋得不好，有的則重覆敘述，因為我的時間少之又少，無法全部再重看一遍。請求閣下加以修正，並再抄寫，如果要送去給亞味拉的神修大師神父[490]，因為可能有人認出我的筆跡。我迫切地渴望，得以徵詢他的意見，因為這是我開始寫時的意向。如果他認為我行走在良好的道路上，我會很有安慰；那麼我會毫無保留地，盡力去做我能力所及的事。總之，閣下請做您認為最好的，且要記得，您已答應這麼一個把靈魂交託給您的人。

❸ 在我的餘生中，我把閣下的靈魂交託給上主。因此，為我做個好事，快快地去服事至尊陛下。因為從這裡所寫的，您會看到，當人把自己完全給祂時——如閣下已經開始做

489. 見第十章八節，第三十章二十二節，第三十七章一節。
490. 她指的是聖若望．亞味拉，事實上，她把書送到了他的手中。他研讀之後，歸還手稿，附上一封嘉獎和稱讚作者的信函，註明日期為一五六八年九月十二日。

的——這是一件多麼好的事，祂這麼沒有限量地把祂自己給我們。

❹願祂永遠受讚美！我寄望於祂的仁慈，在那裡閣下和我會更清楚看見祂為我們所做的大事，永遠永遠地讚美祂。阿們。

本書寫於一五六二年六月。

ＪＨＳ意即耶穌人類的救主（Jesus Hominum Salvator），聖女大德蘭寫的每本書一開頭就先寫ＪＨＳ，她寫的信亦然。最後結語是一封寫給賈熙亞神父的信。

導讀

心堡與神婚——與聖女大德蘭懇談默觀

關永中教授

我們的靈魂如同一座城堡，
全然由鑽石，或非常明亮的水晶造成的，
其中有許多房間，
就像天堂上有許多的住所。（城堡1・1・1）

神婚即將完成；
神把人帶進第七重住所。（城堡7・2・3）

一、引言：兩段情誼，一類默觀

夜幕低垂，萬籟俱寂，繁星點點，倒映江河之上，陪伴母子倆疲憊的身影。他們已錯過最後的一班航渡，只好在靠岸的旅舍宿夜。閒來無事，憑窗眺望，近觀花圃，秉燭夜談。言談間，欣然忘懷時空，心靈猶如超脫自我的藩籬，雙雙匯入絕對精神的律動，共振天籟的綸

1. St. Augustine, *Confessions*, Book Nine, Chapter Ten.
2. *The Collected Works of St. John of the Cross*. Translated by Kieran Kavanaugh & Otilio Rodriguez, with introductions by Kieran Kavanaugh.（Washington, D.C.：ICS, 1979）General Introduction, p.30。大德蘭成書在先，而十字若望按聖女的經驗來寓意。況且，聖人曾是聖女的神師，親自聆聽過聖女對此經驗的訴心。
3. 聖女因此深湛的經驗而有勇氣改革聖衣會。我們所參考的英譯本為：*The Collected Works of St.Teresa of Avila*. Translated by Kieran Kavanaugh & Otilio Rodriguez,（Washington, D.C.：ICS, 1976～85）Vols. I～III。

音。過後不久，母親即撒手塵寰，兒子卻把經歷寫成動人的章句，流露於《懺悔錄》①，使世人永誌不忘聖婦莫尼加（St. Monica, 332～387）與聖奧斯定（St. Augustine, 354～430）的一夕談。

大約過了十二個世紀，另一齣類似的戲碼，推陳出新地上演。此次，我們瞥見情同姊弟的一對聖者，雖血緣不同，性別差異，卻聚首於同一修會內，分享著彼此默觀的心得。欣逢聖三慶典，兩人正在切磋其中的奧祕，談話間，竟不自禁地心凝形釋，與萬化冥合，雙雙忘懷在聖三大愛的洪流中。事後，前者驚嘆道：「總不能向（十字）若望神父談及天主，他馬上會神魂超拔，並惹得別人一起出神。」②日後各自著述，聖人用意象手法把神祕冥合描繪成天使的利箭穿心（焰2．9）③；聖女則以實際的經驗，兌現其中的震撼（自傳29．13）④，讓世人都意會到聖女大德蘭與聖十字若望（St. John of the Cross，1542～1591）在默觀經驗與理論上的互相印證。有趣的是：十字若望說的天使是色辣芬（Seraphim）⑤，意謂著熾烈的愛火；而大德蘭邂逅的天使卻是革魯賓（Cherubim）⑥，寓意著明慧的知識，合起來恰好相應了奧斯定的定義：默觀是為人對神的愛與知識⑦。

莫尼加與奧斯定間的母子之情，以及大德蘭與十字若望間的同道之誼，兩者間儘管有著不少差異，到底吻合了以下的共同點：

都呈現出人神間的冥合

都牽涉了團體成員的分享

都凸顯出默觀之為愛的知識

兩段情誼，縱貫了多少個世代，橫跨了幾重疆界，卻體證著同類的默觀，藉此向我們提

4. 關聖女大德蘭的重要著作，其簡稱如下：The Book of Her Life《聖女大德蘭自傳》：自傳、The Way of Perfection《全德之路》：全德、The Interior Castle《靈心城堡》：城堡、The Book of her Foundations《建院記》：建院。
5. 色辣芬（Seraphim），又譯「熾愛者天使」，希伯來文原意為「造火者／傳熱者」。參閱《依撒意亞》六章二～六節。
6. 革魯賓（Cherubim），又譯智慧者天使，希伯來文原意為「滿是知識」。參閱《創世紀》三章第廿四節、《出谷紀》廿五章十八～廿二節、卅七章六～九節／、《戶籍紀》七章八十九節、《聖詠》十八篇第十節，八十篇第一節，九十九篇第十六節。

示：基督信徒既以人神間的愛與知識作為默觀的核心義，則不論古今中外，或男女老少，只須配合著基督的恩寵，皆可邁上默觀的途徑，臻至化境。

聖十字若望既浸潤於慈母教會的培育，他自然地吻合著傳統的大方向，也把默觀定義為祕密的愛的知識⑧。作為同道的知交與夥伴，聖女大德蘭也相應地有著同樣的認證，只是在相同的體認下，仍不抹煞其個人的特色，以致我們可以與聖女做進一步的懇談。

二、與聖女大德蘭懇談默觀

大德蘭不曾刻意地為默觀下定義，然而她的行文當中，卻透露了這樣的一份訊息：

默觀是為灌注的祈禱，牽涉著一段進展的歷程。

茲闡釋如下。

默觀是祈禱

大德蘭從祈禱的前提談默觀（全德16・3～6）。祈禱意謂著人神的溝通（自傳8・5）；好的祈禱常是人轉念向神，與神融通，而致彼此在愛中契合。不論是「口禱」（vocal prayer）、或「心禱」（mental prayer），都須以這份愛的會晤為依歸（全德30・5），即以心智注視神，和祂晤談，重點不在乎想得更多，而在乎愛得更多（城堡4・1・7）。誠心的口禱，也可以引領人進入默觀（全德30・6～7）。口禱／心禱之有異於默觀，只在於

7. St. Augustine，*Enarration in Psalm* CXXXV. 8.聖十字若望也沿用此定義，參閱註8。
8. 聖十字若望，《愛的活焰》3・49

前兩者是人力所能及，而後者則是神的賜予，借用神修學的辭彙，口、心禱是「自修的」（acquired），而默觀是「灌注的」（infused）。

默觀是灌注的祈禱

「灌注」一辭，蘊含著「超性」（supernatural）與被動（passive）兩個意義。首先，默觀是「超性的」，即以神的作為為基礎，由神所帶動，是為神純粹的賜予。再者，默觀是「被動的」，即人無從干預或控制，充其量只能做好準備，而不能「揠苗助長」（自傳22標題；城堡6．7．7）。人可以在其能力範圍內，事先預備好身心，努力破執持戒、進德修業、全心投奔上主（城堡5．2．1），至於神是否給予這份恩賜？什麼時候給予？給什麼人？給多少？全都出自神的自由與上智，人無法強求（自傳34．11）。誠然，上主比我們更愛我們，更渴望給我們充沛的恩惠，但人為的疏忽也會左右神的化工。為此，大德蘭認為，活在罪惡中的人靈獲得默觀的機率不大，然而，神可以為鼓勵一個無德的靈魂轉化，而賜予默觀（全德16．8）。至於有人畢生努力而始終未達者，聖女的勸勉是：你的勤奮不會是白費的，神將在天國賞報你（全德17．7），到底唯有神才知道怎樣的安排是最適當的。

默觀牽涉一段進展歷程

大德蘭論默觀，其特色除了在於強調它是灌注的祈禱外，並且標榜其為一進展的歷程，牽涉著多個過站。為她而言，只以「煉路、明路和合路」（purgative way、illuminative way、unitive way）三者來寓意靈修的開始、前進與完成，則難免失諸籠統，不足以交待其中的細節。固然，眾人秉賦不同、性格各異，以致修行有快慢，開悟有頓漸，工夫有出入，不能一概而論；到底她以其過來人的經驗，仍可方便地劃分一些地標，以供後學者參考⑨，容許我們來聆聽她陳述的默觀歷程，及其中蘊含的各階段。

三、與聖女大德蘭懇談默觀歷程

大德蘭對默觀途徑的論述，在不同的著作上雖然略有出入，而且過站與過站間的分際也沒有絕對一貫，甚至在細節上，時而呈現微差，到底這並不妨礙其對整體大方向的掌握。我們可從其重要的名著如《自傳》、《全德之路》、《靈心城堡》等等，整理出一條理路，其中的脈絡可率先標示如下：

A 默觀的前奏（prelude to contemplation）
- 1. 心禱（mental prayer／meditation）
- 2. 口禱（vocal prayer）

B 收心祈禱（prayer of active recollection）

C 寧靜祈禱（prayer of quiet）
- 1. 灌注收心（infused recollection）
- 2. 寧靜正境（quiet proper）

9. 聖女大德蘭，*Spiritual Testimonies* 59．1：“I beg your Reverence to realize that in all things I say it is not my intention to think I am stating them correctly, for I could be mistaken. But what I can certify is that I shall not mention anything I have not sometimes, or many times, experienced.” 英譯文取自*The Collected Works of St.Teresa of Avila.* Translated by Kieran Kavanaugh & Otilio Rodriguez。

3. 官能睡眠（sleep of the faculties）

D 結合祈禱（prayer of union）

1. 純粹結合（simple union）

2. 超拔結合（ecstatic union）

（1）濃烈結合（intense union）

（2）出神（rapture）

（3）心靈飛越（flight of the spirit）

3. 轉化結合（transforming union）

茲按部就班地，把上述項目逐一作出陳述與闡釋。

A 默觀的前奏：心禱與口禱

在進入默觀以前，人所能做的預備工夫是進行心禱與口禱。

1. 心禱

心禱又名默想，是人主動地藉思辯推理來反思《聖經》的一端道理，或藉想像來複製並推演主基督的某個奧跡，藉此置身於耶穌生平行實的景象中；因而和主耶穌邂逅，從觀看、晤談，而引發起對上主的一份愛意（自傳11．12）。大德蘭還提示：想像耶穌就在你的心內，經歷著祂的一件行實；而你要設想如同好友相會般地向祂傾訴心曲，也聆聽祂的勸勉，甚至以愛的凝視來享受彼此的臨在（自傳12．2）。誠然，默想始於理智的思考，而終於意志的愛慕；理智運用推理，想像進行觀賞，到了一定的程度後，人須在適當時機打開內心，與主溝通；到底理智的思辯，或想像的推想，都只是為了與主相遇，好讓意志有足夠的機緣來點燃起愛火，在心智的覺醒中激發愛的火花（城堡4．1．6；6．7．7）。如先前所提過的，大德蘭強調：推理默想的重點不在於想得多，而在於愛得多；在愛方面，我們的最終目的並不在於獲得大安慰，而更是在一切事上取悅上主（城堡4．1．7）。如果人能勤於修習默禱，進而與主會晤，形成習慣，將為自己預備適當的身心，以迎接上主進一步的眷顧。

退一步說，如果初學者不太適應推理默想的話，他仍可以藉「口禱」的管道來進入精修。

2. 口禱

「口禱」意謂著緩慢地誦念一端經文，如「天主經」、「聖母經」等。在誦念中，藉著理智的思維而企圖引動意志去接觸吾主，並去愛慕祂。大德蘭以「天主經」為例（全德26），叮嚀我們在誦念禱文中，不忘心存那位教導這經文的吾主耶穌，邀請祂到我們的心裡來，和祂相聚。在自己情緒歡愉時，融入祂復活的光榮中，在情緒低落時，則置身於祂的苦難聖死中；從而以個人的話語，向祂訴說自己的困惑，並聆聽祂所吐露的心聲。你將發現祂是如此地愛你、鼓勵你、給你助祐，以致是你最親密的知友。對大德蘭而言，一份好的口禱，誠然與好的心禱分別不大，兩者都牽涉了理智的反思，並藉思維而推動著意志的愛意。反正在靈修的起步上，初學者總擺脫不了心智的本性運作。若口禱只徒然鏗鏘有聲，卻心不在焉，則不算是祈禱。祈禱必須是人神間心靈的相應與融通（城堡1·1·7）。一份好的口禱或心禱，讓人形成習慣，留守在主基督的臨在下，久而久之，可穩妥地導向默觀的坦途。不過，在默想和默觀之間，則有「收心祈禱」作為中介。

B 收心祈禱

大德蘭對「收心」（recollection／recogimiento）一辭，在不同的作品中，略有意義上的微差：她在《自傳》十四至十五章把「收心祈禱」和「寧靜祈禱」混為一談；但在《全德之路》廿八至廿九章卻視之為仍是「主動的」、「自修的」祈禱；及至在《靈心城堡》（4·3·8）中，則以之為輕微的「寧靜祈禱」。為了方便整理起見，於此權宜地採《全德之路》的解釋，但仍企圖兼顧《自傳》與《靈心城堡》的脈絡。

按《全德之路》廿八章，大德蘭強調「口禱」仍可導向默觀。以「天主經」為例，誦念「我們的天父」時，存想哪裡有天父，哪裡就是天國，而天父也臨在於我心內。為此，我不必跑到外面尋找祂，只須回到心靈深處，即可發現祂就在那裡。大德蘭引用聖奧斯定《懺悔錄》（10·27）的話佐證：聖奧斯定在外尋覓神，最後卻在自己內找到祂。如果人常能致力於收心斂神，專注於存想在自己內的天主，即使是在口禱中，也能快速地使理智與其他官能收斂，達到與神同在（全德28·2～4）。固然，「收心」有不同的程度，開始時，身心會不適應而分心走意，如果能持之以恆，心靈自會逐漸地習慣。到時，只須意志發號施令，其他官能就可迅速凝聚（全德28·7），所獲神益也顯而易見，你將能把這份友誼的親密（intimacy）持續至整天，甚至更久（全德29）。

於此，修行「收心祈禱」所須注意的事項是（全德28～29）：

常感念在自己心內的神

把自己交托給上主，並擺脫對其他世物的執著

在一切事上，持守對吾主的臨在

「收心祈禱」的修行讓我們獲得下列的效用（全德28）：

使自己更敏於掌控感官

更易於點燃對神的愛火

更穩妥地讓人進階到「寧靜祈禱」。

C 寧靜祈禱

對大德蘭來說，寧靜祈禱（prayer of quiet／oración de quietud）⑩是默觀明顯的開始。狹義的默觀須是「超性的」（supernatural），即直接植根於上主；它必須是「灌注的」（infused），即由神所賜予的；它必須是「被動的」（passive），即人力所不能強求的。嚴格地說，「寧靜祈禱」應該寓意為「半被動的」（semi～passive），即人的本性官能尚未全然地被吊銷，他仍有若干本性的能力去響應，甚至干預神的作為。「寧靜祈禱」分不同的濃度，可方便地劃分為三個時分：

灌注收心（infused recollection）

寧靜正境（quiet proper）

10. 《自傳》14～15；《全德》30～31）；《城堡》4。

官能睡眠（sleep of the faculties）

茲分別說明如下：

1. 灌注收心

辨別「灌注收心」（infused recollection）與先前「自修收心」（acquired recollection）在於一個核心判準——靈悅（spiritual delight／gustos）——的始現。靈悅，有別於一般的欣慰（consolations／contentos）[11]。

ⓐ 欣慰與靈悅的初步辨識

「欣慰」可藉由勤習默想與修德而獲致，並經由意識本性的官能（包括內、外感官，與心靈的三個官能：理智、意志和記憶的普通運作）而引申，其中的感受，就如同承受產業、好友重逢、事業有成，或發現失散的親人仍健在的那份欣喜（城堡4·1·4）。反之，「靈悅」（gustos）則是藉由神直接灌注給人；人可在無預警下被神所吸引與觸動（城堡4·3·3），心靈被動地靜止，意志的「愛」已然覺醒，在神的帶動下充滿深入的感動與憩息，只是理智無從理解其來龍去脈而已。此時，靈魂已不想任何其他的事物，只一心愛著吾主，並在愛中認出祂來（全德30·5）。神主動地平撫了我的官能、肅靜了我的靈魂，讓我預嘗了天國的甜蜜（全德30·6）。心禱與默觀的界線在此模糊掉，而「靈悅」成了介於「自修的收心」與「灌注的收心」之間的轉捩。換言之，「欣慰」始於人本性而止於神；「靈悅」始於神而止於人性的感動（城堡4·1·4）。

11. 城堡4·1·4。gustos或說是gustos de Dios（城堡4·2·2）。Kavanaugh & Rodriguez的英譯本譯為"spiritual delight"。contentos或謂consuelos espirituales，Kavanaugh & Rodriguez譯為"consolations"。參閱Kavanaugh & Rodriguez英譯《聖女大德蘭全集》卷二，ICS, 1980，城堡4·1·4，317頁，註1，407頁。Trueman Dicken則譯gustos為infused consolations，而把contentos譯為sensible pleasures，原因是contentos可藉內外感官的管道而獲得。參閱E. W. Trueman Dicken，*The Crucible of Love：A Study of the Mysticism of St. Teresa of Jesus and St. John of the Cross*（New York：Sheed & Ward，1963），p.193。

按大德蘭較細緻的描述，「欣慰」並不能開闊我的心懷（not expand the heart），反倒把它壓縮一些（constrain it a little），而且引申某些輕微的副作用。由於它是由激情所導致，使得我流出一些焦慮的淚水（anxious tears）（城堡4・1・5）。例如：我因默想耶穌苦難而痛哭不止，竟招致頭痛，不過卻讓我終止於神（城堡4・1・6）。反之，「靈悅」是打從心底裡湧溢而出的喜悅，讓人心曠神怡，整個內外都深受感動，甚至深入骨髓⑫；其中的微妙細膩（delicate），誠非人力所能複製（城堡4・2・6），它叫人身心振作，甚至連原有的頭痛也消失無蹤（城堡4・1・11）。

ⓑ 在靈悅中，所有官能呈現的特徵

在「靈悅」湧現的當兒，人的意識官能會有以下的表現：

（1）意志（will）被神得著，而凝注於上主（城堡4・3・4），憩息於上主（城堡4・3・8），並在若干程度上翕合上主的意志（城堡4・2・8）。

（2）理智（intellect）暫時靜止了它的思辯，但並未被吊銷（城堡4・3・4），只是措手不及，而不知如何是好，也不明瞭其中的來龍去脈⑬；甚至可分心走意（城堡4・3・8），不與意志的步伐同進退。

（3）想像力（imagination）雖然沒有被吊銷，但派不上用場（城堡4・3・3）。

（4）外感官（exterior senses）已被上主輕輕地收斂，類似箭豬的捲縮，或烏龜的內縮一般（城堡4・3・3），所有的外感官既不被吊銷，也不專注於外物，只想保持寧靜，但看來感官與外物似乎已對人失去了控制（城堡4・3・1），人靈好似恢復了所失去的自

12. 聖女大德蘭《默思雅歌》*Meditation on the Song of Songs*（4・2）。
13. 《全德》30・5；《城堡》4・3・3。

主。況且，意志因接近了神而心曠神怡，感官也間接地獲得振作，肉體上的某些疾苦，如頭痛等，也因而得以消除（城堡4·1·11；3·9）。

ⓒ對靈修所導致的效用

「靈悅」的出現，對人在靈修方面有以下的正面效用：

（1）祈禱更深入：大德蘭說，人在「靈悅」中所獲得的感動，有如噴泉般從內心湧溢而出，但尚未造成河水泛濫，不過，這已比先前自挖水道、再用水車灌溉的方式來得便捷（城堡4·3·8～9）。

（2）更遠離罪惡：與其說人害怕下地獄，不如說他更愛上主，更害怕得罪天主。

（3）更有信心在神內喜悅。

（4）不再害怕做補贖，或失去健康，或接受考驗。

（5）信德更為活躍，知道自己是為神的緣故接受考驗。

（6）更渴望為主服務。

（7）更認識自己的虛無。

（8）視世間快慰如塵土。

（9）日進於德，只是仍有可能後退⑭。

ⓓ大德蘭的建議

為讓人穩妥地經歷「靈悅」這一份轉捩點的恩惠，聖女大德蘭這樣地建議：

14. 上述的論點都出自《城堡》4·3·9。

（1）體認前「勿助長」

當時機尚未出現，切勿揠苗助長（城堡4・3・4～6）。要點是：

第一，不要完全停止推理默想，否則非但徒勞無功，還讓自己陷進更大的神枯。

第二，不要強求「靜止」，因為「心平氣和」不是用費大力氣的方式得到的；除非神使我「專注入迷」，否則我不懂得如何「靜止」。倒不如放下自己，一心交托給上主。

第三，不要強制自己停止想像，否則適得其反，激發更多的想像。

第四，忘卻個人的神慰，多轉念神的榮光。

（2）體認中「無為」

在體認中，若愈少思考，愈少欲望，則愈能讓神成就其化工（城堡4・3・5）。為此，我們所須正視的事項有三：

其一，讓神來帶動意志（城堡4・3・7）；

其二，意志只須接受喜悅、傾訴愛語（城堡4・3・7），並憩息於神（城堡4・3・8）。

其三，理智不主動運作，也不必計較去理解其中的實況（城堡4・3・4）。

（3）體認後「處順」

人一旦獲得這份體認後，他除了接受與感恩外（城堡4・3・4），仍須「安時處順」。意思是：

其一，以愛心把自己交給上主，一心順從祂的安排；

其二，在今後的祈禱上順其自然，即在不妨礙神的帶動下，可收心則收心，可默想則默想，我並不須完全放棄默想（城堡4·3·8），只須適度為之即可。反正大德蘭的一貫教誨是：人即使進入了高程度的默觀，也不必全然放棄默想，更不應離棄對主基督至聖人性的感念。因為推理的思辯是一回事，以愛凝視奧跡中的基督，又是另一回事⑮。

（4）勿鬆懈

人在此階段仍可退步，為此我們仍須努力靈修，不可鬆懈（城堡4·3·9），尤須小心免陷於得罪天主的機會；到底你仍只是靈修上的嬰孩而已，而魔鬼會更努力地爭取、折磨你（城堡4·3·10）。

（5）慎防混淆體弱的迷惘

大德蘭還給我們作了這樣的提示（城堡4·3·11～13）：一些天生體弱的人，在經歷嚴厲的補贖及守夜祈禱後，會因體質孱弱而精神恍惚，使人誤以為他受神感動；其實當事人在感官上並沒有什麼感覺，對神也沒有什麼大的感動。誠然，真正源自神的經驗，會讓心靈體認到神的接近，雖然並不持久，但不會造成人靈的虛弱。反之，人若發現自己身心衰弱，須告知長上，而長上則應該給予足夠的睡眠和飲食，使之恢復健康。

在聆聽了聖女對「灌注收心」的分析後，我們可進而體會其進一步的深化——「寧靜正境」（quiet proper）。

2. 寧靜正境

大德蘭以「灌注收心」為輕微的「寧靜祈禱」，以「寧靜正境」為濃密的「灌注收心」（城堡4·3·8）；其中只意謂著程度上的深淺，而非性質上的差異。「寧靜祈禱」，又

15. 《城堡》6·7·5～10。參閱《自傳》8·5～8，9·4；10·1，22。

名「靈悅於神的祈禱」（prayer of spiritual delight of God／*oración de los gustos de Dios*）（城堡4·2·2）。顧名思義，就是神把人放在祂的親臨下，使之獲享安寧，人受到神的吸引而沉靜，整個地被浸潤於喜悅與平安之中。此時，人靈別無他求，只醉心於愛的凝視（全德31·2～3）。這份寧靜有時可持續一兩天，但它來去自如，是人所不能掌控的（全德31·4）。

至於所有的意識官能在此時的情況，它們整體地是凝聚收斂的，但未入眠，也沒有被吊銷，只是各官能進展不同步而已（自傳14·2）。神首先佔據人的「意志」，繼而影響其他官能，直至所有官能都處在神的薰陶下為止。換言之，意志是首先受到感動而充滿著對神的愛；當它成了愛的俘虜，偶而也會伴隨著神枯[16]。這要按照神對人的個別引導而定，神自有其上智的安排，是人所不能勉強的。至於心靈的其他兩個官能（亦即理智和記憶），甚至內、外感官，它們仍是自由的，只是在開始時對意志幫不上忙，也不便干擾，以免弄巧成拙[17]。記憶和想像如果要提供圖像，會自覺欲速則不達[18]，倒不如讓意志獨處於愛的安寧中；而意志本身也只能像稅吏般地謙讓，不敢抬頭（自傳15·9）。理智尤其心猿意馬，分心走意，為此，大德蘭的建議是：不必在意理智，當它是個瘋子即可（全德31·8）。不過，理智偶而也會和意志和諧一致，處在愛的光照中（全德31·8）。只是這並不是一般的思辯理解而已：其實瑪爾大（Martha）與瑪麗（Mary）角色是可以配合的[19]。

大德蘭還從「辨別神類」（discernment）的前提上分辨三種能有的來源：

其一，出自神——凡出自神的感動，其肇始就類比著火花，即使微弱，人仍能認得出神的蹤跡。再者，它來去自如，人有所不能助長，否則反而輕易地熄滅它。反之，若謙卑辭

16. 《全德》23，24，38，31；《城堡》4·1～3；《自傳》14～15。
17. 《自傳》14·3；《全德》31·3）。
18. 《自傳》14·3、15·6）；《全德》31·3。
19. 《全德》31·5；《自傳》17·4。

讓，交付給神，則愈容許火花日漸增長，終至成為燎原大火（自傳15・4）。

其二，出自自己——人若企圖用己力來延續或複製，將會徒勞無功的；要不然就是粗淺的暢快，且迅速消逝，留下一份神枯（自傳15・9）。

其三，出自魔鬼——來自魔鬼的仿冒，會給人帶來困惑，讓人失去謙遜，它並不給理智帶來光照或真理的一貫性，相反的，其所給予的就只是謊言（自傳15・10）。

在體會了聖女大德蘭對「寧靜正境」的說法，我們可進而聆聽其對「官能睡眠」的分析。

3. 官能睡眠

「官能睡眠」（sleep of the faculties／sueño de las potencias），大德蘭在《自傳》中，以它為「澆灌花園的第三級」（自傳16～17）。顧名思義，「官能睡眠」一辭，意謂著所有的官能深受神的吸引而專注於神，以致對日常生活心不在焉，人須費力地分心，才能料理事務[20]。但所有的官能只是「睡眠」，而未被吊銷，在日常的事務上，它們無法順暢地運作，理智也無從理解要如何運作，然而意志所領受的靈悅，卻遠超過「寧靜正境」。

在某種意義下，它可以被看作是介於「寧靜祈禱」和「結合祈禱」間的一個灰色地帶，以致學者專家對它的定位分成兩種意見。其一認為它已是「結合祈禱」的入門，持這意見的人計有Poulain、Hoonaert、Gardeil等。其二認為它還只是「寧靜祈禱」的深化，持此見解者有St. Francis de Sales、Tanquerey、Garrigou～Lagrange等[21]。

按大德蘭個人在《自傳》給予的提示，我們察覺以下兩個重點：

20. 《自傳》16・2～3，17・7。
21. 這是Fr. Ermanno的整理。參閱Fr. Ermanno OCD，"The Degrees of Teresian Prayer"，in *St. Teresa of Avila*. Ed. by Fr. Thomas & Fr. Gabriel OCD 。（Westminster：Newman Press, 1963），p.91, note 54, p.102。

其一，大德蘭認為，「官能睡眠」在本質上看來，無異於「寧靜祈禱」（自傳17．4），只是在程度上更湛深、更卓越而已（自傳16．2）。

其二，「官能睡眠」本身雖已相當接近「結合祈禱」，但尚未達到正式與天主「結合」的狀態。那就是說，人靈的官能雖在相當程度上專注於神，且在效用上相當吻合神意，但並未因而失卻其自主而不能運作（自傳16．3）。

有鑑於大德蘭上述兩點提示，我們贊同第二派學者的說法，以「官能睡眠」為「寧靜正境」的深化。

較細緻地說，此階段的特徵有下列幾點值得強調：

修德方面——人靈會發覺，自己在德行方面自然而然地增長，尤在謙虛上長進，清楚地意識到，若沒有神的助祐，我們什麼也不能做（自傳17．3、8）。

官能運作方面——不同的官能仍未能滙合起來而形成一體的共振，它們各自有不同步的演繹；我們可分別地對各官能作以下的分析：

意志：人的意志湛深地翕合於上主，為上主而悅樂。神已相當程度上得著人的意志，讓它能專注並凝神，在神內愉悅（自傳17．4～5）。

理智：理智比先前有較多時間和意志同步，能藉著專注於神而獲得光照，只是它並非思辯性的理解，而是從愛中孕育直覺。換言之，神也在相當程度上得著人的理智，只是尚未徹底地與它吻合而已（自傳17．5）。不過，它可直覺地吐露出巧妙的詩句，來表達對神的愛慕，超出一般思辯智巧所能達到的程度（自傳16．4）。只是此時的理智仍是自由的，仍可自主地處理世務及行愛德（自傳17．4）。

記憶：在心靈的三個官能中，記憶看來是最難馴服的，它仍然是自由而放蕩不羈（自傳17．4～6），雖然它願意提供先前的意像作為協助，但卻愈幫愈忙，甚至連理智也不知如何處理它。為此，大德蘭的建議是：把它當作瘋子，而不必理會它，惟有神才懂得如何靜止它（自傳17．7）。

想像：內感官方面，想像是緊密地連貫著記憶，也染有記憶那份自由與放蕩，人靈也對它束手無策（自傳17．6），而它與記憶一起，既不能助益，也無力為害（自傳17．6）。大德蘭的意思是：想像與記憶已無力做大的干擾，因為它們無法集中於一事物，只有點像小飛蛾似地，在夜間飛舞，惹人生厭而已（自傳17．6）。

外感官：外感官會間接地受到意志成功的影響，而在肉體上有所感觸，並分享著靈魂的喜悅（自傳17．6）。

簡括地說，所有的官能尚未聯合一致，接受神的徹底的薰陶。但已相當接近「結合祈禱」的門限，大德蘭在此給予的建議是：把自己完全交付給神，由祂來帶領（自傳17．2），好讓我們能跨越這門限，進入「結合祈禱」的境界。

D 結合祈禱

於此，我們進入了西方基督宗教神祕主義的核心經驗——人神的「結合」（union），大德蘭稱之為「結合祈禱」（prayer of union）[22]，在其中，神已全然佔據了人的心靈，人神彼此在愛中心心相印，神在愛的灌注中，使人官能的普通運作暫時吊銷，並處在被動的狀態下

22. 《自傳》18．2；《城堡》5．1～4。

㉓。神祕結合本身具有不同程度的深淺㉔，在大德蘭的體認下，劃分為三個重要階段，於《靈心城堡》中稱為「第五、六、七住所」，學者專家㉕順序命名為：

單純結合（simple union）

超拔結合（ecstatic union）

轉化結合（transforming union）

茲分別述說如下。

1. 單純結合

大德蘭分別以a）本義；b）功能；c）效果；d）心態；e）建議等前提來討論「單純結合」。

ⓐ 本義

凡源自上主的「單純結合」，其核心義在於人神間的「結合」（union）（自傳18．3）。其中蘊含著下列的特徵：

（1）默觀者在其心靈深處（自傳20．1），體證人在神內，神在人內，兩者合而為一（城堡5．1．9）。

（2）這份經驗常在無預警的狀態下發生（自傳18．9），類比著突如其來的傾盆大雨，人靈整個地被神所浸透（自傳19．1）。

（3）人在其中所獲致的喜悅、滿足與平安，遠超過世間世物所能提供的程度；相較之

23. 《自傳》18．1，10～13。在「結合祈禱」出現以前，靈魂尚且意識到世界，其普通官能尚未全然被吊銷，感官尚知覺到其寂靜，理智也理解其在世上，類比著園丁對花園還有些作為《自傳》18．1。但當人一旦進入「結合祈禱」，則類比著天雨傾盆，天水已浸透了園地，園丁全然濕透，且處在被動的狀態下《自傳》19．1。

24. 《城堡》5．1．2，大德蘭還用男女戀愛的歷程做類比，人神間的戀愛也有其1）邂逅；2）交換禮物；3）牽手交往；4）訂婚；5）結婚。以前三者寓意「第三重住所」，以後二者分別意謂「第六、七重住所」《城堡》5．4．4。

下，世福顯得粗淺，而人神結合的滿足卻深入骨髓，直透心底，終生難忘[26]。

（4）人靈十分確定自己與神結合，而毫不懷疑這份經驗是否來自惡魔，因為魔鬼在此無法干預，也無法仿冒其中的崇高與湛深（城堡5．1．5、9）。如果人還存有半點疑惑，則表示它極可能不是出自好的根源（城堡5．1．5）。

（5）這種祈禱不論持續多久，都不會對人造成傷害或產生任何的副作用，反而叫人身心感到憩息與振作（自傳18．11）。

（6）人靈難以抗拒這份經驗的降臨，雖然他仍可有絲毫的力量去拒絕（自傳20．3）。

（7）到底這份經驗並不持續（自傳18．9），它通常不超過半小時（城堡5．1．9；2．7）；人不論如何珍惜它，也無法保留，因為神是來去自如的（城堡5．1．12）。

（8）人神的結合，類比著男女的戀愛歷程，有其不同程度的深淺，而「單純結合」並不是最湛深的程度（城堡5．1．2、12；5．4．4）。

（9）結合經驗牽涉意識的轉變，即所有官能的普通運作暫時被吊銷[27]，與超越運作之呈現，其中究竟，可較細緻地述說如下。

ⓑ 功能

意識官能的超越運作會有以下的表現：

（1）意志充滿著對神的感動與愛火[28]。在此時，人靈的一切官能中是以意志最受神觸

25. 參閱Fr. Ermanno OCD, "The Degrees of Teresian Prayer", p.93；Fr. Gabriel, "*St. Teresa of Jesus and St. John of the Cross*", pp.58～64, in *St. Teresa of Avila*. Ed. by Fr. Thomas & Fr. Gabriel OCD。（Westminster：Newman Press, 1963）。
26. 《城堡》5．1．6、9、10。
27. 《自傳》18．1；《城堡》5．1．4。
28. 《自傳》18，2，12，13；《城堡》5．1．4。

動，意志在被觸動的剎那，其他的官能也往往會暫時休止；不過，這種休止狀態並不持久，它們很快會回來干擾意志（自傳18．12）。意志融入神的愛火，安享其中的甘飴，而不想接受任何詢問與思考，只想沐浴在神的陽光下，因為它在愛的光芒中已認識了上主㉙。

（2）理智的普通思辯功能已暫時停止運作㉚，它在開始時較處在暗昧中，不知所措，因而不知其所以然㉛，不過也時而會與意志同步，在愛中獲得智慧的光照（自傳19．2；18．3）。

（3）記憶的情況與理智類似，起初只有意志受神的感動，而記憶本身會不知所措，但後來會與理智和意志一起獲得愉悅（自傳18．13）。

（4）想像作為內感官功能，在結合祈禱中通常停止活動，但它並不是持久地被吊銷，它會與記憶一起在短促的時間內反過來干擾意志（自傳18．13）。

（5）外感官的普通功能已暫時被吊銷㉜，但這並不意謂著人已失去知覺（城堡5．1．5），他仍意識到靈魂尚處在肉身內，只是手腳不能輕易地活動而已㉝，所有的外感官被動地閉上，即使張開，眼睛也視而不見，耳朵會聽而不聞㉞。

ⓒ效果

凡經歷過「單純結合祈禱」的人，他會獲得以下的效果：

（1）終生難忘——人只須經歷一次，即印象深刻，歷久不能磨滅（城堡5．1．9～10），因為神已在人靈上烙印（城堡5．2．12）。

（2）正面效應——結合的經驗給身心帶來正面的效應；在身體上，先前的不適會因而

29. 聖女大德蘭，《默思雅歌》5．4；6．4。（Kieran Kavanaugh & Otilio Rodriguez英譯本：249頁、252頁）。
30. 《自傳》18．3；《城堡》5．1．4。
31. 自傳18，10，14；*Spiritual Teatimonies* 59．6，Kieran Kavanaugh & Otilio Rodriguez英譯本356頁。
32. 《自傳》18．1；《城堡》5．1．4。
33. 《自傳》18．10；《城堡》5．1．4。
34. 《自傳》18．1；《城堡》5．1．4．9。

有好轉（自傳18．11）；在心靈上，人會獲得憩息與振作（自傳18．11），即使今後會引致更深的對神之渴慕（城堡5．2．10）。

（3）修德精進——人在修德行的路途上會更精進，其中尤在愛德、信德、謙虛等德行上表現出來。

ⓓ 心態

人靈一旦體認到與上主的結合，他在心態上的轉變，可從下列的面向上被察覺：

（1）對神——人靈一方面會更懇切地渴慕神（城堡5．2．12），另一方面又自覺尚未徹底地與神合一，使得內心出現一份愛的傷感㊱。

（2）對己——人靈會為了更愛上主，而渴願受苦、作補贖、靜處（城堡5．2．7），並在接受考驗中，不失卻內心的深度平安（城堡5．2．10）。

（3）對人——他會在愛主的前提上更愛鄰人（城堡5．3．7～12），想要與別人分享神的恩寵（自傳19．3），並渴願他人能更認識主，也因為得悉他人冒犯了上主，而深感傷痛（城堡5．2．7）。

（4）對世——人靈已死於世界（城堡5．2．7），不再貪戀世俗（城堡5．2．8），且有離世歸主的渴願（城堡5．2．10）。

ⓔ 建議

在「單純結合」的前提上，大德蘭所給予的建議是：

35.《默思雅歌》6，11，13。
36.《*Spiritual Teatimonies*》59．17～18。

（1）在諸事上翕合主旨——「結合」經驗既是來自上主的灌注，人固然不能助長，但仍可以妥善地預備自己（城堡5．2．1）。自我預備意謂著去除自私、不對世俗有亂情、勉力祈禱、實行克己、服從長上等（城堡5．2．6），好讓人可順利地從主動的（active）、自修的（acquired）「翕合主旨」（union with God's will）上（城堡5．3．3、5），轉化成被動的（passive）、灌注的（infused）「結合祈禱」（prayer of union）（城堡5．3．3、5）；以至於死於自己，活於天主（城堡5．3．5），類比著春蠶消逝，蝴蝶出現一般（城堡5．4．2）。

（2）更勉力愛主愛人——在自我預備中，尤須在愛主、愛人二事上翕合主旨（城堡5．3．7），因為神只要求這兩件事。一方面我們可從更愛人，得知自己是否更愛主（城堡5．3．8）；另一方面，成全地愛人是以愛主作根基（城堡5．3．9），我們須以基督作表樣，祂為世人而死於十字架上（城堡5．3．12）。

（3）祈禱方法保持彈性——在祈禱方面，即使我們已達到「結合祈禱」的地步，大德蘭仍主張我們在方法上保持彈性。她類比地說：園丁須隨時準備以先前的方式來灌溉園地，因為「結合」經驗並不持續。為此，假如一種祈禱方式不靈光，我們就須以另一種方式來替換，以免浪費精力與時間（自傳18．9）。

（4）慎防魔鬼攻擊——魔鬼會極力阻止我們前進，因為牠知道神可透過建樹一個人，如聖依納爵（St. Ignatius Loyola），而使許多人得救（城堡5．4．6）。況且，沒有人可絕對保證自己安全，連猶達斯（Judas）如此地接近耶穌，也失落了（城堡5．4．7），我們不可不慎。在此，大德蘭提出以下的兩個問題：其一是，如果人誠心承行主旨，他又如何能被欺騙呢？其二是，魔鬼欺騙我們是如何得逞的呢？（城堡5．4．7）大德蘭針對第一個問題的回應是：魔鬼可從小事上著手，叫人為自己著想一點而開始鬆懈，因而使人導致理智判斷的逐漸暗昧。總之，魔鬼會以假善的名義來混淆是非，叫人逐步遠離天主的旨意。在第二個問題上，大德蘭回應說：魔鬼既無孔不入，善於找出人的弱點來加以攻擊。她說：這或許是神容許牠如此做，以考驗我們。況且，人在開始時跌倒，總比日後跌倒為妙，因為後來會有更多人，因為你的跌倒而跌倒（城堡5．4．8）。

（5）戒慎而努力修德——人須戒慎、努力、謙虛修德與祈禱（自傳19．3～4），要事事仰賴神，而不要信任自己（城堡5．4．9）。誠然。神修有如逆水行舟，不進則退，人目前仍有後退的可能。為此，要在神的助祐下，勉力日進於德。大德蘭尤其提醒我們：如果發現自己在愛德上不增長，這是一個警訊，人不可不慎（城堡5．4．10）。

在探討了「單純結合」的內涵後，我們可進而討論「超拔結合」（ecstatic union）這一議題。

2. 超拔結合

《靈心城堡》中，大德蘭以「第六重住所」來稱謂「超拔結合」這一階段，並且用了十一章的篇幅加以描述，還以「神魂超拔」（ecstasy）一辭作為關鍵詞（城堡6．4．2）。希腊文ek～stasis意謂著「外溢出來」（standing out），在神祕結合的脈絡上，寓意著靈的濃烈結合，甚至外溢在肉體上，而顯其異狀，如容光煥發、五傷印證、肉體騰空等等，被外人所察覺（自傳20．1）。從人神戀愛的角度言，此階段又被稱為「靈性訂婚」

37.　《城堡》5．4．4～5；6．4．4。
38.　《城堡》6．11；《自傳》29．13。

（spiritual betrothal），為下一階段的「神婚」（spiritual marriage）作準備㊲。為了要讓人成為純潔無瑕的淨配，神特別給人一段最徹底的煉淨，其中蘊含著極度的身心煎熬，與濃烈的愛戀情傷㊳。這段煉淨過程將持續地進行，直至人靈完全神化為止。較細緻地說，我們可分別地扣緊其消極面——激烈的煉苦，與其積極面——濃烈的結合，以及其他相關的事項逐一說明。

ⓐ 消極面：激烈的煉苦

為預備我們穩妥地踏進「神婚」這一地步，上主會首先容許我們經歷各種內外極度痛苦的考驗。雖然煉苦的名目眾多，到底，大德蘭以過來人的身分，設法從最小的考驗說起，藉此作一排序如下（城堡6・1・3～14）：

（1）非議——別人的各種閒言閒語、搬弄是非，會接踵而來。它們可來自敵人，也可出自朋友；而朋友的批評、離棄與中傷，更令人感到椎心刺痛（城堡6・1・3）。

（2）稱讚——別人的讚賞，會比斥罵能引致更大的折磨，理由是（城堡6・1・4）：

i）人靈至少開始自覺貧乏，以致難以忍受讚美；

ii）人漸漸更體認惟有上主才是全善的，於是轉而讚美神；

iii）深切體會到，若別人因我而獲得造就，那只是因了神引用我作為器皿而已；

iv）於是，人事事尋求天主的光榮，超過為自己保留讚譽。

（3）疾病——神也容許重病的發生，甚至准許劇烈的痛楚。看來這是世上最嚴酷的外在考驗，它能使人身心受創。為此，有人寧願一下子致命（martyrdom），而不願接受長期的劇痛。然而，神的苦架不會超過我們所能背負的程度，祂會賜給我們忍耐去承擔（城堡6．1．6）。

（4）神師的質疑——神師或許因過於疑慮，以為這些經驗源自邪靈或個人的抑鬱，致使當事人千言萬語，無從辯解（城堡6．1．8～9）。

（5）有被神遺棄的感覺——個人處在心靈的黑夜中，求救無門。甚至有被神捨棄的感覺，類比著地獄般的失落。人自覺無能為力，不論做口禱或心禱，或引用任何普通官能，也無濟於事。神藉此讓人明白：若沒有神的助祐，自己什麼也不能做（城堡6．1．9～13）。

（6）在人群中孤立無援——個人無從與人溝通，其苦悶、煩惱得不到諒解。與人談話，甚至壓抑不住雙方的反感。在此，大德蘭的建議是：不如權宜地找些外務操作，例如：愛德活動等，來做緩和，並祈盼天主的援助（城堡6．1．13）。

（7）魔鬼的攻擊——魔鬼會盡全力從外撻伐和干擾，但牠只能在天主容許的範圍內行事（城堡6．1．14）。

各種煉苦不勝枚舉，但大德蘭強調：更多的痛苦，若與神的恩寵相較，那簡直是微不足道，不值得說是考驗；因為神恩寵的浩瀚是無可比擬的，這些只是我們進入「神婚」前的煉淨而已（城堡6．1．14）。況且，從積極面看這一階段，那是人神間極具震撼的濃烈結合。

ⓑ 積極面：濃烈結合

這階段也滿溢著濃烈超拔結合經驗，以致感官與靈三司的普通官能全然地被吊銷，個人已不再察覺外在時空的轉移，只一心專注於上主。在「超拔結合」的前提下，大德蘭凸顯了三種型態（或許可以說是三個不同的濃烈程度），分別被命名為：

（1）濃烈結合（intense union）

（2）出神（rapture）

（3）心靈飛越（flight of the spirit）

茲一一述說如下：

（1）濃烈結合

按大德蘭的描述（城堡6．2．1～8），這份經驗是人在無預警下發生。例如，人可在口禱中，甚至在日常的操作中，身心並未主動地收斂時，卻突如其來地被神所吸引（城堡6．2．2、8），以致出現下列的特徵：

i）普通官能的休止——人的一切普通官能，包括內外感官的普通運作，及靈三司的思辯運作，都一下全被吊銷（城堡6．2．2～4），如同莊子所言之「形如槁木，心若死灰」㊴。

ii）超越意識的覺醒——心靈的超越意識突然被神所喚醒；即神在我心靈內最深密、最核心之住處中，把我叫醒（城堡6．2．2、8）。而這份覺醒是極度湛深與細膩，在深密的程度上超過先前能有的「靈悅」（spiritual delights／gustos）。

iii）戰慄與欣悅——這突如其來的經驗，會一下子使人感到驚懼；但這份戰慄會轉而為喜悅，因為人感受到神的細膩與輕柔（城堡6．2．2、8）。

iv）意志的戀慕與情傷——人意志一方面因接觸到神而燃燒著愛火，另一方面，又因其

39. 《莊子．齊物論》：「形固可使如槁木，而心固可使如死灰乎？」《莊子．知北遊》：「形若槁骸，心若死灰。」

接觸尚未圓滿，而對神產生更大的渴慕與情傷（城堡6．2．2～4）。

v）理智的空靈明覺——理智此時清晰地直覺到神，並毫不懷疑自己會受騙，深知魔鬼無法仿冒其中的深厚與細緻（城堡6．2．3、5～6）。大德蘭強調：人若對此有絲毫的疑惑，即表示其經驗並非來自神。（城堡6．2．7）

vi）不持續——然而，這份經驗也只是曇花一現，本身並不持續，人也無法控制它的去留（城堡6．2．4）。

vii）不執著於世物——人一旦嘗到這份經驗，他會更堅決地渴願為主受苦，更不執著於世物（城堡6．2．5、6）。

於此，值得一提的是：先前所曾分析過的「單純結合」（simple union），與此處所談的「濃烈結合」，兩者在相較之下，可被體會出其中的異同。就其「同」而言，至少有下列六點可被強調：即兩者都體證到人神間的「結合」、都發自心靈深處、都在無預警下出現、都讓人免於疑惑、都叫人終生難忘、也都激勵人日進於德。若就其「異」而言，則有下列數點值得凸顯：

其一是有關普通官能被吊銷的程度：人在「單純結合」中，其普通意識的官能尚未徹底地被吊銷，只是肉身幾乎難以動彈而已。反之，在「濃烈結合」中，其普通官能，包括內外感官與靈三司的思辯運作，都徹底地休止，人靈已暫時神移至上主的懷抱。

其二是有關超越官能的運作狀況：人在「單純結合」中，其意志的愛火較多被觸發，而理智的光照則較未能與意志同步。反之，「濃烈結合」中，意志的愛火與理智的光照則較多吻合。

其三是有關意識轉變上的速度：「單純結合」，相較地來得較緩和漸進，以致大德蘭並未標榜其中的驚恐。反之，「濃烈結合」在湧現時，卻來得如此地突然，以致人靈起初會驚惶失措，再而轉為欣喜。

「濃烈結合」中，普通官能的徹底休止，與超越經驗的突然冒出，本身已構成一份「神魂超拔」（ecstasy）。反正，大德蘭把休止（suspension）、神移（transport）等現象看成「神魂超拔」的要素（自傳18．7）。而若望神父（Fr. John of Jesus Mary，OCD）也將大德蘭的論點做了這樣的詮釋：神魂超拔寓意著人靈對神的一份深度的悠然神往，其中蘊含著感官的休止，與愛的神移。誠然，當人被神得著而不自主時，其心智就如同敞開的神祕孔道一般，吸納了所渴慕的至善，把神深藏於心坎。或更好說，那敞開的心靈已神移至神的懷抱，讓祂來充滿自己，並與祂連繫一致，一起融入同一份愛的洪流，此之謂神魂超拔[40]。大德蘭還解釋說：神魂超拔也意謂著神協助人靈出離感官，否則其現世生命會承受不住震撼。況且，某些人甚至連「寧靜祈禱」（prayer of quiet）也已足夠置之於死地，為此，神有必要暫時吊銷其肉體的普通官能，以免發生意外（城堡6．4．2）。

濃烈的人神結合，可演繹為更激烈的「出神」。

（2）出神

出神（rapture）凸顯神魂超拔的更激烈狀態：即心智被神帶走時，其肉體會停止呼吸，身手冰冷，表面看似暫時的死亡（城堡6．4．13）；他除了「形如槁木，心若死灰」外，尚有以下的現象被察覺：

40. Fr. John of Jesus Mary, OCD, *Mystical Theology*（Bruxelles：Editions MTH Soumillion，1999），p.52，p.57。

i）無預警下被觸發——「出神」狀態甚至可以不在祈禱中發生；個人可因某些機緣而有感觸，例如：看到聖像、聽到聖樂、想及某字句而轉念向神，聽聞有關神的言辭而深受感動，或是神突然在心內點燃起愛火等等。凡此種種，不勝枚舉（城堡6．4．3）。

ii）愛火熾烈——人的意志充滿著愛火，且愈發熾烈（城堡6．4．14）。

iii）明心見性——人的理智直覺到極深的光照，且從未如此清明地覺醒（城堡6．4．3～4）。他不必用思辯或圖像，而能直截地瞭悟神的真理。人先前即使並未談論過神的奧祕，至此也會深深地明晰、信仰並敬拜神（城堡6．4．6）。人如同被邀請至奧爾巴公爵夫人（Duchess of Alba）的寶庫似的，一下子看到稀世奇珍而目不暇給，事後只能籠統地述說其豐富經驗。類比地，人在出神中，瞥見部分神的王國，而目瞪口呆，事後發覺人的言語無法充分地說出其中無可比擬的輝煌（城堡6．4．8～9）。

iv）神力往上牽引——人體會到自己被神強力地往上拉拔，致使心靈如同老鷹般，向高處飛翔，影響所及，甚至連肉體也可因而騰空提昇起來（自傳20．3），看來這是「出神」的典型現象。

v）相關現象——神也可能給予人靈有關天國祕密的「啟示」（revelation）、或「想像的神見」（imagination vision）、或「理智的神見」（intellectual vision）等相關經驗，叫人終身難忘[41]。在出神中，人的外感官雖然不參與任何活動，但事後，人仍可引用感官圖像作類比，談論所獲得的「想像神見」（城堡6．4．5）；至於「理智神見」的內容，即使它比「想像的神見」更難用意象來交待，到底仍可在某程度上，以象徵說法來類比（城堡6．4．5）。

41. 《城堡》6．4．5；《自傳》21．12，容後討論。

vi）不持續——在出神中，人不再意識時間的流溢，但到底這份經驗並不持續。以普通經驗的時間體會來衡量，它也只是曇花一現而已（城堡6·4·13）。

vii）效用——雖然出神的經驗並不持續，不過，它讓人得到以下的顯著效果：人出神後不久，意志仍保持著熱烈的愛火，而理智也因明心見性而歎為觀止，久久不能自已（城堡6·4·14）。

當人完全恢復普通官能的運作之後，他不論對神、對己、對世的心態，都一再獲得更新。

對神：他比以前更渴慕神（城堡6·4·15），更對神國有強烈的思鄉感（城堡6·11）。

對己：人愈渴願為主的緣故而受苦受難，接受補贖（城堡6·4·15），也愈因體會神的崇高而自我謙下（自傳21·12）。附帶地說，如果他是在公共場所出神，他會因眾目睽睽而羞愧，一方面是他不願曝光，另一方面也可能是自己謙虛不足，老是在意別人的觀感（城堡6·4·16）。

對世：人因接觸神國的美好而視世物如同糞土（城堡6·4·10），但並不因而厭世避世，反而更積極入世，以渡眾生（自傳21·11）。

對靈修：人靈因愛得多而獲得更新，其眾多過犯也被赦免（城堡6·4·3），他從此更穩走聖德的道路（自傳21·8），也更能以愛心投入世務（自傳21·10）。

viii）仍可失落——人靈並不因獲得出神而絕對安全，他仍可跌倒失落，為此不可不慎，並須全心依賴上主的助祐（城堡6·4·12）。

42. 《自傳》18·2；*Spiritual Testimonies* 59·11。

若把「濃烈結合」與「出神」相較，固然兩者都被放在「神魂超拔」的名目下，且意義相通（自傳18．7），因為它們都蘊含著「休止」、「神移」、「天人間愛的深繫」等要素；然而，在本質相同的前提下，它們仍在程度或型態上顯其差異。大德蘭以燒紅的鐵做類比：「結合」類比火鐵交融，而「出神」卻像溶鐵隨火飛舞，往上爆裂，甚至噴射出來㊷。那就是說，「結合的經驗」，不論自始至終，都兌現在心靈的深處，人仍停留在地上，即使手足難以動彈（自傳20．1、3）；反之，「出神」則是靈魂似乎不再賦予肉體生命，心神被神拉拔，以致連身體也時而呈現騰空狀態（自傳20．3）。在此，Fr. Theophilus替大德蘭詮釋：神魂超拔是更濃烈的結合，而神魂超拔狹義化為出神，則是其更湛深的程度。為此，「出神」不是神祕經驗的附屬現象，所附屬的只是肉身的反應而已㊸。

在體會了「出神」經驗的義蘊後，我們可進而聆聽大德蘭對「心靈飛越」的描述。

（3）心靈飛越

「心靈飛越」（flight of the spirit），可簡稱為「靈飛」。按大德蘭的體認，「出神」與「靈飛」，兩者仍實質地相同（substantially the same），而經驗地相異（esperientially different）（城堡6．5．1）。就「本質」上的「同」而言，不論是「出神」或「靈飛」，它們都是人神間深度的結合，且在結合中牽涉著普通官能的「休止」（suspension），及靈官能的「神移」（transport），其中蘊含著意志的熱愛與理智的光照。但從「感受」上說，雖然兩者都在無預警下，受到神力對人靈的往上拉拔㊹。畢竟，人在「出神」中，是慢慢地死於外物而活於天主，以致肉體漸漸地往上提昇；反之，「靈飛」卻是突然高速地向上飛越，

43. Fr. Theophilus, OCD, "Mystical Ecstasy according to St. Teresa" in *St. Teresa of Avila: Studies in her Life、Doctrine & Times*. Edited by Frs. Thomas & Gabriel（Westminster, Maryland：The Newman Press, 1963, p.143。
44. 《自傳》18．2；《自傳》20．3；《城堡》6．5．9。
45. 《城堡》6．5．1、7、12；*Spiritual Testimonies* 59．9。

靈的「高層部分」彷彿迅速地被捲離肉身，一下子被帶到神的境界㊺。初次獲得「靈飛」經驗的人會驚惶失措（城堡6・5・1、12），人靈無從做任何的抗拒，且愈抗拒則情況愈糟（城堡6・5・2）。在此，大德蘭的建議是：須鼓起勇氣地投降、信任並接納神（城堡6・5・1、12），而不必為來源問題擔心。原因是：它不可能出自魔鬼的仿冒，或個人的想像（城堡6・5・9～10）。況且，我們可從果中推因，發現驚惶後所帶來的卻是深度的平安、喜樂與前所未有的光照（城堡6・5・7），而且對其經驗終生難忘，且在德行上突飛猛進（自傳21・8、10），再者，我們尚可從三個面向看出其深奧的效果：

其一，對神——人靈更深刻地瞭悟神的偉大。

其二，對己——他更謙虛地體認自己的渺小。

其三，對世——他更不執著世物，只用它們來服務神。

在此，我們仍須交待有關「專注凝神」（absorption）與「神魂超拔」（ecstasy）的差異。大德蘭曾在《建院記》第六章㊻中提醒我們，不要混淆這兩者。「凝神」意謂著個人主動地凝神專注於一物，以達到感官的休止與內心的靜定；「出神」則意謂著被動地被神帶出，離開普通的意識，達到與神結合。其中主要的差異是（建院6・4～6）：

其一，主動與被動：

「凝神」是人主動的作為，出自個人的修行。

「出神」則是人被動的接受，肇因於神的推動。

其二，長時與短時：

「凝神」是人可決定其入定時間的長短，必要時閉關多日，因而招致傷身，日後須接受

46. St. Teresa of Avila, *The Book of Her Foundations*, ch. 6, in *The Collected Works of St. Teresa of Avila* Vol. 3. Trans. by Kieran Kavanaugh & Otilio Rodrigues（Washington, D.C.：ICS, 1985），pp.124～133。

治療。

「出神」不由人來助長，而由神來處理，以致其經驗不能持續，但出神是在普通官能被吊銷下進行，它並不傷及身體。

其三，無德與有德：

「凝神」導致感官的休止，但不見得使人增進德行；

「出神」使意志增進愛火，使理智獲得光照，在德行上更精進，更謙虛，更愛主愛人。

總之，大德蘭特別標榜「出神」的「一因一果」：

因：根源於神（Divine origin）

果：人靈聖化（Sanctification）

並以此「一因一果」來與「凝神」分辨開來。她積極正視「超拔結合」，但不主張用「凝神」技巧，她甚至用「愚蠢」（stupidity／abotabiento）一辭來貶抑後者（自傳12．5），原因是後者的來源並非出自神（自傳12．7）。她強調「出神」留給靈魂的聖化是「凝神」所無的，「凝神」有的只是身體的疲勞（建院6．14）。Fr. Theophilus也以大德蘭的這個提示來分辨「純正的神祕超拔」（genuine mystical ecstasy）與「本性的超拔休止」（natural ecstatic suspension）[47]。

ⓒ 相關議題：珍惜基督的人性

與「神魂超拔」有密切關連的議題，除了「濃烈結合」、「出神」、「靈飛」之外，還有「想像的神見」（imaginative vision）、「理智的神見」（intellectual vision）、「祕密／啟

47. Fr. Theophilus, OCD, “*Mystical ecstasy according to St. Teresa*”, p.151。

示」（secret／revelations）、神諭（locution）等相關現象，大德蘭在《靈心城堡》的「第六重住所」中加以討論；於此，因篇幅所限，只留待下回分解。然在眾多相關議題中，其中對「珍惜基督的人性」這個論點上，尤值得我們再三深思。

大德蘭一貫的教誨是：無論你在默觀的程度上有多高，不論是在「第四重住所」（城堡4．1．6～7）、或「第六重住所」（城堡6．7），都不要放棄親近基督的人性；人到底不是如同天使的純靈，而是肉身的存有者（自傳22．10），在不助長而順其自然的情況下，須念茲在茲地存念降生的基督。誠然，去感念基督生平行實常是有助益的，連大聖人，如聖五傷方濟或聖安道，也念念不忘基督的人性（自傳22．7）。如前所述，用理智推理是一回事，存念基督的個體、激出愛的火花，則是另一回事。我們的目的不在於想得更多，而在於愛得更多。然而，愛不在於獲得大安慰，卻在於事事取悅天主（城堡4．1．6～7）。存念基督的人性，並不等同於執著形軀世物，而是藉降生的奧跡，讓我們與主連結（自傳22．8）。誠然，主耶穌是我們惟一的「道路、真理、生命」（《若望福音》十四章六節），放棄了基督，等於失落了一切。為此，除非是在神魂超拔中，被神牽引而吊銷了我們的普通官能，否則，如果隨便輕言放棄基督的人性，或遠離聖體聖事，那是多麼的不明智（城堡6．7．14）！

末了，在「超拔結合」的前提上言，大德蘭認為：先前所有的重大建議，如勿助長、戒慎努力、謙虛、愛主愛人、找有學問兼有靈修者訴心等[48]，都一概適用，到底我們還是旅途中的人（homo viator），可進步，也可跌倒；況且，我們還須要邁進到「第七重住所」——「轉化結合」。

48. 《自傳》22．5～6；《城堡》6．8．8；5．1．7～8；6．1．9。

3. 轉化結合

大德蘭《靈心城堡》談「第七住所」（城堡7・1・3），意謂人靈已經歷徹底的煉淨，適合做吾主的淨配，以致從「靈性訂婚」邁進到「神婚」（spiritual marriage）。靈修學家引用「轉化結合」（transforming union）、「成全結合」（perfect union）、「神化結合」（divinized union）等名詞來給這個階段命名[49]。按專家們的觀察，大德蘭在撰寫《自傳》時，尚未臻此境界，尚有待後續的交待[50]。顧名思義，此階段的種種命名，都在指示人已達到前所未有的冥合，其中的高深，甚至連「第六住所」也有所不及。為此，大德蘭說：即使「第六重」與「第七重住所」間沒有關閉的門戶（closed door），到底「第七重住所」尚蘊含若干境界是「第六重住所」尚未達致的（城堡6・4・4）。有關此階段的究竟，大德蘭做了這樣的交代。

ⓐ 轉化結合的究竟

「轉化結合」是人現世所能達到的最高結合。固然神內在於一切人，甚至也內在於大罪人，以維持其存有，免於化為烏有[51]，到底，神還用進一步的方式來內在於有寵愛的善靈，以之為聖神的宮殿（城堡7・1・5）；但本身仍分不同的等級，甚至神祕結合也分不同的湛深程度。如上述，大德蘭以男女戀愛做類比來解釋：「單純結合」類比戀愛中的交往，互相愛慕中仍有其區隔；「超拔結合」類比訂婚，心心相繫中，仍有所保留；「轉化結合」類比結婚，愛者互相給予以致合為一體。「神婚」就是人神間極度湛深的結合。按大德蘭的意象說法，人靈就如同雨水滴進江河般，與神融化在一起，又如同兩支蠟燭般，在燃燒中合

49. 參閱Fr. Ermanno OCD，「The Degrees of Teresian Prayer」p.98。
50. Kieran Kavanaugh & Otilio Rodrigues在註釋中指出：「當大德蘭寫《自傳》時，她還沒達到自己描述的第七重住所的境界。她在《自傳》中解釋的第四種水的象徵，相稱於第六重住所。」*The Collected Works of St. Teresa of Avila*, Vol.2, *Interior Castle* 4・1・1，註解2，p.488。
51. 《城堡》7・1・3。在此，大德蘭懇求我們為罪人的歸化祈禱《城堡》7・1・4。

併為一，也如同兩扇窗戶所透入的陽光，在室內化作一道光芒一樣（城堡7·2·4）。於此，我們可權宜地從其積極面與消極面來對「轉化結合」做一體認如下：

（1）積極面

從積極面而言，「轉化結合」同時寓意著神的湛深臨在與人靈的徹底神化，其中還蘊含著極深度的愛與光照，在人靈核心中極度平安與喜樂中兌現。茲按此數點做一闡述。

i）神的湛深臨在——「轉化結合」是神在人靈的最深處呈現自己，且比先前各階段更充分彰顯其圓滿的存有；其在人內的臨在，不只比以前更徹底，也更持久，更恆常（城堡7·1·8～9）。

ii）人的徹底神化——此時，人靈已徹底地被煉淨，以致能藉著深度地分享神而被神化（divinized by participation），如同聖保祿（《格林多前書》六章十七節）說的：那與主結合的，便是與祂成為一神（城堡7·2·5）。但這不並意謂著，他被神附身，他反而比以前更自主，只是舉手投足間更翕合神意而已。

iii）極深的愛與光照——人意志的愛火與理智的光照互相吻合，能在清明狀態下愛神，認識神（城堡7·2·3、6）。外務操作不能打擾其內心的與神湛深的結合（城堡7·1·8～9）。他已能用神的眼光觀看世界，以致從中體認神的親在。再者，神因開啟了人的靈眼，以致人不只瞭悟神是「太一」，也體認祂為「三位」（Trinity）（城堡7·1·6～7）。

iv）內心常平安喜樂——人在其靈的最核心處常體證神，且在這核心中，常活在平安與喜樂中，外面的紛擾不能打擊其心內的寧靜（城堡7・2・7、10）。

（2）消極面

從較消極的面向上做體認，我們將發現「轉化結合」包含以下的特點：

i）少出神——若與前一階段的「超拔結合」相較，則「轉化結合」相對地缺少了很多的「出神」（raptures）現象（城堡7・3・12）。原因是人既已脫胎換骨地轉化，甚至肉身的官能也連帶地被神化，以致他整個人，包括靈魂與肉體，可以在日常生活的狀況中結合神；也可以全心做外務工作，而不影響他對神持續的結伴（城堡7・1・8）。

ii）本性的狀態未全被超越——他會有短暫的時候活在本性的狀態（natural state）之下（城堡7・4・2），此時的他仍可權宜地做推理默想等修持，也會在本性的狀態中受邪靈干擾與攻擊。上主之所以如此容許，為的是要讓人保持謙虛（城堡7・4・2），藉此提醒他，現時尚未絕對地安全，所以仍須戒慎處事[52]。

iii）無預警、勿助長——「轉化結合」的經驗是在沒有預先警告之下發生，人不能控制這經驗的去留（城堡7・1・6、9）。總之，在這個事上，神仍是主動的掌控者，而人不能助長。

iv）所有官能的互動尚未絕對和諧——人即使進入「轉化結合」的階段，其生命尚未獲得最終極的圓滿，因此，所有官能的互動尚未達到絕對的和諧。首先，在「心靈的官能」（spiritual faculties）方面，大德蘭權宜地分辨「靈」（spirit）與「魂」（soul）二辭（城堡7・1・11）。「靈」，寓意著心智的核心，涵括著心智的超越功能，如意志的愛火與理智

52.《城堡》7・2・9；《城堡》7・4・2。

的光照；「魂」，意謂著心智的普通運作，如理智的思辯推理與意志的情緒好惡。「靈」與「魂」雖同屬一體，到底仍互呈張力，類比著瑪爾大（Martha）對瑪麗（Mary）的抱怨一般。「靈」作為心智的核心，常與神密切結合，而「魂」卻未享有同等的待遇，以致尚有互不同步的尷尬[53]。若再把「靈官能」與「感性官能」（sense faculties）雙提並論，則靈所體證的冥合經驗，固然薰陶著人的內外感官，致使肉體也感受到相當程度的安寧與愉悅（城堡7‧2‧6～7、10），只是肉身仍不免於疲倦或受干擾，甚至仍須進行攻防，與接受考驗（城堡7‧2‧10）。總之，人的一切官能在互動上，仍有若干程度的不協調，不因「轉化結合」的實現而獲得化解。到底，我們仍是在世的「旅人」（*homo viator*），向著最終極的「全福」（beatitude）邁進，仍等待著將來天鄉的大團圓。

ⓑ 所導致的效用

在討論「轉化結合」的究竟之同時，大德蘭也不忘歸納出其對人靈所導致的七個效用[54]：

（1）更忘我——人因著已經投奔到神的懷抱而更忘我，只願在一切事上榮耀神，以上主為自己所有的一切（城堡7‧3‧2）。

（2）願受苦——人靈會凡事以上主為念，連在渴願受苦中，也以主的旨意為前提。若上主願意，他固然甘願接受，但不執著，也不像過去那樣憂慮（城堡7‧3‧4）。

（3）在迫害中喜樂——人喜樂地接受一切迫害，甚至不單對迫害者無怨尤，還特別鍾愛憐憫他們，為他們祈禱（城堡7‧3‧5）。

53. 《城堡》7‧1‧10，參閱《城堡》7‧4‧12。
54. 《城堡》7‧3‧1～13， Kieran Kavanaugh & Otilio Rodrigues有這樣的註釋：「大德蘭只列舉前二個效用，其他的則散見於連續不斷的離題旁論和註解中。」*The Collected Works of St. Teresa of Avila*, Vol.2, p.488，註解1。

（4）渴願服事——人雖然不再害怕死亡（城堡7．3．7），且渴望離世與主同在（城堡7．3．6），但他也極度渴願在世服事神，為神接受考驗，並幫助被釘十字架上的耶穌、一同救世贖世，好能賺得部分的世人歸向主（城堡7．3．6）。

（5）不執著世物——人更不執著世物，即使從事世務，也以服事救靈為前提（城堡7．3．8）。

（6）不怕魔鬼矇騙——人幾乎不再經驗神枯或內心的困擾，常活在安寧中。他不必害怕，因為這份崇高的恩賜不會被魔鬼的欺騙所抵消或仿冒（城堡7．3．10）。雖然神也時而讓他短暫地活在本性的狀態下，受到攻擊，畢竟，這是為了讓人更謙虛、更不自恃而已（城堡7．4．1～2）。

（7）更謙卑——他更體會個人的卑微，更意識到人若失去神的保守與助祐，則自己仍是一無所有。為此，他愈發如同《路加福音》十八章十三節所說的稅吏一般，認識自己的不成全，而低頭禱告說：天主，可憐我這個罪人吧！（城堡7．3．14）。

ⓒ 建議

末了，面對已達到「神婚」的靈魂，大德蘭的建議是：

（1）信賴並忠信於神——人不論在默觀的路途上如何出類拔萃，到底仍未絕對地完成。他必須更信賴神的助祐，並在諸事中更忠信於上主，深念惟有藉著神的力量，才可讓自己免於沉淪（城堡7．2．9；4．2）。

（2）戒慎勉力以免後退——正因為自己尚未臻至圓滿，人除了信靠上主外，仍須努力修德祈禱（城堡7．4．9），並以主耶穌及諸聖的行實為典範，力求精進，以收近朱者赤之效（城堡7．4．10）。換言之，人須戒慎勉力，並記取修德可以不進則退，而撒羅滿王就是前車之鑑（城堡7．4．3）。

四、綜合說明

與大德蘭經歷了漫長的懇談後，我們可在此作一綜合的評述。大德蘭論默觀，標榜其為灌注的祈禱，並牽涉一段進展的歷程。默觀以祈禱為前提，祈禱意謂著人神的溝通；灌注一辭寓意著由神主動的帶領，而人不能助長；默觀牽涉一段進展的歷程，先後跨越「前奏」、「收心」、「寧靜」、「結合」等階段，其中尤以「寧靜」與「結合」的祈禱，清楚地彰顯出灌注的特性。「寧靜祈禱」再細分為「灌注收心」、「寧靜正境」、「官能睡眠」三個程度；而「結合祈禱」又細分為「單純結合」、「超拔結合」、「轉化結合」三重辨別；「超拔結合」還再蘊含「濃烈結合」、「出神」、「心靈飛越」三種型態；默觀以「轉化結合」作為高峰，從中孕育人神間的「神婚」。

從「前奏」開始回顧，大德蘭勸勉我們恆心祈禱，先是善意地修行「默想」與「口禱」，不論神枯、神慰，一心持之以恆，從內心深處體會主耶穌的臨在，並彼此互訴心曲。這樣，人很容易進入「收心」，從凝神入定中，體察到「靈悅」（gustos）的甘飴，並在愛的融通中，讓上主引領心靈沉浸於「寧靜」。於此，神率先點燃其意志的愛火，繼而觸動理智，使之獲得光照，逐漸地，所有普通的官能進入睡眠的沉寂，直至「單純結合」的初現，而逐步地被吊銷，藉此讓心智的超性運作較充份地湧現，進而深化為「超拔結合」，讓靈的官能所體證的愛與知識，觸及內、外的感官，以致出現「出神」、「靈飛」等現象，而人將在高峰上造就「轉化結合」，人在被「神化」當中，不必再藉吊銷感官功能，而仍與神湛深地結合為一。

從各級層的「異」而言，每階段固然各有特色，但就其「同」而言，它們都以人神的「結合」為前提，並環繞著這前提而動態地展現了「結合的深化」、「煉淨的烈化」、「意識的轉化」、「效果的顯化」，與「建議的一貫」等五個項目，可綜合地被鳥瞰如下：

結合的深化——從較積極的觀點上說，默觀的整體歷程展現著人神結合的逐步深化，類比著男女戀愛的進程：從邂逅、交往而至訂婚，終於達到神婚，至此，人徹底地被神得著，而人如同聖保祿（《迦拉達書》二章二十節）所言：「我生活已不是我生活，而是基督在我內生活。」

煉淨的烈化——從較消極的眼光看，默觀的進展本身充滿著眾多的磨煉、考驗與痛苦。因應著人神結合的逐步深化而更形激烈。人靈被試煉，有如爐中的黃金，經受劇烈的鍛鍊，而得以去蕪存菁，終至爐火純青，及於神化。

意識的轉化——神的逐步得著人，也寓意著人意識官能的逐步轉化。首先是神在人的意志內點燃起愛火，繼而理智逐步地獲得開悟與智慧，再而是內外感官也被牽動著，起而在神魂超拔中顯其容光煥發、肉體騰空等異狀，及至神婚的兌現中，人已整體地被神化，連平日起居，人不單心智上深深地翕合神意；且一舉手，一投足，也如同《論語》第二〈為政篇〉第四節所指的「從心所欲，不踰矩」。

效果的顯化——默觀程度愈長進，其正面效果則愈發顯著，分別呈現於下列的六個面向上：

對神：人愈來愈深入地對神孕育著愛與知識。在愛方面，雙方逐漸從戀人演進而為淨配。知識方面，人先從愛的冥合中體認神是「太一」，終於從愛的融通上證得神是三位格的團體之愛，這並不是思辯上的推論而已，尚且是實際的智的體證。

對人：人以愛上主作為基礎，愈來愈深愛著世人，不單愛人類的整體，尚且還個別地深愛每一個與他相遇的人，甚至為迫害他的人祈禱。

對世：人愈發不執著世物，還從視世物如同塵土，進而轉化成以神的目光珍愛萬物，證得萬物為神的化工。

對魔：人即使愈受惡魔攻擊與干擾，他卻愈能辨別神類，愈懂得識破邪靈的矇騙。

對己：人愈死於自己，愈活於天主。

對靈修：人在愈深入結合神當中，也愈獲得聖化，表現在諸德行上，並在轉化結合的高峰上充分地被神化。

總之，默觀給予人的效果是積極正面的：人因著默觀的延長，而愈發在各面向上獲得更充沛、更浩大的恩寵。然而，大德蘭所給予的建言是貫徹始終的。

建議的一貫——在每一個進程上，大德蘭都給予若干建議，固然其中某些要點是較針對個別級層而提出來討論的，但整體地說，她還有許多勸言適用於所有的階段，那就是：須戒慎修德、全心依賴神的助祐、謙卑自下、努力施行愛德、勿揠苗助長、勿全然放棄推理默想等。而在貫徹的勸言中，尤其是以「保持基督的至聖人性」這一重點上，彰顯出大德蘭的終極關懷。

誠然，大德蘭的默觀始終環繞在耶穌基督的人性上展開。既然上主藉降生奧跡來親近人，人也須藉「人而天主」的耶穌來投奔神，並在神的懷抱內體證「聖三一」的奧祕。基督作為降生的聖言，在人靈內與人一起祈禱，啟示自己為淨配並在人身上複製其苦難聖死，藉此完成愛的結合。大德蘭式的祈禱是：從「克修」（asceticism）走向「神祕」（mysticism），從「默想」（meditation）走向「默觀」（contemplation），藉基督冥合天道，融入「太一」，以體證「聖三一」，其祈禱是「基督中心」（Christocentric），也是「聖三型態」（Trinitarian），為此，本質地是基督信徒的祈禱。

末了，值得一再強調的是：大德蘭的默觀與歷程固然有其個別的體認，到底仍浸潤在慈母聖教會的大洪流當中，吻合著基督宗教神祕默觀的大方向，以至不單可與全盛期的聖者，如聖十字若望等互相印證，甚至可與前期教父如聖奧斯定等先後輝映，共同以人神間愛的知識作為默觀的核心，藉此而向你、我標榜：不論任何時空，不論上智下愚，或男女老少，只要翕合著神的旨意，與順應著神的帶動，戒慎精進，恆心不懈，皆可成聖成賢，在與天主結合的道路上出神入化。

國家圖書館出版品預行編目資料

聖女大德蘭自傳／大德蘭（St. Teresa of Avila）作．加爾默羅聖衣會譯．
--二版，-- 臺北市：星火文化，2019年12月
面；　公分．（加爾默羅靈修；19）
譯自：El libro de la vida
ISBN　978-986-95675-9-6（平裝）
1. 德蘭（Teresa, de Cepeda Y de Ahumada, Saint,1515-1582）
2. 天主教傳記

249.9461　　108019478

加爾默羅靈修 019

聖女大德蘭自傳

作　　者／大德蘭（St. Teresa of Avila）
譯　　者／加爾默羅聖衣會
執行編輯／林鼎盛·徐仲秋
封面設計／neko
內頁排版／neko
總　編　輯／徐仲秋

出　　版／星火文化有限公司
台北市衡陽路7號8樓
電話（02）2331-9058
營運統籌／大是文化有限公司
業務經理·林裕安
業務專員·馬絮盈
業務助理·王德渝
行銷企畫·徐千晴
美術編輯·張皓婷
讀者服務專線（02）2375-7911分機122
24小時讀者服務傳真（02）2375-6999
法律顧問／永然聯合法律事務所

香港發行／里人文化事業有限公司　“Anyone Cultural Enterprise Ltd”
香港新界荃灣橫龍街78號 正好工業大廈22樓A室
22/F Block A, Jing Ho Industrial Building, 78 Wang Lung Street, Tsuen Wan, N.T., H.K.
電話：（852）24192288　傳真：（852）24191887
E-mail：anyone@biznetvigator.com
印　　刷／韋懋實業有限公司

■ 2019年12月二版　　Printed in Taiwan
ISBN　978-986-95675-9-6　　定價400元

本書中文版感謝ICS Publications授權　中文版權屬芎林加爾默羅聖衣會隱修院